最終氷期における細石刃狩猟民とその適応戦略

Adaptive Strategies of the Microblade Hunters in the Last Glacial

堤　隆

Tsutsumi Takashi

雄山閣

序

旧石器時代から縄文時代への移行は人類史全体の中でも最大の歴史的事件の一つである。特に旧石器時代最終段階において、中国・シベリア大陸、および北アメリカ高緯度地帯の文化動態の一翼を担っていた細石刃石器群に取り組んだのが本書である。

この問題については、これまでにその重要性から多くの研究成果があるのは蓋し当然と言うべきである。しかしながら、いずれも細石刃石器群のなかの細石刃をはじめとする石器の形態学的あるいは技術論的視点による接近法が主流を占めてきていた。著者はこうした風潮を踏まえながらも、従来の研究に抜けていたり、軽視されがちであった新しい方法と分析で問題の解明を試みている。

換言すれば、従来の細石刃の形態とその製作技法の実態を改めて具体的に明らかにする堅実性がある。その上で日本列島全体を視野に入れ、今までに確認されている1000を超す遺跡を9つの各地域に区分して、論旨を展開するというところに独自性と新鮮味を自ずから備える結果を導いている点が注目される。

著者の成果の第一は、そうした9核地域の中から各々の特性を抽出し、とくに北海道東部、中央高地から南関東、北九州、南九州の4地域に人口の著しい集中がみられる事実を指摘し、各々の生態系に対応する個性的な地域的まとまりを示す典型と解釈する。ここに単なる地域毎の細石刃石器群の様相の見かけ上の変異を超えて、より高い認識の次元から具体的な地域性という特殊性と普遍性が明らかになる。

つまりその地域性とは食料資源としての動植物相および食料獲得手段としての道具（石器）製作に必要な石材などの資源構造を背景とする、いわゆる「有効環境」内での緊密なコミュニケーション・ネットワークによって一定の社会的まとまりを形成していたとして、概念を明確に規定する。

そしてその核地域の一つ、南関東の相模野台地を対象として具体的分析を行う。まず、当該地の細石刃石器群が4段階の変遷を辿ることを確認したうえで、その様相を地点あるいは場と旧石器人の行動との関係で復元する。つまり、中小河川沿いを生活舞台とする単位集団（家族的まとまり）の遊動生活において居住キャンプ地や作業場などの多様な機能的場が点在することとなった事情を遺跡に残されていた石器の種類や組み合わせから明らかにする。このせいぜい数世帯ほどの小規模集団と、シカ類のように捕獲成功の予測が困難な、いわばそれだけ資源が分散せざるを得ない生態的環境下における適応戦略との密接な関係を推定する。独創的仮説といえよう。但しこれをもって全面的解決と安易に妥協することは許されず、さらなる検証が必要である。そのためにも、中部山岳地帯の標高1300mの野辺山高原の細石刃石器群のあり方との比較検討が確かに有効かつ重要な意味を有し、この方針によって説得性が高められている。つまり高原地帯では湿地と低灌木類がパッチ状に散在し、狩猟対象獣を瞬時に視野に収め得る生態環境であればこそ、捕獲予測性が成立し易いとする。これを標高移動型の遊動戦略として相模野台地と対照させる。

第二に石器の機能に関する分析が特筆される。顕微鏡観察によって石器に残された使用痕を手掛かりに着実な成果をあげている。とくに短冊形の細石刃に認められる線条痕から「平行タイプ」の存在を抽出し、それが主軸に平行に装着されたものであったことを明らかにした。一方では、「斜行装着」法のあり方を導きだす。こうして細石刃を組立道具の部品とし、着脱が融通無碍即ち替え刃的な機能を有する特殊性において人類の道具の発達史上に正しく位置づけている。

第三に北海道から東日本に普及した荒屋型彫器の分析がある。これがシベリア大陸にもつながりを有する石器形態であるという認識にとどまることなく、刃部再生を頻繁に繰り返す特色をもつことを再確認するとともに、それが先端部を用いた溝切り具であったという仮説に対して異義をとなえる。つまり使用痕のあり方が骨角を削るという作業に特殊化した道具であり、骨角器切削具というその機能をこそ強く提示するのである。

第四は、細石刃石器群に伴う掻器の分析である。その使用痕からは、皮革加工用として寒冷気候への具体的な適応の実態をより積極的に評価する。

第五には、細石刃インダストリーにみられる石材原産地同定の成果に注目し、黒曜石が100～200kmという広大な範囲を持ち運ばれている事実を説明する。とくに良質な信州産黒曜石が冬季の積雪で入手が不可能であったことが、敢えて危険な外洋の航行を伴う神津島産黒曜石の需要を促したとする説は魅力的である。

しかしながら、この仮説については問題なしとしない。たとえ理化学的分析結果が神津島の原石とほぼ一致するからといって、直ちに本土の広範囲に亙って分布する遺跡に含まれている黒曜石の原郷土と判定するのは問題である。かねてより小林が疑問を呈しているごとく、伊豆箱根方面の未発見の原産地の存在を考慮の外におくわけにはいかない。今後の課題として残る。

とはいえ、黒曜石の需給という視点で、相模野台地や武蔵野台地のキャンプの分散型セトルメントンステムを関係付け、それが故に夏季に信州中央高地に遊動して、黒曜石を獲得する必要性を推定する仮説に、今後のさらなる展開が期待される。

総じて本書は、石器の形態や製作技法の研究の枠を打破し、新しい視点での方法と分析を操作した具体的な研究として高く評価されるのである。

2011年8月4日

國學院大學名誉教授
小林　達雄

■最終氷期における細石刃狩猟民とその適応戦略■目次

序　章
細石刃石器群研究の射程

1　最終氷期の環境変動と適応戦略

グリーンランドにおいて20世紀後半に掘削された氷床コアには、過去10万年間以上の古気候データが封じ込められていた。たとえば90年代に掘削されたGISP2（Greenland Ice Sheet Project 2）の氷床コアの酸素同位体比曲線からは、激しい寒暖の振幅をみせる気候変動の様子が明確にとらえられる。近年、グリーンランドと対置する南極でも、日本の国立極地研究所のドームふじプロジェクトによって過去32万年間におよぶ地球環境変動が解明されつつある。

過去70万年間においては、およそ10万年単位で寒冷な時期と温暖な時期が交互に繰り返された。この現象はミランコビッチ・サイクルと呼ばれ、地球の公転軌道の離心率および自転軸の傾きの周期的変化、自転軸の歳差運動の3つの要因による日射量の変化と関係して起きるようである。さらに、7万年前から始まり11500年前に終息する最終氷期には、1000～1500年を周期として、ダンスガード・オシュガーサイクル（DOC）といわれる激しい寒暖の振幅現象が起きた。

日本列島における後期旧石器時代は、較正年代では約4万年前から15000年前の年代的位置付けがなされ、酸素同位体ステージでいうとやや温暖なステージ3（57000～29000年前）の後半期と非常に寒冷なステージ2（29000～14000年前）のほぼ全期間に該当する。15000年前の晩氷期以降は寒暖を繰り返しながら温暖化へと向かい、更新世・完新世の境界となる11500年前には、わずか50年で年平均気温が7℃上昇したともいわれる急激な温暖化が起き、現在の完新世へと移行した。

こうしたグローバルな気候変動は、日本海の海底堆積物や長野県野尻湖などの湖底堆積物からも読み取られ、目下解明が進められている（多田 1997、公文ほか 2009）。晩氷期の気候変動が日本列島にもたらした環境変化としては、海面上昇・日本海環境の変化（対馬暖流の流入）・気候の湿潤化や降水量の増加・日本海側の多雪化・海洋生態系の変化・動植物相の変化などさまざまな影響が考えられている（日本第四紀学会 1997）。

本論が対象とする細石刃石器群は、較正年代によると、本州では晩氷期の始まる少し前、すなわち20000～15000年前前後に展開したものと考えられる。この時期は、ステージ２の後半段階で、約６万年間におよぶ最終氷期の終末近くに相当することになる。激しく変動する自然環境の中、細石刃を手にした列島の狩猟採集民たちはどのような適応戦略を図っていったのだろうか。

そもそも適応とは、生物が生命維持のため、所与の環境あるいは環境変化に対して順応し、形態的・生理学的に変化していく過程、あるいは変化することそのものを示す。わけても人類は環境に対し、生物一般にみる形態的・生理学的適応とは別に、身体外的な文化という固有の装置を手に入れ「文化適応」を果たしたとするのが、スチュワードやホワイトの系譜をひく文化生態学あるいは新進化主義的な理論である（Steward 1956）。このパラダイムは考古学の分野においては、ニューアーケオロジーあるいはプロセス考古学へと継承され、今日の展開をみるようになる。

本論では、文化適応や生態学的視点などを視座に、主として中部・関東地方における細石刃石器群を題材として、基本となる技術論的な分析、加えて編年論・組成論に立脚したうえで、細石刃石器群の機能的研究、生業論、石材利用からみた資源開発とその需給の検討、セトルメントシステム論を通じ、その適応戦略を描き出してみたい。

2　細石刃石器群の展開

日本列島における後期旧石器時代遺跡は、現在14000個所を上回るといわれているが（日本旧石器学会 2010）、そのうち1800個所近くに達するとみられる細石刃遺跡はどのような地理的分布をみせるのか。序章に続く第１章では、まず「日本列島における細石刃石器群の広がり」として、酸素同位体ステージ２に展開した細石刃石器群の分布を把握した上でその人口動態を検討し、生態学的な視点に準拠し有効環境を背景とした人口支持力について考察する。

日本列島において展開する細石刃石器群の核地域のひとつとして、信州中央高地と南関東があげられるが、南関東相模野台地は良好なローム層堆積がみられることから、後期旧石器時代研究にあってもっとも有利な研究フィールドのひとつとして名高い。「相模野台地の細石刃石器群」においては、相模野台地の細石刃製作技術の類型化をおこない、豊富な層位的出土事例に基づいて細石刃石器群の編年を提示、あわせて石器組成などについても検討する。ここでは従来的な石器群の分析が主となるが、以後の論述の基礎となる必要不可欠な部分である。

信州中央高地「野辺山高原の細石刃石器群」においては、沿岸平野部にある相模野とは対照的な、高原地帯における細石刃遺跡の成り立ちや細石刃技術構造・石材利用・石器組成を検討する。また、矢出川湿原からなされた古環境復元と、和田峠・八ケ岳などの黒曜石原産地を背景とした有効環境を瞥見したうえで、標高の1300mという高原地帯における細石刃石器群のセトルメントシステムについて言及したい。

平原部の相模野と高原部の野辺山という細石刃石器群の分析によって、中部山岳地帯から南関東にかけての細石刃石器群の特質を眺め、そのセトルメントシステムや適応戦略を考察するうえでの基礎とする。

3　細石刃石器群の形態と機能

集団の適応戦略としての生業を語るうえで、石器群の機能論は避けて通れない問題である。第2章では、細石刃石器群における石器の形態と機能の問題について言及する。

ここではまず、1970年代後半、当時オックスフォード大学にいたキーリーらが開発し（Keeley 1980）、日本では東北大学使用痕研究チームらの研究によって推し進められた「高倍率法」に基づく「実験使用痕分析」の方法論（例えば阿子島 1989）に拠り、自らの実験プログラムを参照して石器の機能推定をおこなった。

従来、細石刃技法や細石刃石核の型式論が主体であった細石刃石器群研究において、石器群の主構成要素でありながらとかく研究が置き去りにされてきた細石刃については、その使用痕分析をおこない「細石刃の機能」推定を試みた。実際、シベリア地域などとは異なり、日本列島においては細石刃植刃器の出土例に恵まれないが、使用痕分析からはどのような使用方法が推定されるのだろうか。

北方系細石刃石器群には荒屋型彫刻刀形石器が広く伴うことが知られているが、その「荒屋型彫刻刀形石器の形態と技術」について、まずは基礎的把握をおこなってみた。その上で、従来その先端部を用いた木や骨角への溝彫り具と想定されてきた「荒屋型彫刻刀形石器の機能」について、使用痕分析からはいかなる機能が推定され、どのような生業の中にその機能が位置付けられるのかを検討したい。

石器群の形成の背景については、補給－使用－廃棄などの諸要素が関係化して組織をなしているという技術的組織 Technological Organization（Binford 1979、阿子島 1989）の概念が提示されて久しいが、使用痕分析もそのなかで重要な研究戦略としての一翼を担っている。したがって使用痕から推定された石器の機能については、抽出された機能的役割を技術的組織のコンテクスト全体のなかで位置付けることが肝要である。

4　最終氷期の環境変動と生業動態

日本列島の後期旧石器時代における生業論については、きわめて重要なテーマでありながら具体的議論に欠けてきた憾みがある。というのも、生業論にきわめて重要な手掛かりを与える動物遺存体や木器・骨角器等有機質遺物の検出が、野尻湖や花泉などわずかな遺跡を除いて皆無に等しい状況にあるからである。したがって我々には、花粉分析などによる古環境復元、遺跡構造や遺跡立地、あるいはそこに残された石器というごく限られた要素をもとに当時の生業を復元するほかないという困難が待ち構えている。そのわずかな光りが、使用痕分析に基づく石器の機能研究に見え隠れしている。

ダンスガード・オシュガーサイクルにみる氷期の激しい環境変動に対し、人類はどのような生業戦略をもって生きぬいてきたか。第３章では、まず「掻器の機能と寒冷適応としての皮革利用システム」において、後期旧石器時代に普及した掻器の使用痕分析を通じ、掻器の担った機能と寒冷適応の問題について議論したい。その際、北方狩猟採集民の皮鞣しの民族誌なども瞥見し、議論の深化を図りたい。

後期旧石器時代の終末にあたる細石刃段階より縄文時代への移行は、どのように果たされたのであろうか。森林資源への適応をみせる「縄文化」への流れをさぐる意味において、相模野台地の細石刃石器群に顕在化する礫器を取り上げ、「礫器使用行動の意味」について、機能論的な解釈をおこなってみる。

後期旧石器時代のわけても後半の生業活動については、大型獣絶滅後にあって中型獣の狩猟と植物採集が想定されてきたが、内水面漁撈についてはその最初の議論が投げかけられてから（加藤 1981）、縄文草創期最初頭にまではたどれることが明らかになったものの、その採否をめぐり見解がわかれてきた。細石刃段階における「内水面漁撈の導入」をめぐっては、単にその採否を議論するのみでなく、その導入が果たした生業構造あるいはセトルメントシステムへの影響などについて踏みこんで解釈をおこなう必要がある。

5　石材資源の獲得と消費の構造

後期旧石器時代初頭、中部関東地方においては、和田峠や八ケ岳といった信州系の黒曜石原産地のほか、天城・箱根系および神津島黒曜石原産地などが開発され、その供給が一帯になされるようになった。近年、試料の非破壊分析である蛍光X線分析による黒曜石や安山岩の産地同定が大きな進展をみせており、その結果は単にモノの流れを示すのみにとどまらず、たとえばレンフリューが述べるように（Renfrew 1975）、モノを動かす社会システムの復元にまで言及を可能としている。

第4章では筆者らが実施した原産地同定の結果により、「相模野台地の細石刃石器群における黒曜石利用」をより精密に描き出し、各遺跡における黒曜石の産地構成のあり方や、器種との関連性について言及し、あわせて想定される需給モデルのいくつかを検討してみることにする。

一方、筆者らがこれまで実施してきた石材原産地分布調査などの成果をもとに、黒曜石に限らずチャートやその他の石材を総合的に検討したうえで「八ケ岳東麓における石材環境と旧石器時代の石材利用」を描き出し、石材資源の分布とその資源構造、石材指向などについて、ナイフ形石器群・尖頭器石器群・細石刃石器群と段階を追って考察したい。あわせて、技術的組織論の観点から、野辺山中ッ原細石刃石器群について、その石材獲得から石器製作・石器使用・廃棄などの関係性もふまえて「削片系細石刃石器群をめぐる技術的組織の異相」について言及する。

6　場の機能とセトルメントシステム

セトルメントシステムを構成するある遺跡の性格を理解する、あるいはひとつの遺跡の空間構造分析において、遺跡内における「場の機能」の把握はきわめて重要な問題である。しかし、その機能的な性格付けをめぐっては、単に器種別分布のみならず使用痕分析をもってすることが裏付けとして重要なため、従来、試みとしては限られたものとなっていた。第5章では、「皮鞣しの場」の論考において、東日本における諸遺跡の掻器の使用痕分析に基いた機能推定のもと、遺跡内における場の機能の問題についてのアプローチを試み、皮革加工のシステム化と「場の機能」の分立の問題についてふれたい。

定住をおこなわず、遊動を基本とする旧石器時代のセトルメントシステムにおいては、その日常から年間にいたる活動領域の把握が常に問題視されてきた。以前は、例えば南関東においては暗黙裏に相模野や武蔵野といった台地内にその年間活動領域が閉じ込められてきた感がある。しかし、石器群構造からの領域性の把握は困難な状況にあり、その根拠はというと一定の地理的景観内における遺跡の群的存在という理由にとどまらざるを得なかった。これに対し、南関東の各台地を飛び出し、信州黒曜石原産地をも取り込んだ広域遊動モデルも提示されてから（例えば角張 1991）、20年が経過した。

第5章では、信州中央高地と南関東における細石刃石器群の遺跡構造・遺跡連鎖あるいは遺跡群の成り立ちや、一方で原産地同定に基いた黒曜石資源などの消費経済圏のあり方などをもとに、その領域性についての把握を試み、中部関東における細石刃石器群のセトルメントシステムを考察してみたい。

7　フィールドからのアプローチ

今日、日本考古学の理論的深化が大きな課題とされており（例えば安斎 1994）、筆者自身もその重要性を認識しているが（堤 2000b）、一方では野外調査を欠いた理論のみの深化では、考古学が空論となってしまう危険性が大きい。幸いなことに筆者は、野辺山高原の削片系細石刃石器群である中ッ原5B地点や中ッ原1G地点の発掘調査（堤編 1991・1995・1996）、相模野台地柏ケ谷長ヲサ遺跡の発掘調査（堤編 1997）、あるいは信州の黒曜石原産地である和田峠および八ケ岳周辺の調査（森嶋編 1993、堤・吉田 1996）に参画することができ、ともすれば文献の渉猟のみに陥りがちな研究において、フィールドを通じて旧石器時代を垣間見ることができた。

本論においては、あくまでフィールドからのアプローチを基本に、最終氷期における細石刃狩猟民の適応戦略として、石器群の技術・機能・生業動態・消費経済・セトルメントシステムなどの論点について検討をおこない、環境生態における文化適応の諸側面について考察を加えてみることにしたい。従来、伝播系統論や製作技術論、あるいは編年論のみに停滞していた感のある細石刃石器群研究からのささやかな脱構築が試みられればと考えている。

第１章
細石刃石器群の展開

第１節　日本列島における細石刃石器群の広がり
──その数量的把握と、地域性・人口分布──

1　細石刃遺跡の広がり

1949年の岩宿遺跡発掘以来、日本列島における後期旧石器時代遺跡は、14542個所（１文化層＝１遺跡と数えた場合）が確認されるに至っている（日本旧石器学会 2010）。岩宿から４年を経過した1953年、長野県野辺山高原の矢出川遺跡において、わが国で初めて細石刃石器群が発見された。その発見から半世紀以上を経た今日、沖縄を除く九州から北海道の日本列島全域に細石刃遺跡が分布することが知られている。日本列島の細石刃石器群における精緻な分布論の展開は、鈴木忠司の研究を嚆矢とする（鈴木 1983）。鈴木は、列島内で482個所の当該期遺跡を集計した。そして、その後の研究も含め（例えば鈴木 1993）、当該期遺跡の地理的背景を以下の諸点から論じている。すなわち、その生活空間と土地利用のあり方、海との距離関係から推定される漁撈活動の可能性、対置する東北日本と西南日本の細石刃石器群の差異、人口論などである。鈴木による分布論的研究は、ともすれば技術・型式論、遺跡構造論などに閉塞しがちな列島の旧石器時代研究に、風穴を開けたといってもいいだろう。

筆者らも、細石刃遺跡発見40年を期に、新たな細石刃石器群研究の方向性を模索するシンポジウム「細石刃文化研究の新たなる展開」を1993年に開催したおり、列島内の当該期1013個所を集計し、その集中分布域について論じた（堤編 1993）。その後、当該期研究50年を記念するシンポジウム「日本の細石刃文化」において、列島各遺跡の組成や標高、年代などの属性が把握され（堤編 2003）、1792遺跡が確認されることになった（堤 2004b）。

本節においては、まず細石刃石器群の年代について今日的に概観したのち、八ケ岳旧石器研究グループの２度のシンポジウムで集約された日本列島における細石刃遺跡の地域的分布傾向について検討し、あわせて細石刃・細石刃石核の数量的把握をおこなう。それらを基礎として、細石刃遺跡分布の核地域を描き出し、その人口密度や背景としてある人口支持力の問題について検討してみることにしたい。

2　細石刃石器群の年代

まず、細石刃石器群の年代について概観しておきたい（図1）。

北海道の細石刃石器群の年代については、柏台1遺跡の恵庭a軽石層の下位から検出された石器群において、AMS法による多数の放射性炭素年代測定がなされ20490±130～20790±160BPの範囲でよくまとまる年代が得られた（福井編 1999）。この数値を較正プログラムIntCal 09で較正すると24000～25300calBPとなる。すなわち北海道の細石刃石器群の成立がおよそ24000～25000年前まで遡り、本州に数千年先行することがわかる。一方、細石刃石器群の終末に関しては、例えば帯広上似平遺跡では12530±490BP（13500～16700calBP）という年代が得られている（帯広市教育委員会 1989）。また、細石刃を伴わない帯広市大正3遺跡の爪形文土器付着炭化物11点では12100±40～12470±60BP（13700～15900calBP）のまとまった放射性炭素年代が得られた（帯広市教育委員会 2006）。すなわち北海道においては、較正年代で25000年前から14000年前頃の約1万年間の細石刃石器群の存続が予測される。

本州においては、旧石器の層位的出土例に恵まれた相模野台地では、下位のL1H層上部、中位のB0層、上位のL1S層と3層にわたって細石刃石器群の出土が確認される。最下層の細石刃石器群の出土例である吉岡遺跡群B区（砂田 1999）のL1H層上部の年代が、16490±250BP（18900～20300calBP）および16840±160BP（19500～20400calBP）、月見野遺跡群上野遺跡第1地点第Ⅲ文化層の細石刃石器群（相田編 1985）のB0層の年代が13570±410BP（15100～17600calBP）、細石刃石器群の直後にあたる縄文草創期段階で尖頭器と土器をもつ宮ケ瀬遺跡群北原（№11）遺跡第Ⅰ文化層（L1S層）で、13020±80BP（15100～16400calBP）～13080±80BP（15100～16500calBP）の年代が出ている（砂田 1999）。すなわち相模野台地においては、較正年代にして約2万年前から15000年前までの4000年間が細石刃石器群の存続期間であったと考えられる。

この他、本州では静岡県休場遺跡（杉原・小野 1965）で14300±700BP（15200～19000calBP）、新潟県荒屋遺跡（芹沢 1959）で13200±350BP（14600～17000calBP）の年代が得られている。また星光山荘遺跡（長野県埋蔵文化財センター 2000）において、細石刃消滅後の隆起線文土器付着物の年代が12000±40BP（13700～14000calBP）と出された。

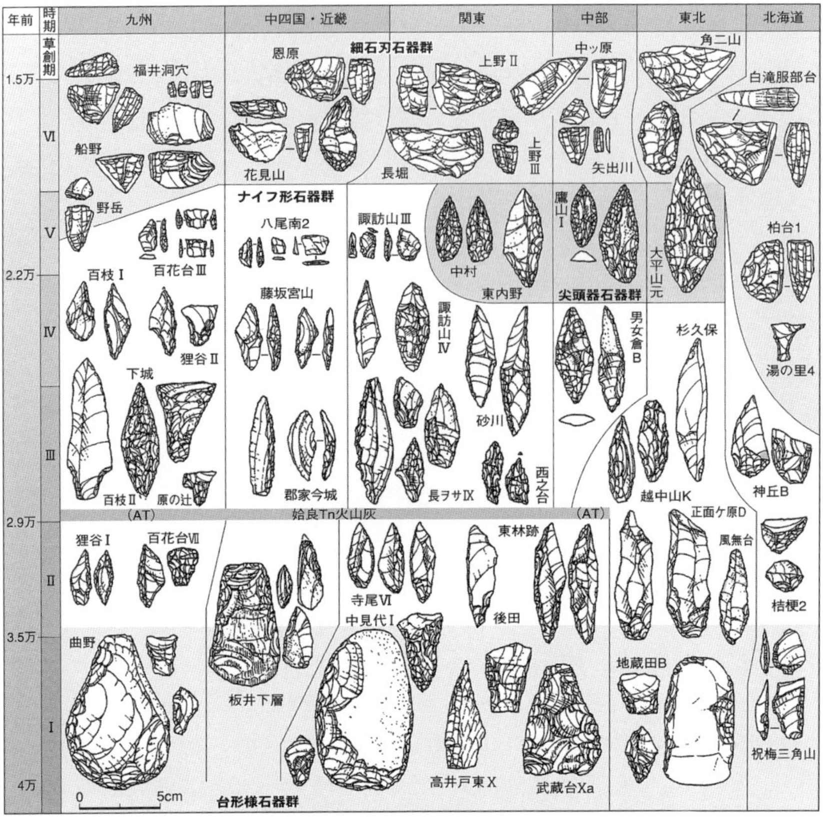

図1　日本列島における後期旧石器時代の編年（堤 2005a）

Ⅰ期（前半期前葉）：台形様石器と局部磨製石斧をもつ台形様石器群が展開、大規模な環状ブロック群が残される。

Ⅱ期（前半期後葉）：ナイフ形石器の確立。東日本には石刃技法が、西日本には横長剥片剥離技術が登場する。

Ⅲ期（後半期前葉）：ナイフ形石器の地域色が強まる。北海道では広郷型、東北では東山型や杉久保型、中部・関東では切出形、近畿・中・四国地方では瀬戸内技法による国府型ナイフ形石器がみられ、九州では三稜尖頭器や剥片尖頭器が発達する。

Ⅳ期（後半期中葉）：北海道では本州より数千年先行し25000年前までに細石刃石器群が成立、中部・関東では発達した石刃技法によるナイフ形石器群が展開する。九州では台形石器が発達する。

Ⅴ期（後半期後葉）：北海道には細石刃石器群が広がり、九州でも細石刃石器群が登場する。東日本でもとくに中部・関東地方では、細石刃石器群が登場するまでの間、尖頭器石器群が地域的な発展をみせる。

Ⅵ期（後半期末葉）：ナイフ形石器群が消滅、列島全域に細石刃石器群が展開する。北海道から東北日本には湧別技法に代表される北方系の削片系細石刃石器群が展開し、西南日本には矢出川技法による細石刃石器群が広がりをみせる。

九州では、茶園遺跡において土器出現以前である稜柱形細石刃石器群の年代が、15450±190BP（18000～19300calBP）と得られている（岐宿町教育委員会1998）。一方、細石刃に爪形文土器を伴う九州福井洞穴Ⅱ層の年代が12400±350BP（13500～16200calBP）となっている（鎌木・芹沢1965）。その出現期の年代は測定値の増加を待つしかないが、九州における細石刃石器群は、本州と同時期か、場合によってはやや先行する頃に登場し、13000年前頃に終息したものとみられる。

以上、較正年代をまとめると、北海道では本州に先駆けて25000年前までには細石刃石器群が登場し、本州においては2万年前、九州においては本州と同様かやや先行する頃に細石刃石器群が登場した。その終末は、北海道では14000年前、本州では15000年前、九州では縄文草創期にずれ込む13000年前と現状ではとらえられる。

3　日本列島における細石刃遺跡の地理的分布

シンポジウム「日本の細石刃文化」（堤編 2003・2004）では、北海道から九州の細石刃遺跡について、発掘調査資料をもつ遺跡から、表面採集によって細石刃1点が確認されているのみの遺跡までを拾いあげ、その数量的把握を試みた。

結果、集計された日本の細石刃遺跡は、1792遺跡となった（堤 2004b）。後期旧石器時代初頭の環状ブロック群を伴う遺跡が日本列島内で81遺跡確認されているが（橋本 2006）、その終末期である細石刃期には20倍以上の遺跡数に及んでおり（図2）、その始原から終末にいたる人口動態がうかがい知れよう（Tsutsumi 2007）。

列島内の細石刃遺跡の分布は、北端の北海道宗谷丘陵豊別Aから南の鹿児島県種子島の銭亀遺跡におよび（図3）、北海道233遺跡（国内遺跡総数の13%）、四国を含む本州833遺跡（国内遺跡総数の46%）、九州726遺跡（国内遺跡総数の41%）となる。

ちなみに、1992年の鈴木忠司による細石刃遺跡の全国集成が538遺跡であり（鈴木 1992）[(1)]、これまで述べたように1993年のシンポジウム93では1013遺跡が確認され（堤 1993b）、さらに2004年のシンポジウム「日本の細石刃文化」Ⅲの集計では1792遺跡となった（堤 2004b）。2010年の旧石器データベースにおい

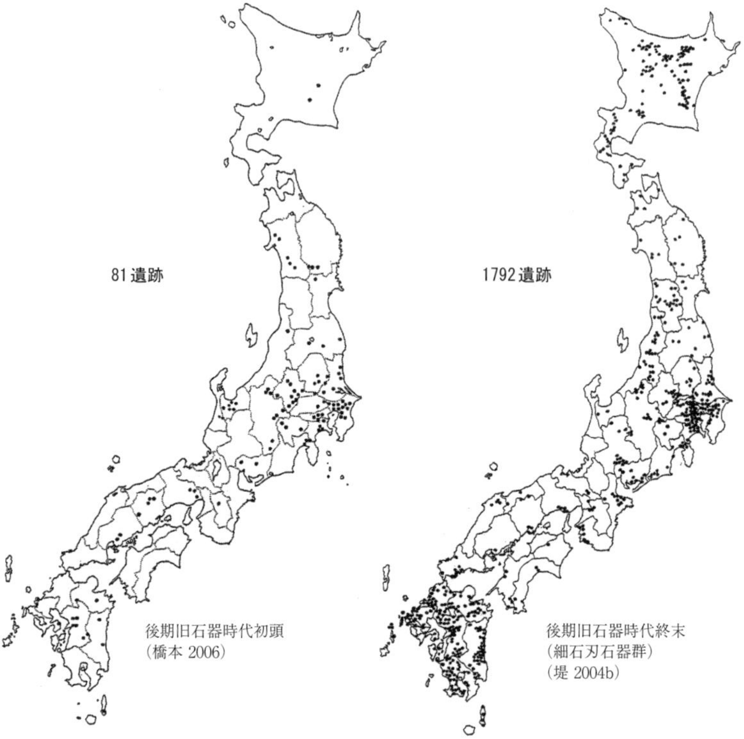

図2　後期旧石器時代における初頭と終末の遺跡分布

ての細石刃遺跡の集計が約1800遺跡となっており（日本旧石器学会 2010）、2004年の集計と大きな変化はない。今後も新たな分布調査や発掘調査の進展によって確認される遺跡数は増加するとみられるが、その分布の基本的傾向については大きな変化がないものとみられる。よって本項では、筆者のおこなった93年および04年の集計を基に日本列島における細石刃遺跡の分布について、地域毎に概観する。

(1) 北海道

道東部では168遺跡（国内遺跡総数の9.4％）が存在する。白滝遺跡群に代表されるように、白滝・置戸・十勝といった黒曜石原産地をひかえた河川の上中流域に出土点数の多い遺跡が集中する傾向がある。道西部では65遺跡（国内遺跡

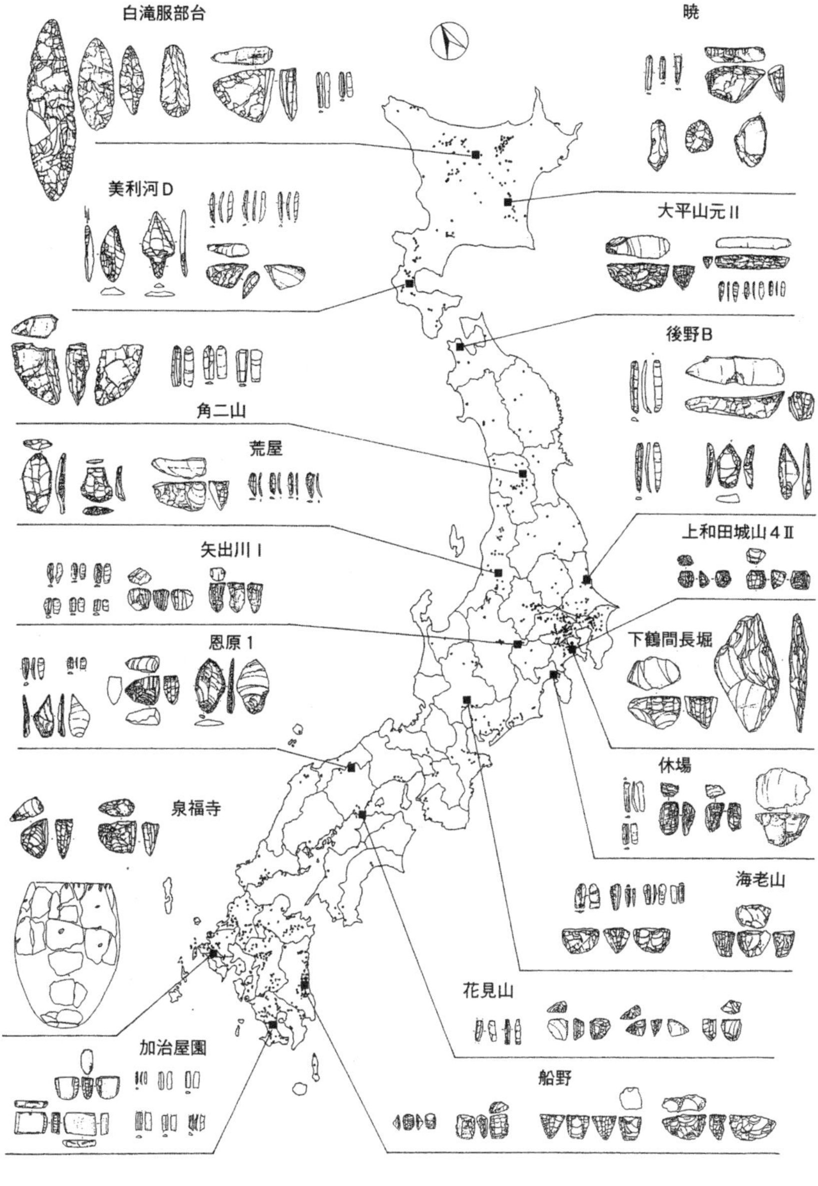

図３　日本列島における細石刃石器群（堤 2004b）

総数の3.6%）が存在する。黒曜石原産地のある赤井川周辺、千歳川流域、名寄盆地などに遺跡の分布がまとまる。

東部・西部をあわせた北海道全体の遺跡総数は233遺跡（国内遺跡総数の13%）。

(2) 東北・中部地方

東北地方には、61遺跡（国内遺跡総数の3.4%）が存在する。東北北部は16遺跡（国内遺跡総数の0.9%）と少なく、東北南部が45遺跡（国内遺跡総数の2.5%）となる。東北南部でも、とりわけ珪質頁岩を産出する寒河江川など山形地域に33遺跡があり、それ以外では各地域に数遺跡が散見されるにすぎない。

中部地方北部とした新潟、富山および長野北端部の野尻湖周辺を含めた地域では50遺跡（国内遺跡総数の2.8%）が存在するが、このうち富山では２遺跡が存在するのみである。また富山に並ぶ福井・石川では細石刃遺跡が確認されず、分布の空白域である。

中部地方南部とした長野・岐阜北半域においては、44遺跡がある（国内遺跡総数の２.５%）。地域的には標高1300ｍを超す野辺山高原に遺跡分布が集中する。また、木曽開田高原や岐阜日和田高原にも遺跡が存在し、高原部という遺跡立地の特徴をみせる。一方、前述したように、北海道の白滝黒曜石原産地周辺などには細石刃期の原産地遺跡群の密集がみられるが、長野の和田峠周辺には細石刃期の原産地遺跡群が顕著に認識されない。おそらくこの地域の細石刃石器群の主体となる矢出川技法をもつ人々は、原産地での細石刃石核原型の製作や細石刃剥離をせず、小型の原石をそのまま消費地へ持ち出しそこで製作作業をおこなっているために、原産地遺跡が識別しにくくなっているのであろう。

(3) 関東・東海地方東部

関東地方には448遺跡（国内遺跡総数の25.0%）が存在する。

南関東は、相模野、武蔵野、大宮、下総の諸台地や多摩丘陵などで細石刃遺跡が確認され、その総数は380遺跡（国内遺跡総数の21.2%）である。九州南部、九州北部、北海道東部とならび、細石刃遺跡の集中する地域といえる。たとえば相模野台地を例にとっても40遺跡以上が確認されている。ただ、この数の多さは、関東周辺における緊急発掘調査事例の多さというバイアスを考慮して解釈しなければなるまい。

北関東では68遺跡（国内遺跡総数の3.8%）が存在する。

東海地方東部では58遺跡（国内遺跡総数の3.2%）が存在している。箱根・愛鷹山麓、磐田原台地などに遺跡が集中する。

(4) 東海西部・近畿地方

東海西部から近畿地方にかけては、78遺跡（国内遺跡総数の4.4%）が存在する。この地域では、各務原台地や長良川流域で一定の遺跡分布がある。

一方、近畿地方では、遺跡の集中分布がみられず、しかも各遺跡の細石刃関連遺物は単発で認められるにすぎず、量的なまとまりをもつ細石刃石器群が存在しない分布の空白域である。とりわけサヌカイト原産地である二上山地域に細石刃遺跡の分布がほとんど認められない点は、石材特性上サヌカイトが細石刃製作にはほとんど利用されないことと整合する。二上山麓の瀬戸内技法をもつナイフ形石器遺跡の集中とは対照的なあり方である。

(5) 中国・瀬戸内・四国地方

中国地方には、49遺跡（国内遺跡総数の2.7%）が存在する。そのうち宇部台地には25遺跡が集中する。瀬戸内・四国地方には、45遺跡（国内遺跡総数の2.5%）が存在する。ことに花見山遺跡などがある備讃瀬戸地域に29遺跡が集中する。高知平野では奥谷南遺跡の存在が注目されるが、これも含め2遺跡のみである。

(6) 九州地方

九州地方では726遺跡（国内遺跡総数の40.5%）があり、国内でもっとも高密度な分布をみせ、九州北部が384遺跡（21.4%）、九州南部が324遺跡（18.1%）となる(2)。

九州北部では、長崎県北松浦半島周辺、福岡平野周辺部、熊本平野から阿蘇周辺地域、大野川流域などに分布が濃密である。九州南部では、宮崎平野に78遺跡が確認され、薩摩半島北部でも42遺跡があり濃密な分布をみせる。

4　細石刃・細石刃石核の数量的把握

国内の細石刃および細石刃石核の数量的把握をおこないたい。

2004年のシンポジウム「日本の細石刃文化」Ⅲの集計による1792遺跡おいて、その数値が公開されている石器の集計は、細石刃＝83137点、細石刃石核＝8225点である（堤 2004b）。以下、各遺跡の細石刃と細石刃石核出土数について検討する。

(1) 細石刃の出土数

まず、細石刃については、出土点数の明確な357遺跡を検討の対象とした。結果、細石刃の出土が10点未満のものは172遺跡あり、検討遺跡数の48％であった。つまり、細石刃遺跡の約半数は、細石刃の出土数が10点未満であるということになる。細石刃の出土を100点未満とした場合282遺跡（79％）が含まれ、200点未満とした場合309遺跡（87％）が含まれた。

逆に、200点以上の細石刃を出土した遺跡は細石刃遺跡全体の約1割にとどまる。このうち細石刃をもっとも多く出土したのは、泉福寺洞穴第Ⅲ文化層で9556点、国内細石刃出土総数の12％にあたる。続いて帯広・暁遺跡の8700点以上（国内総数の11％）、矢出川第Ⅰ遺跡の5000点以上（国内総数の6％）となっている。いずれも群を抜いた出土点数である。

(2) 細石刃石核の出土数

次に細石刃石核の出土数を、出土点数の明確な622遺跡について検討する。

図4には細石刃石核の点数分布を県別に示した。表1には各地域の遺跡毎の、細石刃石核の出土数をランク別に示した。ランクは便宜的に9個以下（A）、10個以上（B）、30個以上（C）、50個以上（D）、100個以上（E）に設定した。検討した遺跡のおよそ9割にあたる537遺跡（86％）は細石刃石核の出土が9個以下で、さらに表には見えないが5点未満のものは、424遺跡（検討遺跡数の68％）となる。これに対し10個以上（B）の場合が55遺跡（9％）、30個以上（C）の場合が13遺跡（2％）、50個以上（D）の場合が10遺跡（2％）、100個以上（E）の場合が7遺跡（1％）となっている。

地域別に出土数ランクをみると、細石刃石核の出土が50個以上（D・E）の遺跡を保有するのは、北海道東部・北海道西部・中部北半・中部南半・四国山陽・九州北部・九州南部の地域である。多数出土遺跡の代表例としては、北海道東部では白滝服部台2遺跡で93点、北海道西部では新道4遺跡で88点、中

表１　一遺跡での細石刃石核の出土個数

地域	1遺跡での細石刃石核の出土個数					遺跡数　計
	A	B	C	D	E	
	0〜9個	10〜29個	30〜49個	50〜99個	100個以上	
北海道東部	26	9	1	4		40
北海道西部	10	3	1	1		15
東北北部	5	1				6
東北南部	29	1				30
中部北半	27	1		1		29
中部南半	33	1		1	1	36
北関東	26	1				27
南関東	49	9	3			61
東海	31	6	2			39
近畿	37					37
四国･山陽	10	2	1	1	1	15
山陰	29	2	1			32
九州北部	197	14	2	2	2	217
九州南部	28	5	2		3	38
遺跡数　計	537	55	13	10	7	622
%	86	9	2	2	1	100

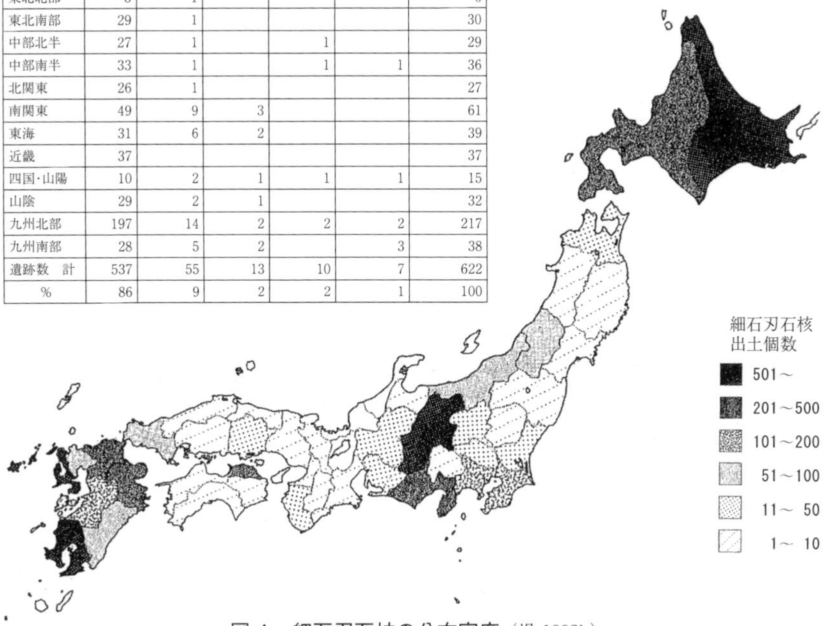

図４　細石刃石核の分布密度（堤 1993b）

部北半では荒屋遺跡で56点、中部南半では矢出川第Ⅰ遺跡で644点、四国山陽では花見山遺跡で277点、九州北部では泉福寺洞穴第Ⅲ文化層で341点、九州南部では加栗山遺跡で349点、加治屋園遺跡で343点、成岡遺跡で180点の細石刃石核が出土している。

なお622遺跡を個別でみると、細石刃石核をもっとも多く出土したのは、矢出川第Ⅰの644点(国内出土総数の８%)、ついで加栗山が349点、加治屋園343点、泉福寺洞穴第Ⅲ文化層341点（いずれも国内出土総数の約４%）となっている。なお、泉福寺洞穴はⅠ～Ⅳの各文化層を合計すれば721点（国内出土総数の９%）となる。

こうした多数の細石刃石核出土遺跡は、細石刃遺跡の分布の核地域に１から数遺跡程度存在しており、細石刃遺跡の総数からすれば数%に満たないその

表２　細石刃と細石刃石核の出土構成比

地域	遺跡（文化層）	点数比	%
		（MB ： MC）	（MB ： MC）
九州	泉福寺　Ⅱ文化層	3098 ： 307	91 ： 9
	福井　3層	250 ： 23	92 ： 8
	加栗山	2532 ： 349	88 ： 12
	成岡	721 ： 180	80 ： 20
	榎崎Ａ	101 ： 15	87 ： 13
四国	花見山	524 ： 277	65 ： 35
	大浦	315 ： 45	88 ： 12
	羽佐島	188 ： 73	72 ： 28
	大奴田場Ａ	750 ： 13	98 ： 2
	休場	891 ： 19	98 ： 2
中央高地	矢出川Ⅰ（明大発掘）	250 ： 145	63 ： 37
	中ッ原5B	160 ： 4	98 ： 2
	上ノ原	46 ： 23	67 ： 33
関東	大林	44 ： 33	57 ： 43
	白草	478 ： 1	99 ： 1
関東	新橋	33 ： 2	94 ： 6
	多摩ニュータウン769	300 ： 20	94 ： 6
	代官山Ⅲ	461 ： 36	93 ： 7
	下鶴間長堀	321 ： 27	92 ： 8
	後野Ｂ	167 ： 4	98 ： 2
	頭無	121 ： 2	98 ： 2
	月岡	93 ： 5	95 ： 5
	荒屋	1163 ： 56	95 ： 5
東北	角二山	1390 ： 13	99 ： 1
	越中山Ｓ	79 ： 6	93 ： 7
北海道	新道4	951 ： 88	92 ： 8
	美利河1	1107 ： 30	97 ： 3
	服部台2	207 ： 93	69 ： 31
	暁	8700以上 ： 70以上	99 ： 1
	緑丘Ｂ	829 ： 4	99 ： 1

存在状況からは、通常の居住・消費地遺跡とは異なり、おそらく細石刃生産のための石核もしくは石核原材の補給拠点としての機能を果たしていたことが想定される。例えば、白滝服部台２遺跡は白滝黒曜石原産地を控えた、花見山遺跡は五色台玻璃質安山岩原産地を控えた補給拠点と考えられる。一方、これらの遺跡の中には矢出川遺跡や泉福寺洞穴・加栗山遺跡・加治屋園遺跡のように原産地から離れた例もみられるが、おそらくそれは原産地と消費地を結ぶ補給中継拠点などの役割を担っていたものとみられる。

(3) 細石刃と細石刃石核の出土割合

１遺跡での細石刃（MB）と細石刃石核（MC）の出土割合について検討しておく。表２には、30の発掘資料を取り上げ、その比率を示した。

全体を眺めると、およそ７割にあたる遺跡は、細石刃に対する細石刃石核の出土割合が１割に満たないものといえる。例えば泉福寺Ⅱ文化層では、細石刃3098点に対し細石刃石核307点が出土し、91：9という比となる。さらに細石刃99：細石刃石核１という比率の遺跡として、北海道の暁・緑丘Ｂなどがある。緑丘Ｂ遺跡では細石刃829点、細石刃石核４点となる。こうしたあり方は、大量の細石刃がそれぞれの遺跡で生産されたのち残核が他に搬出されたか、他の遺跡で生産された多量の細石刃がこれらの遺跡に持ちこまれた状況と考えられる。

これに対し、花見山遺跡（香川県）では65（MB）：35（MC）、大林遺跡（千葉県）では57（MB）：43（MC）という比率をみせ、細石刃石核の数に比べ細石刃の数が少ない例といえる。例えばひとつの細石刃石核から10本の細石刃が生みだされたと少なめに見積もって大林をみても、33点の細石刃石核からは330本の細石刃が生みだされた計算になるが、実際出土したのは44点のみである。細石刃はその小型さゆえ、発掘調査においては当然サンプリングエラーというバイアスはつきまとうのだろうが、それを差し引いても細石刃石核の数に比べ細石刃の数の少なさが注意される。おそらく大量に生産された細石刃の多くは、他の地点へと搬出されたものと考えられる。

細石刃、細石刃石核のこうした数量比は、遺跡内での細石刃生産、他遺跡への細石刃・細石刃石核の搬出入といった生産−消費の工程連鎖の中に位置付けられよう。

5　細石刃期の核地域と人口分布

(1) 細石刃期の核地域

前項では日本列島の細石刃遺跡の分布を把握し、石器の数量的把握作業をおこなった。ここでは、遺跡の群在性や遺物量などに加え、細石刃石核の型式や細石刃技法、石材需給圏などをふまえ、その地域性を概観する。日本列島における細石刃石器群の展開地域は、以下のⅠ～Ⅸの9ブロックを核として把握できる。

Ⅰ：北海道東部地域　オホーツク海へと注ぐ湧別川・常呂川・網走川流域、太平洋へと注ぐ釧路川流域、十勝川流域のそれぞれに遺跡群が形成される。細石刃技法には、湧別技法など削片系細石刃技法が採用されるほか、ホロカ技法などもみられる。良質かつ豊富な白滝・置戸・十勝三股などの黒曜石の消費経済圏である。代表的な遺跡には、白滝服部台遺跡や置戸安住遺跡などのほか、暁遺跡や上似平遺跡などがある。

Ⅱ：北海道西部地域　渡島半島から石狩平野にかけての遺跡集中地域。湧別技法など削片系細石刃技法が採用されるほか、ホロカ技法などもみられる。赤井川産黒曜石や珪質頁岩などの消費経済圏である。代表的な遺跡には、柏台1遺跡、美利河1遺跡、新道4遺跡、湯ノ里4遺跡などがある。

Ⅲ：東北日本海沿岸地域　山形や新潟など日本海沿岸を中心に遺跡が分布し、主には湧別技法など削片系細石刃技法が採用され、ホロカ技法などもみられる。反面、矢出川技法は局所的にみられるが、そのあり方はきわめて貧弱である。珪質頁岩や男鹿産黒曜石などの消費経済圏である。珪質頁岩を利用する荒屋遺跡や角二山遺跡のほか、男鹿産黒曜石などを利用する樽口遺跡などがある。

Ⅳ：中央高地・南関東地域　中央高地および南関東を主とする地域。野辺山高原、相模野・武蔵野・下総の各台地に遺跡が集中する。箱根・愛鷹山麓の遺跡もこの地域に含めて考えたい。矢出川技法を保有し、和田峠産黒曜石のほか神津島産黒曜石・天城箱根産黒曜石などのなどの消費経済圏であり、またそれぞれの地域に産出する凝灰岩やチャートなどの石材が用いられる場合もある。矢出川遺跡、代官山遺跡、大林遺跡、休場遺跡などがある。その後半期には、削片系細石刃石器群もみられる。

Ⅴ：東海地域　磐田原台地や各務原台地などに分布する。海老山技法による舟底形細石刃石核などを保有し、同地域に産出する頁岩やチャートなどの消費経済圏である。海老山遺跡、寺田遺跡、壁川崎遺跡などがある。

Ⅵ：備讃瀬戸地域　瀬戸内海羽佐島・与島など島嶼部の丘陵頂部に分布する。矢出川技法や、福井技法の影響のある細石刃技法を保有し、香川県五色台付近で産出する玻璃質安山岩などの消費経済圏である。花見山遺跡・大浦遺跡・羽佐島遺跡などの遺跡がある。

Ⅶ：北九州地域　北部九州地域では、列島内で細石刃遺跡の集中がもっとも密にみられる地域である。特に佐賀県から長崎県にかけての東松浦半島・北松浦半島は遺跡の密集度がきわめて高く、西彼杵半島や島原半島にも分布が広がり、国内の４分の１の遺跡が存在する。このほか福岡平野周辺の遺跡分布も密である。その前期には矢出川技法、後期には福井技法を有し、腰岳・牟田・針尾などの黒曜石の消費経済圏である。福井洞穴・泉福寺洞穴・野岳遺跡・百花台遺跡などがある。

Ⅷ：東九州地域　大分県の大野川流域に密な遺跡分布をみせる。矢出川技法や船野技法を有し、大野川流域の流紋岩などの消費経済圏である。上下田遺跡・市ノ久保遺跡・松山遺跡などがある。

Ⅸ：南九州地域　薩摩中央台地や鹿屋台地など鹿児島に遺跡が集中するほか、人吉盆地などにも遺跡の集中がみられる。また、宮崎平野の遺跡は東九州地域との関連性も強い。矢出川技法のほか、加治屋園技法・畦原技法を有し、黒曜石・水晶・珪質凝灰岩などの消費経済圏である。鹿児島では、黒曜石は三船・上牛鼻など、水晶は高隈山に原産地が存在する。とくに加治屋園技法・畦原技法は南九州に限定される技法であり、その地域性をよく示している。代表的な遺跡には成岡遺跡・加治屋園遺跡・加栗山遺跡・西丸尾遺跡などがある。

(2) 人口分布

北海道から九州にかけての細石刃期の9つの核地域を示した。これらの地域を構成する遺跡分布や遺跡規模は、その人口密度を顕著に反映しているものと考えられる。これらの地域の中でも特に遺跡集中が密で、加えて規模の大きい遺跡を有するのは、「北海道東部」、「中央高地〜南関東」、「北九州」、「南九州」の4地域であり、細石刃期においては、とくにこの4地域に人口密度が高かったことが考えられよう。

鈴木忠司による細石刃遺跡の分布論的検討では、その分布は「北海道に一番多く、九州・中部がこれにつぎ、東北地方が一番少ない」とされ、これにいくつかの留意点を考慮しても「細石刃文化遺跡の量的分布はおおよそ北海道に60%、残りの40%を本州以南が占めていた」との予測がなされるという。すなわち細石刃期における人口集中は北海道にあるとされるのである（鈴木 1992）。しかし、さきに北海道の細石刃文化の約1万年間という存続期間をみたように、本州の何倍かにあたるその存続期間を考慮した場合、見かけ上の分布は時期的限定によってかなり薄まるものと考えられ、北海道のみが突出した人口密度をみせているとはいえない状況にあろう。とはいえ、北海道に一定の人口がみられるのも確かである。したがって「北海道東部」を含め、「中央高地〜関東」、「北九州」、「南九州」という4つの地域ブロックがより人口の濃密な地域で、これに「北海道西部」・「東北日本海沿岸地域」・「東海地域」・「備讃瀬戸地域」・「東九州地域」が続いたと考えられる。

一方、東北地方の太平洋側、北陸・山陰地方および二上山周辺などの近畿地方、四国地方太平洋側などは、遺跡分布があまりみられず、また少数遺跡自体の規模も貧弱で、人口密度の希薄な地域であったものと考えられる。当然のことながら、このように人口の濃密地域と希薄地域といった人口傾斜が生じていたことがうかがえる。

列島内においては、さらに巨視的にみれば、湧別技法で代表される東北日本と、矢出川技法で代表される西南日本という、東西に大きく分離される地域性が生じていたことが理解される。なお、こうした東西の地域性の成立は、細石刃石器群の起源論と結びつき、大陸との関連性をふまえた伝播系統論あるいは自生説の中で論じられてきた経過がある。こうした起源論あるいは系統論は従来からの重要テーマであるが、本論の主旨から外れるため、ここでは分布の現象的側面をとらえるにとどめ、あえて言及しないでおきたい。

(3) 人口支持力と有効環境

日本列島の細石刃期において9つの地域ブロックを生み出す背景としての人口支持力（環境収容力）は、どの点にあったのだろうか。人口支持力を規定する有効環境effective environment（Binford 1968）において、動物相・植物相にみる食料資源環境、および食料獲得のための生産用具を生み出す原材資源環境、具体的には石材資源環境など、資源環境の持つ意味はきわめて重要と考えられよう。9つの核地域において人々は、それぞれの資源環境において生業適応をはかっていたものと推定される。

北海道東部地域においては、最終氷期極相期にはグイマツ・ハイマツを主とする疎林と草原が展開していたとされ（小野・五十嵐 1991）、鈴木忠司は可食植物としてハイマツとノイチゴ・クロマメノキ・コケモモなどベリー類を限定的にあげ、トナカイ・バイソンなどの北方草原性の大型獣の狩猟が主たる生計の基盤となっていたことを想定する（鈴木 1993）。北方草原性の大型獣については絶滅の可能性も否定できないが、おそらく鈴木が述べるように植物質食料の利用はかなり限定され、狩猟に比重がおかれた生業が展開していたとみることに無理はあるまい。

一方、東北地方の削片系細石刃遺跡は、荒屋遺跡の立地などに象徴されるように、より河川次数の高い、すなわち大きな河川の合流点に遺跡が形成されることが指摘され（桜井 1989）、加藤晋平らが問題を提起した（加藤・松本 1984）サケ類などの内水面漁撈が生業として採用されていた可能性も高く(3)、そうした集約的な生業がこの地域の人口支持力となりえたことが考えられる。これに対し中央高地の野辺山高原などは河川の源流部にあたることなどから、遡河性魚などの内水面漁撈にあってはもっとも不利な位置にあり、動物質食料としては、大型獣絶滅後のイノシシ・シカ類など中型獣を想定しておくほかない。また、標高1300mを超える高原地帯にあってのは、可食植物はチョウセンゴヨウやハシバミあるいはベリー類などきわめて限定されたと考えられる（鈴木 1993）。関東の平野部においては、野辺山高原に比較して可食植物リストは多様であったと考えられるが、動物類についてはやはり中型獣狩猟を想定しておくほかなく、矢出川技法を有する細石刃石器群ではその遺跡立地からして遡河性魚などの内水面漁撈採用の可能性は低いと考えられる。

西南日本においては、東北日本の亜寒帯針葉樹林に対する落葉広葉樹林から得られるクルミなど植物質食料への依存は高まっていたことが想定される。とくにその南端にあたる南九州にみられる磨石類や石皿類の充実からは、暖温帯常緑広葉樹林からもたらされるナッツ類などの利用を物語っており、次期の東黒土田遺跡のドングリ貯蔵例にみるようにナッツ類の貯蔵戦略の開発も想定される。石皿などは持ち運び困難な場所備品類として定住化の方向性を示す要素であろう（雨宮 1992）。鹿児島県仁田尾遺跡においては、いわゆる逆茂木を伴う陥し穴が検出されており（宮田 1996）、イノシシ・シカなどの中型獣を捕獲するワナ猟システムが整えられたことを示している。こうしたバックグラウンドが南九州地域に人口集中をもたらしたと考えられ、さらには縄文草創期への発展へと継続される。

ところで、細石刃は、小型で極薄のデリケートな生産品であり、またそれを生みだす押圧剥離(4)が有効性を高めるには、黒曜石や珪質頁岩などより均質で良質な石材の要求が強かった。ナイフ形石器や尖頭器と比較しても、黒曜石など緻密質石材への依存が大きいことが看取される(5)。したがって、良質な石材の供給が確保できる地理的環境内に細石刃遺跡が形成されたものと考えられる。

例えば、北海道東部・中部関東地域・北九州地域・南九州などの密集域は、白滝・和田峠・神津島・腰岳などの豊富な黒曜石類の供給を背景に形成されたものと考えられる。また、東北日本海地域は、山形などを中心としてみられる珪質頁岩を背景に、東海は頁岩やチャートを、備讃瀬戸地域は玻璃質安山岩を、東九州地域は流紋岩を背景に遺跡形成がなされた地域である。

逆にサヌカイト原産地である二上山地域に細石刃遺跡の分布がほとんど認められない点は、先に述べたようにナイフ形石器の遺跡がこの地域に集中するのとは対照的なあり方であり、注意される。細石刃のサヌカイト利用については、例えば備讃瀬戸の花見山では、9割が玻璃質安山岩であるのに対し、残りがサヌカイトやチャートなどで占められる（西村 1993）。サヌカイトが細石刃にまったく利用されないわけではないが、黒曜石や珪質頁岩に比べ緻密度や剝離性など品質ではやや劣るサヌカイトと細石刃との結び付きの弱さがうかがえる。したがってその資源領域に細石刃遺跡の形成がなされないものと考えられる。

以上、本項でとらえられた日本列島の9つの核地域は、それぞれの食料資源環境や石材環境で示される有効環境のもと、共通の細石刃生産様式と石材消費経済領域をもって成立していた。そしてその地域内には、情報・婚姻・生業経済などの諸点でネットワークを形成するいくつかの単位集団の遊動生活が営まれていたものと考えられる。

註

(1) 鈴木忠司は、旧石器（岩宿）時代と縄文時代草創期の細石刃資料および遺跡を区別した統計をおこなっている（鈴木 1992）。それに基づくと、537遺跡のうち旧石器時代が405遺跡、縄文時代が132遺跡となるという。ここでは、両者の厳密な弁別が困難であること、またいわゆる過渡的歴史的動態のなかで両者をむしろあわせて扱うことの意味も考え、一括して検討している。

(2) 註(1)によるように、土器の出現する縄文草創期の細石刃遺跡も含めた数値である。鈴木によれば（鈴木 1992）、九州の縄文草創期細石刃遺跡の占有比率は44％、県別には長崎62・佐賀61・福岡33・熊本32・大分25・宮崎30・鹿児島33％であるという。

(3) 細石刃期における遡河性魚類の内水面漁撈の採否については、鈴木忠司の否定的見解もある（鈴木 1993）。

(4) 細石刃剝離は、押圧剝離のみでなく直接打法・間接打法のいずれを用いても可能だとされるが（松沢 1979）、大沼克彦の剝離手法同定結果（大沼・久保田 1992）や美安慶子の剝離手法同定結果（美安 1996）をみても、全般に押圧剝離技術が採用されているものと考えられる。また、押圧剝離技術の採用にこそ、細石刃技術展開の基盤があったものと考えられる。

(5) 第4章第2節「八ケ岳東麓の石材環境と旧石器時代の石材利用」参照

第２節　相模野台地の細石刃石器群

1　相模野台地の細石刃石器群

相模野台地は、神奈川県中央部を流れる相模川東岸に広がり、その北東は多摩丘陵に接し、南は相模湾に臨んでいる。相模野台地における後期旧石器時代は、岡本勇らによる1960年の分布調査を嚆矢に（岡本ほか 1965）、相模考古学研究会などの詳細分布調査（相模考古学研究会 1971）や明治大学による月見野遺跡群調査（明治大学月見野遺跡群調査団 1969）などによってその様相が明らかにされ、近年では地元市町村や神奈川県などによる行政調査、あるいは民間調査によって新たな発見がもたらされつつある。

相模野台地の特性のひとつは、良好なローム層堆積にあり、立川ローム層の堆積のみを取り上げても７～８mという厚さを測り、加えてその中には暗色帯が発達、層序区分にもきわめて都合がよい。したがって石器群の層位的出土事例にも恵まれた相模野が日本列島の後期旧石器時代の編年的研究などに寄与してきた部分はきわめて大きく（神奈川県考古学会 2001）、列島有数の後期旧石器時代の研究フィールドといえる。

相模野台地において発掘調査のなされた細石刃石器群は40例を超え（表３）、それらの中には充実した内容をみせるものも少なくない。層位的にはL1H層からBB0層～L1S層にかけて出土し、層厚80cmの範囲におよぶ包含層の中で層位的上下差をもって出土している点で、編年的にも整理しやすい側面を有している。

本節では、まず相模野台地の細石刃技術の整理を層位的出土事例に基づいておこない、その石器組成について検討を加え、その様相全体を俯瞰したい。あわせて、相模野台地の細石刃遺跡のセトルメントシステムについて言及してみたい。

なお、遺跡名および文化層名が頻繁に登場し長く繁雑となるため、略記をおこなった遺跡があり、註（1）に対応関係を示した。

表3　相模野台地の細石刃石器群と

No.	石器群	細石刃	細石刃石核	細石刃石核原形	ナイフ形石器	尖頭器	有茎尖頭器	掻器	削器	抉入石器	錐状石器	彫刻刀形石器	楔形石器	ストーン・リタッチャー	加工のある剥片	微小剥離痕のある剥片	礫器	打製石斧	局部磨製石斧
1	寺尾Ⅰ			1		58			5					1	3	4		5	1
2	勝坂	1	1			7	2		2		1				5		1		
3	月見野上野1Ⅱ	31	2		5	10		2	2						2	1		1	1
4	長堀北Ⅱ	52	1	1		13			1				1		3			1	
5	下鶴間長堀Ⅰa	321	27	15	1				15						4	11	3		
6	大和市No.192	4	1																
7	月見野上野3Ⅰ		1													1	1		
8	上和田城山6Ⅰ	29	12						2						2	1	2		
9	相模野No.149	62	11					1	6							1			
10	上草柳1・Ⅰ	147	6	5	1	4			3	1				2	3	5	1		
11	大和市No.26	8																	
12	上草柳3東	3																	
13	上草柳4	2																	
14	福田札ノ辻		1																
15	新戸	4														1	1		
16	栗原中丸Ⅱ	117	1	2					9				3		7	15	44		
17	報恩寺	68	12	1	2			2	10		4				10	16	10		
18	深見諏訪山Ⅱ	17	1						2										
19	上和田城山3Ⅱ	1															2		
20	台山Ⅱ	566	12						6		4				14	11	6		
21	代官山Ⅱ	12	4		1	1			1						5	5			
22	長堀北Ⅲ	7			1										4	3			
23	風間Ⅰb	19	1		1	6			15				5		9	27	6		
24	かしわ台駅前Ⅰ	141	4	4							1		1		3	6			
25	下九沢山谷Ⅰ	1	1																
26	草柳中村Ⅰ	12			1				3						2	10			
27	栗原中谷Ⅰ	4																	
28	中村Ⅱ	10	5	3	1				2				1			12			
29	栗原中丸（市）Ⅰ	3	2																
30	長堀南Ⅱ	1																	
31	月見野上野1Ⅲ－Ⅰ	225	5	3				1	2		1				3	20	1		
	月見野上野1Ⅲ－Ⅱ	95	5	2					3		1					28	1		
	月見野上野1Ⅲ－Ⅲ	5													1	4	14		
32	上草柳3中央Ⅰ	96	7	2	2				3				2		1	10			
33	上和田城山4ⅡA	40							7							5			
	上和田城山4ⅡB	8	4	1					5				1			11			
	上和田城山4ⅡC	4				12			6							15			
34	慶応SFCⅠ		1			1									1				
35	サザランケⅡb	67	12	2					2							12	1		
36	かしわ台駅前Ⅱ	85	1													2			
37	柏ケ谷長ヲサⅣ	155	1	4					2				2		4	2	3		
38	代官山Ⅲ	461	36	8		4		1							3	3			
39	吉岡A	1																	
40	吉岡B	1018	74	62		5									1	4	2	1	
	計	3903	252	116	16	121	2	7	114	1	12	0	16	3	90	246	99	8	2

その石器組成

石器群	磨石	敲石	その他	剥片・砕片	石核	不明	石鏃	土器	総点数	礫群・配石	生活面	黒曜石の有無	細石刃石核の類型	段階
寺尾Ⅰ		1		1096	1			46	1222	なし	LIS	なし	C	4
勝坂		1		581				21	623	なし	LIS上面	なし	C	4
月見野上野1Ⅱ		1		1628	1			24	1711	礫群	LIS上面	なし	C	4
長堀北Ⅱ				811					884	礫群	LIS中位	なし	C	4
下鶴間長堀Ⅰa		1		813					1211	なし	LIS下部	なし	B	3
大和市No.192									5	なし	不明	なし	B	3
月見野上野3Ⅰ				3					6	なし	BB0	なし	B	3
上和田城山6Ⅰ	1	1							50	礫群	LIS上面	なし	A3	3
相模野No.149				224	1				306	なし	LIS下面	なし	A4	3
上草柳1・Ⅰ				327	4				509	礫群	BB0中位	有	A2/B	3
大和市No.26						26			34	なし	BB0上面	なし	不明	2
上草柳3東									3	なし	LIS	有	不明	2
上草柳4									2	なし	BB0	有	不明	2
福田札ノ辻									1	なし	LIS	有	A2	2
新戸		1		6	4				17	なし	LIS下部	有	不明	2
栗原中丸Ⅱ		10		682	14				904	配石	LIS下部	有	A2	2
報恩寺			4	446	10				595	なし	BB0上面	有	A2	2
深見諏訪山Ⅱ									20	なし	BB0上面	有	A2	2
上和田城山3Ⅱ									3	礫群	BB0上面	有	不明	2
台山Ⅱ			11	796					1426	礫群	BB0上部	有	A2	2
代官山Ⅱ	2	1		413					445	礫群	BB0上部	有	A2	2
長堀北Ⅲ				60					75	礫群	BB0上部	有	不明	2
風間Ⅰb	8	20	10	179	13	11			330	礫群	BB0上部	有	A2	2
かしわ台駅前Ⅰ				249	1				410	礫群	BB0上部	有	A2	2
下九沢山谷Ⅰ									2	なし	BB0上部	有	A2	2
草柳中村Ⅰ				72					100	礫群	BB0中位	有	不明	2
栗原中谷Ⅰ				5	1				10	礫群	BB0中位	有	不明	2
中村Ⅱ			3	212		1			250	礫群	BB0中位	有	A2	2
栗原中丸（市）Ⅰ									5	なし	BB0中位	有	A2	2
長堀南Ⅱ				1					2	なし	BB0下部	有	不明	2
月見野上野1Ⅲ-Ⅰ			1	262		1			525	礫群	BB0下部	有	A2	2
月見野上野1Ⅲ-Ⅱ				168		1			304	礫群	BB0中位	有	A2	2
月見野上野1Ⅲ-Ⅲ			1	518					543	なし	BB0下部	有	A2	2
上草柳3中央Ⅰ				293	2				418	礫群	BB0下部	有	A2	2
上和田城山4ⅡA				45	4				101	なし	BB0下部	有	A2	2
上和田城山4ⅡB			15	71	5				121	なし	BB0下部	有	A2	2
上和田城山4ⅡC				433		2			472	なし	BB0下部	有	なし	2
慶応SFCⅠ				26					29	礫群	BB0下部	有	A2	2
サザランケⅡb		3	1	130					230	なし	BB0下底	有	A2	2
かしわ台駅前Ⅱ				36					124	なし	LIH上部	有	A2	2
柏ケ谷長ヲサⅣ				540	4				717	配石	LIH上部	有	A2	2
代官山Ⅲ		1	6	977	1				1501	礫群	LIH上部	有	A1	1
吉岡A		1		42					44	礫群	LIH上部	有	A1	1
吉岡B		8		3458		5	1		4639	なし	LIH上部	有	A1	1
計	11	50	52	15603	66	47	1	91	20929					

2　細石刃技術とその型式

(1) 細石刃技術

日本列島における細石刃技術に関しては、当初半円錐形とか船底形といった漠然とした細石刃石核の形態認識がなされていたが、小林達雄はその細石刃技術の体系的な整理をおこなってシステムＡ・Ｂの２者による技術類型の認識を示した（小林 1970）。湧別技法に代表されるシステムＡ、および矢出川・休場の各技法に代表されるシステムＢである。また、鈴木忠司も半円錐形などとされた細石刃石核を再検討し、野岳・休場型という技術型式理解を示した（鈴木 1971）。安蒜政雄は、R. モーランが提唱し細石刃技法か否かの位置付けが不明確であったホロカ技法（Morlan 1967）も含め、日本の細石刃技術を、湧別技法・峠下技法・西海技法にみる第１形態、ホロカ技法の第２形態、矢出川技法の第３形態の３者に分類し、第１形態には調整形、第２形態には船底形、第３形態には稜柱形の細石刃石核があたるとした（安蒜 1979）。

筆者も大枠ではホロカ技法を含めた安蒜の認識を尊重し、日本列島における細石刃石核の技術形態を、稜柱形・舟底形・楔形に大別して理解している。すなわち、稜柱形は、矢出川技法により、細石刃石核原形が角や稜をもった立方体もしくは板状を呈しているもので、特定の整形手順をふまないもの。舟底形は、ホロカ技法などにより、素材の分割面が細石刃剥離の際の打面とされ、原形が舟底形に整形されるもの。楔形は調整素材が用意され、縦方向に削片が剥離され打面が作出されるか（湧別技法など）、横方向からの剥離による打面形成がなされるもの（西海技法）である。稜柱形には、野岳・休場型（鈴木 1971）あるいは矢出川型（安蒜 1979）、舟底形には幌加型（鶴丸 1979）や船野型（橘 1979）、楔形には白滝型（吉崎 1961）・札滑型（吉崎 1959）や荒屋型（大塚 1968）もしくは福井型（橘 1979）などの型式が含まれる。

相模野台地の細石刃石核について筆者は、その技術型態学的理解をかつて試みたことがある（堤 1987）。以来10年以上を経過したが、その間、その理解についていくつかの批判がなされ（砂田 1988）、一方でさらに10以上の細石刃石器群の検出例が加わり、新たな理解も提示されている（砂田 1994）。したがって、相模野台地の細石刃技術について筆者なりに再検討する必要が生じてきた。

相模野台地においては、現時点で250点あまりの細石刃石核と100点を越す細石刃石核原形が検出されている。ここではそれら細石刃石核原形の作出法、細石刃石核原形の形態、打面調整・打面再生のあり方、利用石材などをもとに技術形態学的理解として、以下のA1・A2・A3・B・Cの各類型に分類を試みた。また、その技術形態的理解から導き出される型式学的理解の問題点も示しておきたい。

類型A1（代官山類型）　図５（１～６）

小型の黒曜石原石の分割素材か、もしくは原石そのままを細石刃石核原形とする。平坦な自然面をそのまま細石刃剥離打面とするもの、あるいは分割などの際の単剥離面を細石刃剥離打面として設定する場合が多い。自然面打面の場合、そのザラつきに打圧具のスリップを防ぐ効果があるのかもしれない。打面調整はなされない場合がほとんどで、側面調整はなされる場合となされない場合がある。打面再生は認められない。原産地同定の結果から、柏峠産の黒曜石があてられていることがわかる。その原石形状は直方体状のものが多く、露頭付近のいわゆるズリ状の原石があてられているものとみられる。

代官山Ⅲ（砂田 1986）、吉岡Ｂ区（砂田 1996）などの資料が本類型に該当する。

類型A2（上草柳類型）　図５（７～９）

小型の黒曜石原石、あるいは剥片を素材とし、若干の調整によって稜柱形の細石刃石核原形を準備、その分割面などを細石刃剥離打面にあてる。類型A1と異なる点は、入念な打面調整がなされる場合が多く、細石刃石核の打面再生もしばしばなされる点である。あてられる黒曜石には、主に信州系と神津島系の２者がある。

本類型には、柏ケ谷長ヲサⅣ（堤 1997d）・かしわ台駅前Ⅱ・同Ⅰ（小池編 1987）・上草柳３中央Ⅰ（堤 1984b）・月見野上野1Ⅲ（堤 1986a）・上和田城山4Ⅱ（中村編 1979）・栗原中丸Ⅱ（鈴木次 1984）・上草柳1ⅠのⅡ類〈黒曜石細石刃石核類〉（堤 1984a）など多くが該当する。

類型A3（上和田城山類型）　図５（10～12）

大型の礫から分厚い剥片を剥離し、その剥片を分割した稜柱形の素材を細石刃石核の原形とする。打面調整はある場合とない場合があり、打面再生は一部認められる。石材には相模野の在地系石材であるグリーンタフや、チャートなど非黒曜石が用いられる。

上和田城山6Ⅰ（中村編 1979）の良好な接合資料を本類型の基準とする。チャート

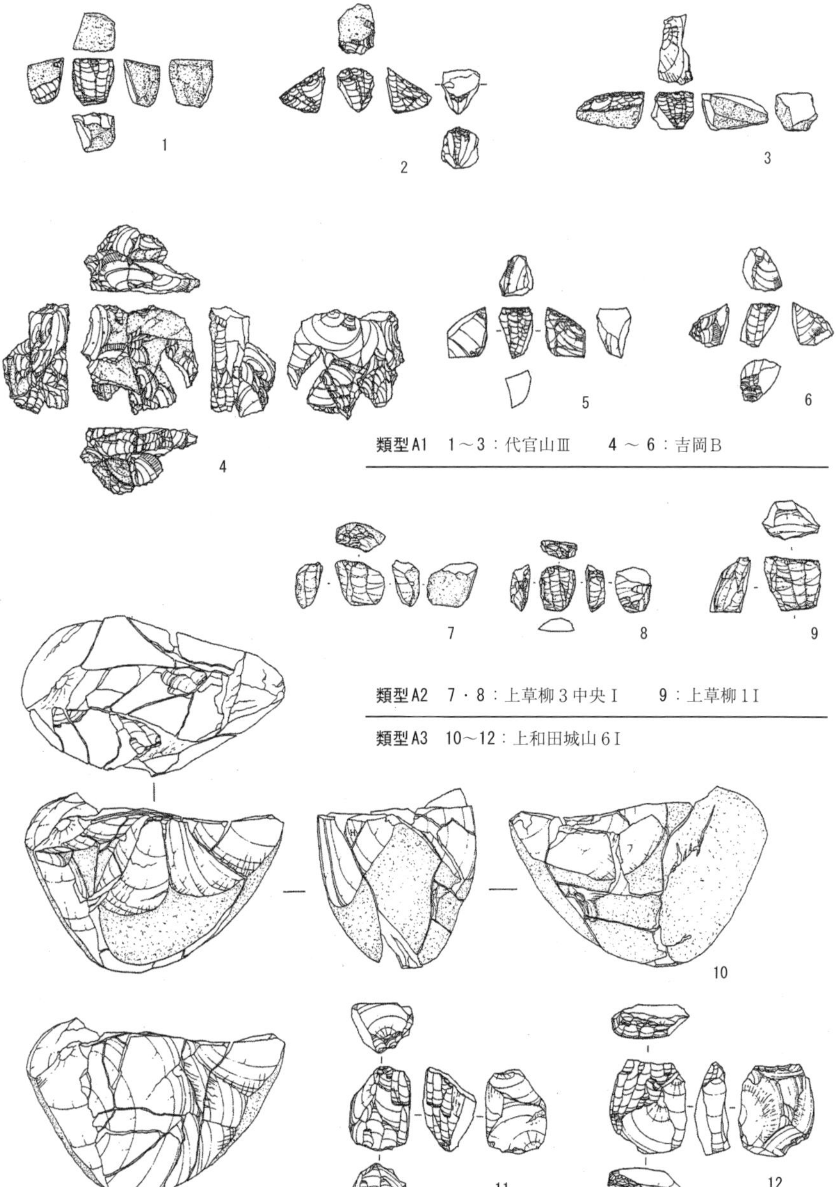

図５　相模野台地の細石刃石核（1/3）

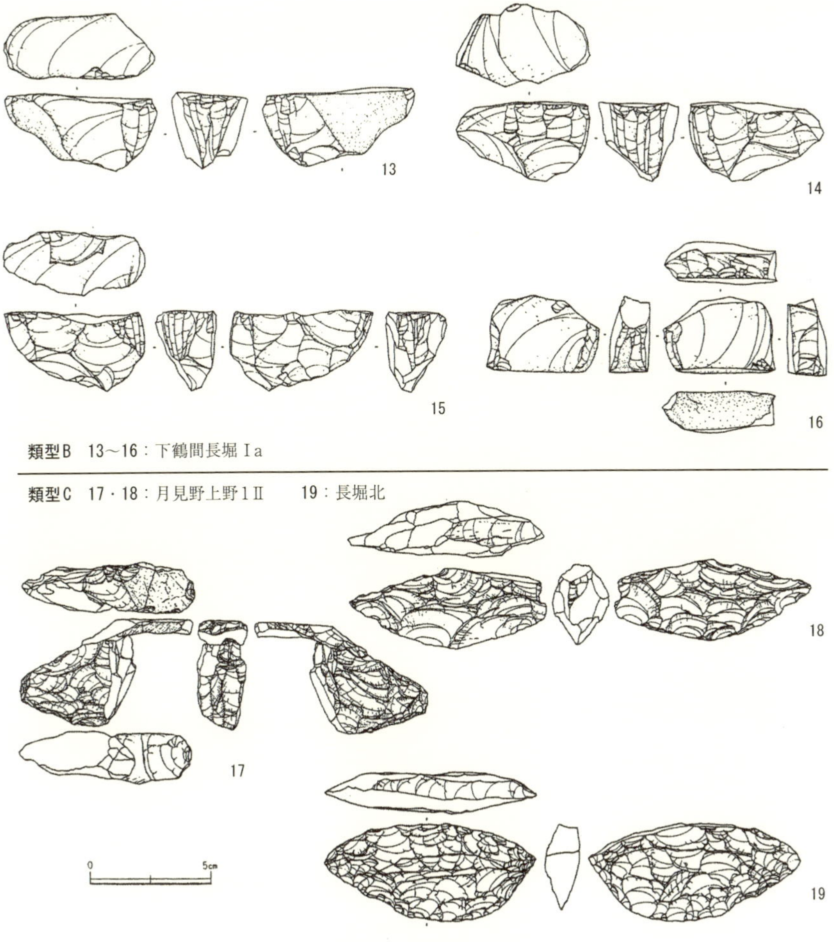

図６　相模野台地の細石刃石核（1/3）

の分厚い剝片を細石刃石核の素材とし、ひとつの原石から複数個の細石刃石核原形が得られている相模野No.149（鈴木ほか 1989）も本類型に該当させておく。

類型B（下鶴間長堀類型）　図６（13～16）

分厚い剝片を素材として、素材の主要剝離面あるいは背面、時に新たな分割面などから調整剝離を施して舟底形の原形を製作する。その甲板面を細石刃剝離打面に設定し、細石刃剝離をおこなう。打面調整は基本的にはなされないがごく稀にみられる場合がある。打面再生はなされない。石材には相模野のグリーンタフやチャートなど非黒曜石があてられる。

本類型は下鶴間長堀Ⅰaの報告において細石刃技法のⅠ類とした舟底形のもの（堤 1985）を標式として設定する。また、その変異として、下鶴間長堀Ⅰaの細石刃技法Ⅱ類とした（堤 1985）板状の剥片を分割し原形とするもの（図6-16）も本類に含めることが可能であろう[(2)]。上草柳1ⅠのⅠ類とした舟底形の細石刃石核原形類（堤 1984a）もこれに該当しよう。このほか吉岡遺跡群にも本類型に該当する舟底形の原形をもつ資料がある。

類型C（月見野上野類型）　図6（17〜19）

入念な剥離によって両面調整体を準備し、その長軸方向から数次の削片剥離をおこない、楔形の細石刃石核原形を製作する。打面再生はなされる場合があるが、打面調整はなされない。石材にはガラス質黒色安山岩やグリーンタフなど非黒曜石があてられる。

本類型には、月見野上野1Ⅱ（相田編 1986）や長堀北（小池編 1991）、勝坂（青木・内川 1990）などの細石刃技法が該当する。

(2) 細石刃石核の型式学的理解

ここでいう類型A1・類型A2・類型A3は、広く野岳・休場型の範疇で理解することは可能であろう。しかし、野岳・休場型の概念はきわめて広義であり、個々の技法の固有性が埋もれてしまう可能性がある。これを踏まえるなら、例えば類型A1はその固有性から「代官山型」なる型式設定が可能なのかもしれない。また、類型A2については「矢出川型」、類型A3については「上和田城山型」といった細別型式の設定が考えられる。ここではA類全体については、系統性を示す野岳・休場型という型式学的概念を示さず、稜柱形という形態的把握のみにとどめておきたい。なお、類型A1は「代官山技法」と呼ばれ船野技法との関連性も取り沙汰されており（砂田 1986）、稜柱形に含めることに疑義も生じているが、筆者は大枠では稜柱形の範疇に含めて認識している。

類型Bの舟底形細石刃石核については、ホロカ型か船野型かの議論がある。筆者は彫刻刀形石器の欠落から下鶴間長堀Ⅰaなどにみるこれらの細石刃石核について船野型の可能性を以前に指摘した経過があり、下鶴間長堀型との呼称をおこなった（堤 1986b）。しかし、西南日本と東北日本両系統の細石刃石器群の入り混じる相模野では、その型式学的な判断を性急に下すには問題が残り、現状ではその理解に関しては課題としておきたい。

類型Cの楔形細石刃石核は、かつて福井型との認識を示したが（堤 1987）、むしろ今日では北方系細石刃石器群の南下現象の中で把握することが肝要であり、湧別技法の流れを汲む北方系の削片系細石刃石核として再認識したい。

3　細石刃石器群の様相と変遷

(1) 細石刃技法の構成と変遷

これまでに検討した細石刃技術の類型は、単独でみられる場合と複合してみられる場合とがある。その構成に層位を加え、変遷の段階を追ってみる。

構成1：類型A1の細石刃技術がみられるL1H層
代官山Ⅲ、吉岡Bの細石刃石器群が該当。

構成2：類型A2の細石刃技術がみられるL1H～BB0層
柏ケ谷長ヲサⅣ・かしわ台駅前Ⅱ・同Ⅰ・月見野上野1Ⅲ・上和田城山4Ⅱ・栗原中丸Ⅱ・台山Ⅱなどの細石刃石器群が該当。

構成3：類型A2＋A3の細石刃技術がみられるBB0～L1S層
上草柳3中央Ⅰ・報恩寺などの細石刃石器群が該当。

構成4：類型A3の細石刃技術がみられるBB0～L1S層
上和田城山6Ⅰ・相模野No.149が該当。

構成5：類型Bの細石刃技術がみられるBB0～L1S層
下鶴間長堀Ⅰa・大和市No.192・月見野上野3Ⅰが該当。

構成6：類型A2＋類型Bの細石刃技術がみられるBB0層
上草柳1Ⅰが該当。

構成7：類型Cの細石刃技術がみられるL1S層
長堀北・月見野上野1Ⅱ・勝坂などが該当。

相模野台地の細石刃石器群については、鈴木次郎による変遷理解が当初に示され（鈴木次 1983）、その後筆者が3段階の変遷区分をおこなった経過がある（堤 1987）。また、諏訪間順による3段階区分（諏訪間 1988）、あるいは4段階区分（諏訪間 1991）、砂田による5段階区分がみられるが（砂田 1994）、ここでは上記の細石刃技術構成に基いて、以下の段階設定を提示しておくことにしたい（図7）。

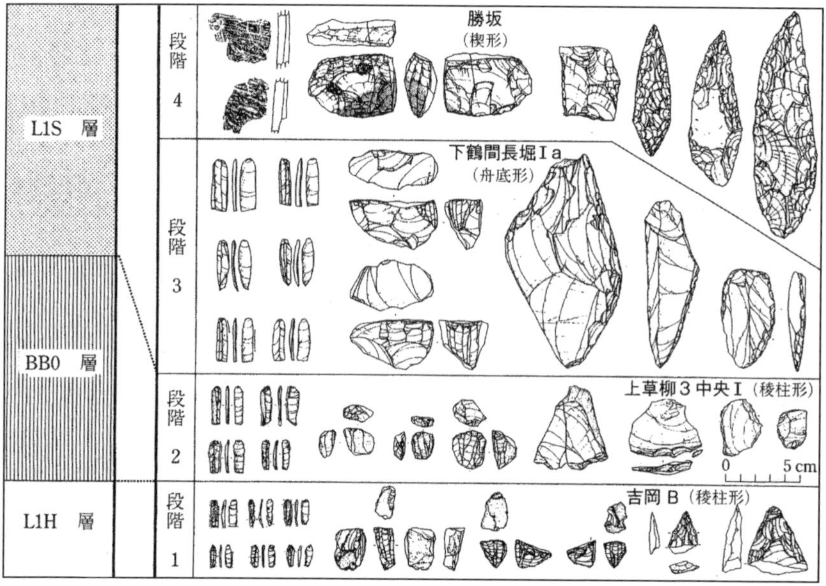

層位	石器群と細石刃技法の構成						
	構成 1	構成 2	構成 3	構成 4	構成 5	構成 6	構成 7
L1S 層							寺尾Ⅰ
							勝坂
				上和田城山6Ⅰ	下鶴間長堀Ⅰa		月見野上野１Ⅱ
		栗原中丸Ⅱ		相模野No.149	大和市No.192		長堀北
BB0 層		台山Ⅱ	報恩寺				段階４
		月見野上野１Ⅲ	上草柳３中央Ⅰ			上草柳第１Ⅰ	
		上和田城山４Ⅱ			段階３		
		かしわ台駅前Ⅱ					
L1H 層	代官山Ⅲ	柏ケ谷長ヲサⅣ					
	吉岡Ａ	段階２					
	吉岡Ｂ						
	段階１						

図７　相模野台地の細石刃石器群の構成と階段

段階１：細石刃技術構成１のみられるL1H層

段階２：細石刃技術構成２・構成３のみられるL1H層～L1S層

段階３：細石刃技術構成４・構成５・構成６のみられるBB0～L1S層

段階４：細石刃技術構成７のみられるL1S層

このなかでさらに、段階２については構成２→構成３の変遷が想定され、段階３については各構成の前後関係の把握が可能かと考えられるが、不明瞭な部分もあるため現状では大きくひとつの段階にまとめておく。

ここで層位と技法群の関係を示しておくと、類型Ａについては、類型A1（L1H）→類型A2（L1H～BB0）→類型A3（BB0～L1S）という変遷を追うことができる。類型ＢはBB0上部およびL1S層にみられ、細石刃石器群包含層の上半部に認められる構成である。類型ＣはL1S層のみに認められ、L1HおよびBB0層には認められない。すなわち最上層に認められる構成である。これらの変遷は、一遺跡において追える事例があり、例えば上和田城山遺跡では類型A2から類型A3の変遷が層位的に追え、月見野上野１遺跡では類型A2から類型Ｃの変遷を層位的に追うことができる。

(2) 細石刃の形態とその変化

細石刃の数

相模野台地においては、40以上の細石刃石器群において総計で3900点あまりの細石刃が出土している。点数的には、1000点代＝１遺跡（吉岡B1018点）、500点代＝１遺跡（台山Ⅱ566点）、500～200点＝３遺跡（代官山Ⅲ461点・下鶴間長堀Ⅰa 321点・月見野上野1Ⅲ-Ⅰ225点）、200～100点＝４遺跡、100～50点＝４遺跡、50～10＝７遺跡、10点以下＝22遺跡となっている。全体の半数の細石刃石器群が10点未満の細石刃の出土にとどまっているということになる。

折　断

相模野台地から出土している細石刃は、基本的にはいずれの類型の細石刃石核から生みだされる細石刃も折断[(3)]という過程を経て、シャフトへの装着がなされるものと考えられる。細石刃における折断の意味と折断部位の採用について筆者は、大和市上草柳１Ⅰ・同上草柳３中央Ⅰの細石刃の分析結果から、折断の目的は装着にあたっての不都合な部分の除去にあり、その際、刃部の長さを最大限に生かすようなかたちで不要部である頭部、末端部、あるいはその双方が折断除去されたとした。ただし、装着への支障がない場合、完形がそのまま用いられることがあったものと理解した。折断の方向は、背面側からの折り取りがやや多い傾向にあったが、定まったあり方ではなさそうだ（堤 1984e）。

細石刃の形態

細石刃の長さや幅について、さきの段階に照らしてみた場合、その変化はあるのだろうか。まず、細石刃の幅について検討してみよう。

表４にはさきの段階に即し細石刃の幅の分布とその平均を示した。まず段階１の細石刃の幅は、代官山Ⅲの細石刃にみるように非常に細身であり、平均値・最頻値ともに4mm台であることが特徴的である。段階２の細石刃の幅は、例えば柏ケ谷長ヲサⅣ・かしわ台駅前Ⅱ・月見野上野1Ⅲ-Ⅰなどで５～6mm台の平均値・最頻値を示している。また６～7mm台の平均値・最頻値を示す報恩寺などの細石刃もあり、段階２では段階１のきわめて細身の細石刃に対し幅の広い細石刃が数多く存在していることがうかがえる。

段階３の細石刃では、上草柳第1Ⅰで７～8mm前後、下鶴間長堀Ⅰaでおよそ6mm程度、上和田城山６Ⅰで６～7mm程度の平均値・最頻値を示している。段階４の楔形細石刃石核の細石刃では、ことに月見野上野1Ⅱのものは平均が10mmに近くかなり幅広で、形態的にも崩れたことがうかがえ、細石刃の消滅する最後の姿を示しているものと考えられようか。

いずれにせよ、図８に示したとおり、段階１にみる4mmほどの幅狭の細石刃から、以降、細石刃の幅広化傾向が段階２以降において追え、最終段階ではかなり幅広で崩れていることがうかがえる(4)。

次に細石刃の長さについてみてみよう。長さの検討にあたっては、完形細石刃の単純な長さの比較は無効であることをふまえておかなければならない。細石刃は基本的には折断という過程を経るわけであり、折断されず残された完形細石刃がその細石刃剥離を代表すべき長さを有している保証はないからである。また、稜柱形の細石刃石核においては打面再生をおこなうことが通例であり、その意味では最終的な細石刃残核の細石刃剥離長とは、あくまで最終打面における細石刃剥離長であることもふまえておく必要がある。加えて細石刃技法の相違においても生み出される長さの異なりの存在は当然であり、異なる技法間の比較も慎重でなければならない。以上をふまえたうえで、いくつかの細石刃石器群における細石刃残核の細石刃剥離長を比較してみる（表５)。

まず段階１であるが、代官山Ⅲでは細石刃剥離長は14～37mmにおよんでおり平均は20mm前後である。注意したいのは代官山の細石刃剥離技法においては打面再生が一切認められず、したがっていずれの数値も第一次打面での

表４　細石刃の幅の点数分布

石器群	細石刃出土点数	細石刃の幅の点数分布（mm）																	幅の平均mm
		1	2	3	4	5	6	7	8	9	10	11	12	13	14	15	16	17	
月見野上野１Ⅱ	31				4	2	4	1	1	4	7	2	1	2	3	2	1		9.9
長堀北Ⅱ	59					9	16	12	15	3	3		1						7.0
下鶴間長堀Ⅰa	313		1	6	25	80	101	74	21	8	4	1							5.9
上草柳１ⅠA	103			3	7	6	11	28	22	14	5	8	1						7.9
上草柳１ⅠB	44			2		3	7	6	9	6	7	1	3					1	8.5
上和田城山６Ⅰ	29			2		3	6	5	3	2	2								6.7
相模野No.149	69	1		1	5	24	9	8	9	4	2								6.1
栗原中丸Ⅱ	96				3	8	12	19	16	13	13	4	5	2			1		8.0
報恩寺	68			2	2	7	15	14	11	8	2	4	1		1				7.3
かしわ台駅前Ⅰ	193				11	36	33	33	23	3	1	1							6.2
月見野上野１Ⅲ-Ⅰ	225		1	8	31	78	56	33	11	5	2								5.6
上草柳３中央Ⅰ	96		4	8	17	25	20	11	6		1	1	1		1				5.2
かしわ台駅前Ⅱ	93				3	19	20	19	16	6	3								6.7
柏ケ谷長ヲサⅣ	200		6	9	47	43	39	30	14	15	1								5.4
代官山Ⅲ	461		2	11	56	49	16	11	1			1							4.3

表５　細石刃石核の細石刃剥離長の点数分布

石器群	細石刃石核の形態	打面再生の有無	細石刃石核の細石刃剥離長の点数分布（mm）																			
			13	14	15	16	17	18	19	20	21	22	23	24	25	26	27	28	29	30	31	32
月見野上野１Ⅱ	楔形	有			1																	
長堀北Ⅱ	楔形	有																		1		
下鶴間長堀Ⅰa	舟底形	無											2	1			1	2				1
上草柳１ⅠA	稜柱形	有											1									2
上草柳１ⅠB	舟底形	無																1				1
上和田城山６Ⅰ	稜柱形	有						1						1	1				1	1		2
相模野No.149	稜柱形	有							2			1	2	2		1						
栗原中丸Ⅱ	稜柱形	有									1											
報恩寺	稜柱形	有								2	1	3	3			1	1	1				
かしわ台駅前Ⅰ	稜柱形	有						2			1		1									
月見野上野１Ⅲ-Ⅰ	稜柱形	有	1				1		2						1							
上草柳３中央Ⅰ	稜柱形	有		1	1			2					1		2							
かしわ台駅前Ⅱ	稜柱形	有																				
柏ケ谷長ヲサⅣ	稜柱形	有							1	1												
代官山Ⅲ	稜柱形	無		1	2		1	5	3		1	3		1	1		1	2			1	

石器群	細石刃石核の形態	打面再生の有無	細石刃石核の細石刃剥離長の点数分布（mm）																		中間部平均長
			33	34	35	36	37	38	39	40	41	42	43	44	45	46	47	48	49	50	
月見野上野１Ⅱ	楔形	有		1																	19
長堀北Ⅱ	楔形	有																		1	11
下鶴間長堀Ⅰa	舟底形	無				1	2	1				1									13
上草柳１ⅠA	稜柱形	有										1									13
上草柳１ⅠB	舟底形	無											1								12
上和田城山６Ⅰ	稜柱形	有	2	1		1							1								17
相模野No.149	稜柱形	有																			12
栗原中丸Ⅱ	稜柱形	有																			10
報恩寺	稜柱形	有																			10
かしわ台駅前Ⅰ	稜柱形	有																			13
月見野上野１Ⅲ-Ⅰ	稜柱形	有																			10
上草柳３中央Ⅰ	稜柱形	有						1													9
かしわ台駅前Ⅱ	稜柱形	有						1													12
柏ケ谷長ヲサⅣ	稜柱形	有																			11
代官山Ⅲ	稜柱形	無			1		1														9

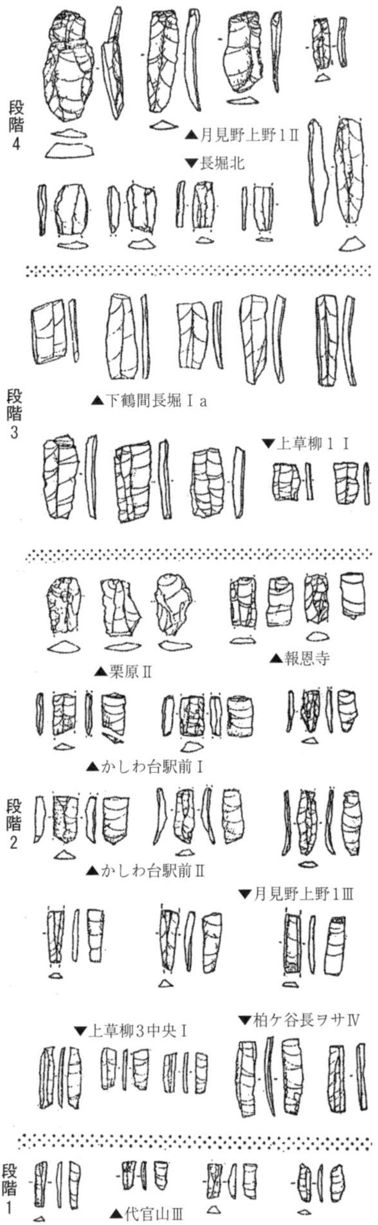

図８　段階ごとの細石刃の形態変化

細石刃剝離長である点である。

次に、段階２の柏ケ谷長ヲサⅣ・かしわ台駅前Ⅱ・上草柳３中央Ⅰ・月見野上野１Ⅲ-Ⅰ・報恩寺・栗原Ⅱなどでは、最終打面で13～28mmに細石刃剝離長がおよぶ。また、かしわ台駅前Ⅱや上草柳３中央Ⅰでは打面再生剝片の接合から、先行打面において38mm程度の細石刃が剝離されていたようだ。柏ケ谷長ヲサⅣ・月見野上野１Ⅲ-Ⅰ・上草柳３中央Ⅰでも打面再生剝片は存在するので、最終打面段階より長い細石刃が剝離されていたことが推測される。

段階３の稜柱形＋舟底形の構成では、上草柳第1ⅠＡ・Ｂで稜柱形の最終打面で22～32mmに、舟底形の最終打面で28mmに細石刃剝離長がおよんでいる。また、下鶴間長堀Ⅰaでは稜柱形の最終打面で15～35mmに、舟底形の最終打面で20～38mmに細石刃剝離長がおよんでいるが、双方とも20～38mmの間に主には分布することがうかがえよう。一方、城山6Ⅰでは24～36mmの間にほぼまとまるが、再生前の先行打面で42mmの細石刃剝離長がうかがえる。

段階４の楔形細石刃石核の剝離長では、長堀北で30mmと50mm、勝坂で50mm、月見野上野1Ⅱで15mmと34mmの分布をみせている。

細石刃中間部の長さの平均値についても表５に示してある。折断を経たこれらの細石刃の長さは、完形の長さほど分散せず、平均で 9 〜13mm の範囲に収まっていることがうかがえる。

以上、細石刃の長さの変化としてとらえられることは以下の点である。

① 段階 1 より、35mm を越えるより長い完形細石刃が存在する。

② 段階 2 以降には、17mm 以下の短い完形細石刃が減少する。

③ 各段階を通じ、折断をへて細石刃の長さの分散は縮まる。例えば中間部の平均で 9 〜13mm の範囲に収まる。

これらのことからは、「細石刃の長さは時期が下るにしたがってより長く－中略－なるという点を強く指摘できる」（砂田 1988）のではなく、作業面の長さに規制される短い細石刃の生産がなされなくなるという解釈が導き出されよう。また、求められたのはより長い刃部をもつ細石刃であったことも事実であるが、短いものでも数の組み合わせを多くすることで植刃器への対応は容易であり（加えて反りという難点も短いほど解消されることもあり）、したがって長さという属性は第一義的なものではないと考えられよう。

4　石器組成の変化

(1) 段階ごとの石器組成

段階 1 の石器組成　図 9：最下段（1 〜 3）

段階 1 は、類型 A1 の細石刃技法を有し、代官山Ⅲや吉岡Ｂの石器群に代表される。

代官山Ⅲでは、461 点の細石刃のほか、やや不安定な形態であるが偏平な剥片を素材とした掻器 1 点が出土している。また、4 点の尖頭器が細石刃ブロックより 20m 離れて出土している。このうち 2 点が接合し、実数は 3 点となる。いずれも黒曜石製で小型片面加工の尖頭器である（図 9-1・2）。

吉岡Ｂでは、細石刃 1018 点のほか、尖頭器 5 点・加工痕を有する剥片 1 点・打製石斧 1 点・礫器 1 点・敲石 8 点などがみられる。このうち打製石斧は細石刃ブロックとは 200m の距離を隔てて出土しており、その共伴性については問えない。この他石鏃とされるものが細石刃ブロックから出土しているが、基部に折れ面が残っており小型尖頭器の一部ともみなされる。尖頭器は 5 点出土しており、ホルンフェルス・珪質頁岩・黒曜石などを用いたもので、10cm 以上

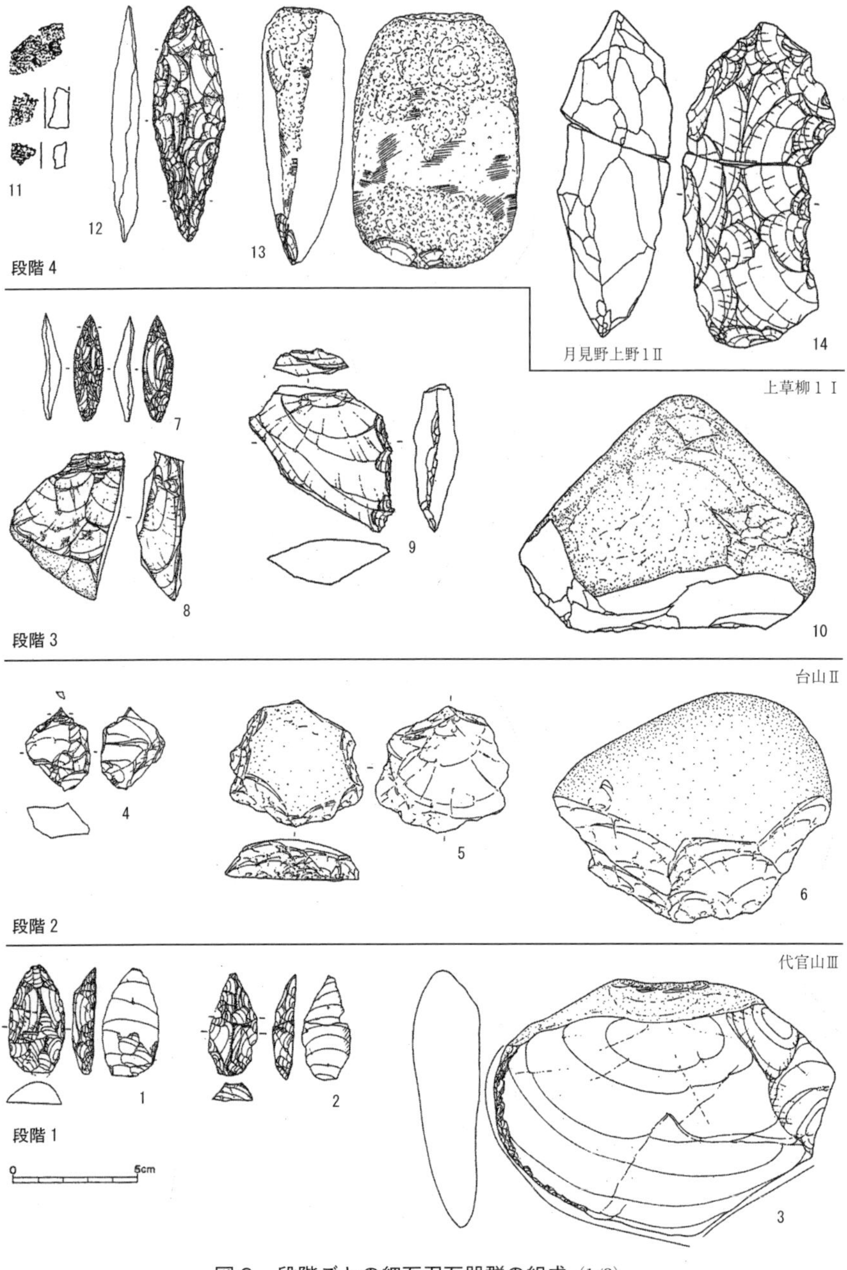

図９　段階ごとの細石刃石器群の組成（1/3）

の大型品から5cmほどのものがある。また、細石刃ブロック中にはいわゆるポイントフレイクなども残されており尖頭器の製作がなされていたことがうかがえ、その共伴性が確実視されよう。

以上、段階１の石器組成においては、共伴が不確実な打製石斧などを除いて、細石刃・尖頭器・掻器・加工痕を有する剝片・礫器・敲石などが組列するものとみられよう。とくに吉岡Ｂにみる尖頭器の共伴例に注意しておきたい。

段階２の石器組成　図９：３段目（４～６）

類型A2あるいはA3の細石刃技術、すなわち黒曜石あるいはそれ以外の石材による稜柱形細石刃石核がみられる段階２の組成を概観する。

この段階では、柏ケ谷長ヲサⅣでは細石刃155点のほか削器２・楔形石器２・礫器３点などの構成、かしわ台駅前Ⅰでは細石刃141点のほか錐状石器１・楔形石器１点などの構成、台山Ⅱでは細石刃566点のほか削器６点（図9-5）・錐状石器４点（図9-4）・礫器６点（図9-6）などの構成がみられる。

また、組成の中できわめて特徴的に伴うのが礫器である。この器種については、かつて礫器状石核か礫器かの認識で揺れ動いた時期があったが(5)、現在では礫器としての認識に落ち着いている(6)。栗原中丸Ⅱで44例もの礫器が検出されているのを筆頭に、月見野上野1Ⅲ－Ⅲで14例、報恩寺遺跡で10例、などの出土例があり、その存在性が重要視される器種である。また、礫器は月見野上野１Ⅲ－Ⅲにみるようにそれのみで構成される独自な分布を構成する。礫器は、各石器群に普遍的に組成しており、100点に及ぼうという数が認められている。その形態では９割がたが片刃礫器で、両刃礫器は数点が認められるにすぎない。また、刃部の設けられるのは、基本的には礫の一端であるが、両端に設けられる例も若干ある。刃部の形状からは次の３者が認められる。

A　尖頭状の刃部をもつもの。

B　直線状の刃縁を有するもの。

C　外湾する刃縁を有するもの。

なお、月野野上野1Ⅲ－Ⅲの礫器で、刃部の反対側の縁に敲打痕が認められるものが14点中８点（全体の57％）あった。

さて、段階２の石器群では、上草柳３中央Ⅰや草柳中村Ⅰなどのいくつかの石器群にナイフ形石器が１～２点出土する事例がみられるが、剝片剝離過程を伴わない単独出土の場合も多く、共伴についての積極的な評価はできない。尖頭器は、代官山Ⅱ・風間Ｉb・上和田城山４ⅡＣに出土例がある。代官山Ⅱでの尖頭器１点は細石刃ブロックから20m以上離れた出土である。風間Ｉbは、縄文草創期とみられる大型の尖頭器石器群をもつＩa文化層と重複しており、報告者も述べるようにＩbとされた尖頭器が本来的にはＩaに伴う可能性が高い（麻生編 1989）。また、上和田城山４Ⅱでは、細石刃のみを伴うＡ・Ｂ群と尖頭器を主体とするＣ群の分布が分かれるが、その垂直分布のピークもＡ・Ｂ群よりＣ群がやや下にくる傾向が看取され、尖頭器と細石刃が時期的に分離される可能性を支持している（望月・堤 1999）。したがって、本段階において尖頭器は基本的には組成しないものと筆者は考えている。

段階２においては、細石刃に削器を通常伴い、錐状石器や楔形石器を保有する構成内容が基本的な石器組成のあり方と考えられる。あわせて、多くの礫器を伴う場合があることが組成上の大きな特質と考えられる。

段階３の石器組成　図９：２段目（７～10）

段階３を構成する類型A3の細石刃技術を持つ石器群に上和田城山６Ｉがある。この石器群においては、細石刃29点のほか、削器２・加工痕を有する剥片２・礫器２・磨石１・敲石１点などがみられる。剥片石器では削器を主に伴う組成である。

段階３で、類型A2＋類型Ｂの細石刃技術がみられる上草柳1Ｉでは、細石刃147点のほか、ナイフ形石器１・尖頭器４・削器３・抉入石器１・ストーンリタッチャー２・礫器１点（図9-10）が出土している。このうちナイフ形石器はブロック外の出土であり、第Ⅱ文化層に帰属する可能性がある。尖頭器は小型のもので黒曜石３点（図9-7）、安山岩１点となっている。このうち２点はブロックの外縁部から、１点はブロック外から出土している点が注意される。鼠歯状痕をもつストーンリタッチャー（図9-8）は、他の遺跡ではあまりみられない器種であるが、その名称どおりに使用されたかどうかはわからない。

一方、段階３で類型Ｂの細石刃技術を持つ石器群の代表例としては、下鶴間長堀Ｉaがある。この石器群においては、大型の削器15点が充実して組成することが大きな特徴である。片側側縁に刃部を設け10cmを超える大型削器のほか、尖頭形削器も特徴的に組成している[7]。また、礫器は片刃のものが３点安定して組成する。なお、ナイフ形石器とされるものがあるが、細石刃石核と母岩を共有しており共伴は確実であるが、形態が不安定であり、本来ナイフ形石器の範疇に含めてよいものかはわからない。掻器・彫刻刀形石器もない。したがって、大型削器と礫器の共伴が段階３類型Ｂの石器群の特徴となろう。

段階４の構成　図９：最上段（11～14）

月見野上野１Ⅱでは、無文土器とともにナイフ形石器・尖頭器・掻器・削器・打製石斧・磨製石斧・加工痕を有する剥片・敲石などが出土した。この中でナイフ形石器については、終末期の小型幾何形化の様相をみせる以前の安定した二側縁加工の形態のものも含まれ、共伴についての説明がつかない。そうした意味では、同遺跡で下位にある第Ｖ文化層のナイフ形石器の遊離浮上した可能性を考えておくのが妥当であろう。尖頭器は13cmの大型、８～９cmほどの中型（図9-12)、3cm程度の小型の３種がみられる。掻器は、基部を尖頭状にしたもので、あるいは細石刃石核原形としての機能も考えられる。打製石斧（図9-14）は未成品であるが、甲高で神子柴型石斧の範疇でとらえられるものであろう。磨製石斧（図9-13）は敲打による整形の後、ほぼ全面が研磨されたものであり、これまでにみられない特殊な形態といえる。これについては、帰属する主要なブロックとはやや離れて出土しており共伴関係が取沙汰される場合もある。これらの石器群に、隆起線文土器に先行するものとして位置付けられる無文土器（図9-11）が共伴している。

長堀北では、細石刃52点・尖頭器13点・打製石斧１点・削器１点・楔形石器１点が検出されている。安定して組成する尖頭器はいずれも凝灰岩を素材とした木葉形尖頭器で、11cmを超える大型品と７～８cmの中型品がみられる。打製石斧は基部のみであるが、甲高な神子柴型石斧とは異なり、偏平な撥形を呈するようである。

勝坂では土器に共伴して、削器２点のほか、尖頭器９点が出土しているが、うち２点は茎部の逆刺が発達しない初期段階の有茎尖頭器と認識できる。

(2) 石器組成の変遷とその問題

以上、細石刃石器群の段階１から段階４までの石器組成について概観した。細石刃石器群を含む前後の石器群の層位的出土事例は、月見野上野１地点などで辿ることができる。

相模野において細石刃石器群に先行する尖頭器石器群の石器組成で主体的にみられる尖頭器は、小型・中型の木葉形のものが主である。これに恒常的に組列するのは削器類で、このほか楔形石器や錐状石器がみられ、細石刃石器群によくみられる礫器もときおり加わる可能性がある。細石刃石器群の段階 1 は、細石刃・スクレイパー類・礫器などの組成に加えて尖頭器が伴うことが注意されたが、これは前段階の尖頭器石器群の尖頭器が引き続き残ったものと考えられる。

これに対し段階 2 では、尖頭器の出土事例はきわめて少なく、本来的には組成しないものと筆者は認識している。基本的には細石刃に削器を通常伴い、錐状石器や楔形石器を保有し、時として多量の礫器を伴う組成を示すようである。段階 3 においても細石刃のほか、削器や礫器というのが基本的な組成のあり方であり、尖頭器の組成については不明確である。段階 4 においては、大型尖頭器が伴い、打製石斧なども組成することが大きな特徴といえる。縄文草創期的な石器組成が見られる点で過渡期的といえる。

細石刃石器群に後続する縄文草創期文化初段階の石器組成では、まず有茎尖頭器と柳葉形尖頭器・木葉形尖頭器がある。石鏃はみられない。このうち前 2 者の尖頭器形態は新たに登場したものである。加えて、10cm 以上の大型の木葉形尖頭器も新たに組列した形態といえる。また、これに組み合わさる加工具は石斧とスクレイパーである。石斧は神子柴型といわれる局部磨製石斧や打製石斧があり、スクレイパーではそれまでのサイド・スクレイパーにエンド・スクレイパーが加わる。このほか楔形石器や錐状石器などもみられる。土器では無文土器や刺突文土器・隆起線文土器などが伴う。

従来、相模野台地においては、尖頭器の連続性の問題が議論の俎上に上ってきた。すなわち細石刃石器群と時間的平行関係にある尖頭器もしくは尖頭器石器群が存在したか、あるいは尖頭器石器群が細石刃石器群に寸断されたかという問題である。これについては、細石刃石器群の登場により一旦は尖頭器の製作が途絶えるという伊藤恒彦の認識があり（伊藤 1989b）、対をなすのは「細石刃石器群と入れ替わるように槍先形尖頭器石器群が完全に姿を消したわけではなく、両石器群が並存していた可能性がある」という鈴木次郎の見解である（鈴木 1989）。そしてこの問題は、細石刃石器群に後続する縄文草創期の尖頭器出自の評価とも絡んでくる。すなわち伊藤は縄文草創期の尖頭器については「所謂、長者久保・神子柴文化に関連する石器群として捉えられているもので、細石刃石器群登場以前の尖頭器石器群とは連続しない」もので「細石刃石器群に替って新たに相模野台地に派生し、受容された石器群で、再度形成された尖頭器石器群であったことが推定される」とする。これに対し、鈴木は「通常の狩猟具が槍先形尖頭器から細石刃に交替した後でも槍先形尖頭器は完全に無くなったわけではなく、数量を減じながらもある部分では従来から存在した槍先形尖頭器を保持して用いていたこと」、そしてその尖頭器石器群が「神子柴・長者久保系石器群に特徴的な大型の槍先形尖頭器や柳葉形の槍先形尖頭器を発達させたものとして評価」されるという。ここで前者を「尖頭器断絶説」、後者を「尖頭器連続説」と呼称しておこう。後者「尖頭器連続説」には、島立桂の支持もみられる（島立 1993）。筆者はこれまで「尖頭器断絶説」を表明してきた（堤 1991b）。それは本項の段階 2 においては、尖頭器がみられるのは、28 石器群中 4 石器群のみで、しかもそれは出土状態などからみて乖離的な状況にあるためである。したがって、段階 1 において尖頭器がみられたものの、段階 2 においてその製作が中断し、段階 3 においても基本的には尖頭器の製作がなされず、新たな尖頭器の製作・登場となるのは、段階 4 であったと解されよう。おそらく、段階 2 においての尖頭器の消滅は、尖頭器を先端部に装着した槍から、先鋭な骨製植刃器を先端部につけた槍への置換がなされたため、尖頭器の存在理由が薄れたからではないかと筆者は考えている。そして大型尖頭器の供給システムが整備されて再び、植刃器から大型尖頭器への槍先の置換が段階 4 においてなされるものと考えられる。

ナイフ形石器共伴の問題については、細石刃石器群の前段階の尖頭器石器群においてすでにナイフ形石器が消滅しつつあることはすでに織笠昭や諏訪間順など幾つかの指摘もあるところである（織笠 1987、諏訪間 1988）。このようなことからも、細石刃石器群においては、基本的にはナイフ形石器を組成しないものと考えられる。

4 段階を通じて相模野の細石刃石器群に共通するのは、彫刻刀形石器がまったく共伴しないという様相である。また、掻器はまったくみられないわけではないが、基本的には典型的な掻器は組成しないというのがその組成のあり方であろう。礫器が多量に共伴する意味については、つづく草創期の石斧の存在性へと続く森林資源利用に関する先適応と解釈されるが、この点については別章で詳しく検討したい。

5　細石刃石器群のセトルメントシステム

(1) 遺跡分布と立地

相模川東岸に広がる相模野台地は、南北およそ30km、東西およそ10kmの範囲におよぶ台地である。台地を刻んでは鳩川・姥川・目久尻川・小出川が南流し、相模川へと合流、その東には比留川と綾瀬川および蓼川が引地川に合流して相模湾へと注ぎ、目黒川は境川と合流して相模湾へと注いでいる。台地上には、高位面から海成丘陵である座間丘陵・高座丘陵と、河成段丘である相模原面・中津原面・田名原面・陽原面といった段丘面が形成されている。標高は、もっとも高い北部の城山町で150m、低標高の南部で40m、比高は110mとなる。相模考古学研究会の分布調査では、こうしたいくつかの河川流域の段丘上に、1969年までの時点で166個所の後期旧石器時代遺跡が確認されている（小野 1979）。今日では少なくとも200個所を超える遺跡数が把握されている。

相模野台地の旧石器時代遺跡の立地については、岡本勇らが当初より指摘していたように、①ほとんどすべての遺跡が谷に沿ってある、②いずれの遺跡もが台地の縁辺ないしはそれに近い場所に立地している、③台地のひろびろとした平坦部にはなんら遺跡が発見されないことが特徴である（岡本・松沢 1965）。こうした指摘をふまえたうえでその立地を俯瞰すれば、相模野の旧石器時代遺跡は、台地を開析して流れる中小河川の形成した「張り出し状地形」の縁辺部に残され、しかも流域に沿って連綿と形成されていることが大きな特徴といえる。

具体例をいくつか示そう。相模野台地を代表する海老名市柏ケ谷長ヲサ遺跡は（堤編 1997）、目久尻川が大きく蛇行して形成した標高50m前後の張り出し状地形に立地する。ここでは、AT下位の文化層をはじめ、Ⅴ〜Ⅳ下層段階の５枚の文化層、細石刃文化層など13枚が連綿と検出されている。相模野台地の旧石器遺跡にひろくみられるこうした多数の文化層の重複は、時期毎の細かな占地はさておいても後期旧石器時代全般を通じて共通した占地指向があったことを示す現象としてきわめて重要である。同様に引地川最上流域の水源地標高60m程に位置する上草柳遺跡群（堤 1984a〜d）においても、細石刃石器群が検出された上草柳第１地点、第３地点中央、第３地点東、第４地点の各地点は、引地川に沿って形成された張り出し状地形の縁辺部（傾斜変換点）に沿って分布する。第１地点・第３地点と引地川との比高は現状で10mほどである。栗原中丸遺跡は、目久尻川最上流域で目久尻川から分派した小支谷に臨む舌状台地の西縁部にあり、標高70m弱、谷との比高は13mである。

こうした中小河川に臨む台地縁辺上の遺跡立地は、どのような理由において選択されたのであろうか。飲料水など生活用水の確保、水辺に集まる動物たちの狩場あるいは見張り場としての選択、石器石材や礫群を構成する河床礫の確保、移動の利便性を備えた流域交通路の機能など、複数の要件が合致しての占地と考えられる。

(2) 石器分布の構成

相模野台地における細石刃遺跡の規模と構造について検討を加えてみる。筆者は後期旧石器時代における石器分布の構成については、その集中地点の形成状況から基本的には以下の５類型に区分している。A：石器集中地点の単独分布。B：複数の石器集中地点の並列分布。C：複数の石器集中地点の房状分布。D：複数の石器集中地点の環状分布、E：集中地点を形成しない散漫もしくは単独の石器分布、の５者である。

相模野台地の細石刃石器群の石器分布は、資料点数のまとまった柏ケ谷長ヲサⅣ（717点）で１個所、上草柳第３地点中央Ⅰ（418点）で１個所、下鶴間長堀Ⅰa（1211点）で１個所といったように、A例の石器集中地点の単独分布を見せる場合が顕著である。また、B例の複数の石器集中地点が並列分布する遺跡に上草柳第１地点Ⅰ（509点・２個所並列）などがある。一方、吉岡B（4639点）では径十数mの範囲４個所の石器集中地点がC例の房状分布をみせる。E例に該当するものも下九沢山谷Ⅰ（２点）など数遺跡例がある。また、一見多数の石器集中地点から構成される遺跡であっても集中地点個々は貧弱な点数構成をみせるものも目立つ。例えば16の石器集中地点に区分される月見野上野１第Ⅲ文化層Ⅱ群も、分解すれば数点のみで構成される石器分布が10個所ほど存在しており、点数の多い石器集中地点は数個所のみである。いずれにせよ相模野では、どの例に該当するかは別にしても、１個所か多くても数個所で括られる石器集中地点から構成される細石刃遺跡が多数である。一方で当該期には、Ｄ例にみるいわゆる環状ブロック群と呼称されるような後期旧石器時代初頭に特徴的な分布構成はまったく認められない。

こうした細石刃文化遺跡のあり方は田村隆によって「小規模分散化傾向」として指摘されている（田村 1993）。中沢祐一は、南関東の細石刃遺跡における石器集中地点の規模についての具体的分析をおこない、Ⅰ類：１個所の石器集中地点からなる遺跡＝24遺跡、Ⅱ類：２～４個所の石器集中地点からなる遺跡＝30遺跡、Ⅲ類：５個所以上の石器集中地点からなる遺跡＝11遺跡、Ⅳ類：石器集中地点をなさず細石刃等を単独で出土する遺跡＝３遺跡となり、南関東の細石刃遺跡は１～４個所の石器集中地点からなる遺跡が多く、総体的に小規模であることを指摘している（中沢 1996）。

石器集中地点の括りは各遺跡の報告ごとに恣意的なものが多く問題を残すが、そうした点を差し引いても石器集中地点の数の少なさは、顕著に認めうる現象といえよう。

(3) 遺跡間組成変異と遺跡の機能

さきには各段階の石器組成について検討したが、ここでは相模野台地においてもっとも検出例の多い稜柱形細石刃石核を保有する段階２の細石刃石器群を対象として、遺跡間組成変異Inter-assemblage variabilityを把握し、そこから導きだされる遺跡の機能についての検討を加え、遺跡規模の問題も絡めてそのセトルメントシステムについて描きだしたい。まず、段階２の稜柱形細石刃石器群の石器組成であるが、細石刃や加工具類の保有状況などによって以下のように類型化が可能である。これに、礫群もしくは配石の保有状況についても記しておく。

類型Ａ：細石刃を一定数出土し、これに削器をはじめ錐状石器・楔形石器・礫器など各種の加工具類を伴うもの。礫群を保有する場合が多い。柏ケ谷長ヲサⅣ・上草柳３中央Ⅰ・台山Ⅱを始め、多くの石器群は本類型に含められる。

類型Ｂ：細石刃が一定数出土するのみで、削器ほかの加工具類の伴出があまりないもの。礫群を保有しない。かしわ台駅前Ⅱ・深見諏訪山Ⅱなど。

類型Ｃ：礫器が多量に出土するもの。これに反し細石刃の出土はごくわずかな場合も多い。礫群を保有しない。栗原中丸Ⅱ４～８ブロック群、月見野上野１Ⅲ-Ⅲ群など。

類型Ｄ：細石刃が単発で出土するのみで、加えて削器など加工具類を伴わないもの。礫群を保有しない。上草柳３東、上草柳４、下九沢山谷Ⅰなど。

このうち類型Ａとした柏ケ谷長ヲサⅣでは、155点の細石刃とともに削器・楔形石器・礫器などが伴い非焼け礫の大型礫から構成される配石を有している。上草柳３中央Ⅰでは96点の細石刃とともに削器・楔形石器などが伴い礫群もある。台山Ⅱでは566点の細石刃とともに削器・錐状石器・礫器が伴い礫群がある。一方、類型Ｂのかしわ台駅前Ⅱでは85点の細石刃がみられるが、それ以外には剝片が伴うのみで、礫群も有していない。類型Ｃとした栗原中丸Ⅱの１～11号では44点の礫器が出土しているが、細石刃は21点のみで、単独礫はみられるものの礫群は伴わない。同様に月見野上野１Ⅲ-Ⅲでも、14点の礫器が出土しているが、細石刃は５点のみで、礫群は伴わない。類型Ｄとした上草柳３東、上草柳４、下九沢山谷Ⅰなどでは、細石刃が単発でみられるのみで、礫群も伴わない。

ここで類型化された石器組成と石器の機能などから遺跡の性格について考えてみると、まず類型Ａは、調理施設と考えられる礫群などを保有し、細石刃と加工具である削器や錐などいくつかの装備を保持した一定時間の居留を示すものと考えられ、居住地 residential campとみて差支えあるまい。一方、類型Ｃは、礫群を保有せず細石刃の保有も少ない反面、加工具である礫器を多出することがきわめて特徴的で、多量の刃部再生剝片の存在から、礫器の刃部を激しく消耗するような作業＝具体的にいえば木材の伐採や加工などにかかわる作業が継続的になされていたことを示しており作業場 workshopと位置付けられよう。一方、類型Ｂや類型Ｄはその性格付けが困難なものであるが、類型Ｂは礫群や他の加工具類を保有せず、細石刃のみを残す偏った状況を示しており、細石刃を狩猟具の一部と見たてたならば、細石刃を用いた狩猟活動にかかわるひとつの場を示すものと考えられようか。類型Ｄは諸活動におけるルートの通過時もしくは一時的停止時における一部装備（細石刃）の偶発的喪失もしくは交換・廃棄などを表わすものとみられ、径路や待機地点などtransit spotを示している可能性がある。

旧石器時代遺跡の性格については、しばしば居住遺跡camp siteや狩猟解体遺跡kill siteなどの分類がなされるが、これ以外の性格については見出しがたいという憾みがある。事実イエーレンは、アフリカのクン・サンのセトルメントシステムの観察から、食料獲得活動の場は考古遺跡としては残りにくいことなどを指摘している（Yellen 1976・1977）。ちなみに現生狩猟採集民のセトルメントシステムの観察からは、当然のことながら居住地・狩猟解体場以外のさまざまな機能の場がセトルメントシステム内に配されていることがうかがえる。例えばビンフォードは、狩猟採集民のセトルメントシステムについて、よく知られているフォレイジャー・コレクターモデルを提示する中で、フォレイジャーは居住本拠地residential baseと食料獲得場所locationを残すのみであると述べているが、コレクターは居住本拠地residential base・食料獲得場所location・資源獲得のための野営地field camp・見張り場station・貯蔵場所cacheなどさまざまな場所を残すことを指摘している（Binford 1980）。これは食料のある場所場所へ頻々と住居を移し貯蔵をおこなわないフォレイジャーと、食料獲得のための小集団を編成し獲得した食料を居住地へと持ちこみ貯蔵をおこなうコレクターのシステム差によって生じた複雑性の相違であろう。民族誌モデルからうかがえる場の機能を、直ちに旧石器時代遺跡に当てはめてしまうことは危険であるが、基本的な場の機能のあり方を考えるうえでは有効で、また多様な場の機能がセトルメントシステム内に配されていたことを再認識する点において示唆的である。

(4) セトルメントシステム

相模野の細石刃文化遺跡の多くは、1個所から数個所の石器集中地点の形成にとどまる傾向がうかがえた。また、A～Dに類型化される石器組成のあり方からは、調理施設とみられる礫群をもち細石刃のほかいくつかの加工具類の残る居住地（類型A）や礫器を用いた作業場（類型C）などの場の存在が想定された。こうした遺跡間の組成変異から導き出される細石刃石器群のセトルメントシステム（図10）は、中小河川流域沿いに居住地や作業場が配され、径路（類型D）で結ばれていたものと考えられ、この他、動物の狩猟解体場などを想定させる遺跡は見出し難いが、こうした性格の遺跡は、通常遺跡の形成される張出し地

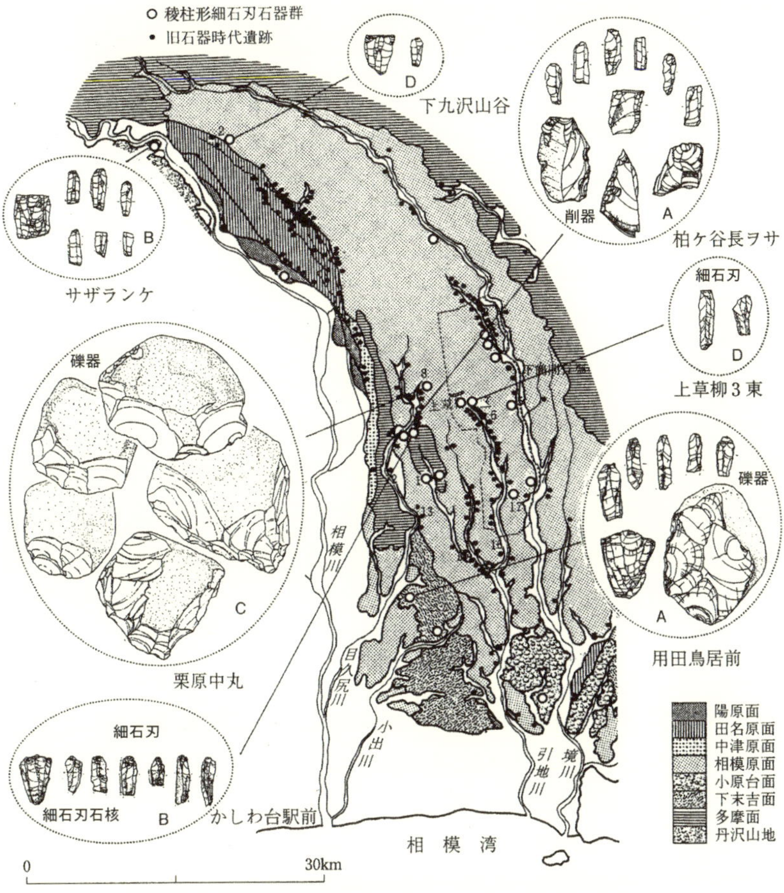

図10　相模野台地の稜柱形細石刃石器群の分布と類型

形からやや下った水辺にあった可能性がある。また石器集中地点の少数形成からは、繰り返し同一居住地への回帰移動がおこなわれなかったことがわかる。

ところで、後期旧石器時代前半期においては、広く日本列島全体に大規模な石器分布「環状ブロック群」に象徴されるようなセトルメントシステムが展開することが知られている。複数世帯が中央広場を囲んで集結し、情報や意識を共有し、あわせて狩猟獲得活動などに協業をなすあり方が想定される。

一方、後期旧石器時代後半においても大規模な石器分布が形成される事例がある。相模野台地では、いわゆるⅣ下Ⅴ層段階の柏ケ谷長ヲサ遺跡第Ⅸ文化層

（堤編 1997）において、目久尻川の張り出し地形上に24個所のブロックが120mにおよんで並列して形成され、これに125個所の礫群と60基の配石が伴う。続く砂川期にあたる栗原中丸第Ⅴ文化層（鈴木 1984）ではナイフ形石器219点を含む石器3431点が検出されているが、台地上120mにわたって50個所のブロックが連綿と形成され、これに37個所の礫群が伴っている。この２者は、組成ではさきの類型Ａに相当する内容をみせており、いずれも居住地と考えられる。ここで柏ケ谷長ヲサⅨや栗原中丸Ⅴにみる石器群の大規模分布については「環状ブロック群」に対し「並列ブロック群」と呼称したい。

後期旧石器時代の前半期と後半期のそれぞれに位置付けられる環状ブロック群と並列ブロック群はいずれも見かけ上は大規模であるが、その形成過程に大きな差があるものと考えられる。環状ブロック群は、同時期に多く世帯の人々が集結し形成された状況を示している。これに対し、並列ブロック群は、同時期に並列して形成されたものと考えるよりは、同一場所への数世帯の回帰移動の繰り返しにより、しかもそれが前回と地点を少しずらし、いわば前と横並びするように占地されたことによって累積的に形成された見かけ上の大規模分布と考えられる。その形成は、前回占拠の際の残滓を横に避ける一方、やや重量のある磨石群や礫群など場所備品的なものの反復利用行為がなされていたことによるものと考えられる。

以上のあり方から、後期旧石器時代のセトルメントシステムについては、以下のパターンが想起されよう（図11）。

Ａ：拠点環状集結型のセトルメントシステム　環状ブロック群

Ｂ：拠点並列回帰型のセトルメントシステム　並列ブロック群

Ｃ：拠点分散型のセトルメントシステム　単独〜少数ブロック

細石刃文化期の相模野台地のエリア内にあっては、拠点分散型のセトルメントシステムがとられ、後期旧石器時代前半期にみられたような拠点への環状の集結や、後半期前半にみる並列回帰移動は顕著にはなされなかったものと考えられる。小池聡は、相模野台地の層位と文化層数に言及し、細石刃石器群の包含されるB0・L1S層において遺跡数が急増することを指摘するが（小池 2001）、こうした遺跡数の増加は急激な人口増に伴う現象というよりは、拠点の分散化に起因する部分も小さくないものとみられる。なお、遺跡規模からみた通常の単位集団の規模は、１〜数世帯と小規模に構成されていたものと考えられる。

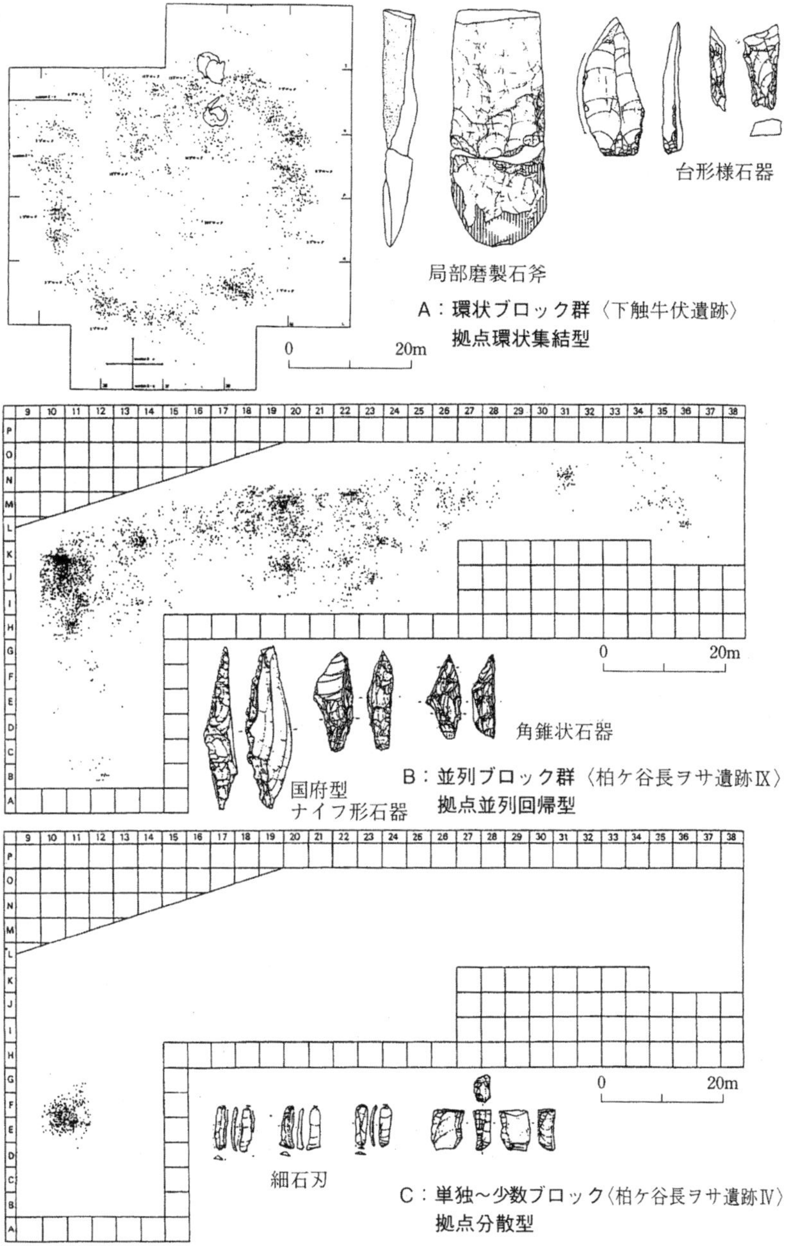

図11　後期旧石器時代の居住形態や社会集団を暗示する石器分布形成

註

(1) 遺跡名および文化層名の記載については、煩雑さを避けるため省略形を用いた。遺跡名に続くローマ数字（Ⅰ～Ⅳ等）は文化層名を示す。以下には、とくに説明が必要と思われる遺跡・文化層等の省略呼称名（カッコ内）を示した。

月見野遺跡群上野遺跡第１地点第Ⅲ文化層は（月見野上野1Ⅲ）と略記され、さらに文化層内では石器分布にⅠ群～Ⅲ群があり、（月見野上野1Ⅲ-Ⅰ）・（月見野上野1Ⅲ-Ⅱ）・（月見野上野1Ⅲ-Ⅲ）と分記される。また、同遺跡第１地点では第Ⅱ文化層も存在する（月見野上野1Ⅱ）。上和田城山遺跡では、６区第Ⅰ文化層・４区第Ⅱ文化層・３区第Ⅱ文化層の3か所から細石刃石器群が出土しており、（上和田城山6Ⅰ）・（上和田城山4Ⅱ）・（上和田城山3Ⅱ）となる。また、同４区第Ⅱ文化層はABCの３群に分布が分かれ、ABCを付す場合がある。上草柳遺跡群では、上草柳第1地点遺跡第Ⅰ文化層は（上草柳1Ⅰ）で、分布にABの２者がある。上草柳第３地点中央遺跡第Ⅰ文化層は（上草柳３中央Ⅰ）、このほか（上草柳３東）、（上草柳4）がある。かしわ台駅前遺跡では第Ⅰ文化層と第Ⅱ文化層があり（かしわ台駅前Ⅰ）と（かしわ台駅前Ⅱ）とする。（慶応SFCⅠ）は、慶応義塾藤沢校地内遺跡第Ⅰ文化層を示す。吉岡遺跡群Ａ区、Ｂ区は（吉岡A）・（吉岡B）となる。

(2) 下鶴間長堀Ⅰaでは、27点の細石刃石核と15点の細石刃石核原形が出土した。その石材には黒曜石が用いられず、相模野周辺で入手される凝灰岩や、チャートが用いられていた。筆者はかつて下鶴間長堀の細石刃石核・同原形について、その製作にかかわる技術的側面と形態から大きく２者に分類をおこなった（堤 1985）。すなわちⅠ類は、さきに類型Ｂとした舟底形を呈する一群であり、Ⅱ類は舟底形をなさず扁平な板状あるいは角柱状の原形をとるものである。加えて、Ⅰ類は船野型、Ⅱ類は野岳・休場型という型式学的理解を示した。一方、このⅠ類・Ⅱ類の資料には、実際に母岩を共通するものもみられたが、この点について異型式の共存との解釈は不自然なのかもしれない。現時点ではむしろこれを異型式の共存とみるのではなく、１インダストリーにおける技法の変異幅と考えておきたい。

(3) 細石刃における折断については、織笠昭は「折断は石器時代一般における石器製作技術のなかで位置付ける折断剝片とその石器とについて用いている。ここでは、細石刃として把握される石器形態に特定されるために、とくに分割とする」が（織笠 1983）、むしろ筆者は、それが不要部位の除去のためになされる意味においては、応分に打ち欠かれるようなニュアンスを含む「分割」という術語を用いず「折断」という術語を用いたい。

(4) この点についてはすでに鈴木次郎（鈴木 1983）や筆者の指摘（堤 1984e）がある。

(5) 鈴木次郎と矢島國雄は、綾瀬市報恩寺遺跡の報文においてこの種の石器を、礫器か礫器状石核とするかの判断に苦しみながらも、とりあえずは後者として性格付けている（鈴木・矢島 1979）。

(6) 筆者は一貫して、この種の石器を礫器として認識している（堤 1984f）。鈴木次郎もその後これを礫器と認識するに至っている（鈴木 1984）。

(7) 織笠も尖頭状スクレイパーを南関東の細石刃文化を特徴付けるものと認識している（織笠 1984）。

第3節　野辺山高原の細石刃石器群

1　高原地帯の細石刃石器群

八ケ岳東南麓にゆるやかなスロープをなす長野県野辺山高原（地理的には野辺山原とも呼称）では、数多くの後期旧石器時代遺跡が確認されている。自然環境的側面から標高1300m前後をはかる野辺山原の旧石器時代遺跡の存在について問うとき、きわめて寒冷な酸素同位体ステージ2（OIS 2）には、現在よりさらに1000m以上の標高を加算したに等しい、いわば森林限界に近い植生が展開していたとみられる。この高冷地に、なぜ人々の居住がなされたのかという比較的素朴な、しかし根源的な発問がしばしばなされる。

この高原地帯に展開したOIS 2の狩猟採集民の適応戦略を知るために、本節では細石刃石器群を主題にその技術構造を分析し、遺跡群の形成について検討する。一方で居住形成の前提となる古環境復元などに基いた有効環境についても言及したい。

野辺山高原の研究フィールドとしての特性は、第1に、日本の細石刃石器群研究の幕が開けた1953年の矢出川遺跡（第Ⅰ遺跡）での細石刃の発見、および何次かにわたる矢出川遺跡の調査（芹沢 1954、戸沢 1964）以降、十分な研究的背景を有すること。第2に、由井茂也をはじめとする地域研究者や京都女子大考古学研究会による詳細分布調査（京都女子大考古学研究会 1978・1980）、明治大学考古学研究室の戸沢充則を中心とした矢出川遺跡群の総合調査（明治大学考古学研究室編 1980・1981・1982）によって、綿密に旧石器時代遺跡群の分布が把握されていること。第3には、矢出川遺跡群の総合調査および野辺山シンポジウムにおいて、考古学のみならず古環境科学や地質学・民族学など関連諸科学の学際的な調査がなされ、第四紀の総合的な研究成果が得られていることにある。

一方、1980年代末、矢出川遺跡群とは2kmほどの距離をおいた中ッ原遺跡群第5遺跡B地点において、これまで矢出川遺跡で確認されていた稜柱形などと呼称される細石刃石核とは異なる削片系細石刃石核をもつ細石刃石器群が、吉澤靖によって確認された（由井・吉沢・堤 1990）。1990年、筆者ら八ケ岳旧石器研究グループは、そうした削片系細石刃石器群の内容を把握すべく中ッ原第５遺跡Ｂ地点の発掘調査を実施し、矢出川細石刃石器群とは異なるもうひとつの細石刃石器群の様相を明らかにした（堤編 1991）。つづけて、1994年、1995年には5B地点から500mの距離をおいた中ッ原第１遺跡Ｇ地点の発掘調査を実施、両遺跡の石器遺跡間石器接合によって２者の削片系細石刃石器群の関連性が明らかになった（堤編 1995・1996）。本項においては、そうした新しい調査成果をもふまえた上で、野辺山原における細石刃遺跡群の構造と適応戦略についてふれてみることにしたい。

2　細石刃遺跡群の形成

(1) 野辺山原の旧石器時代遺跡と野辺山編年

主峰赤岳（2899m）を中心に北東に横岳・硫黄岳、西南に権現岳などが連なる八ケ岳、その東南にゆるやかに広がる火山性扇状地野辺山原は、その上面をなす「野辺山原層」の基底部のフィッション卜ラック年代は278100±20900、274900±20100ｙBPとなっており、27～28万年前頃形成されたことがうかがえる（町田・杉原ほか 1982）。

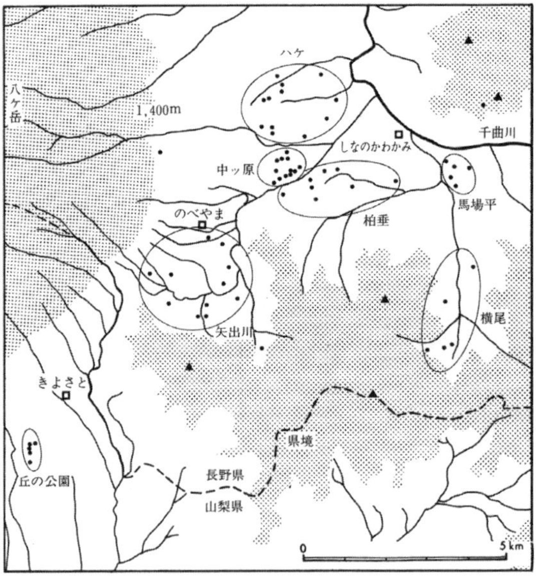

図12　野辺山高原の旧石器時代遺跡群

野辺山原の後期旧石器時代遺跡は、標高1200～1300m地帯の矢出川や西川といった主に中小河川流域に群集する。筆者は、野辺山原の後期旧石器時代遺跡群について流域単位に、横尾遺跡群・馬場平遺跡群・ハケ遺跡群・中ッ原遺跡群・柏垂遺跡群・矢出川遺跡群・丘の公園遺跡群の７つの遺跡群（図12）として把握している（堤 1993a）。

これらの遺跡群にみられる旧石器は、現在のところ後期旧石器時代後半期のもので、後期旧石器時代前半期に特徴的な台形様石器や局部磨製石斧は認められていない。野辺山では年代の前後関係が把握されるような旧石器の層位的出土事例が知られないため、筆者は石器群の全体的様相が近似する南関東「相模野編年」などを参考に「野辺山編年」を組み（図13）、野辺山の後期旧石器時代後半期以降を５期に区分して考えている（堤 1993a）。野辺山Ⅰ・Ⅱ期がナイフ形石器群を主体とする段階、Ⅲ期が尖頭器石器群の段階、Ⅳ期が細石刃石器群の段階、Ⅴ期が土器出現期（縄文草創期）である。

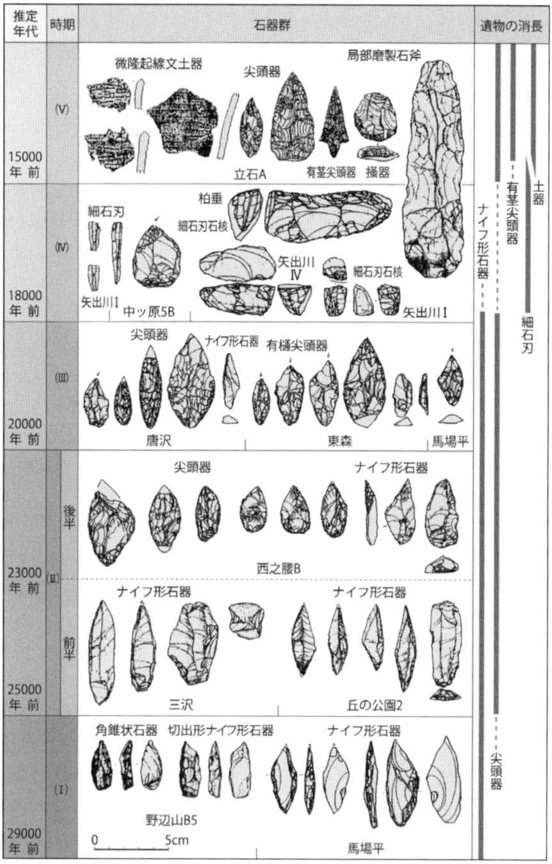

図13　後期旧石器時代の野辺山編年（年代は較正値を参照）

Ⅳ期の細石刃石器群の段階は、稜柱形細石刃石核がみられる段階と、削片系細石刃石核がみられる段階とに区分し理解される。野辺山原において、細石刃石器群どうしの層位的上下関係をとらえることはその包含層の厚さからいっても望めそうにもないが、野辺山と同様な細石刃石器群の様相を見せる柳又遺跡においては、稜柱形細石刃石核がより下位に楔形細石刃石核がより上位に包含される層位的事実がとらえられている（谷口 1991）。群馬県下においても、稜柱形細石刃石核がより下位に楔形細石刃石核がより上位に包含される層位的事実が報告される（細野 1991）。また、相模野でも、稜柱形細石刃石核がまず存在し、つづいて舟底形細石刃石核が加わり、その終末には楔形細石刃石核を含む石器群が展開するという様相がとらえられ（堤 1987）、野辺山Ⅳ期における稜柱形細石石器群と楔形細石刃石器群の時期区分の妥当性を支持している。

野辺山高原のナイフ形石器・尖頭器・細石刃出土の遺跡分布をその出土点数（表6）を含めて図14に示した。ナイフ形石器および尖頭器の多数出土遺跡が西川沿いの柏垂遺跡群や本流である千曲川沿いの馬場平遺跡群に形成されるのに対し、細石刃遺跡はその上流域である矢出川流域に形成されるという占地上の偏りがある。またナイフ形石器群および尖頭器石器群の遺跡が、河川との比高が大きい立地をみせるのに対し、矢出川細石刃石器群は河川との比高が前者にくらべ小さい。一方、細石刃石器群はふたたび西川沿いの中ッ原遺跡群に形成され、土器出現期（縄文草創期）の段階では遺跡が貧弱となりかつその分布も散漫になる傾向がうかがえる。草創期以降は、たとえば栃原岩陰遺跡などのように、遺跡が野辺山原より下り、やや下流域に分布を移す傾向がうかがえる。

(2) 野辺山原の細石刃遺跡群

野辺山原において細石刃資料を出土した遺跡は、現時点で21個所が確認されている。それらは表6に示した点数的内容をみせ、矢出川遺跡群と中ッ原遺跡群とに代表される。野辺山原では、それ以外に葮の頭・柏垂・西之腰Ａ・切草Ｂ・馬場平において細石刃資料が確認されているが、いずれも単発的に細石刃・細石刃石核が認められているにすぎず、遺跡群を形成するに至っていない。

矢出川遺跡群

矢出川流域に群在化する矢出川遺跡群はおよそ3km四方ほどのエリア内に、数多くの細石刃遺跡が存在する（図14）。矢出川遺跡群の後期旧石器時代では、11の遺跡、77の地点、92の散布地が確認されているが、それらのうちの14個所において細石刃石器群が確認でき、いずれも稜柱形細石刃石核がみられるⅣ期前半の石器群である。

14個所の細石刃石器群のうち矢出川第Ⅰ・Ⅳ・Ⅹ遺跡では充実した細石刃資料が認められており、矢出川第Ⅰ遺跡では644点の細石刃石核が出土し国内

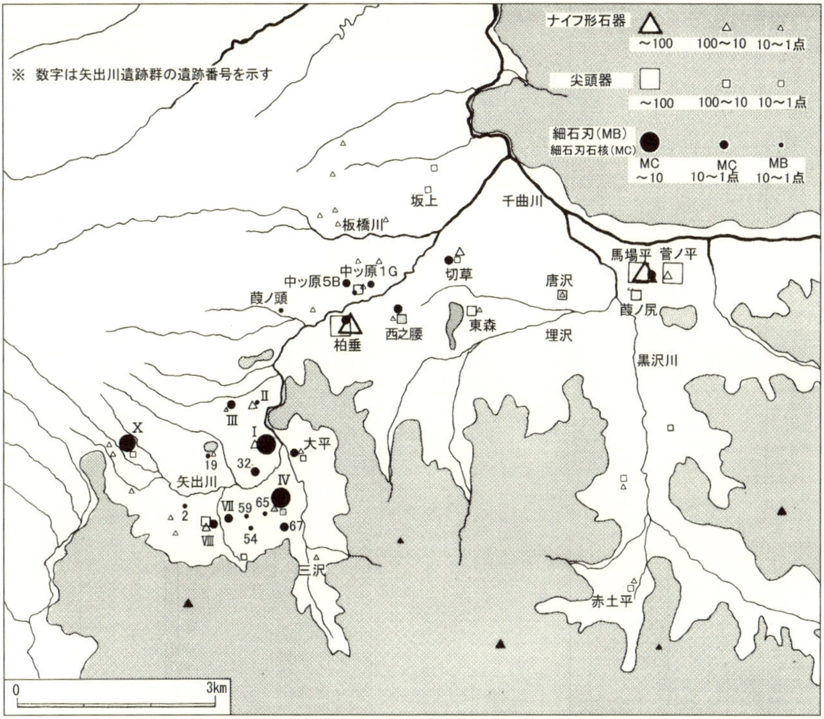

図14　野辺山周辺におけるナイフ形石器・尖頭器・細石刃石器群の分布と出土数

表6　野辺山高原の旧石器時代遺跡と主要石器の出土点数

石　器	矢出川遺跡群														葭の頭遺跡	中ッ原遺跡群5B地点	中ッ原遺跡群1G地点	柏垂遺跡	西之腰遺跡A地点	切草遺跡B地点	馬場平遺跡
	矢出川第I遺跡	矢出川第II遺跡	矢出川第III遺跡	矢出川第IV遺跡	矢出川第VII遺跡	矢出川第VIII遺跡	矢出川第X遺跡	矢出川第2地点	矢出川第19地点	矢出川第59地点	矢出川第64地点	矢出川第65地点	矢出川第67地点	矢出川第32散布地							
細石刃	5000>	4		152		3	68	1	1	2	1	1			1	181	117				
細石刃石核	644		1	68	1	1	16						1	1		5	9	4	1	2	1
尖頭器	3	5		1		83	1						2					1000>			430>
ナイフ形石器	23	16	1	7	2	17				1					1			180>			100>

>は記載点数以上の出土を示す

でも最多出土の部類に入るほか、第Ⅳ遺跡では68点、第Ⅹ遺跡では16点の細石刃石核が出土している。これに対し他の11個所、すなわち矢出川第Ⅱ・Ⅲ・Ⅶ・Ⅷ・２・19・59・64・65・67地点・32散布地では、散発的に細石刃・細石刃石核が確認されているのみである。

その出土点数の多さから矢出川第Ⅰ遺跡はしばしば拠点的居住地との性格付けがなされる。拠点的であるという意味については、一時期において多数の人間がこの地を占拠したために形成されたという見方ができる一方、一定の時間幅において繰り返しこの場所が集団によって占拠された累積を示すという見方の二通りの解釈が成り立とう。第Ⅰ遺跡の遺跡形成に関して筆者は、後者の考え方をとっている。

矢出川遺跡群における遺跡立地は、細石刃石器群のみならずナイフ形石器群にも共通していえることであるが、河川（矢出川）を臨む位置にあって奥まらない場所にあり、また台地上の湿地を避けた乾燥微高地上に遺跡が形成されていることである。矢出川第Ⅰ遺跡のように河川から続く傾斜変換点上にある場合が多く、占地の指向性をみてとることができる（明治大学考古学研究室編 1981）。

中ッ原遺跡群

野辺山Ⅳ期の後半に位置付けられ削片系細石刃石核がみられる中ッ原遺跡群は、矢出川が東流し、さらに他の河川と合流し西川となって深い谷を刻む左岸に立地し、矢出川遺跡群とは３kmほどの距離を隔てている（図14）。

中ッ原遺跡群を構成するのは、削片系細石刃石器群を出土した中ッ原第５遺跡Ｂ地点と中ッ原第１遺跡Ｇ地点の２遺跡で、現在のところこの２個所以外には細石刃石器群は確認されていない。矢出川遺跡群が小河川に臨む傾斜変換点上に立地するのに対し、中ッ原細石刃石器群では河川との比高の大きな段丘上に位置し（長崎 1996）、さらにその段丘上にある微高地上の頂部に遺跡が立地する点で微妙な違いをみせる。両遺跡では、八ケ岳旧石器研究グループの発掘調査により、中ッ原5B地点では２ブロックから総数1257点の石器が、中ッ原1G地点では１ブロックから総数1638点の石器が検出されている。両遺跡間は500mの距離を隔てているが、石器の遺跡間石器接合がみられ、その関連性と同時性が証明された（堤編 1996）。

石器製作の工程連鎖や個体別資料の搬出入などから、①前地点からの移動

→②黒曜石・チャート原産地での石材補給→③中ッ原5B地点への移動・居留（→石材の枯渇）→④黒曜石・チャート原産地への移動・石材補給→⑤中ッ原1G地点への回帰・居留→⑥他への移動という行動ベクトルが想定される。石材補給を移動の中に組み込み、同じ場所への近距離の回帰的移動と、他の場所への中・長距離移動をなす、集団の行動形態が描きだせる（堤 1996a）。

遺跡の性格については、１～２個所という石器ブロック数やのブロック内の石器点数からいって、この場所にベースキャンプ的なボリュームはない。場の機能としては、便宜的利用がなされたとみられる多量の折断剝片の使用痕分析（御堂島 1991）から、肉のカットやスクレイプなどの行為がこの遺跡でおこなわれていた可能性が高く、おそらく狩猟後の獲物の処理がなされていたものと考えられる。したがって、石材獲得行動を前後に挟んだハンティング・キャンプの性格を両遺跡に想定したい。また、遺跡間組成変異から、両地点での活動内容に多少の差があったこともうかがえる。具体的には5B地点においては、1G地点に遺存しない彫刻刀形石器を用いた生産活動が加わっていた可能性がある。

3　野辺山高原の細石刃技術

(1) 矢出川第Ⅰ遺跡における細石刃技術

矢出川第Ⅰ遺跡においては、数次にわたる発掘調査と表面採集資料をあわせて644点の細石刃石核と5000点以上の細石刃が確認されている（堤 2004b）。第Ⅰ遺跡の細石刃技術について垣間見ることにしたい。

矢出川技法

矢出川第Ⅰ遺跡の細石刃石核（図15-1～3）には、原礫面の平滑な表皮を一部に残すものが多く、小型の転石を選択していることがうかがえる。おそらく、小型の原石をそのまま石核原形に整形するか、小型の原石を２～３分割する程度で原形を得るといった状況が考えられる。第３次調査においては５×３cm未満の黒曜石原石が数点出土しており（戸沢 1964）、この程度の大きさで、不純物含有部分の淘汰されたいわゆるズリ状の転石が原形となったものとみられる。

石核整形は楔形に比べ入念ではなく、角や稜をもった立方体もしくは板状の小型の原形が準備される（図15-2）。打面は調整打面である場合が多いが、単剝離面打面や平滑な自然面打面の例もある。また、多くの場合、細石刃剝離に先だって打面細部調整がなされる。第3次調査においては22点の打面再生剝片が出土しており、打面再生も一般的になされたことがうかがえる。細石刃剝離作業面は、小口面かあるいは石核の半周におよぶが、全周におよぶようなことはまずない。また作業面再生もなされるようである。打面転移はごく稀になされる程度である。

矢出川遺跡にみるような細石刃石核は、安蒜政雄によって稜柱形細石刃石核と形態認識され、またそれを生み出す技術は「矢出川技法」と呼称されており（安蒜 1979）、筆者もこれにならっている[(1)]。矢出川技法のもうひとつの大きな特徴は、細石刃生産とそれ以外の器種生産が連動せず、いいかえれば細石刃のみを目的的に剝離する製作システムである点にある。例えば矢出川の細石刃石器群に普遍的に伴う削器などは在地系の緑色チャートなどを素材としている。小型の黒曜石原石が選択された時点ですでに加工具類の目的とする大きさを下回っており、これについては別の石材があてられることになるわけである。一方、荒屋系削片系細石刃石器群では、細石刃用の両面調整体製作と他器種の素材生産が一体化した連動システム（永塚 1996）をとることが大きな技術上の特色である。この点において両者は双極にある。

ちなみに尖頭器などはその加工量の多さより加工時の破損のリスクが大きく、ゆえに破損時の代替の容易な原産地において一定の形状整形がなされ消費地に持ち出される場合が多い。したがって、原産地において尖頭器の製作遺跡が数多く形成される状況があるのである。これに対し、細石刃は生産時の破損リスクが小さく、また破損した場合でもパーツとして使用することに大きな問題が生じないという特性がある。したがって原石のまま消費地遺跡に持ち込まれ、遺跡内で新たに細石刃生産がなされたとしても生産上のリスクは生じない。おそらく、原産地において細石刃段階の遺跡を発見しにくいのは、こうした状況の反映と考えられる。また、原形に見合った小型原石の搬入は、運搬コストを最小限にとどめるという特質も有していよう。

稜柱形細石刃石核から剝離された細石刃の長さについては、第Ⅰ遺跡第3次調査時出土の61個の稜柱形細石刃石核に残された221の細石刃剝離痕を計測してみた。その長さは9mmから29mmにおよぶが、ことに13mm～22mm

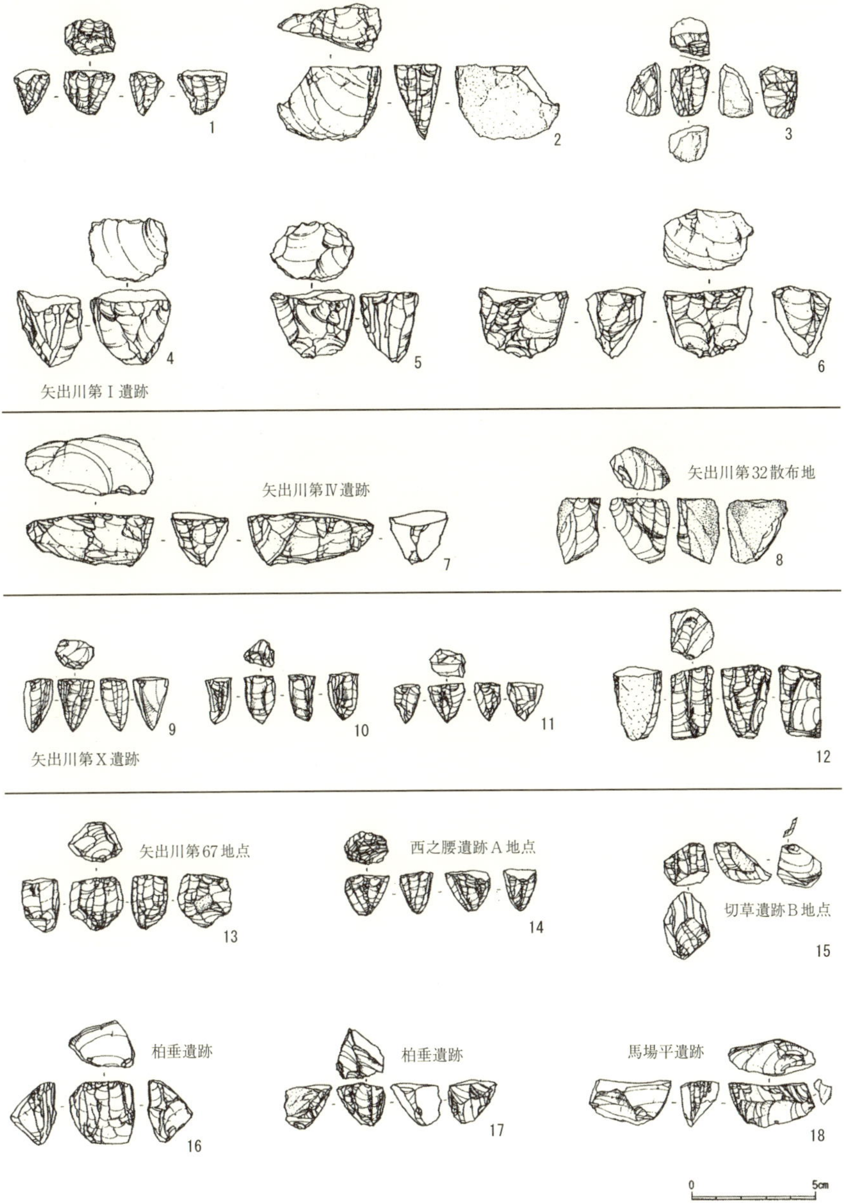

図15　野辺山高原の細石刃石核（1/3）

に集中しその最頻値は18mm、またその平均値は19mmとなった。一方、第Ⅰ遺跡の由井一昭氏採集品の完形細石刃170本（全点黒曜石）の長さは8mmから29.5mmにおよび、平均値は18mm、最頻値は16mmとなった。細石刃剝離痕と完形細石刃の長さのピークに若干の差はみられるものの、おおよそ20mm弱が第Ⅰ遺跡の完形細石刃の平均的な長さといってよいだろう。当然、細石刃剝離長は原形サイズに規制されたものである。なお、第Ⅰ遺跡にみられる折断部位の多さからも、剝離された細石刃は、頭部や末端部などが折断除去され利用されたことがうかがえる。

矢出川第Ⅰ遺跡などに代表される稜柱形は、野辺山高原でもっとも普遍的に認められる細石刃石核の形態で、第Ⅰ遺跡のほか矢出川第Ⅲ・Ⅳ・Ⅶ・Ⅷ・Ⅹ遺跡（図15-9～12）・矢出川32（図15-8）・67（図15-13）地点、柏垂（図15-16・17）・西之腰Ａ（図15-14）・切草Ｂ（図15-15）・馬場平遺跡（図15-18）において出土している。

舟底形細石刃石核

素材の分割面が細石刃剝離の際の打面とされ、原形が舟底形に整形される舟底形細石刃石核は、第Ⅰ遺跡においては第３次調査で出土している（図15-4・5）ほか、その原形と考えられるもの数点が採集されている（図15-6）。また、図15-7は矢出川第Ⅳ遺跡の青灰色チャートの舟底形細石刃石核で、ポジティブな素材面を細石刃剝離の際の打面としたものである。稜柱形細石刃石核がその石材に黒曜石を強く指向するのに対し、舟底形細石刃石核がチャートなど非黒曜石を指向する点において、石材選択が異なっている。

こうした舟底形細石刃石核(2)は、相模野台地上草柳第1地点（堤 1984a）などの事例をみると、黒曜石の稜柱形細石刃石核と共存しており、矢出川第Ⅰ遺跡や第Ⅳ遺跡においても稜柱形細石刃石核に少数が共伴するものとみて無理はない。

石材利用

1963年の明治大学による第３次調査では、出土した細石刃石核145点のうち黒曜石のものは136点（93%）、細石刃250点のうち黒曜石のものは241点（96%）となっている（戸沢 1964）。その９割以上が黒曜石であり、黒曜石と矢出川遺跡の細石刃技術の強固な結びつきがとらえられる。黒曜石以外では、水晶・

チャートなどがごく稀に利用されるのみである。こうした黒曜石指向は、細石刃生産にあっては、より鋭利な刃部の確保という機能的要求と押圧剥離技術の有効性を高めるための技術的要求とがあいまってなされたと考えられる。

従来、矢出川細石刃石器群においては、黒曜石の原産地同定の実施がなかったため、筆者は京都大学原子炉実験所（当時）藁科哲男氏に依頼し蛍光X線分析による原産地同定を試みた。第Ⅰ遺跡の19点の稜柱形細石刃石核と1点の細石刃石核原形・2点の細石刃石核作業面再生剥片の原産地同定の結果では（図16・17）、双子池6点・和田峠2点・霧ヶ峰5点・NK4点・神津島5点という石材構成となった（藁科 1996、由井・堤 1999）。双子池は八ケ岳グループ、和田峠や霧ヶ峰は和田峠グループに属す原産地で、NKはおそらく八ケ岳周辺等近傍産とみられるが、現段階では所在未確認の黒曜石原産地である。原産地同定のための資料選択は任意のため総数22点という数字自体は意味を持たず、単純に産地の構成を比較することができないが、この中に200km以上の距離を隔てた太平洋島嶼部の神津島産黒曜石が5点入っていた点は注目される。神津島産黒曜石の細石刃石核は、信州産黒曜石の細石刃石核に比べ小ぶりでかつ原石面をまったく残さないという特徴があり、原産地との距離と比例するコア・リダクションの側面を示している。第Ⅰ遺跡に居留した集団はこれらを自らこの場所に持ちこんだのか。あるいは交換などによって入手したのか。この点は当時の石材獲得システムや集団の移動の問題とも大きくかかわってくる重要な点である。

この原産地同定においてはさらに第Ⅰ遺跡で採集されている1点の細石刃石核が岐阜の下呂石製であることが判明した（図17-27）。この細石刃石核は90度方向2面に打面と細石刃剥離作業面を有し、単剥離面（非調整）の平坦打面を持つなど、黒曜石の稜柱形細石刃石核とは明らかに形態が異なっているのが特徴的である。

また、さきに述べたように舟底形細石刃石核に関しては、稜柱形細石刃石核がその石材に黒曜石を強く指向するのに対し、舟底形細石刃石核がチャートなど非黒曜石を指向する点において、石材選択が異なっている。

(2) 中ッ原遺跡群の細石刃技術

中ッ原遺跡群においては、相互に500mの距離を隔てる第5遺跡B地点およ

産地	細石刃石核	細石刃石核原形	細石刃石核再生剥片
双子池	5	1	
霧ヶ峰	5		
和田峠	1		1
神津島	5		
N　K	3		1
下　呂	1		
計	20	1	2

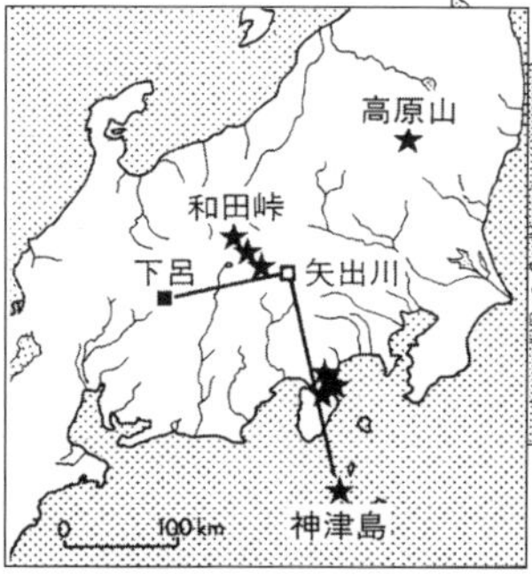

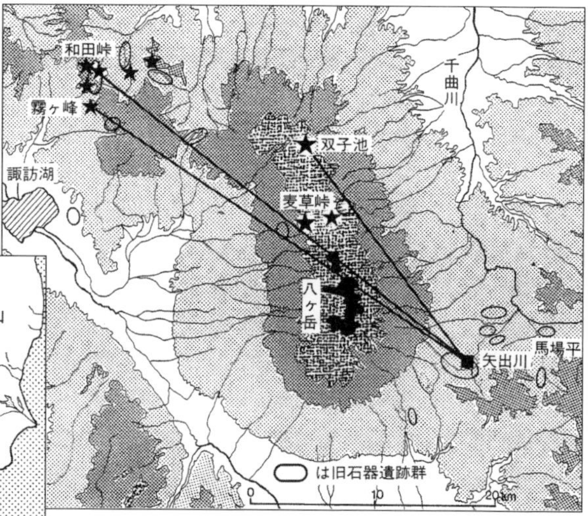

図16　矢出川遺跡への石材補給のベクトルと産地構成点数（表）

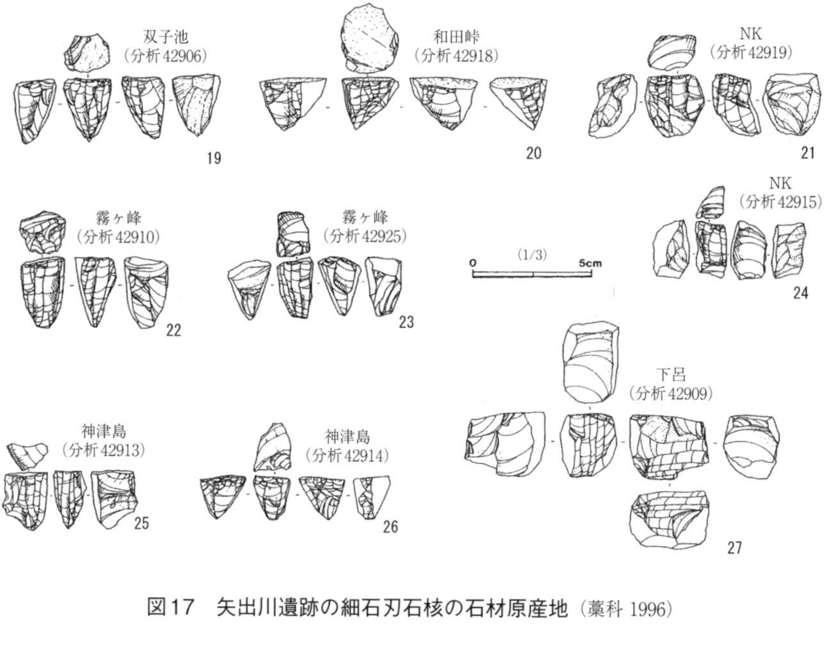

図17　矢出川遺跡の細石刃石核の石材原産地（藁科 1996）

び第１遺跡Ｇ地点の発掘調査において、矢出川技法による稜柱形細石刃石核とは異なった削片系細石刃技術をもつ細石刃石器群が検出され、本州の同石器群のひとつに位置付けられる（図18）。両遺跡は遺跡間石器接合関係をもち、技術的な関連性が深いため、両遺跡の削片系細石刃技術を並行して概観する。

中ッ原の細石刃生産システム

中ッ原の細石刃技術については、その報文においてすでに吉井雅勇・吉澤靖・永塚俊司らによって詳細な検討がなされている（吉井 1991、吉澤 1995、永塚 1996）。それらをふまえ、その削片系細石刃技術を概観すると以下の特徴が看取される。

まず、その削片系細石刃技術の全体工程に関しては（図19上段）、

Ａ：厚手の剥片から両面調整体を準備し、縦方向から断面三角形の削片やスキー状削片など数回の削片剥離をおこなって打面を設定し、その端部において細石刃剥離をおこなうもの（図19類型１）。

Ｂ：偏平な小礫などを素材に簡単な調整を施すのみで、１回から数回の削片剥離をおこなって打面を設定し、その端部において細石刃剥離をおこなうもの（図19類型２）。

この２者がみられ、ＢはＡの変異形あるいは省略形と把握される（永塚 1996）。

中ッ原の削片系細石刃技術による楔形細石刃石核は、稜柱形とは対照的に打面は非調整打面である場合が多

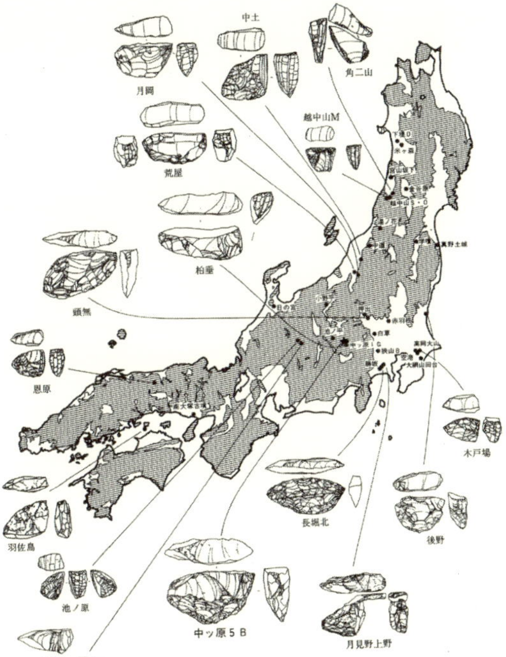

図18　本州の削片系細石刃石器群の分布（吉井 1991）

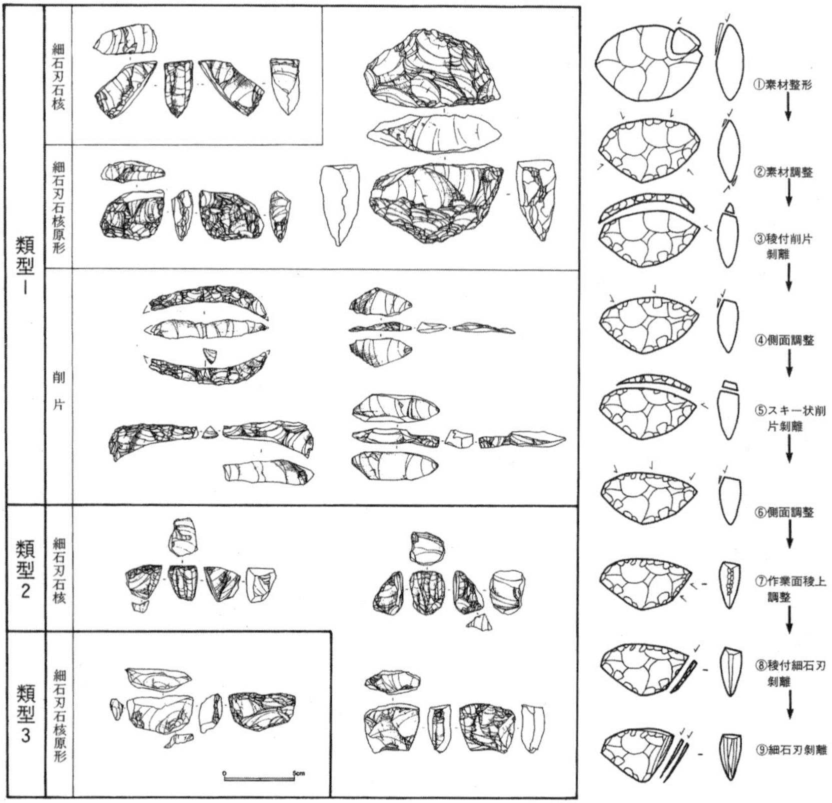

中ッ原5B地点の細石刃石核類型と製作工程（吉井 1991）

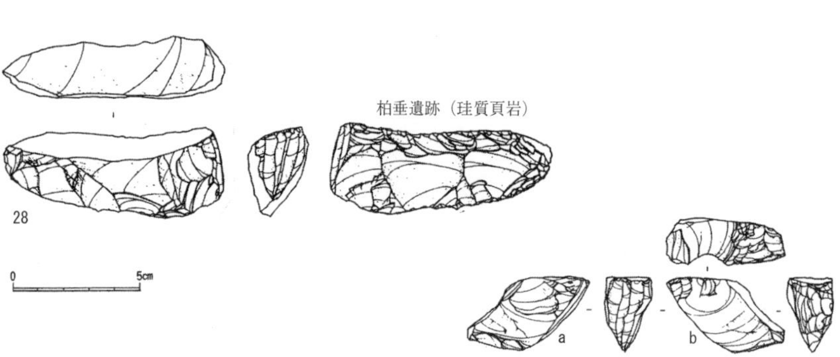

矢出川第Ⅰ遺跡（チャート）　29

図19　野辺山高原の削片系細石刃石器群とその製作技法

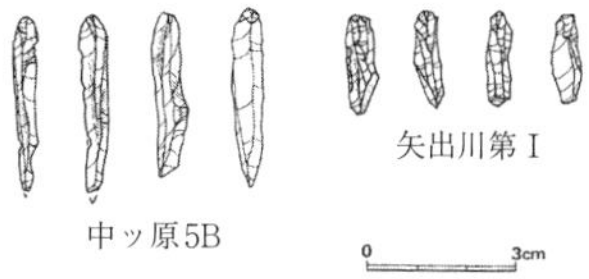

図20　細石刃の２タイプ

く、打面調整は稀である。一般に荒屋系削片系細石刃技術では、両面調整体の製作と加工具類の素材生産が一体化した「連動システム」を形成することが特徴であるが、中ッ原の削片系細石刃技術では他器種生産が連動しないことが大きな特徴である（永塚 1996）。これは黒曜石やチャートの潤沢な石材環境下の当地域にあって生じた技術的組織上の特色といえる。また、細石刃剥離において打面再生がなされる事例があることも荒屋系削片系細石刃技術とは異なる点といえる。

1G地点の細石刃石核の細石刃剥離長の平均は28.5mmであり、完形細石刃17本の長さの平均値は23.1mmである。また、5B地点のある細石刃石核の細石刃剥離長は42・44・46・52mm、平均値は46mmで、おおよそ20mm弱が平均的な長さである矢出川第Ⅰ遺跡の細石刃に比べ明らかに長い細石刃が生産される（図20）。

また、中ッ原細石刃石器群にみられる折断部位の多さからも、頭部もしくは末端が、また双方が除去されることが一般的であったとみられる。あるいはその長さゆえ、中間部がさらに２分割されることもあったことが接合例から予測される。

細石刃の剥離方法に関しては、大沼克彦らの製作実験に基いた剥離方法の同定研究があるが（大沼・久保田 1992）、その際、細石刃の打圧面の形状・最大厚などの諸属性が、直接・間接・押圧といった剥離方法判定の基準となる。美安慶子は、大沼らの基準に基いて中ッ原5Bおよび中ッ原1G地点の細石刃の打圧面の属性観察をおこない、これら削片系細石刃技術によって製作された細石刃が、押圧剥離によって剥離されたものであると推定している（美安 1996）。

中ッ原5B地点・中ッ原1G地点例に近似する楔形細石刃石核類の類例としては、八ケ岳麦草峠黒曜石原産地に程近い入千穂村池の平遺跡の第一次削片（黒曜石）、木曽開田高原の柳又Ａ遺跡の黒曜石・無斑晶安山岩の楔形細石刃石核石核・同原形（森嶋 1985、小林編 1990）、開田高原に隣接する岐阜日和田高原池の原遺跡の黒曜石の楔形細石刃同原形（麻生 1991）等の存在を指摘できる。

石材利用

中ッ原5B地点・1G地点の細石刃には、まれにチャートや緑色チャートが利用されているものの、そのほとんどに黒曜石があてられているという特色があり、黒曜石指向という点では矢出川の細石刃石器群と同様である。中ッ原5B地点・1G地点の黒曜石産地については、藁科哲男氏に蛍光X線法による原産地分析を依頼しておこなった（藁科・東村 1995、藁科 1996）。分析試料は、5B地点・1G地点ともに個体別資料から1～数例の試料を代表させた。5B地点では黒曜石の個体別資料26個体例中22個体、1G地点では黒曜石の個体別資料31個体例中全31個体の分析が実施できた。1G地点と5B地点に運ばれた黒曜石の産地別の重量構成について、原産地分析の結果を個体別資料の重量にあてはめて算出すると、5B地点では、遺跡に運ばれた1872gの黒曜石のうち、NKおよび麦草峠・双子池の黒曜石がそれぞれ半数弱にあたる800g強を占め、これに対し霧ヶ峰・和田峠・男女倉の黒曜石は全体の3.7%（約70g）にあたるごくわずかしかみられないという傾向がうかがえる。一方、1G地点では、遺跡に運ばれた3191gの黒曜石では、NKが71%にあたる2260g、麦草・双子池が28%の927gを占め、これに全体の1%（約4g）にあたるごくわずか霧ヶ峰の黒曜石が加わるという傾向がうかがえる。両地点では、NKおよび八ケ岳の麦草峠・双子池産の黒曜石が多用されているのに対し、霧ヶ峰・和田峠・男女倉産の黒曜石の利用率がきわめて低い。また、両地点とも、不明なNKを除き信州産の黒曜石以外は用いられていないことがうかがえた。

なお、先に細石刃生産と掻器・削器などの剝片石器生産が連動していない点を指摘したが、掻器・削器などの剝片石器には黒曜石以上にチャート・緑色チャートなど非黒曜石の石材があてられるという傾向がとらえられた。

他の楔形細石刃石核

野辺山では、中ッ原5B地点にみるような黒曜石の楔形細石刃石核とは異なる楔形細石刃石核が含まれていることにも注意しなければならない。図19-28は柏垂遺跡の楔形細石刃石核である。非在地系石材でこのタイプに一般的ないわゆる珪質頁岩[(3)]を用いたもので、両面調整素材の縦方向から打面を作出し、その末端において細石刃剝離がなされたものである。柏垂遺跡のような珪質頁岩製（搬入石材）の楔形細石刃石核を北方系細石刃剝離技術の直接的な波及によるものとみた場合、中ッ原遺跡群はその一次的様相に後出する在地での二次的展開として、在地系石材を用いた細石刃剝離技術と認識されよう(4)。

図19-29は矢出川第Ⅰ遺跡での採集品で、チャートの細石刃石核である。最長37mmの細石刃が剝離されている。その打面は、細石刃剝離面側から作り出されたもので、a面の大剝離には後行し、bの大剝離に先行するものである。また、背面は横位からの調整を持ち一面をなす。打面との前後関係は切り合いからとらえにくいが、おそらくb面に後行することから打面形成にも後行することが考えられる。本細石刃石核の原形は板状の（調整）素材とみられる。本資料を楔形細石刃石核の範疇で理解してよいものかどうかはまだ検討の余地も残るが、その変異型として考えられるのかもしれない。

4　細石刃石器群の石器組成

野辺山の矢出川第Ⅰ遺跡および中ッ原5B地点の細石刃石器群の石器組成については図21に示した。

矢出川第Ⅰ遺跡第３次調査においては、８点の削器の他、掻器？・彫刻刀形石器？・ナイフ形石器？とされる疑問符付きの石器が検出されている（戸沢1964）。このうち掻器とされるものはいずれも不安定な形態をみせるもので典型的な掻器というには問題が残る。彫刻刀形石器は今日の楔形石器に分類されるものである。ナイフ形石器とされるものも断片であり、実態がわからない。また、第Ⅰ遺跡には野辺山Ⅰ期の石器群も残されており、ナイフ形石器とされ

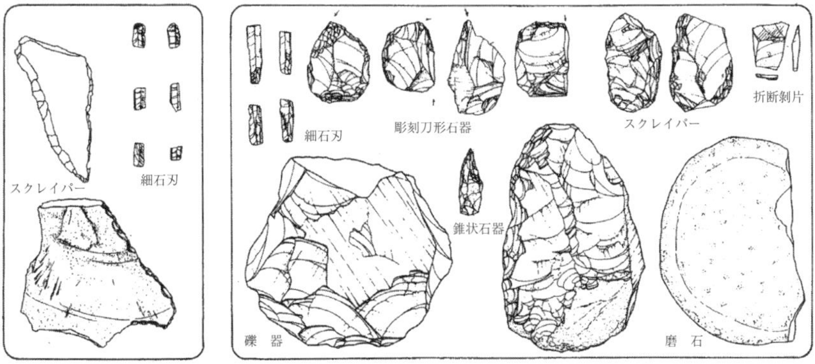

図21　矢出川（左）と中ッ原5B（右）細石刃石器群の石器組成の相違

るものが野辺山Ⅰ期の所産である可能性もある。つまるところ矢出川第Ⅰ遺跡など稜柱形細石刃石核をもつ細石刃石器群において確実に組成するのは削器に限定される（図21左）。相模野台地における稜柱形細石刃石核をもつ細石刃石器群でも削器の普遍的な組成は同様であり、加えて礫器も一般的に含むようで、彫刻刀形石器やナイフ形石器・尖頭器は組成していない。

一方、中ッ原5B地点の楔形細石刃石核をもつ細石刃石器群では（図21右）、細石刃のほか大小の削器・掻器・彫刻刀形石器・錐状石器・折断剝片・礫器を組成しており、ナイフ形石器・尖頭器は伴出していない。中ッ原1G地点の細石刃石器群では、細石刃のほか大小の削器・掻器・折断剝片・礫器を組成するが、5B地点と異なって彫刻刀形石器・錐状石器しておらず、遺跡間組成変異Inter-site variabilityがみられる。1G地点では、彫刻刀形石器や錐状石器を使用する生産活動がなされなかったのかもしれない。

ちなみに相模野台地の楔形細石刃石核を持つ石器群のいくつかにおいては、両面加工の大型木葉形尖頭器や石斧あるいは有茎尖頭器や土器を組成しており、それらはおそらく野辺山地域の中ッ原細石刃石器群の段階に後続する組成のあり方を示しているといえるだろう[(5)]。

5　野辺山高原の有効環境と居住の形成

(1) 古環境復元

植物相

野辺山原では、矢出川第Ⅳ遺跡と第Ⅵ遺跡にはさまれた矢出川湿原において安田喜憲の花粉分析によって植生復元がなされており（安田 1981・1982）、当時の古環境を知る重要なデータが得られている。矢出川湿原では、最終氷期から後氷期に相当するⅠ～Ⅳの花粉帯が検出された。花粉帯Ⅰは未較正の年代でおよそ24000年前以前の最終氷期の温暖期、花粉帯Ⅱはおよそ2万年前の最終氷期最寒冷期に、花粉帯Ⅲは晩氷期に、花粉帯Ⅳは後氷期の8000～6500年前頃に相当する花粉帯である。このうち細石刃石器群に前後する花粉帯Ⅱ・Ⅲの様相は次のとおりである。

花粉帯Ⅱの頃（最終氷期最寒冷期）は、樹木が少なく、ところどころにコケスギラン・キク科・イネ科・セリ科・キンポウゲ科・フウロウソウ属・ミソハギ属・ワレモコウ属などが生育する湿原がパッチ状に広がる景観がうかがえ、森林限界近くのツンドラ気候に近い亜寒帯気候が想定できるという。年平均気温は現在より7～8℃低かったらしい。

花粉帯Ⅲの頃（晩氷期）は、花粉帯Ⅱの頃よりは温暖であるが、樹木が少なく、ところどころにヨモギ属・セリ科・キンポウゲ科・ミソハギ属・羊歯類からなる広い草原と、ハシバミ属・ハンノキ属・ヤナギ属などとトウヒ属・モミ属・ツガ属など亜寒帯針葉樹のまばらな林がある景観が想定されるという。年平均気温は現在より5～6℃低かったらしい。

花粉帯Ⅳの頃は、前時期の晩氷期を代表するハシバミ属やヤナギ属、あるいはヨモギ属・セリ科・キンポウゲ科は後退し、コナラ亜属・ニレ属・ケヤキ属・カエデ属・ハンノキ属が増加してくる。コナラ亜属とハンノキ属などのまばらな林と羊歯類の草原がその景観で、いまだ温帯の広葉樹の生育の拡大が不十分な時期であるという。

今日、放射性炭素年代の較正により、細石刃石器群は晩氷期以前に位置付けられる（堤 2010a）。したがって細石刃石器群が野辺山原に展開していたのは、花粉帯Ⅱのピークを過ぎた頃の自然環境を有していたものと理解される。現在1300mほどの標高の野辺山高原は、仮に年平均気温が現在より7～8℃低かったとみられる当時には、2000m以上の気候環境下に置かれていたことが想定される。

動物相

八ケ岳東南麓では、ナウマンゾウの臼歯化石が野辺山東の市場地籍から検出されているが（井出 1936）、その出土層は20～30万年前とされ、後期旧石器時代との整合をみせない。またウマの臼歯化石が野辺山の東の広瀬地籍で発見されているが、こちらも後期更新世とされるのみで年代が絞り込めない。これ以外には野辺山原に展開した動物相を知る手掛かりはほとんどない。鈴木忠司は野辺山高原の標高1000m以上の草原的景観から、ナイフ形石器群の段階にあっては北方系草原性のヤギュウ・ウマなどが生息していたと推定する（鈴木 1988）。ただ、近年の研究によると、未較正の年代値でナウマンゾウは23000万年前には絶滅していたとされ（高橋 2007）、オオツノジカに関しては信頼できる年代測定値がきわめて少ないという（岩瀬ほか 2010）。このことを考慮するなら、細石刃段階で想定しうる動物相は、シカ類などを含めた中小型哺乳類ということになろうか。杉山真二による中ッ原1G地点の植物珪酸体分析では、細石刃段階の植生はクマザサ属が比較的多く生育しススキ属などもみられるイネ科植生で、森林に覆われない比較的開かれた場所であったといい、ササを主用食料とするシカ類の棲息に有効な環境であったと指摘されている（杉山 1995）。

可食植物と狩猟対象獣

矢出川湿原の古環境復元などをもとに鈴木忠司は、ナイフ形石器群段階の野辺山高原における可食植物として、堅果ではハイマツ・チョウセンゴヨウ・ハシバミ、漿果ではコケモモ・クロマメノキをあげる（鈴木 1988）。細石刃段階の可食植物もこれと大きく変わらないものとみられる。その採取時期は夏から秋にかけて限定されており、貯蔵戦略の未発達からも通年のメジャーフードとは到底なりえなかったものと考えられる。一方、この地域での狩猟対象獣に関しては、細石刃段階では大型哺乳類の絶滅にあって、シカ類など中小型哺乳類の狩猟へとシフトしたと想定しておくことが妥当といえよう。必然、狩猟採集のあり方は、生態学的季節性を反映していたものと考えられる。

(2) 有効環境と居住の形成

これまで細石刃石器群の分布および技術的特性と石器組成あるいは古環境復元を眺めてみたが、最後に有効環境 effective environment（Binford 1968）と居住の関係性について述べておきたい。

有効環境の点で現在でも可視的に把握されるのは、野辺山を取り巻く石材資源環境であろう。野辺山から10km以内には秩父層群中のチャートなどの石材が豊富に分布し、水晶もみられる。また、20km以内には八ケ岳黒曜石原産地が、40km以内には和田峠や霧ヶ峰などの黒曜石原産地群がある。しばしば引き合いに出されるヴィタ＝フィンジとヒッグスらの行動圏モデルでは、半径10km徒歩２時間以内が狩猟採集民の日帰り行動圏であるという（Vita-Finzi and Higgs 1970）。こうした行動圏モデルは地形という変数によって制約されるが、仮にあてはめればチャートなどは日帰り行動圏に、八ケ岳や和田峠の黒曜石原産地は直接採取に際しては１〜３泊程度の行動圏内に分布していることがわかる。信州産の黒曜石が100〜150kmの距離を越えて搬出される事実をふまえれ

図22　野辺山の細石刃期の景観復元図（安田 1987）

ば、野辺山の旧石器時代遺跡群は原産地直下といった優位性はないものの、潤沢な石材環境を背景としていたことが理解され、石材環境が遺跡形成の要因のひとつと理解される。

地理的環境といった点において野辺山は、八ケ岳扇状地と飯森山山塊の合間の広い平坦面に位置し、一方では佐久盆地と甲府盆地を結ぶ峠路の頂点にあたり、今日でもそうであるように交通路の要所となる場所にある。さきの潤沢な石材環境を背景にあわせみるとき、直接採取か交換かなどその補給形態の問題はさておき、野辺山の旧石器時代遺跡群が、箱根・愛鷹山麓あるいは相模野・武蔵野など関東沿岸部への信州産黒曜石の補給経路における中継地点の機能を担っていたと考えることができよう。たとえば中ッ原では、原産地での原石獲得を組み込んだ野辺山への回帰的行動が遺跡間石器接合より復元され、石材補給のあり方が示される。また、国内でも破格な矢出川Ｉ遺跡の細石刃石核600点余の出土数は、石器・石材補給拠点としての役割を暗示してはいないか。

食料資源環境については、さきの古環境復元に照らせば、野辺山においてはハシバミ類やコケモモ等若干の漿果類などきわめて限定された種の可食植物しか想起できず、さらに冬季にあっては植物質食料の採取は期待できそうにない。一方、狩猟対象獣はきわめて不可視的であるが、絶滅から大型獣存在の可能性は低く、高冷地の草原環境に適応した中小型獣がその狩猟対象となったものと考えられる。具体的には鈴木が述べるように、たとえばシカなどが狩猟対象獣と考えられよう。仮に食料資源環境が居住地形成の大きな要因のひとつとすると、特に高冷地の草原と湿地という環境が中小型獣の生息個体数を高めていたことが想定される。

一般に草原はオープンランドであり、森林に比べ狩猟標的を発見しやすいというメリットがある。また、哺乳類は捕食者から身を守るためオープンランドにおいて群れをなすという習性があり、捕獲効率といった点では有利だったのかもしれない。野辺山原における狩猟民俗調査では、シカ類が交尾期に泥浴びをするヌタバと呼ばれる場所が、小湿地に形成されるといい、ヌタバ近くにおいて狩猟がおこなわれるという（宮下・鈴木 1982）。遺跡が湿地に隣接する微高地上に位置することは、狩猟対象獣の生態とも関連し、単純化すれば水辺にあつまる動物群の狩猟活動をおこなうのに適した占地であったといえる。さらに遺跡立地に関しては、特殊例であるが、矢出川19地点（丸山遺跡）のように山頂部に遺跡が立地する場合もあり、狩猟活動の際の「見張り場」的な性格付けも考えられる。拠点的な第Ⅰ遺跡、一定の居留を思わせる第Ⅳ・Ⅹ遺跡、山頂部の「見張り場」的な機能の丸山遺跡、湿地に隣接する細石刃の散発的出土遺跡として狩猟行動の軌跡を見せるいくつかの地点、こうした遺跡間連鎖によって矢出川遺跡群のセトルメントシステムが成り立っていたと考えられる。

ここで上記有効資源の季節的な利用可能性について論じておく。まず、石材であるが、黒曜石資源についてみたとき、例えば八ケ岳麦草峠黒曜石原産地は標高2000mという高標高地帯にあり、さらに寒冷な最終氷期にあって例えば年平均気温が現在より5℃低かったと見積ると、現状で1000mを加算した気候条件下、すなわち標高3000m相当の森林限界を超えた周氷河地域の景観を呈していたものとみられる。氷期の乾燥気候で積雪量が減少していたとはいえ、氷雪や凍結現象によって冬季から早春にかけての黒曜石採取は困難であった可能性が高い。

冬季における捕獲対象獣の環境収容力 carrying capacity はどのようであったのか。環境収容力は資源供給量のもっとも乏しくなる季節によって決定され、動物にとってこの不適期をいかに乗りきるかが根本的問題となる。例えばシカ類にとって積雪は重要な意味をもっている。ニホンジカの冬季の主用食料はササであるが、積雪が25cm以上になると雪の中からササを掘り出すのが困難になるといわれている。また、ニホンジカは耐雪行動指数が低く積雪が50cm以上になると動きを奪われて生活に支障をきたす（高槻 1998）。したがって多雪地には生息しておらず、多雪地と寡雪地との境界に住むシカは積雪期には高地から低地に移動する現象がみられるという（丸山 1981）。また、主用食料であるササ類の枯渇や氷雪による遮蔽も移動をうながす要因であるといわれている。日本列島の多雪化は晩氷期以降といわれ、氷期における野辺山高原の積雪量を知るデータはないが、そうした移動要因もふまえておく必要があろう。

以上、資源調達に関して冬季はきわめて困難な条件が残されている。したがって野辺山高原における冬季の居住がなされていたなら、きわめて周到な越冬対策が必要となろう。保温性の高い防寒衣料や住居、火の管理、食料確保、あるいは食料備蓄などである。こうした越冬戦略を遺跡や石器群に読み取ることは可能であろうか。たとえば、掻器の存在性は皮鞣しに機能的特定性をもち、寒冷適応のマーカーともいえる装備である（堤 2000a）。しかし、矢出川細石刃石器群の装備においては掻器の欠落が大きな組成上の特徴である。掻器は文化的脈絡において装備される道具でもあるが、適応－機能的脈絡において存在する石器でもある。にもかかわらず、矢出川石器群において皮鞣しのための掻器が存在しないのは、この石器群の形成が越冬のための十分な機能的装備を備えていないのではないかとの疑問が付される。また、堅牢な構造の住居や炉、貯蔵穴等の存在性に関しても、矢出川遺跡群においては不明瞭である。こうした間接的な痕跡から、矢出川遺跡群については冬季を除く居住地であったと考えておきたい。

一般に狩猟採集民の遊動をうながす要因とは、資源分布の季節的変動、集団間の緊張関係の解消、過酷な環境からの季節的回避、新たな土地・資源開発などがある。野辺山高原においては、資源産地の冬季閉鎖性、捕食動物群の季節的移動の可能性、あるいは、過酷な環境からの季節的回避などが想定しうる遊動理由であろう。したがってここでは、野辺山高原が冬季をのぞく遊動生活エリアであり、冬季には資源獲得の保障される低標高地帯に人々が移動した可能性を想定しておきたい。

註

(1) この形態の細石刃石核については、これまで「野岳・休場」型（鈴木 1971）として大枠認識されてきた。筆者もこれまでのこの認識にしたがってきたが、この型式認識について、その概念の再検討の必要性を感じている。したがってここでは相当するカテゴリーについての形態レヴェルの認識にとどめた。

(2) かつて筆者は、野辺山原におけるこれらの細石刃石核は、舟底形のなかでも九州などにみられる「船野型」の系譜を引くものとして位置付けられるものであろうと予測したが（堤 1987)、現状ではその系統関係を求めることに慎重でなければならないと考えている。

(3) この珪質頁岩は、山形産など東北地方の珪質頁岩と一寸変わりない良質な外見を呈している。周辺ではこうした頁岩は見出し難く、おそらく東北地方のものとみられる。

(4) 谷口康治もこれらの楔形細石刃石核について、北方系細石刃石器群波及後の在地での二次的展開の様相として、細石刃剝離技術の変容を指摘する（谷口 1991)。

(5) 相模野台地月見野遺跡群上野遺跡第 1 地点第Ⅱ文化層では大型木葉形尖頭器・石斧・土器（相田編 1986）が、勝坂遺跡では有茎尖頭器や土器などが組成に加わり（青木・内川 1990)、土器の登場をも含めた過渡的な様相を呈している。

第２章

細石刃石器群の形態と機能

第１節　細石刃の機能

１　細石刃の機能的研究

細石刃とは、一般に「幅が１センチ以下で長さが幅の２倍以上の縦長剥片のうち、側縁がほぼ平行し、表面に縦方向の剥離痕を残しており、それによる稜が側縁とほぼ平行する剥片」と定義される（加藤・鶴丸 1980）（図23）。

細石刃は、①一定の石材から効率よく量産される点、②小型軽量である点、③入念な二次加工はいらず不要部分を除去するだけでそのまま用いられる点、④形の斉一性から連続して軸に装着でき、⑤刃の交替が容易であるという点から、数多くの旧石器のなかでも特に合理性を備えた石器であると評価される。

しかし、後期旧石器時代を代表する利器である細石刃それ自体についての研究が積極的になされてきたかというと、従来は細石刃石核型式や細石刃技法等についての研究が主流であり、取り残されてきた感を否めない。それは、その小型さと強い形態的斉一性（織笠 1983）による特徴把握の困難さに起因すると考えられる。

細石刃に関する数少ない分析は、その「折断」のあり方を中心になされてきた（戸沢 1964、杉原・小野 1965、栗島ほか 1982、など）。一方で、細石刃の幅に着目し統計的手法によって細石刃の利用方法をとらえようとした藤本強の分析もある（藤本 1982）。現状では、その属性の全体を見通した汎日本的な視野からの形態学的研究は、織笠昭の仕事があげられるのみかもしれない（織笠 1983）。筆者も、少なからず細石刃研究の必要性を痛感しており、これまで幾つかの分析をおこなってきた経過がある（堤 1984e・1994a）。

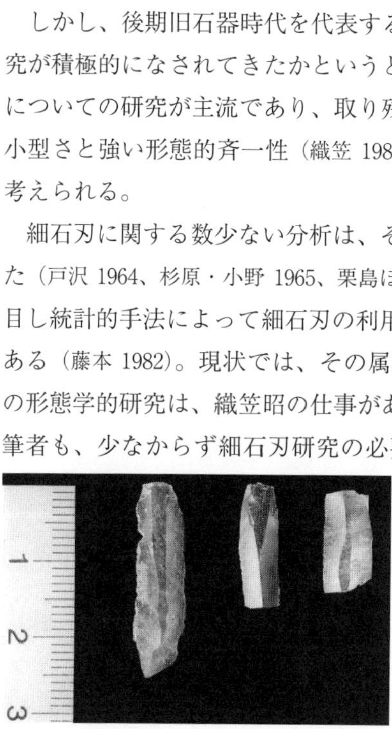

図23　細石刃　月見野上野遺跡第１地点

筆者は以前、「上草柳地区出土の細石刃について」（堤 1984e）の分析において、相模野台地上草柳第１地点遺跡・同第３地点中央遺跡の細石刃について、低倍率検鏡によって微小剥離痕のあり方を観察し、導き出される折断部位利用について想定してみた。ただ、そこでは微小剥離痕のあり方そのものについては、記載に留めたのみで、細石刃の使用実態についての一歩踏み込んだ究明を欠いたという問題点が残った。

一方、多摩ニュータウン№769 遺跡出土の細石刃について、阿部祥人と大浦真紀子は顕微鏡観察による使用痕の抽出を試みた（阿部・大浦 1986）。そこでは、黒曜石細石刃の約半数の資料に刃部とほぼ平行する高密度な線状痕がついていることが明らかにされ、それが強く細石刃の使用の結果を表わしているという見通しが得られている。近年では、鹿又喜隆による新潟県荒屋遺跡の細石刃使用痕分析（鹿又 2003）、寒川朋枝による鹿児島県仁田尾遺跡の細石刃使用痕分析（寒川 2008）など、新たな使用痕分析が試みられている。

ここでは、細石刃利用の実態解明に向けて、細石刃の折断のあり方を検討し、さらに顕微鏡観察による使用痕分析をおこない、細石刃の機能推定を試みることにしたい。主たる分析対象は相模野台地の一角をなす神奈川県大和市内の遺跡から出土した細石刃約900本である。ちなみに日本列島における1792個所の細石刃遺跡の細石刃の出土総数が83137点であるから（堤 2004b）、その約１％にあたる細石刃が分析対象ということになる。

2　細石刃の折断

遺跡から出土した細石刃をみると、たいていどこかが欠けている。これは偶然の産物ではなく、ヒトによる意図的な折り取りであり、「折断」もしくは「分割」といわれている。

戸沢充則は、かつて長野県矢出川遺跡の細石刃の分析をおこなった際「（矢出川の細石刃は）比較的よい部分だけを折って使っていたのではないかと思われるふしもある」と指摘した（戸沢 1964）。この指摘が、おそらく細石刃の折断に関する最初の注視であろう。翌年、杉原荘介らは、静岡県休場遺跡の細石刃の分析において「細石核から剥離した剝片を、さらに打瘤部と先端部とを意図的に切載し、その中間部を細刃器として使用した」と述べた（杉原・小野 1965）。細石刃のいわば「三分割・中間部使用説」の提唱といえるだろう。

では、細石刃の折断のあり方は、実際どのようにとらえられるものなのだろう。ここでは大和市内の遺跡出土の細石刃、台山遺跡第Ⅱ文化層ユニット１・２、

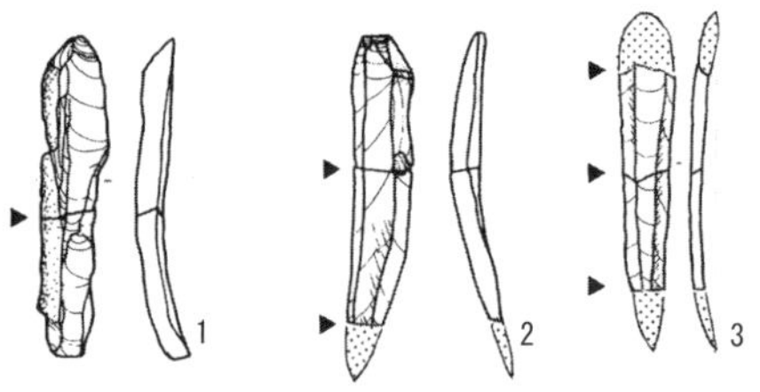

図24　折断のあり方を示す細石刃の接合例
いずれも月見野上野遺跡第１地点第Ⅲ文化層出土

月見野遺跡群上野遺跡第１地点第Ⅲ文化層Ⅰ・Ⅱ群、上草柳第１地点第Ⅰ文化層ブロックA・B、上草柳第３地点中央第Ⅰ文化層の細石刃群の検討をおこなってみたい。

まず、各細石刃群をみると、完形はいずれも全体の点数の２割未満ほど、それ以外では頭部・中間部・末端部という折断部位が全体の８割以上を占めていることがわかる。こうした折断部位の高い存在率は、むろん偶発的な折れのみによっては生じえず、大方の細石刃が意図的に折断されていた、ということを示すデータといえる。

折断の具体例を、月見野上野遺跡第１地点第Ⅲ文化層の細石刃の接合からみてみよう（図24）。１は頭部と末端部の二つに折断されたものが接合した事例である。2は頭部・中間部・末端部の三つに折断された事例、３は頭部・中間部・中間部・末端部の四つに折断された事例である。この他、折断がなされず、そのまま用いられたと考えられる完形細石刃もまれに存在している。つまり、未折断・１個所・２個所・３個所の折断例が存在していることが接合資料からうかがえる。

その折断には、折断方向の規則性があったのだろうか。つまり、細石刃の背面から折る、あるいは細石刃の腹面から折る、といった一定のあり方はうかがえないのだろうか。折断面390例の観察からは、全般的に背面側からの折断がやや多いものの、腹面側からの折断の例も一定数にみられ、また二個所の折断の場合、相互の方向が違う例もあり、ことさら折断方向の統一性はうかがえない。

その細石刃折断の意図とはどこにあったのだろうか。「三分割・中間部使用説」にみられるような「使用部として中間部のみを生みだす」といった考えはいささか公式的すぎるきらいがある。おそらくそれはそういった固定的なものではなく、膨らんだ頭部や反りのある末端部の除去、つまり「軸に装着する際に邪魔になる部分の除去」にあったと考えられる。だから、コブや反り・形のゆがみがなければ完形のまま用いられたし、反りのある末端部のみが除去されることも多かったのだろう。また、折断することで反りが解消し、頭部と末端

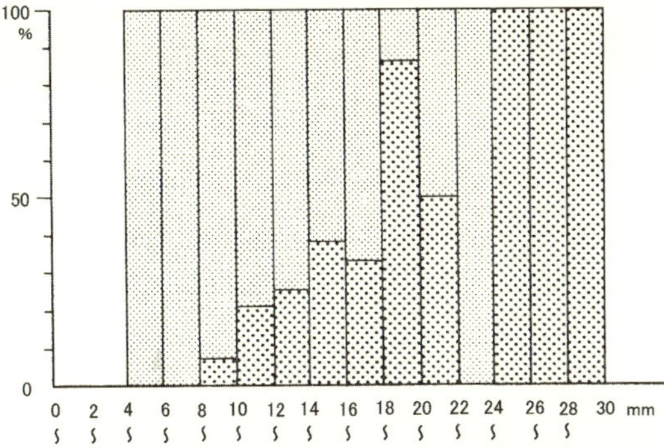

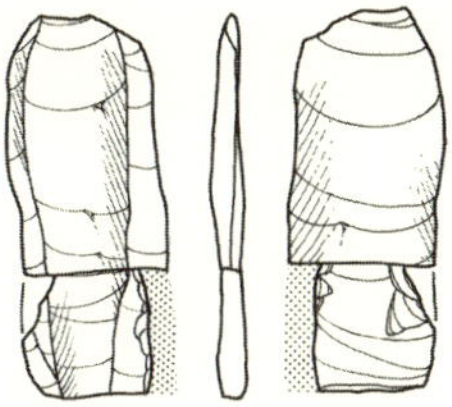

細石刃の加工痕と減じられた幅（網部）
月見野上野第１地点第Ⅲ文化層

← 細石刃の長さと微小剝離痕の出現率
（濃い網：微小剝離痕あり）
上草柳第１地点遺跡Ａブロック

図25　細石刃の微小剝離痕の出現率と加工痕のあり方

部の双方が使用可能となった場合もあっただろう。

栗島義明は、石材原産地から遺跡までの距離が増すごとに、細石刃の長さが総体的に短くなり、加えて頭部・中間部・末端部という部位のなかで中間部が認められなくなる、つまり頭部と末端部の二部位の折断事例が増える、と指摘する（栗島 1993a）。このことは、短い細石刃の場合、頭部と末端部の双方を除去したのでは一定程度の長さを確保できなくなるという状況を暗示している。石材環境が石器製作におよぼす影響を反映した現象である。おそらく細石刃の折断行為は経済効率も考慮し、柔軟になされているのだろう。

図25は、上草柳第１地点第Ⅰ文化層ブロックＡの細石刃の長さと微小剝離痕の出現率のグラフである。このグラフをみると10mm未満の細石刃には微小剝離痕がほとんど認められず、10mm以上でより長い細石刃ほど微小剝離痕が顕著である傾向がうかがえる。微小剝離痕とよばれる細かい剝離痕を、加工痕や使用痕（刃こぼれ）と考えるならば、折断の有無にはあまりとらわれず、より長い細石刃（より長い刃部をもつ細石刃）は例外なく用いられる傾向にあった、と解釈することができる。裏返せば細石刃を折断する場合には、より長い刃部の確保について注意が払われたことが想定できる。

3　細石刃への加工

細石刃への加工は、形態調整的意味＝①幅の修正②突出部分の除去③先をとがらせるなどの形状調整とみられ、一方で④刃付けという刃部作出の意図が想定される。

図25右は、月見野上野１第Ⅲ文化層の折断例で、頭部と加工された中間部が接合したものである。この事例が、①の幅の修正にあたるか、④の刃付けにあたるかは証明できないが、いずれにせよ加工によって1.5mmほど幅が減じられた（トーン部）ことがわかる。軸に細石刃をいくつか埋め込む場合、刃部のラインをそろえる手段として、加工による幅の修正、もしくは幅の統一がはかられたことは十分に想定できる。

北海道常呂川流域常川遺跡の細石刃を分析した藤本によれば（藤本 1982）、543点の細石刃のうち二次加工が認められるものは399点で、大部分の二次加工には両側縁を平行に整えようという意図がうかがえるという。また、先端を意識的に作り出そうという細石刃もわずかだがあるという。③の形状調整的な意味の加工である。

一方、④の刃付けにあたる場合についてであるが、シャープなエッヂを鈍角にした場合、刃部の切開性が劣る反面その堅牢性は増すことになる。後に紹介する長野県中ッ原第１遺跡Ｇ地点の細石刃では、加工の施された側に線状痕とポリッシュが観察され（図29-3）、スクレイピング（掻き取り）の作業に用いられていることがわかった。こうした作業をおこなう場合、加工による刃部の鈍角化は必要だろう。ただ、小型で薄い細石刃自体の形態からして、スクレイプという作業が普遍性を持ちえたかどうかはわからない。

4　細石刃の使用痕分析

細石刃はどのように使われたのか。使用の際に細石刃に残されたキズ＝使用痕を検出し、そこから細石刃の機能を推定してみたい。石器に残された使用痕は次の６種類に大別されている。①破損・②微小剥離痕・③線状痕・④光沢・⑤摩耗・⑥付着物、である（阿子島 1989）。①の破損とは石器の欠け、②の微小剥離痕は刃こぼれ的な小さな剥離、③の線状痕は線状についたキズ、④はポリッシュといわれる使用による石器表面の光沢、⑤摩耗とは石器のすり減り、⑥付着物とは作業対象が石器に残存した場合を指す。

たとえば線状痕は、石器の運動方向を知る有効な手掛かりとなる。光沢は、木・骨・皮・植物など使用対象の違いによって石器の表面に異なる光沢

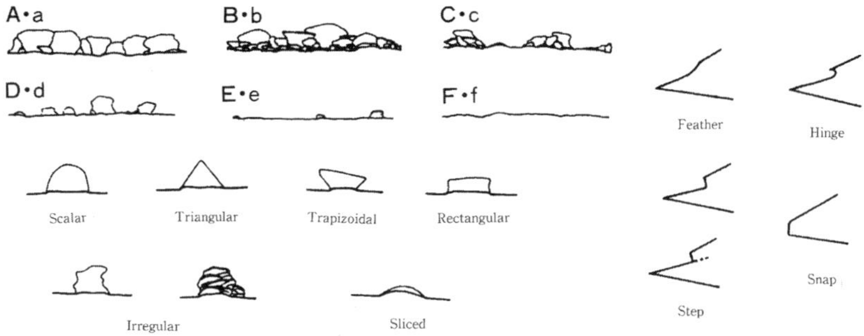

※大文字は主要な剝離の幅が0.5mm以上（大）、小文字は主要な剝離の幅が0.5mm未満（小）

図26　微小剝離痕の分類（御堂島 1982より）

表7　細石刃部位毎による微小剝離痕の分布状態の頻度

遺跡と文化層	細石刃部位	微小剝離痕の分布状態												計
		A	B	C	D	E	F	a	b	c	d	e	f	
上草柳１ⅠA	頭部	1	2	3	1	1				3	10	1		22
	中間部			2	2			1		1	2	1		9
	末端部	1	1		1	1					2			6
	完形									1	4			5
	細石刃全体	2	3	5	4	2		1		5	18	2		42
上草柳１ⅠB	頭部									1	4			5
	中間部	3		2			2	3		1	4			15
	末端部													
	完形													
	細石刃全体	3		2			2	3		2	8			20
上草柳３中央Ⅰ	頭部	5	5	6	1			3		2	3	6		31
	中間部	1	2	1	2						1			7
	末端部	5	2	5	1				1		1	1		16
	完形	4	5	1	1						1			12
	部位不明	2				1		1						4
	細石刃全体	17	14	13	5	1		4	1	2	6	7		70

（一縁辺表裏ごとに一例として数値化）

パターンが発生することから、使用対象物推定の手段として有力である。

これらの使用痕のうち、破損や摩耗は肉眼で十分わかる場合も多い。しかし、微小剝離痕・線状痕・光沢は、顕微鏡による低～高倍率の観察が必要となってくる。ここでは、使用痕観察に適した金属顕微鏡オリンパスBHMJを用い、100～200倍による観察をおこなって細石刃に残された使用痕の抽出を試みた。主な観察対象は②微小剝離痕・③線状痕・④光沢で、微小剝離痕の分類（図26）と光沢の記載は主として御堂島正の示した属性に準拠（御堂島1982）、線状痕の記載は岡崎里美の三分類に準拠した（岡崎 1983）。試料は観察前に、エタノールで拭き取り、手脂などを除去した。

観察資料は、大和市内で発掘された①上草柳第１地点第Ⅰ文化層ブロックA、②上草柳第１地点第Ⅰ文化層ブロックB、③上草柳第３地点中央第Ⅰ文化層、④月見野遺跡群上野遺跡第１地点第Ⅲ文化層Ⅰ群、⑤上野遺跡第１地点第Ⅲ文化層Ⅱ群、⑥台山層第Ⅱ文化層ユニット１・2、⑦上和田城山遺跡４区第Ⅱ文化層の細石刃で、総計925点、すべて黒曜石製である。以下に観察結果を示す。

① 上草柳第１地点第Ⅰ文化層ブロックA

ブロックAで出土した103点の細石刃の観察をおこなった。このうち微小剝離痕は、31例の細石刃の42個所に観察された。微小剝離痕の分布状態は、表７に示す。ここでは、0.5mm未満の微小剝離痕が散漫な分布ｄをみせる場合が多いようである。

顕著な線状痕が認められたのは、図27-1の細石刃わずか１点のみである。図の細石刃の表左縁の一部と裏右縁の一部に側縁に平行する矢印方向の線状痕ｂが認められた（表8）。そこには分布状態ｄのSCタイプ微小剝離痕が伴っていた。

光沢を有する細石刃はなかった。

② 上草柳第１地点第Ⅰ文化層ブロックB

ブロックBの44点の細石刃について観察をおこなった。微小剝離痕は、17例の細石刃の20個所に観察された（表7）。顕著な線状痕・光沢を有する細石刃はなかった。

③ 上草柳第３地点中央第Ⅰ文化層

96点の細石刃の観察をおこなった。微小剝離痕は、35例の細石刃の70個所に観察される（表7）。全体的には0.5mm未満の微小剝離痕で連続する分布A・Bをみせるものが多く、前記した二ブロックとは対照的に顕著なあり方をみせている。

顕著な線状痕が認められた細石刃は５点あった（表8）。部位的には頭部３点（図27-2・3・4）、中間部２点である（図27-5・6）。線状痕はいずれも、石器の片縁のみにみられ、側縁と平行するものであった（図28-⑧・⑨）。その方向は矢印で図示したが、３・５・６のように細石刃の頭部側から末端部側にむけて線状痕が形成されていたもの（以後これを正方向とする）、２・４のように細石刃の末端側から頭部側にむけて線状痕が形成されていたもの（以後これを逆方向とする）の双方があった。また、２は縁辺部のみでなく、片側の稜上にも線状痕が観察された（図28-②）。なお、４・６にみられた線状痕はごくわずかであり、写真では示さなかった。光沢を有する細石刃はみられない。

④ 月見野遺跡群上野遺跡第１地点第Ⅲ文化層Ⅰ群

石器分布Ⅰ群に属する225点の細石刃について観察をおこなった。

このうち微小剝離痕は116例の細石刃に観察される。顕著な線状痕が認められた細石刃は２点あった（表８）。部位的には頭部（図27-7）と中間部（図27-8）の各１点である。両者とも、片縁のみに、側縁と平行する線状痕を伴っている。方向的には、７・８ともに正逆両方向（矢印）の線状痕が認められた。

光沢は、７の細石刃のｂ部分でⅠタイプの可能性がある光沢が縁辺上に認められた。また、ｃ部分の剝離の稜上のツヤが見られたが本来の光沢かどうかはわからない。御堂島によればⅠタイプの光沢は、非常に弱く微妙な光沢で剝離痕の縁辺部や石器表面に生じた粗れの細かな凸部に現われるものであるという（御堂島 1982）。

⑤ 月見野遺跡群上野遺跡第１地点第Ⅲ文化層Ⅱ群

石器分布Ⅱ群の95点の細石刃について観察した。このうち微小剝離痕は50例の細石刃に観察される。線状痕・光沢を有する細石刃はなかった。

⑥ 台山遺跡第Ⅱ文化層ユニット１・２

ユニット１・２で出土した327点の細石刃について観察をおこなった。

このうち微小剝離痕は55例の細石刃に観察される。

線状痕が認められた細石刃は４点あった（表８）。部位的には頭部（図27-10）１点と中間部３点（図27-9・11・12）である。線状痕はいずれも片縁のみで、側縁と平行するものであった。方向的には、９・10・11の細石刃は逆方向の線状痕、12の細石刃は正逆両方向の線状痕を伴っていた（図28-⑳・㉑）。11では縁辺部のみでなく、片側の稜上にも線状痕が観察された。また、12では線状痕のある側縁とは反対側の側縁の両端にファシット状の剝離（▼）が認められた。

光沢を有する細石刃はなかった。

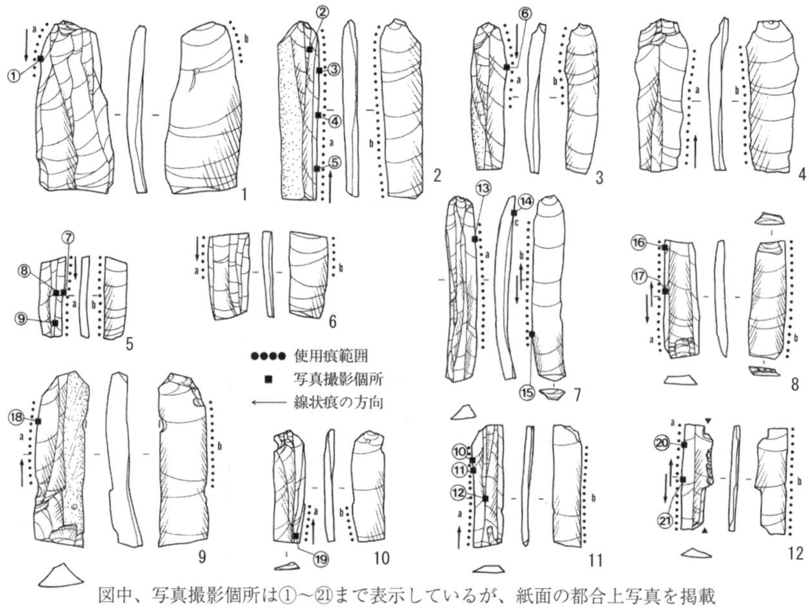

図中、写真撮影個所は①～㉑まで表示しているが、紙面の都合上写真を掲載したのは、①・②・③・④・⑧・⑨・⑱・⑳・㉑である。

図27　使用痕の観察された細石刃（1/1）

表8　細石刃に観察された使用痕の概要

細石刃No.	観察部分	微小剥離痕					線状痕		光沢	遺　跡
		刃角（度）	分布	大きさ	平面形	断面形	主方向	主タイプ	光沢	遺跡
1	a	45	d	小	Sc	Fe	平行	b	なし	上草柳第1地点　第Ⅰ文化層　A
	b	45	d	小	Sc	Fe	平行	b・c	なし	〃
2	a	50	c	小	Sc・Trap	Fe・Sn	平行	b	なし	上草柳第3地点中央　第Ⅰ文化層
	b	50	d	小	Sc	Fe	平行	b	なし	〃
3	a	40	d	小	Sc・Trap	Fe	平行	b・c	なし	〃
	b	40	e	小	Sc	Fe	平行	b	なし	〃
4	a	28	D	大	Sc・Trap	Fe	平行	b・c	なし	〃
	b	28	c	小	Sc・Trap	Fe・Sn	平行	b・c	なし	〃
5	a	30	e	小	Sc	Fe	平行	c	なし	〃
	b	30	e	小	Ir	St	平行	c	なし	〃
6	a	40	c	小	Sc	Fe	平行	c	なし	〃
	b	40	e	小	Sc	Fe	なし	なし	なし	〃
7	a	50	d	小	Sc	Fe	平行	b	なし	月見野上野1　第Ⅲ文化層　Ⅰ群
	b	50	d	小	Sc	Fe	平行	c	I	〃
	c	50	なし	なし	なし	なし	なし	なし	I	〃
8	a	50	d	小	Sc	Fe	平行	b	なし	〃
	b	50	e	小	Sc	Fe	平行・斜行	b	なし	〃
9	a	45	c	小	Sc・Trap	Fe	平行	b	なし	台山　第Ⅱ文化層　ユニット2
	b	45	e	小	Sc	Fe	平行	b	なし	〃
10	a	45	e	小	Sc・Trap	Fe	平行	b	なし	〃
	b	45	e	小	Sc	Fe	なし	なし	なし	〃
11	a	40	c	小	Sc	Fe	平行・斜行	b	なし	台山　第Ⅱ文化層　ユニット1
	b	40	c	小	Sc	Fe	平行	b	なし	〃
12	a	35	c	小	Sc	Fe	平行	b	なし	〃
	b	35	d	小	Sc	Fe	平行	b	なし	〃

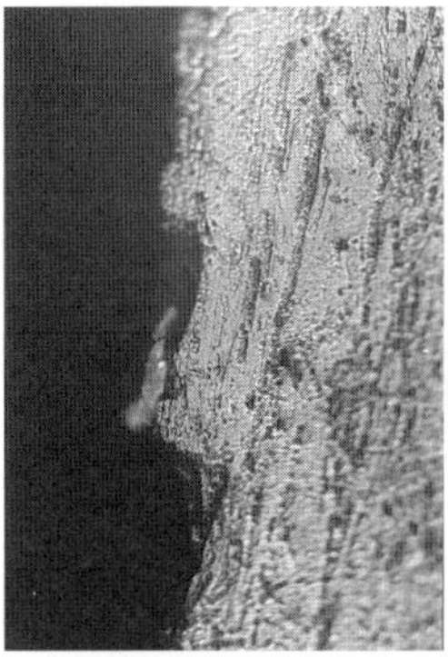

細石刃№1－①：線状痕

細石刃№2－②：線状痕

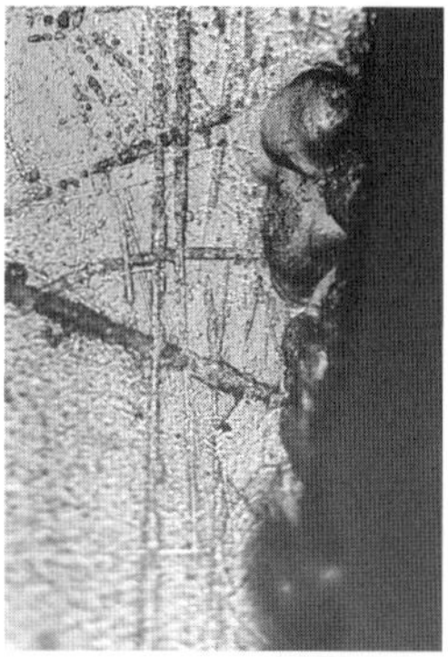

細石刃№2－③：
線状痕と微小剥離痕

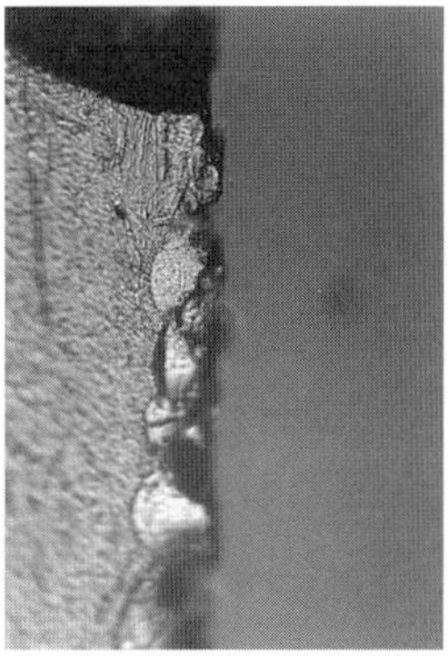

細石刃№2－④：
線状痕と微小剥離痕

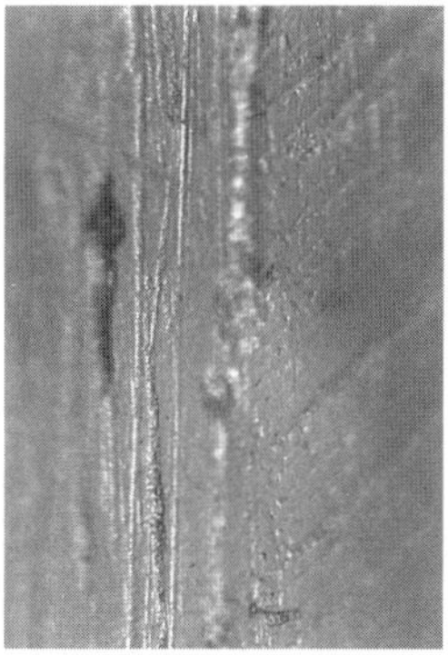

細石刃№5－⑧：線状痕

細石刃№5－⑨：線状痕

細石刃№9－⑱：
線状痕と微小剥離痕

細石刃№12－⑳：
線状痕と微小剥離痕

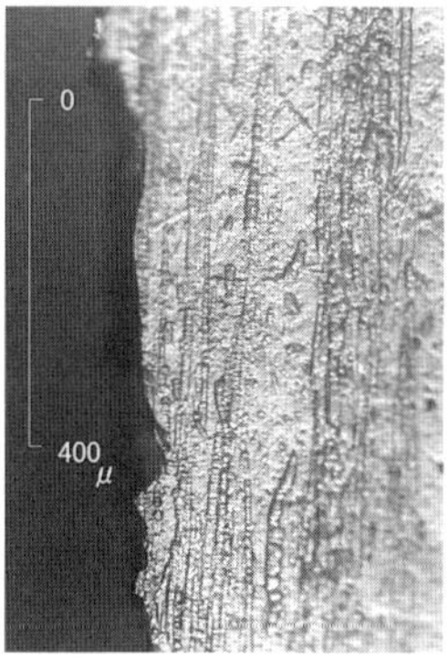

細石刃№12－㉑：線状痕

図28　細石刃使用痕の顕微鏡写真（× 100）

⑦ 上和田城山遺跡4区第Ⅱ文化層

35点の細石刃について観察をおこなった。微小剝離痕は、2点の細石刃に観察された。

線状痕・光沢を有する細石刃はなかったが、図27-12と同様、側縁にファシット状の剝離が認められる細石刃が1点あった。このファシット状の割れは、側縁の平行方向に強い力がかかって生じたものであり、使用痕（衝撃痕）の可能性が残る。

5　使用痕の性格

前項での観察結果から、細石刃に残されたキズの性状を考えてみることにしよう。

まず、微小剝離痕であるが、微小剝離痕を有するものは各細石刃の総数の2割から5割程度にあたる数がみられ、線状痕や光沢に比べるとかなり高い割合で観察された。ただ、微小剝離痕といっても、その中には使用痕のみならず、微細な加工痕も含まれるだろうし、種々の過程で生じた不慮のキズもあるだろう。微細な加工痕と使用痕との判別は難しい面があるが、属性的には剝離の大きさ・剝離角の大きさ・規則的な連続性がその判断の基準のひとつとなる。たとえば、上草柳第3地点中央Ⅰの細石刃の微小剝離痕はひとつの剝離の大きさが0.5mm以上で、連続する分布A・Bをみせるものが多く（表7）、しかも線状痕や光沢を一切伴わないことから、おそらく加工痕と考えられる。逆に、ランダムな分布を示すC（c）・D（d）・E（e）の微小剝離の場合、加工痕とはいい難いものである。

微小剝離痕は、ある程度は操作内容および加工対象物の固さと相関関係をもつことが実験結果から知られている。しかし、むしろそれのみから得られる情報は多くはなく、伴った線状痕や光沢の性状とあわせて、総合的にその機能を推定することが重要である。

さて、各細石刃群においては、一定程度みられる微小剝離痕に対し、顕著な線状痕を有する細石刃は、数点程度（全体の5％以下）が散見されたのみで、きわめて低い割合にとどまっている。ただ、点数的には少ないとはいえ、興味深い線状痕のあり方が観察された。それは、いずれの細石刃にも、刃部の片縁だ

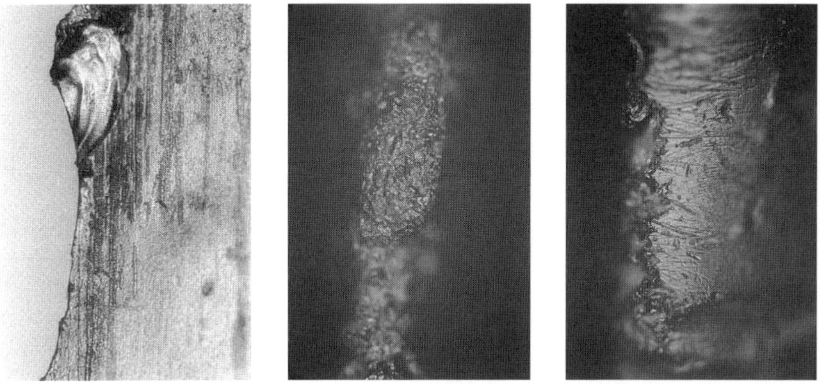

1　線状痕と微小剥離痕（×100）
中ッ原5B地点

2　光沢Ｅ（×200）
中ッ原1G地点

3　光沢Ｅ＋直交線状痕（×200）
中ッ原1G地点

図29　野辺山高原の細石刃の使用痕

けに、刃縁と平行する線状痕がみられることである。そしてこれに伴う微小剝離痕は、5mm未満のウロコ形でフェザータイプの断面をみせ、ランダムに剝離痕が並ぶ分布状態ｄを示すものが多かった。

この線状痕は刃部と対象物、もしくは対象物が巻き込んだ残滓などとの摩擦によって生じた使用痕と考えられ、側縁と平行する方向の運動によって残されたものと考えられる。向きとしては、正方向のものと逆方向のもの・正逆両方向のものも認められた。前者は前進もしくは後退、後者は前進と後退の相互の運動を示すものと考えられる。

光沢の可能性があるものは、たった１点の細石刃にみられたのみであった。月見野上野遺跡第１地点第Ⅲ文化層Ⅰ群の細石刃（図27-7）には、Ⅰタイプの可能性がある光沢が認められた。それは微弱な光沢で、肉を切った場合・生皮の掻き取りの場合にみられるが、木や竹に対する作業でも初期の段階で現われるものである。これに伴う線状痕は正逆両方向のものがみられた。一方、同じ7に残る微小剝離痕は小型のウロコ形でフェザータイプの断面をみせ、ランダムに剝離痕が並ぶ分布状態ｄを示した。阿子島の実験によると加工対象物が硬いと比較的大型で角ばる微小剝離痕が生じ、逆に柔らかいと微小剝離痕は小型でウロコ形を主とする場合が多いという。これらを総合的に判断すると、7の細石刃は、「ａ・ｂの部分を刃として生肉や生皮などの柔らかいものを対象に切る作業に使われた」と考えておくことができるだろう。

それにしても、900本をこえる細石刃において、微小剝離痕は見いだせるが線状痕や光沢をほとんど見いだせない、という理由はどこにあるのだろう。ちなみにかつて筆者が分析をおこなった長野県中ッ原第５遺跡Ｂ地点の152点の細石刃のうち線状痕が見いだせたのはたった８点（図29-1）だけだった（堤 1991b）。検出例の少なさでは今回の分析と同様な状況にあるといえる。一方これに対し阿部と大浦がおこなった、多摩ニュータウン№.769遺跡の細石刃の使用痕分析では、100点以上ある細石刃のうちその約半数に刃部と平行する高密度な線状痕が見いだせたという（阿部・大浦 1986）。今回とは対照的な数の多さである。

こうした細石刃の線状痕検出の対照例は、単純にいってしまえば、遺跡に残された細石刃のうち、使用頻度の高いものが多かったか、使用頻度の低い（あるいは未使用のもの）が多かったか、という違いを示していると説明できるだろう。もし仮に細石刃が狩猟用刺突具の刃部としての機能を担っており、それがいわゆる飛び道具的な軌跡をみせるものであるならば、使用されたものは一般に狩猟場には置き去りにされても居住地遺跡には残りにくいという状況的特性があるのかもしれない。

ただいずれにしても、今回の900点もの細石刃のほとんどが、未使用だったということも考えにくい。しかもそれらには微小剝離痕だけは一定程度みられるのである。微小剝離痕はあるが線状痕・光沢がみられない、この事実は、少なくともここで分析した細石刃については、一般に線状痕・光沢が残りにくい働きを暗示しているとも考えられないだろうか。それは総体的に多くの作業対象物が柔らかかったり、その運動回数が少ないため、この三者の中では使用の初期に発生する微小剝離痕は残っても、つづいて発生する線状痕、より後に発達する光沢が残りにくい、という状況を示しているのではないか。

細石刃の特性が替刃としての容易な交換性にあったなら、ダメージが加わった当初に早速交換されてしまったことも想像できる。一方２mm以下というその厚みのなさゆえ、例えば木や骨といった硬いものに対する多数回の加工作業の加圧には耐えきれない部分もあろう。したがって、そうした内容に起因する使用痕がみられないのかもしれない。

6　植刃器のあり方

細石刃は、植刃器といわれるシャフトに装着されて使用されたと考えられている。しかし、有機質の遺物を溶かしやすいローム層などの酸性土壌におおわれ、木製品や骨製品を保存しやすい低湿地や泥炭地の遺跡のほとんどない日本では、植刃器のみならず、他の旧石器も柄に埋め込まれて出土した例はなく、その実際を知る手掛かりに欠けている。

今日、日本の細石刃石器群の系譜が中国・シベリアをとりまく広い地域の動態の中で考えられようという状況でもあるので、ここでは眼を転じ、隣接する大陸の植刃器の事例をしばらく眺めてみることにしたい。

シベリアおよび中国出土の植刃器については、アブラモア（Aδрамова 1979）や云翔などの研究（云翔 1988）が知られる。大陸の植刃器の研究は、日本の研究者によってもなされている。ユーラシア北部の植刃器の出現状況をいち早く紹介した加藤晋平の研究（加藤 1984）、シベリア旧・中石器時代の植刃器を網羅的に検討した小畑弘己の研究（小畑 1992・1993）、植刃器を含む東シベリアの骨製尖頭器を扱った加藤博文の研究（加藤 1993）、シベリアの旧石器文化の体系的な位置付けの中から植刃器を考察した木村英明の研究（木村 1997）、中国の新石器時代の植刃器についての佐川正敏の研究（Sagawa 1990）などである。まずは、これまでの研究で明らかにされた植刃器のあり方を概観しておく。

(1)　シベリア・中国の植刃器

加藤晋平は、ウラル以西と以東のヨーロッパ地区とアジア地区において、ウラル以西で植刃器された細石刃はブランティングなどによって刃部調整されたものであり、ウラル以東では未加工のものが切断されるのみで使用されたとし、東西の細石刃利用のあり方の異なりを指摘している（加藤 1984）。アブラモアなどによって紹介された（Aδрамова 1979）シベリアの植刃器（図30）を集成・検討した小畑によれば（小畑 1992・1993）、シベリアの植刃器の出土事例は100数例が知られており、その多くはトナカイの角を素材としたものであるという。それらは両側に刃を埋め込むもの（A類）と片側に刃を埋め込むもの（B類）に分類でき、さらにいくつかに細別される。これらの植刃器の用途についてシベリアの研究者は、鏃・短剣・ヤス・ナイフ・槍先として考えるという。

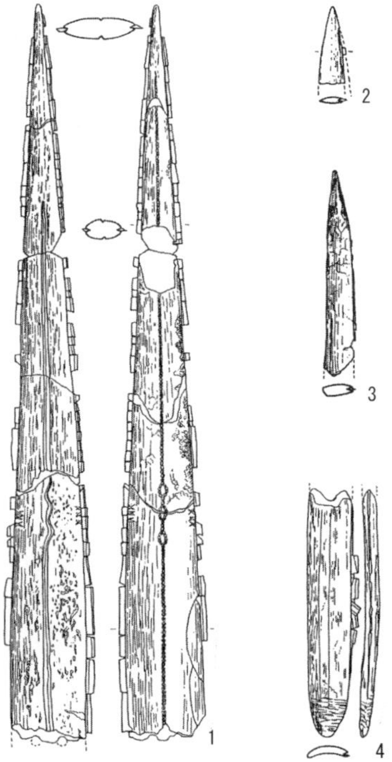

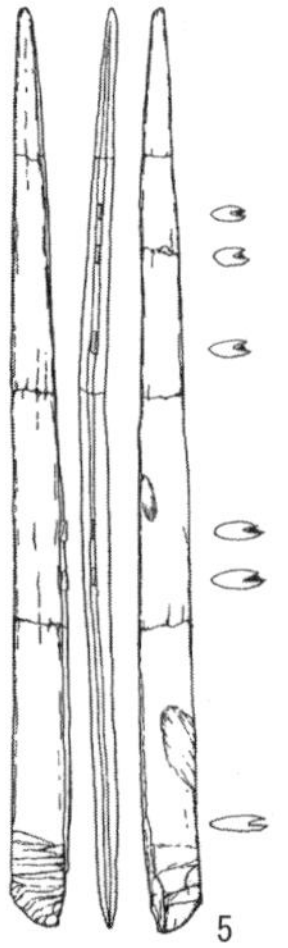

シベリアの植刃器
1：チェルノゼリエⅡ遺跡
2・3：ココレヴォ 1 遺跡
4：リストベンカ遺跡
5：ボリショイ・ヤコリ 1 遺跡
（小畑 1993、加藤 1993）
1=38.7cm、4=13.2cm

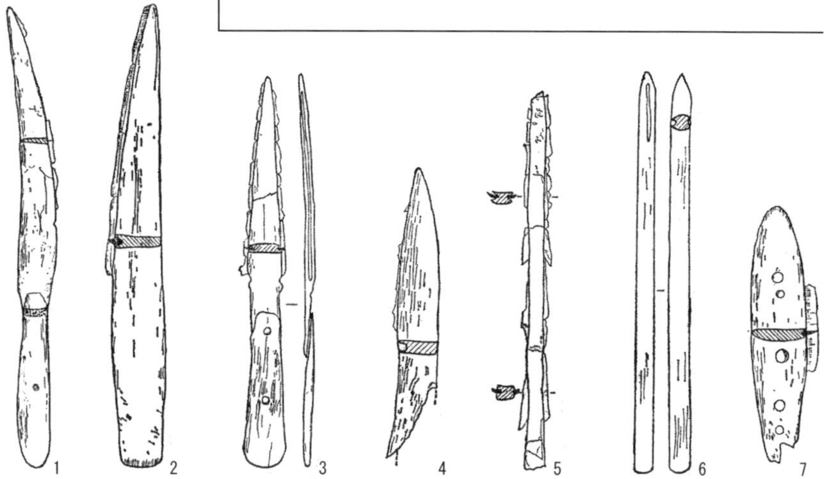

中国の植刃器　1・2・3・7：鴛鴦池遺跡　4・5：興隆窪遺跡　6：林家遺跡
1・2：短刀形　3：短剣形　4・5：銛先形・槍先形　6：鏃形　7：紡錘形
2 = 18.2cm　（云翔 1988、佐川 1993）

図30　シベリア・中国の植刃器（上・下で縮尺不同）

加藤博文は、シベリアの両側タイプと片側タイプの植刃器には、20cm前後を境に大小があり、さらにその基部の形状から植刃器が柄に固定しているか離脱しうるかで、固定型と離頭型の2つのタイプが識別できるとする。いいかえれば植刃器をつけた持槍と投槍の2つのタイプの槍の存在が想定されるのだという（加藤 1993）。

これら両側タイプと片側タイプの植刃器の存在について木村英明は、シベリアでもエニセイ川流域には片側タイプの植刃器が、バイカル湖周辺では両側タイプの植刃器がみられるというその分布上の偏りを指摘した（木村 1983）。加藤晋平と松本美枝子はこうした偏りを植刃器の地域的製作伝統の違いと解釈する（加藤・松本 1984）。

一方、加藤博文はそうした明確な分布差はうかがえないとし（加藤 1993）、梶原洋らも両側タイプと片側タイプの差異が必ずしも地域的製作伝統の違いではなく、より後出する植刃器ほど両側タイプが増えると説明し、いわば時間的差異である可能性があるとする（謝・梶原・佐川 1993）。

確かに、両側タイプが槍先、片側タイプがナイフというような単純な機能区分は成り立ちにくいとしても、この両者に機能的差異はまったくないのか、という疑問も浮かぶ。この違いがどのような理由によるのか、しばらく議論が必要なようである。

ここで中国に眼を転じてみよう。中国では残念ながら旧石器時代の植刃器の発見例は知られていない。新石器時代の植刃器については、云翔の研究によると19個所、86例以上が知られている（云翔 1988）。佐川正敏は云翔の研究を参考にしながら、植刃器の5分類をおこなった（Sagawa 1990）。以後その分類に若干の修正を加え、以下の植刃器の分類を示した（佐川 1993）。すなわち、1型が短刀形植刃器、2型が短剣形植刃器、3型が槍先・銛先形植刃器、4型が鎌形植刃器、5型が紡錘形ナイフである（図30）。このうち、多くみられるのは1型の短刀形植刃器と2型の短剣形植刃器で、ほかの3つは少なく、特に5型の紡錘形ナイフは例外的な存在であるという。

以上、シベリア・中国の植刃器を、諸氏の研究をもとにみた。一般に植刃器といえば単純に狩猟用の刺突具＝槍先として想像されることが多いのだが、あらためて槍先（持槍・投槍）・短剣・ナイフ・鎌・銛という多様な形態の道具の存在が注意されるだろう。こうしたあり方は、植刃器の形態が一様に単純化して把握できるものでなく、さらに地域性や時間差なども考慮する必要があることを示している。

(2) 細石刃の装着

小畑によればシベリアの植刃器百数例の出土事例のうちでも、細石刃が装着された例は10例にも満たないという。図30に示したチェルノゼリエⅡ(1)、ココレヴォ1(2・3)、リストベンカ(4)、ボリショイ・ヤコリ1(5) の各遺跡の植刃器がそれである。その埋め込み方については小畑も指摘するように（小畑 1993)、①埋め込まれているのは上下を除去した中間部を基本とするがそれ以外の部位もみられること、②細石刃の背と腹の向きをそろえて埋め込むのが基本であるが裏返して埋め込む場合もあること、③細石刃を埋め込む場合上下が意識されていたかどうかが疑問であること、④いずれも細石刃が軸に平行して埋め込まれていることもうかがえる。リストベンカの資料は筆者も実見する機会を得たが、写真の植刃器(図31左)では、中間部5点が埋め込まれ、現状では動いているものの軸に平行して埋め込む意図がみてとれる。

翻って、筆者がここでおこなった大和市出土の細石刃の使用痕分析や、かつておこなった長野県中ッ原5B地点の細石刃の使用痕分析においても、中間部のみならず頭部や末端部にも使用痕が認められており、①と同様な状況であることがわかる。当然といえば当然のことだが、その使用部分は主要刃部である中間部分が含まれてさえいれば、あとは装着に支障のないかぎり部位にあまりこだわらずに用いられた、ということだろう。

リストベンカ遺跡の細石刃植刃器
(光石鳴巳氏撮影)

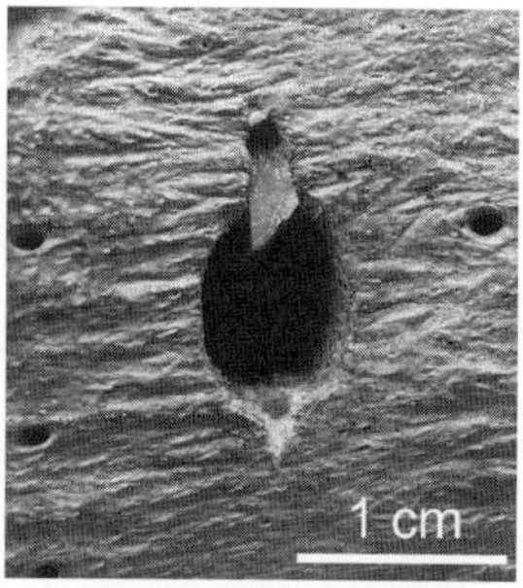

マンモスの椎骨への貫通例
(ルーゴフスコエ遺跡)

図31　シベリアの植刃器とその貫通例

同様に中ッ原5B地点の細石刃の使用痕分析からは、末端から頭部側にかけて側縁に平行に線状痕が流れるもの、つまり細石刃の末端側が運動方向に向けられて装着された「逆位平行装着」と、一方で頭部から末端部へと側縁に平行する多数の線状痕が流れ頭部側が運動方向に向けられた「正位平行装着」があることがわかった。このように細石刃の正逆双方の装着事例も浮かび上がり、③の上下意識のなさということも追認できる点である。

しかしすべての細石刃が軸に平行して埋め込まれていたかというとそうとは限らないようである。例えば図30の中国興隆窪遺跡の植刃器では、細石刃が斜めに埋め込まれ、逆刺状になっている。これと同様な埋め込み方は、日本では「荒屋型細石刃」においてなされたことが考えられる。「荒屋型細石刃」は完形の細石刃で背面右側縁および裏面右側縁先端に加工の施された特徴的な細石刃であるが（図32)、この加工を生かすかたちで軸に装着したとなると、図のように斜めに逆刺をもたせた銛刃のようなかたちで装着したこと、つまり「斜行装着」が想定される(1)ことになろう（綿貫・堤 1987)。

(3) 接着剤

細石刃はどのような方法で植刃器に固定されたのだろう。例えばココレヴォ１遺跡の図30上段２の植刃器は、野牛の肩甲骨に突き刺さった状態で出土している。そのような強力な刺突による衝撃に耐えうるためには、強固な固定が一方で要求されたことだろう。

図30下段２の中国鴛鴦池遺跡の短刀形植刃器では、細石刃４個が黒色の接着剤で溝に固定されていたという。そしてその接着剤の成分は、少量のアルミニウム・カルシウム・鉄・ケイ素・バリウム・ナトリウムなどの元素を含有する有機化合物であり、アスファルトとは異なる天然の樹脂の一種と考えられている（甘粛省博物館文物工作隊 1982)(2)。また、シベリアのチエルノゼリエⅡの植刃器やリストベンカの植刃器の中にも接着剤とも想定できる白い物質が認められ、筆者も実見した。

しかし、その固定については必ずしも接着剤を用いずとも可能であるとの意見もある。ロシアのドロズドフによれば、シベリアではその接着剤として松ヤニ等が想定されるが、多くの植刃器のなかで付着物が残る例はわずかであるという(3)。一方、骨を素材とした植刃器は湯に浸すことによって膨張し冷めると収縮するので、その収縮性を利用し接着剤なしで細石刃が装着される可能性もある（堤 1995a）。

日本国内においては、縄文時代の事例として、東北地方において石鏃の固定にアスファルトを用いる事例がしばしば認められる。また、樹脂では、たとえばウルシが接着剤として用いられていることも考えられる。岩手県柏山館跡出土の細石刃に黒い付着物が認められ、動物起源のペーストで膠状の接着剤である可能性が指摘された（小笠原 1996）。旧石器の接着剤と思われる物質が確認された唯一の事例である。アイヌの民族例では、小型のサケの皮を口でよく噛んでカプタマという膠として用いることが知られている。

7　細石刃はどのように使われたか

中国甘粛省鴛鴦池遺跡出土の短刀形植刃器（図30-2）については、梶原洋らによって使用痕分析が試みられた（謝・梶原・佐川 1993）。埋め込まれた細石刃から検出されたポリッシュより機能が推定され、この植刃器が「かなり固いか乾燥した状態の肉や皮に対し、全体的には刃の長軸に平行に使用され、基部付近では一部直交方向に使用されたと推定され」、「皮・肉の切断具」として用いられていたことが明らかにされた。

梶原はこれをふまえ、植刃器の主な機能として、①「切断具」②「刺突具」③「イネ科植物の切断具」を想定する。具体的には、①「切断具」は鴛鴦池の事例のように肉や皮などを切るナイフや短剣として、②「刺突具」はバイソンの肩甲骨に突き刺さった植刃器の事例（ココレヴォ 1 遺跡）などから狩猟用の槍先として、③「イネ科植物の切断具」は新石器時代初期以降の穀類の収穫用としての鎌などを想定する。近年では、シベリアのルーゴフスコエ遺跡で発見された、マンモスの胸椎に突き刺さった両側タイプの植刃器の痕跡が知られるが（図31右）、これなども「刺突具」の典型例と評価されよう。

確かに、槍先・短剣・ナイフ・鏃・銛という多様な用途の存在をうかがい知ることができる植器刃だが、機能的大枠では、梶原の指摘するように「切断具」と「刺突具」という大別のなかで考えて差し支えあるまい（図32）。たとえば前者の機能には短剣やナイフを、後者には槍先あるいは可能性として鏃や銛を相当させることができる。

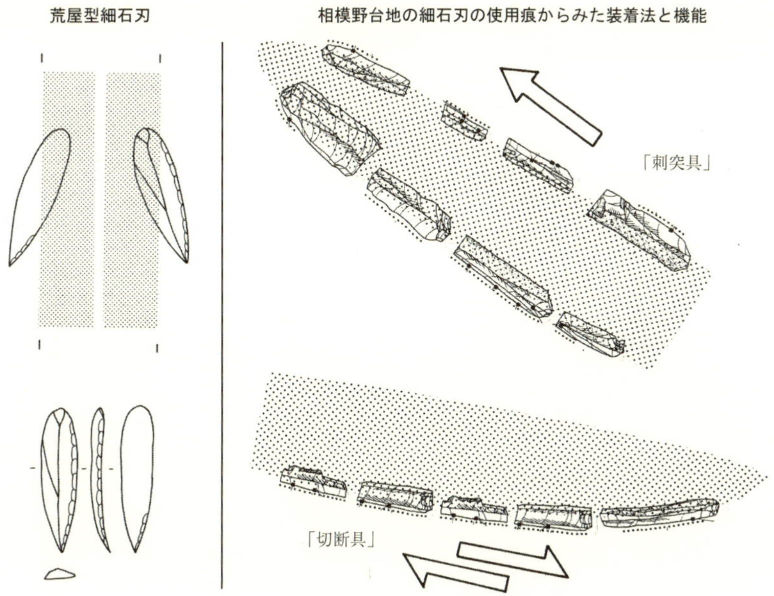

図32　推定される細石刃の装着法と機能

ちなみに今回の分析事例では、月見野上野の図27-7の細石刃は、片側を刃として生肉や生皮などの柔らかいものを対象に切る作業に使われた、と考えられた。この細石刃には微弱な光沢が観察されたが、実験によると石器に光沢が形成されるには少なくとも数十回以上の運動回数が必要となる。使用回数といった点では､「切断具」の使用の頻繁さに比べると「刺突具」の使用回数が多くないことは、想像に難くない。となると、少なくともこの細石刃を付けた植刃器は「切断具」としての機能を発揮していた、と考えておくのがよいのかもしれない。仮に細石刃が､「切断具」の刃部として一定の役割を果たしていたとするなら、今後の顕微鏡観察いかんで、使用対象を特定できる光沢が検出されてしかるべきだろう。

一方、今回分析した900点という数の細石刃について、微小剥離痕だけは一定程度（2割以上）みられるが線状痕・光沢がほとんどみられない、ということを指摘した。そしてこの事実は、線状痕・光沢が残りにくい作業内容を暗示、いいかえると総体的に多くの作業対象物が柔らかかったり、それに対する作業回数が少ないため、三者の中では使用の初期から発生し始める微小剥離痕は残っても、多数の使用に伴って発生する線状痕や光沢が残りにくい状況がある、とも考えた。仮に細石刃の一定数が「刺突具」刃部であったとするなら、その運動回数の少なさから線状痕や光沢が残りにくいことは推測される。

では、「切断具」や「刺突具」以外の道具の刃部として、細石刃が用いられることはまったくなかったのだろうか。以前筆者が観察した中ッ原1G地点の細石刃には、刃部に直交する多数の線状痕と光沢が観察され、スクレイピング（掻き取り）に用いられていた（堤 1993e）。残された光沢から作業対象物は乾燥した皮である可能性がある（図29-2・3）。細石刃によるスクレイピングという作業はいささか特異な感じもするが、こうした例は、むしろ細石刃が加工具の刃部として、切断に限らず多様な機能を発揮した可能性を示すのかもしれない。

註

(1) 本稿の執筆当初（綿貫・堤 1987）以降、鹿又喜隆によって荒屋遺跡の「荒屋型細石刃」の装着例が復元された（鹿又 2004）。鹿又は、「荒屋型細石刃」の加工部位をシャフトの内側に入れ、細石刃の末端をシャフトの先端方向に向け、その軸に細石刃を平行に装着する「逆位平行装着」案を示し、筆者の「正位斜行装着」案とは異なる復元を行っている。鹿又の復元案は、使用痕分析に基づいた一定の根拠を有するものであり説得力を持つが、本稿ではあくまで当初の論旨を優先して、「正位斜行装着」案を示しておく。

(2) ちなみに、かつて中国ではエンジュの種子をすり潰したものや、モモの樹脂などが器物の接着材として用いられた事例が紹介されている。

(3) 1992年５月札幌でおこなわれた国際シンポジウム「北方ユーラシアにおける細石刃文化の起源と拡散」の会場において稲田孝司氏がドロズドフ氏に細石刃の接着剤について尋ねたところ、このような回答があったという（同席した加藤博文氏のご教示による）。

第２節　荒屋型彫刻刀形石器の形態と技術

１　荒屋型彫刻刀形石器研究の経緯

1957年、新潟県荒屋遺跡から、きわめて特徴的な彫刻刀形石器約 400点が検出された。その彫刻刀形石器は特有な型式学的特徴から、発掘者の芹沢長介によって“荒屋型”と命名された（芹沢 1958・1959）。

荒屋遺跡では、荒屋型彫刻刀形石器のほか、「荒屋技法」と称され湧別技法との関連性が想起される細石刃技法や（大塚 1968）、「荒屋型細石刃」（綿貫・堤 1987）・鏃形石器など特徴ある石器がみられ、いわゆる半円錐形の細石刃石核をもち彫刻刀形石器を伴わない矢出川遺跡の細石刃石器群とは対照的な細石刃石器群の存在として注目を浴びたのである。この２者は、東北日本では荒屋を、西南日本では矢出川をその代表例として「日本列島を２分して存在する」（戸沢 1979）様相として、しばしば論じられてきた経緯がある。

荒屋型彫刻刀形石器は、今日岡山県恩原遺跡群（稲田編 1996）をその分布の西限として、主に東日本から北海道にかけてみられ、さらに同型式の彫刻刀形石器がシベリアのザバイカル地方やアラスカ周辺にまで分布、細石刃石器群の系統的理解の手がかりとなる重要な石器として注目を浴びた（加藤・松本 1984）。

この石器についての型式学的整理は、命名者の芹沢を筆頭に何人かの研究者によってなされており（芹沢 1959、中村 1965、森嶋 1974、水村 1977、山中 1982）、最近では竹岡俊樹・菅沼亘・加藤学による詳細な分析例もある（竹岡 1996a・b、菅沼 1999、加藤 1999）。ここでは、かつて筆者らが試みた荒屋遺跡採集の彫刻刀形石器に関する分析（綿貫・堤 1987）を中心に、列島の細石刃石器群の代表的な組成の一員である荒屋型彫刻刀形石器の形態および技術的検討をおこなってみたい。

ここで検討するのは図33-1～19までの彫刻刀形石器で、２点が筆者の採集品、17点は荒屋遺跡のある旧川口町の原田恵太氏の所蔵品である。荒屋遺跡の彫刻刀形石器の数は、第１次～第３次調査の発掘資料の合計で574点であり（東北大学考古学研究室編 1990）、今回の検討材料はその３％に過ぎないが、その中からうかがえるべき形態的・技術的特徴について考察したい。

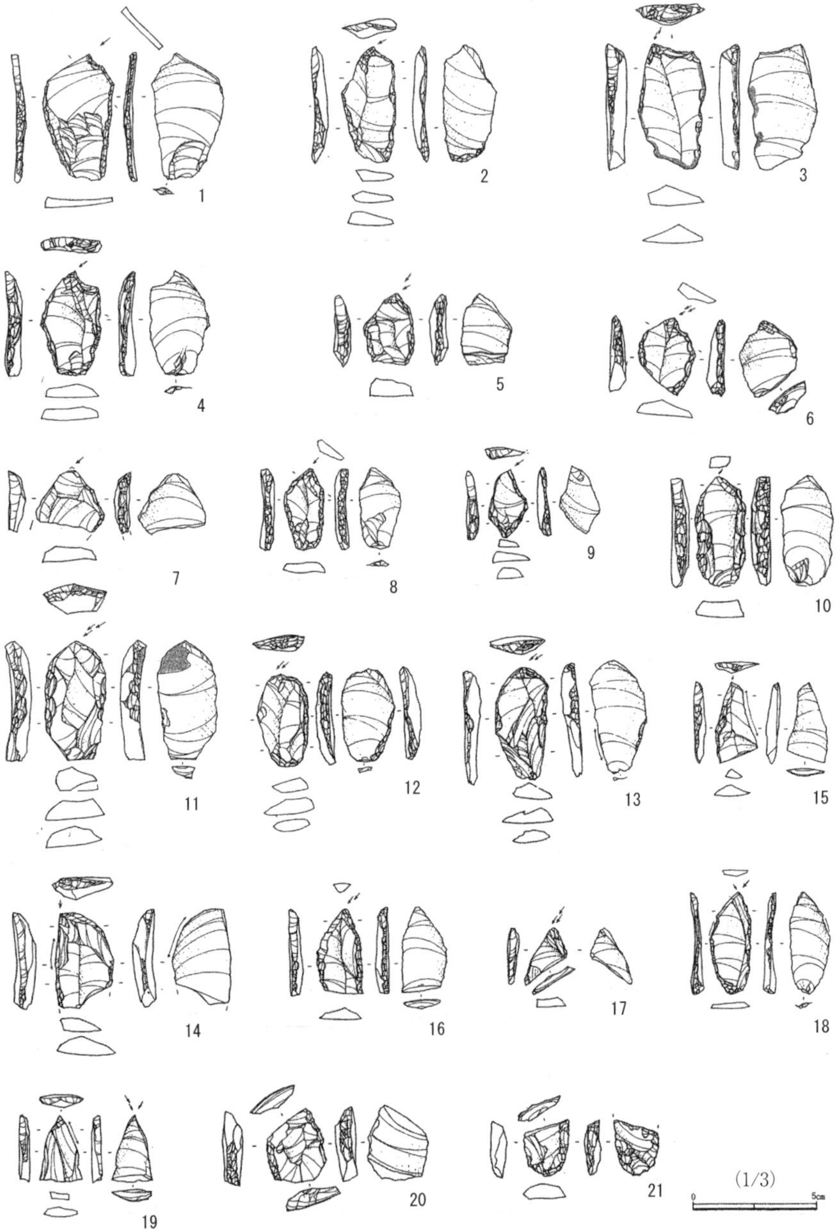

図33　荒屋遺跡の彫刻刀形石器（1～19）とその部分とみられる破片（20・21）

2　荒屋遺跡の彫刻刀形石器の形態

(1) 彫刻刀面のあり方

図33の１～19の彫刻刀形石器では、左肩に彫刻刀面をもつものは17例（1～17）ある。荒屋の彫刻刀形石器は一般に左肩に彫刻刀面をもつことで理解されているが、本資料においてもそのような特徴をみせるものがほとんどである。こうした左肩への彫刻刀面作出は、おそらくこの彫刻刀形石器の一定の使用方向と使用者の利き腕とによって強く規制されたものと考えられる。これと対照的なのがいわゆる上ヶ屋型彫刻刀形石器で、「左辺上部を打面として右辺に向けて」（竹岡 1996b）彫刻刀面を作出する特徴をもつ。

一方、左肩と右肩の双方に彫刻刀面をもつもの（いわゆる通常型、あるいは山中のいう双面型の彫刻刀形石器）の存在（18・19）も注意されよう。荒屋遺跡の彫刻刀形石器324点を分析した山中一郎によれば、その中にはわずか６点（全体の1.8%）ではあるが双面彫刻刀形石器が見いだせるという（山中 1982）。

施されるファシットの数はどうであろうか。左肩と右肩の双方に彫刻刀面をもつもの２例（18・19）を除く17点のうち、１条のものは９例、２条のものは５例、３条のものは３例ある。彫刻刀面と腹面とのなす角度については、図34に示した。その角度は、60°～136°範囲に及ぶが、とくに94°～107°に集中することがうかがえる。森嶋稔が指摘するように（森嶋 1974）、荒屋型彫刻刀形石器の彫刻刀と主要剥離面とのなす角度は、ほぼ直角に近いとみて差し支えない。山田晃弘によれば、荒屋型彫刻刀形石器の彫刻刀面は、その打点近くでは腹面倒に傾き、末端部にゆくにつれてねじれることがひとつの特徴としてとらえられるという。そしてそれは偶然に起きたものではなく、打撃方向と彫刻刀面作出部位の性状によってもたらされるものであるとしている（山田 1984）。

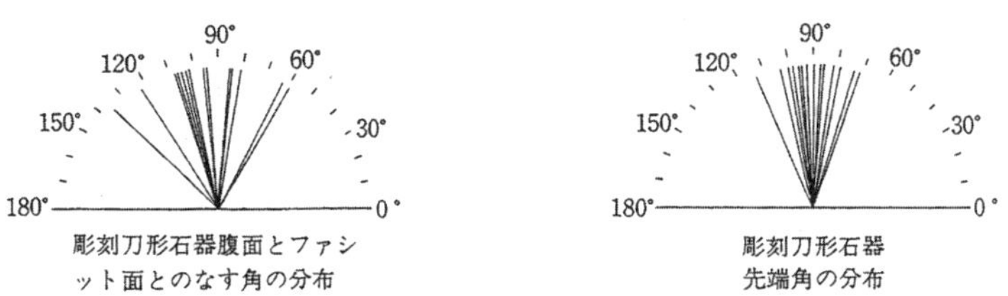

図34　荒屋型彫刻刀形石器の角度

本資料についても、そのようなねじれを観察できるものが幾つかある（7・10～16）。なお、竹岡は荒屋型彫刻刀形石器のファシットが押圧剥離によってなされたものであろうと推定するが（竹岡 1996a）、削片の打圧面の形態観察などによってもその同定が可能となろう。

1～19の彫刻刀形先端部の先端部を観察すると、先端の鋭く尖るものと比較的そうでないものとがある。その先端角の分布については図34に示した。72°～115°の範囲に分布しているが、そのばらつきは比較的少なく、80°～105°の間に集中している。

(2) フラットグレイバー状剥離

荒屋遺跡の彫刻刀形石器の先端部背面にはきわめて特徴的な剥離が認められる。筆者らはこれをフラットグレイバー状剥離と称している（綿貫・堤 1987）。フラットグレイバー状剥離が認められるのは、1～19のうち３点（7・9・18）を除く16点であり、主要な技術形態的特徴といえる。

この中には、フラットグレイバー状剥離が彫刻刀面を切るもの８点（言いかえればフラットグレイバー状剥離が彫刻刀面を打面としてなされているもの）と、彫刻刀面に切られるもの8点が認められた。フラットグレイバー状剥離は、平坦な彫刻刀面を打面とした場合、より安定的に剥離がおこなえたものと考えられる。

このフラットグレイバー状剥離の効用とはいったいどのようなものであろうか。可能性のひとつとしては、彫刻刀形石器の先端部の厚さを減じるところに目的があるものと考えられよう（図35-4）。とはいえそれは極端に先端部を薄く仕上げるためのものではなかったらしい。一方、フラットグレイバー状剥離の認められなかった３点（7・9・18）をみると、背面を構成する素材時の剥離痕によって先端部が徐々に薄くなっていることがわかる。したがってこれらには、フラットグレイバー状剥離が施される必要性がなかったものとも解される。

一方竹岡俊樹は、フラットグレイバー状剥離を「稜上正方向の剥離」と呼称し、その効用は「打点周辺を均等に剥離できるように調整する役目をもつものと考えられる。その結果スキー状の削片の剥離が可能となる」とし、より均質でスムーズな彫刻刀面形成の準備のと考えている（竹岡 1996a）。

また菅沼亘は、「彫刻刀面の再生が進行すると、彫刻刀面がだんだん厚くなり、それが腹面側に傾く度合いが増す。よって、彫刻刀面の打点部と背面が鋭角に接する縁辺を除去しなければ、彫刻刀面が腹面側に傾き過ぎてしまい（120度以上）、その傾き過ぎを防ぐためフラットグレイバー剝離がおこなわれると推定される」としている（菅沼 1999）。

竹岡あるいは菅沼らの主張するように、フラットグレイバー状剝離は安定した彫刻刀面形成の準備のためになされるという見解は、説得力のあるもののひとつといえる。今後フラットグレイバー状剝離の効用については、製作・使用実験などによって再確認する必要があろう。

(3) 急斜度調整剝離

ここに紹介した彫刻刀形石器のすべてに急斜度調整が施されている。いうまでもなくその周縁にみられる急斜度調整は、荒屋遺跡の彫刻刀形石器の重要な特徴である。

この急斜度調整が施される部位は、彫刻刀打圧面となる先端部右肩・側縁が主である。基端になされる場合もあるが (21)、なされない例が大半といえる。素材の打面部が石器の基部側にあてられる場合には、その基部に急斜度調整がなされることは少なく、打面が残置される場合が多いようである（1・4・8・10・12・13・18）。なお、彫刻刀面再生がなされる場合その彫刻刀部に急斜度調整を施しているので、彫刻刀面が当初に設定される場合においても、原形のその部位に急斜度調整がなされていたであろうことがうかがえる。

ところで、側縁に施される急斜度調整は、その器軸に平行するかあるいは素材の縁辺に沿ってなされていることがわかる。これに対し先端部に施される調整は、側縁より変換し器体を斜めに切断するようになされている。前述したように、彫刻刀面が当初に設定される場合においては左右両肩部に急斜度調整がなされていたことを想定すると、その急斜度調整は器体の中央で交わり、尖った先端部を形成することとなる（図34-2）。このように肩部に施される急斜度調整は、尖った先端部を形成し、先端部を器体の中央軸へと置こうとする意図からなされたものと考えられる。あわせてその右肩部の急斜度調整については、彫刻刀面作出のための打面調整も兼ねていたものと考えられる。

なお、急斜度調整によって形成される先端部右側の正面形をみると、おおよそ２者に分けることができそうである。ひとつは、その形状がコンケイヴするものである。1～9の彫刻刀形石器の先端部がこれに該当しよう。そのなかには４のようにかなり強くコンケイヴするものも認められる。もうひとつは、その形状がコンベックスもしくは直線状を呈するものである（10〜17）。

(4) 裏面基部調整

図33の彫刻刀形石器のうち裏面基部調整の認められるものは３点ある。２・12・21である。このうち２・21は裏面基部に調整がなされているものである。山中によれば、荒屋遺跡の彫刻刀形石器で基部を観察できる150点のうち93点（62％）にこの裏面基部調整が認められるという。そして荒屋遺跡の彫刻刀形石器の著しい特徴とはこの裏面基部調整であるとしている（山中 1982）。この裏面基部調整は、側縁に施される急斜度調整とは異なり、角度の暖やかな平坦剝離である。それは石器の基部にあたる素材の肥大したバルヴを除去したり、湾曲した基端を修正するために頻繁になされた調整であったと考えられる。

竹岡は荒屋型彫刻刀形石器に、こうした裏面基部調整がしばしばみられ、また基部の厚さ・幅などに一定の規定性がみられることから、ソケットへの装着を想定している（竹岡 1996a）。筆者もこれをおそらく装着のための調整とみるが、基部の装着痕の同定なども裏付け作業として重要となる。

(5) 形　状

これらの彫刻刀形石器の基本的な形状は、先端が角をなして尖り側縁がややすぼまりながら一辺をなし基部へと続く平面形、偏平な台形状もしくは三角形状をとる断面形、やや内湾気味となる側面形を呈する。

3　荒屋型彫刻刀形石器の製作技術

(1) 彫刻刀形石器の石材

図33の彫刻刀形石器はすべて珪質頁岩製である。一般に荒屋型彫刻刀形石器は、芹沢が指摘するように珪質頁岩を利用する場合が多い（芹沢 1959）。例えば、北海道白滝など黒曜石原産地をひかえた白滝第４遺跡などでは４点は頁岩製であるものの３点が黒曜石製（松谷編 1987）、長野県中ッ原5B地点では緑色チャート製（堤編 1991）、恩原２では玉髄やメノウ製（稲田編 1996）の荒屋型彫刻刀形石器がみられるが、むしろこうした例は稀といえる。珪質頁岩という

石材の選択理由には、石材環境、交換などの入手事情、あるいは道具のデザインに関する文化的嗜好性なども想定できようが、一方では石材への機能的要求があったものと考えられ、ガラス質である黒曜石の脆さに対して、頁岩系の石材のもつ比較的粘りのある強度が要求されたからかもしれない。

(2) 素材生産

荒屋遺跡においては、彫刻刀形石器と細石刃石核の接合例（東北大学考古学研究室編 2003）にもみるように、基本的には細石刃石核製作の際に生じる剝片を素材として、彫刻刀形石器が製作されていることがわかる。彫刻刀形石器の背面にしばしば残る剝離方向の交錯は、両面調整体などから剝離された剝片であることを物語るものとみられる。彫刻刀形石器の素材に限らず、削器や掻器・鏃形石器などの素材もこのようにして得られているものと考えられ、永塚俊司はこのような細石刃石核の母型生産と剝片石器生産が一体化した石器製作システムを「連動システム」として概念化している（永塚 1996）。こうした「連動システム」は、移動性の高い居住形態にあっては、より効率性・経済性の高い管理システム curation system として効力を発揮することになる（佐藤 1992b）。

加藤学は、荒屋型彫刻刀形石器の素材について言及するなかで、北海道などでその素材となる縦長剝片は、荒屋遺跡などでみられたような細石刃石核製作の際に生じた副次的なものではなく、縦長剝片を得ることを主目的とした石核から生産されたものである点を指摘し、本州と北海道の素材生産の異なりに言及している（加藤 1999）。

(3) 彫刻刀形石器のリダクション

荒屋遺跡の彫刻刀形石器の削片については、原田氏および筆者採集の42点を観察した。これらの削片の背面をみると、旧ファシット面とそれを覆う急斜度調整が観察されるものがある。つまりこの削片は、旧ファシットに急斜度調整がなされた後剝離された削片＝再生削片であるといえる。また、その背面に急斜度調整は見られず旧ファシットのみがみられる再生削片があった。全体では、前者と同様なものが14点、後者と同様なものが25点認められた。

42点の再生削片の存在が示すように、これらの彫刻刀形石器においては彫刻刀面再生が一般になされていたことがうかがえる。また、旧彫刻刀面に

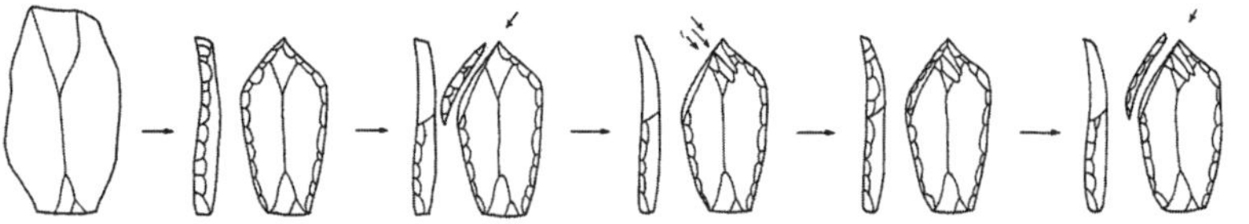

図35　荒屋型彫刻刀形石器のリダクション

急斜度調整がなされた後、再生剝離がおこなわれたのであろうこともわかる。なお、旧彫刻刀面を残す図33-8のような小型の彫刻刀形石器は、幾度かの彫刻刀面再生によって次第に小型化するというリダクション・プロセスを示しているものと考えられる。荒屋の発掘調査では、彫刻刀形石器574点に対し、その約３倍の1751点の削片が出土しているという。また、白草遺跡では彫刻刀形石器21点に対し、その約10倍以上の225点の削片が出土しており、その頻繁さを物語る。

荒屋型彫刻刀形石器のリダクションは、図35のように模式図化できる。荒屋型彫刻刀形石器において繰り返しなされる彫刻刀面再生は、その機能をきわめてよく示す現象であるといえる。後の機能的検討において詳しく触れるが、この石器が、刃部消耗の著しい用途に用いられたことがわかる。

4　荒屋型彫刻刀形石器の型式学的理解

最後に、筆者の考える荒屋型彫刻刀形石器の型式学的理解を提示しておこう。

当初、芹沢長介が設定した“荒屋型彫刻刀”の定義は次のようである。

1958年『貝塚』において説明された荒屋型彫刻刀形石器は、「やや縦に長い剝片を用いて、両側をまず片面加工の尖頭器のように仕上げたうえ、左肩に彫刻刀面を作るのが通例である。主要剝離面の基部側に、こまかい調整痕を残す例も少なくない」ものであるという（芹沢 1958）。

翌1959年の『第四紀研究』においては荒屋出土の彫刻刀形石器はつぎの3形態に分類されている（芹沢 1959）。以下ほぼ原文引用。

第１の形態は、裏面に加工痕なく、正面の全周縁にこまかい整形を施したのち、左肩に１条あるいは２～３条彫刻刀面をきざんだ形態である。剝片の周辺を整形するのに、あたかも尖頭器あるいはナイフ形石器のように仕上げるのが特徴であって、周辺整形をもたない例はほとんどないといってよい。

第２の形態は、裏面基部にまで調整がくわえられている。正面の整形打はむしろ掻器の刃をつける場合のように剥離面がみじかいが、これに反して裏面の剥離面は裏面に沿って奥深く長く、押圧剥離にちかい感じである。しかもこの場合には彫刻刀の基部は舌状に整形されて頭部から明瞭に分離されている。

第３の形態は、縦横がほぼひとしく、栗の実のような形をとっている。特に右肩にはノッチを入れ、その端から左肩に彫刻刀面をきざむ手法である。この形態のうち、とくに小型なもの１〜1.5cmをみると、いわゆるMicro-Burinにきわめてよく類似する。

なお、この荒屋遺跡の１〜３形態の彫刻刀形石器については、そのすべてを荒屋型とするのか、それともそのひとつのみをとって荒屋型彫刻刀形石器とするのかが明らかにされていないという山中の批判がある（山中 1982）。

一方、中村孝三郎（中村 1965）、森嶋稔（森嶋 1974）、水村孝行（水村 1977）らは、芹沢のいう第１・２・３の３者を荒屋型彫刻刀形石器として理解しているようである。このなかで森嶋はさらに荒屋型彫刻刀形石器をつぎのように付け加える。①石材はすべて頁岩とされている。②１〜２稜の石刃を用いる。③打面と反対の方向を彫刻刀刃部に作出している。④素材となる石刃のほぼ全周縁に刃潰し様の調整をめぐらせる。⑤その一端右肩を打面として、一打が加えられ、彫刻刀面が作られる。⑥彫刻刀面の長さを調整する抉入状剝離のおこなわれているものが存在する。⑦彫刻刀面と主要剝離面とのなす角度は90度に近い。⑧第３形態のものは上ヶ屋型彫刻器のように先端の鋭く尖るものがある。⑨彫刻刀面はその巾を3mm前後になるような調整がおこなわれている。⑩使用痕の位置は、尖端部と主要剝離面と彫刻刀面とのなすedgeに主要剝離面からの加圧による刃こぼれがみられる。

1974年、芹沢は新たに荒屋型彫刻刀形石器の概念を示している。それは「剝片を素材とし、まず全周に裏面からの打撃を加え、さらに基部だけには表面からも打撃を加えて両面加工とし、最後に右肩から左肩にかけて彫刻刀面を作りだしたもの」である（芹沢 1974）。ここにおいては、前述の第２形態のみが荒屋型彫刻刀形石器として取り上げられているかのようなニュアンスがあり、用語に関する深刻な問題がもたらされかねないと山中は手厳しい。山中自身は、「荒屋遺跡出土の彫器の大部分は細部調整切面彫器である。右から左の方向の一度の彫刀面打撃によって刃部が作り出される。なお、刃部の形態は平形よりは切出し形にされる傾向にある」とする（山中 1982）。

その後、『旧石器の知識』において荒屋型彫刻刀形石器はつぎのように説明される（芹沢 1986）。「珪質頁岩の剥片を素材として、背面の周辺に沿って打ち欠いてゆき、先端部は尖った形に、基部はすぼまった形にする。さらに基部の腹面に念入りな加工……時には押圧剥離までを施して、基部だけを両面加工に仕上げる。最後に先端部の右肩から左肩にかけて彫刻刀面を刻む」。

昨今では、荒屋型彫刻刀形石器は竹岡俊樹や加藤学による精緻な形態学的検討を経ることになる。竹岡は、荒屋型（竹岡のいう荒屋形式）彫刻刀形石器は神山型・上ケ屋型との比較などにおいて、①押圧技術による彫刻刀面の形成、②彫刻刀面作出のための側辺の調整や母型の形成、③稜上正方向の剥離などに特質を持つとする（竹岡 1996a）。また加藤学は、芹沢が『貝塚』において最初に示した定義が荒屋型彫刻刀形石器の特質を幅広く言い表しているものと理解する（加藤 1999）。

以上を概観したうえで、あらためて荒屋型彫刻刀形石器とはどのようなものかと考えてみたい。ひとつの型式が設定される場合、その認識のための必要条件（定義）がまず提示されるべきであろう。また、それに付帯してみられる諸要素も注意されるべきである。しかしここで留意しなければならないのは、その必要条件（定義）と付帯諸要素を混同してしまうことである。そのような場合その型式に混乱を生じかねない。

ここにおいて、従来の荒屋型彫刻刀形石器の幾つかの特徴をふまえたうえで、筆者の考える荒屋型彫刻刀形石器認識の必要条件（定義）と付帯諸要素を示しておこう。なお、以前の拙稿（綿貫・堤 1987）の定義に、それ以後の分析をふまえて定義に修正を加えたことを明記しておく[(1)]。

荒屋型彫刻刀形石器の定義（必要条件）

1　石器の周縁と彫刻刀打圧面に急斜度調整がなされて原形が準備される。

2　先端部左肩に施されるファシットにより彫刻刀面が形成される。

荒屋型彫刻刀形石器にみられる付帯諸要素

1　その多くは珪質頁岩を石材とする。

2　彫刻刀面からフラットグレイバー状剥離なされることがままある。

3　基部の厚さを減じるため、基部裏面に平坦剥離がままなされる。

4　彫刻刀面再生が一般になされる。

5　彫刻刀面と腹面とは、ほぼ直角に交わる場合が多い。

6　彫刻刀面をもつ一端は、急斜度調整で尖頭状に仕上られる場合が多い。

荒屋遺跡の荒屋型彫刻刀形石器の形態と技術について考えてみた。最後に荒屋型彫刻刀形石器の型式学的な認識を示してみたが、必要条件となると「急斜度調整」と「左肩の彫刻刀面形成」の 2 点に絞らざるを得ない。

荒屋遺跡の石器は、「荒屋型彫刻刀形石器」・「荒屋型細石刃」・「荒屋技法」など、それぞれ型式名・技法名が冠せられるような特徴的かつ重要なものである。標式遺跡であり、遺物の質量ともにもっとも充実した荒屋遺跡の正式報告（東北大学考古学研究室編 2003）をもとに、さらなる議論の深化が必要といえよう。

註

(1) かつて筆者らが示した荒屋型彫刻刀形石器認識の必要条件（定義）、と付帯諸要素は以下のとおりで（綿貫・堤 1987）、必要条件（定義）の 2 の「その切っ先は器軸のほぼ中央にくる」という点に関して必要条件とは言い難いため今回削除し、その先端部が尖頭状になる点は付帯諸要素 6 とした。

荒屋型彫刻刀形石器認識の必要条件（定義）

1　先端部左肩にファシットがなされる。

2　先端部は急斜度調整によって尖頭状に仕上げられる。そしてその切っ先は器軸のほぼ中央にくる。

3　石器の周縁には急斜度調整がなされる。

荒屋型彫刻刀形石器にみられる付帯諸要素

1　そのほとんどが頁岩を石材としている。

2　先端部の厚さを減じるため彫刻刀面からフラットグレイバー状がなされることがままある。

3　基部の厚さを減じるため、基部裏面に平坦剝離がなされることがままある。

4　彫刻刀面再生が一般になされる。

5　彫刻刀面と腹面とはほぼ直角に交わる場合が多い。

第3節　荒屋型彫刻刀形石器の機能推定
──埼玉県白草遺跡の石器使用痕分析から──

1　荒屋型彫刻刀形石器の機能推定に向けて

埼玉県江南台地、荒川と吉野川の合流点付近、標高60mの緩斜面に立地する白草遺跡から、総数約4500点の良好な荒屋系細石刃石器群が検出されたのは1989年のことであった。白草遺跡では、5個所の石器分布と土坑1基を検出、細石刃478点・細石刃石核原形1点・削器2点・掻器2点とともに21点の荒屋型彫刻刀形石器が出土し（図36）、川口潤によって詳細な分析・報告がなされるに至った（川口編 1993）。

よく知られた荒屋型彫刻刀形石器の形態学的・型式学的整理については、型式命名者の芹沢長介を筆頭に数多くの研究者によって試みられ（芹沢 1958、芹沢 1959、中村 1965、森嶋 1974、水村 1977、山中 1982、竹岡 1996a、加藤 1999）、筆者も検討をおこなった経過がある（綿貫・堤 1987）。しかし一方で、荒屋型彫刻刀形石器の機能論的検討はというと、少なくとも本論文の公表時点では、まとまった研究成果の公表がなされていなかったのが現状である(1)。

幸いにも白草遺跡の荒屋型彫刻刀形石器の使用痕観察の許可が埼玉県埋蔵文化財調査事業団より得られ、懸案であったその機能的検討を果たすべく分析をおこなった。白草の細石刃石器群は、他の時期の石器群と混在せず、面的まとまりをもって出土し、絶好の観察資料である。また、白草遺跡の荒屋型彫刻刀形石器のいくつかについては、その報告時において一部に微小剥離痕や光沢・刃部と直交する線状痕がみられるという指摘があり（川口編 1993）、その細かな性状はともかく、観察に先立ち分析の感触が得られていた点で幸いした。

2　白草遺跡の石器使用痕分析

(1) 観察試料と観察方法

白草遺跡では、21点の彫刻刀形石器が出土している（図36）。このうちの20点の石器は、前節で示した筆者の定義する荒屋型彫刻刀形石器の定義に整合す

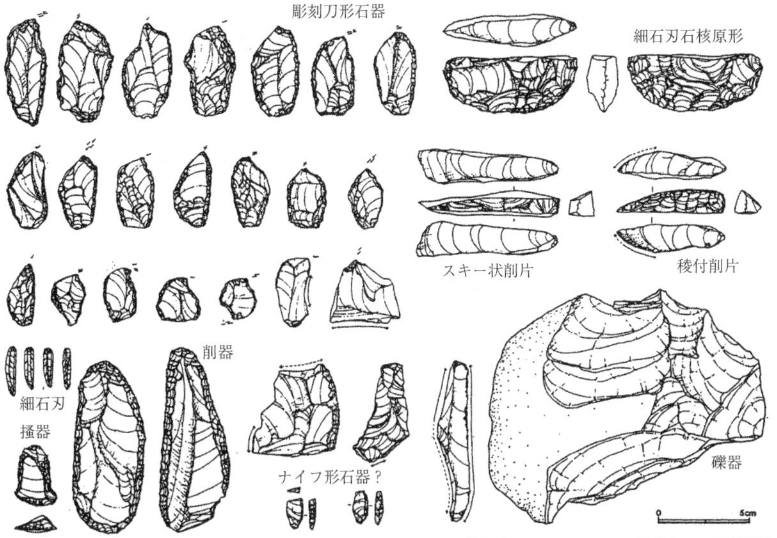

図36　白草遺跡の細石刃石器群（川口編 1993）

る。残る1点、479（図37）の彫刻刀形石器については、周縁の急斜度調整が省略されたものである。

使用痕分析の対象としたのは、これら21点の彫刻刀形石器と、共伴した掻器2点および削器2点である。使用痕観察には落射照明付き金属顕微鏡オリンパスBHMJを用い、主に200倍を中心として観察した(2)。試料はよごれを除去するため、観察前にエタノールを浸した布でふき取った。使用痕分析の方法はキーリーズ・メソッドといわれる高倍率法（Keeley 1980）に立脚し、すでに公表されている使用痕分類（梶原・阿子島 1981、阿子島 1989、御堂島 1988など）や、一部筆者のおこなった実験プログラムによる使用痕タイプに基づき機能推定を試みた。

(2) 彫刻刀形石器の使用痕

顕微鏡観察は、21点の彫刻刀形石器について実施した。そのうち、約半数にあたる12点の石器に特徴的な使用痕が観察された（図37）。観察された使用痕の属性については、表9に示した。それらの使用痕から白草遺跡の彫刻刀形石器の機能について検討する。

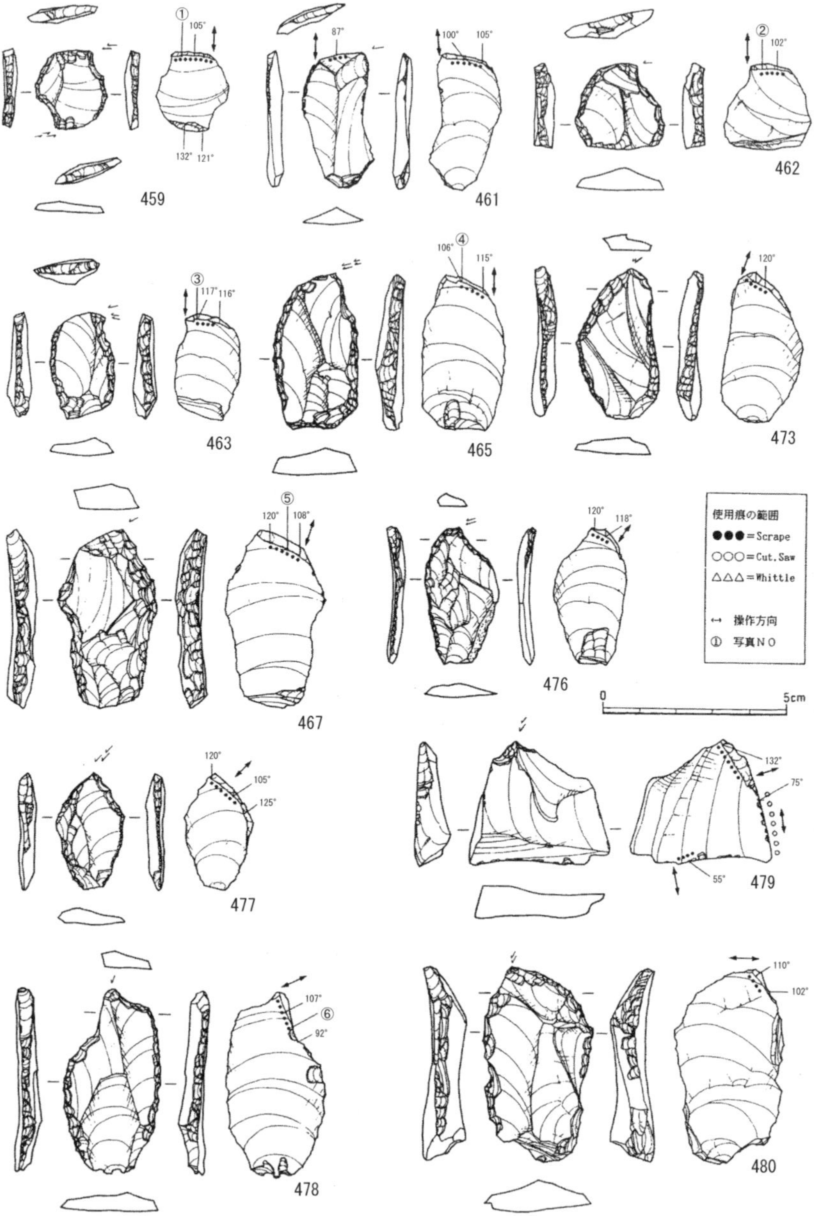

図37　使用痕の観察された白草遺跡の彫刻刀形石器（1/2）

使用部位：使用痕の観察された部位であるが、図37の461および479を除く10点の石器は、いずれも彫刻刀面と腹面（主要剥離面）のなす縁辺（以下ファシット腹縁とする）にのみ限定して使用痕が認められ、きわめて特徴的かつ共通性を有していた。一方、それ以外の部分についても細かく検鏡をおこなったが、ファシット先端にはまったく使用痕が認められず、あわせて周辺の急斜度調整部分にも使用痕を観察する事ができなかった。つまりその操作法としては、461と479の一部縁辺を例外として、いずれもファシット腹縁を用いた掻き削り（Scrape）(3)が想定できる。

光沢の性状：これらの彫刻刀形石器の機能部に観察された光沢の性状としては、A：明るく平滑で「融けかけた雪」状の光沢が縁辺に帯状に分布し刃部に直交する線状痕をわずかに伴うもの（図38-①・②、図39-③〜⑤）、B：小パッチを伴う鈍い光沢、C：直交する線状痕を多く伴うつやけし状の鈍い光沢（図39-⑥）の3者がみられた。このうちAの光沢は12点中10点にみられ、きわめて特徴的であった。この3者については、梶原洋・阿子島香らの実験による頁岩の光沢タイプ（梶原・阿子島 1981）と比較すると、AがD1に、BがE1、CがE2にそれぞれに対応するものと考えられる。光沢から想定される被加工物としては、D1＝骨・角、E1＝皮・肉、E2＝皮・肉（乾燥）が想定されている。また、筆者の実験による骨や角、皮・肉などの加工においても、例えば骨や角の加工では図39-⑨の光沢（D1）が、乾燥皮の掻き取りでは図39-⑩の光沢（E2）が生じており、梶原・阿子島らの実験との不整合はほぼ認められていない。したがって、白草遺跡の彫刻刀形石器については、彫刻刀腹縁を用いた骨角の掻き削り（Scrape）加工が主たる機能であったことが推測できる。

個別石器の機能：次にその彫刻刀形石器のいくつかの代表例を取り上げ、具体的にその機能を論じてみよう。

まず、459の石器では、上位のファシット腹縁には使用痕が認められるが（図38-①）、下位のファシット腹縁には使用痕が認められない。これは上位の中央部の刃角が100°強であるのに対し、下位の中央部の刃角はファシットにより130°強と寝てしまっているため、用いられなかったと考えられる。同様に130°以上の刃角を測る460の石器（未図示）でも使用痕は観察されなかった。

465の石器のファシット腹縁には、melting snow＝「融けかけた雪」状の光沢をみせbone polishとのニックネームもあるD1タイプの光沢をもっともよく

表9　白草遺跡の彫刻刀形石器に観察された使用痕の属性

石器No.	使用痕の確認部分	刃角（度）	光沢等の性状	タイプ	操作法	推定被加工物	写真
459	上位のファシットのファシット腹縁	100－120	明るく平滑で融けた雪状の光沢が、縁辺に帯状に分布。光沢に埋もれて刃部に直交する線状痕が若干ある。未光沢部分との境界は明瞭。	D1	Scrape	骨か角	図38 写真①
461	ファシット背縁	87－92	明るく平滑で融けた雪状の光沢が縁辺に帯状に分布。その中に刃部に直交する明瞭な線状痕。	D1	Scrape	骨か角	
	ファシット腹縁	100－127	無数の小パッチを伴う鈍い光沢、刃部に直交する多数の線状痕あり。	E1	Scrape	皮・肉（生？）	
462	ファシット腹縁	102－115	明るく平滑で融けた雪状の光沢が、縁辺に帯状に分布。光沢に埋もれて刃部に直交する線状痕が若干ある。	D1	Scrape	骨か角	図38 写真②
463	ファシット腹縁	116－117	明るく平滑で融けた雪状の光沢が、縁辺に帯状に分布。光沢に埋もれ刃部に直交する線状痕が わずかにある。	D1	Scrape	骨か角	図39 写真③
465	ファシット腹縁	106－115	明るく平滑で融けた雪状のきわめて発達した光沢が、縁辺に帯状に分布。光沢に埋もれて刃部に直交する線状痕がわずかにみえる。未光沢部分との境界は明瞭。	D1	Scrape	骨か角	図39 写真④
467	ファシット腹縁	105－120	明るく平滑で融けた雪状の発達した光沢が、縁辺に帯状に分布。未光沢部分との境界は明瞭。	D1	Scrape	骨か角	図39 写真⑤
473	ファシット腹縁	110－130	明るめで平滑な融けた雪状の光沢が、縁辺に帯状に分布。他のD1タイプ光沢よりやや未発達か。	D1	Scrape	骨か角	
476	ファシット腹縁	110－121	明るめで平滑な融けた雪状の光沢が、縁辺に帯状に分布。他のD1タイプ光沢よりやや未発達か。	D1	Scrape	骨か角	
477	ファシット腹縁	105－125	明るめで平滑な融けた雪状の光沢が、縁辺に帯状に分布。他のD1タイプ光沢よりやや未発達か。刃部に直交する線状痕がわずかにみえる。	D1	Scrape	骨か角	
478	ファシット腹縁	92－115	つやけし状の鈍い光沢、刃部に直交する無数の線状痕、縁辺と微小剝離痕の稜は著しく摩耗。	E2	Scrape	皮（乾燥？）	図39 写真⑥
479	ファシット腹縁	132－140	つやけし状の鈍い光沢、刃部に直交する無数の線状痕、縁辺と微小剝離痕の稜は摩耗。	E2	Scrape	皮（乾燥？）	
	右側縁	75	小パッチを伴う鈍い光沢。刃部に平行する線状痕が残る。	E1	Cut, Saw	皮・肉	
	下線	55	小パッチを伴う鈍い光沢。刃部に直交する線状痕が残る。	E1	Scrape	皮・肉	
480	ファシット腹辧	90－110	明るめで平滑な融けた雪状の光沢が、縁辺に帯状に分布。他のD1タイプ光沢よりやや未発達か。刃部に直交する線状痕がみえる。	D1 ?	Scrape	骨か角？	

① 彫器459の光沢（D1）

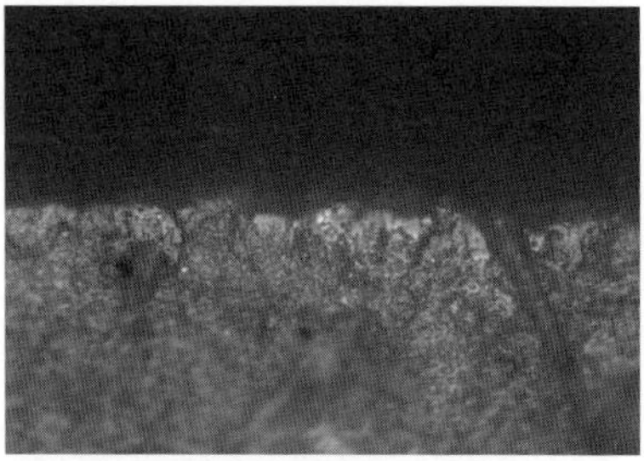

② 彫器462の光沢（D1）

図38　白草遺跡の石器使用痕の顕微鏡写真（200倍）

観察でき（図39-④)、この石器が骨角の掻き削りに用いられた事を示している。同様に、459（図38-①）・462（図38-②）・463（図39-③）・467（図39-⑤）の石器のファシット腹縁にもbone polish＝D1タイプの顕著な光沢を認めることができる。

ファシット腹縁以外に使用痕が認められた例では、461・478・479の石器がある。

461の石器は、ファシット背縁にD1タイプ？の光沢および縁辺に直交する線状痕が認められた。また、ファシットの腹縁側にもE1タイプの光沢および縁辺に直交する線状痕が認められた。両縁辺の光沢の差からいっても、その角度からみても、この両縁辺が同時に機能するような操作法は考え難いので、交互かあるいは時間差をもって両縁辺が機能したものと考えられる。

478の石器は、ファシット腹縁にE2タイプの光沢および縁辺に直交する線状痕が認められ（図39-⑥)、その縁辺を利用した（乾燥した？）皮や肉の掻き取りがなされていたものと考えられた。

479の石器は、ファシット腹縁にE2タイプの光沢と縁辺に直交する線状痕がみられ、そのファシット腹縁部は（乾燥した？）皮や肉の掻き取りに用いられていた。また、ファシットに続く折れ面の縁辺には不規則な微小剝離痕と縁辺に平行する線状痕を伴ったE1タイプの光沢が観察され、そのエッヂを利用し皮や肉の切断がなされていたことが考えられる。一方、それに接する下位の折れ面縁辺でも不規則な微小剝離痕と縁辺に直交する線状痕を伴ったE1タイプの光沢がみられ、そのエッヂを利用した皮や肉の掻き取りがなされていたものと考えられた。本資料以外の定型的な荒屋型彫刻刀形石器の機能がファシット腹縁を用いた骨角の掻き削りに偏るのに対し、不定型ともいえる本資料が、骨角の掻き削り以外の機能を発揮していたことは対照的であるといえよう。

(3) 掻器・削器の使用痕

掻器・削器は、出土した各2点の使用痕分析をおこなった（図40)。結果、1点の削器（494）を除く2点の掻器（492・493）と1点の削器（495）から使用痕が検出された。検出された使用痕の属性については表10に示した。

492と493の2点の掻器では、弧状の先刃部から直交する線状痕とともにdry hide polishのニックネームのあるE2タイプの光沢が検出され（図39-⑦・⑧)、2つの石器では先刃部を用いた皮（乾燥）の掻き取りがなされたと推定された。

③ 彫器463の光沢（D1）

④ 彫器465の光沢（D1）

⑤ 彫器467の光沢（D1）

⑥ 彫器478の光沢（E2）と線状痕（直交）

⑦ 掻器493の光沢（E2）

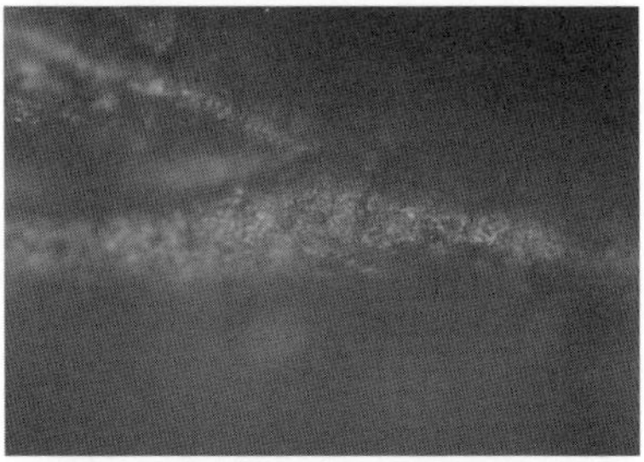

⑧ 掻器492の光沢（E2）

⑨ 実験で生じた光沢（D1）
珪質頁岩製剥片による鹿角掻き削り4000回

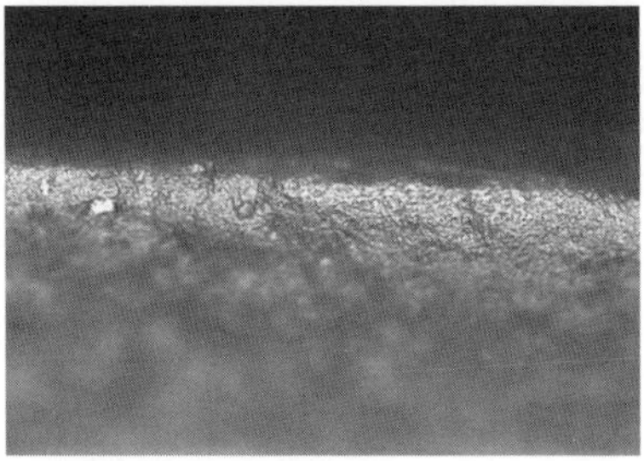

⑩ 実験で生じた光沢（E2）
珪質頁岩製剥片による牛皮（乾燥）掻き取り5000回

図39　白草遺跡の石器使用痕の顕微鏡写真（200倍）

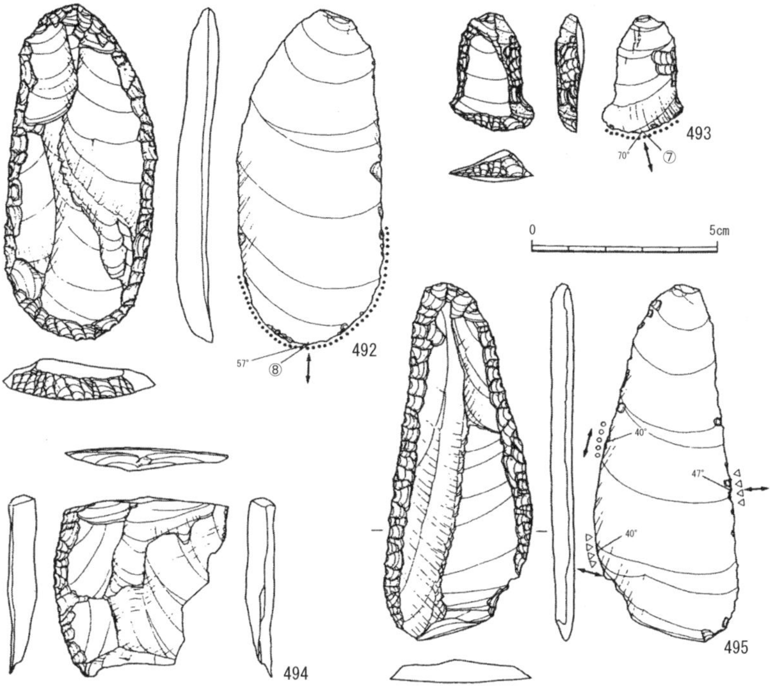

図40　使用痕観察をおこなった白草遺跡の掻器（492・493）・削器（494・495）（1/2）

表10　白草遺跡の掻器・削器に観察された使用痕の属性

石器No.	観察された部分	刃角（度）	光沢等の性状	タイプ	操作法	推定被加工物	写真
492	下位・横位の刃縁	57	つやけし状の鈍い光沢が、摩滅を伴って縁辺に分布。刃部に直交する線状痕も無数にみえる。	E2	Scrape	皮（乾燥？）	図40 写真⑧
493	下位の刃縁	70	つやけし状の鈍い光沢が、摩滅を伴って縁辺に分布。刃部に直交する線状痕も無数にみえる。	E2	Scrape	皮（乾燥？）	図40 写真⑦
495	横位の刃縁	40	小パッチを伴う鈍い光沢。刃部に平行する線状痕もみえる。	E1	Cut	皮・肉（生？）	
	横位の刃縁	40	刃部に直交する線状痕が腹面側に長く残る。	不明	Whittle	不明	
	横位の刃縁	47	刃部に直交する線状痕が顕著に残る。	不明	Whittle	不明	

一方、削器495では、E1タイプの光沢がみられ、40～50°のシャープなエッヂで皮（生）の切断がなされたり、腹面側に刃部に直交して長く残る線状痕から、刃を寝かせての削りがなされたことがうかがえた。

つまり掻器と削器とでは、乾燥と生の違いがあるが、掻器は皮のScraping、削器は皮のCuttingという異なる操作法で使用されていたことがわかった。

表11　白草遺跡の石器組成

ユニット等	細石刃	細石刃石核原形	スキー状剥片	彫刻刀形石器	彫刻刀1次剥片	彫刻刀2次剥片	掻器	削器	礫器	ナイフ形石器	小剥離痕ある剥片	剥片	砕片	点数合計	重量合計
第１ユニット	217	－	6	17	6	71	－	－	1	2	85	263	1005	1673	1978.1
第２ユニット	15	－	－	2	2	13	－	－	－	－	3	5	21	61	31.4
第３ユニット	－	－	－	－	－	－	－	－	－	－	5	8	24	37	22
第４ユニット	－	－	－	－	－	－	2	－	－	－	6	6	6	20	83.2
第５ユニット	－	－	－	－	－	－	－	1	－	－	1	1	－	3	57.8
ユニット外	－	－	－	－	－	－	－	－	－	－	3	1	4	8	7.8
フルイ・一括	246	1	－	2	18	115	－	1	－	－	14	90	362	849	252.8
微細遺物	－	－	－	－	－	－	－	－	－	－	－	67	1698	1765	62.2
点数総計	478	1	6	21	26	199	2	2	1	2	117	441	3120	4416	
重量総計	49.4	41.7	58.9	128.95	2.11	15.6	45.5	43.1	1210	1.4	224.1	508.7	165.8		2495.3

（川口編 1993 より作表）

(4) 使用された石器と“場の機能”

今回の使用痕分析からは、技術形態的に異なる彫刻刀形石器・掻器・削器の3者において、一部に機能的重複がみられるものの、骨格の掻き削り、皮の掻き取り（皮鞣し）、皮の切断など、それぞれに分立し特有な機能を発揮していたことが推定された。

ここではその使用痕分析の結果をふまえ遺跡構造における“場の機能”の問題についてふれておくことにしたい。

図41には白草遺跡の石器ユニットと使用痕のある石器の分布を示した。表11には各ユニットの石器組成を示してある。この図表を一瞥すると、まず器種別分布について、その使用痕の有無は別にしても、各ユニット間の相違が顕著であることがうかがえる。つまり、第１・２ユニットでは[(4)]、彫刻刀形石器・細石刃があって掻器・削器は存在せず、第４ユニットでは掻器があって彫刻刀形石器・細石刃・削器は存在せず、第５ユニットでは削器があって彫刻刀形石器・細石刃・掻器が存在しない点において、それぞれに違いがある。

このことは、さらに石器の機能群の分布にも反映して、第１・２ユニットでは骨角の掻き削りと皮肉の掻き取りの痕跡のある彫刻刀形石器が、第４ユニットでは乾燥皮の掻き取りの痕跡のある掻器が、第５ユニットでは生皮の切断や削り痕（被加工物は不明）のある削器が残るといった分布差を生じている。

もっとも誤解してならないのは、石器は様々な使用過程を経ており、これら

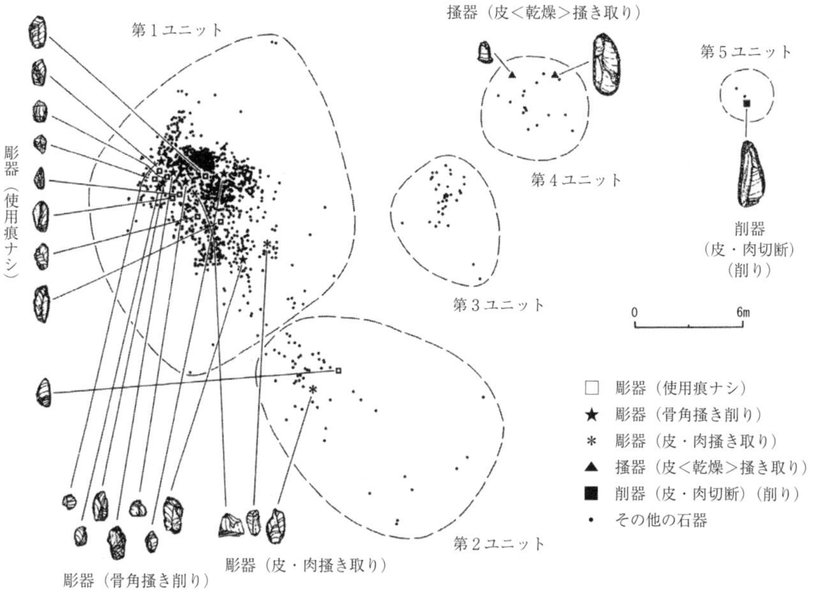

図41　白草遺跡の石器ユニットと使用痕のある石器の分布

の石器がかつて、出土したその場で機能し、使用痕が残され、遺棄（廃棄）されたかどうかは判断しえないので、石器から推定された機能＝“場の機能”とは必ずしもいえないことである。しかし、そうした点を差し引いても、白草のように明瞭に石器の機能群が分散してみられる状況は、それぞれに何らかの場の機能（使用の場の機能、保管の場の機能など）が異なっていたために生じた現象と解釈しても不都合はないであろう。

3　彫刻刀形石器の機能再考

(1) 彫刻刀形石器の機能推定

これまで彫刻刀形石器の機能については、一般的にはセミョーノフの示したように（図42、Semenov 1964）、彫刻刀面の先端を用いた木や骨・角への溝切り具と考えられる事が多かった。しかし、今回の使用痕分析による荒屋型彫刻刀石器の機能は、それとは異なるものであった（図43）。

こうした当該石器の機能への懐疑的見解は、すでに“荒屋型彫刻刀”の命名

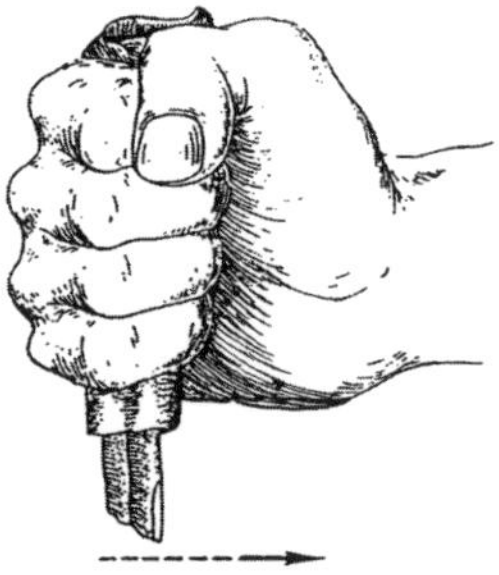

図42　従来の彫刻刀形石器の使用法の想定（Semenov 1964）

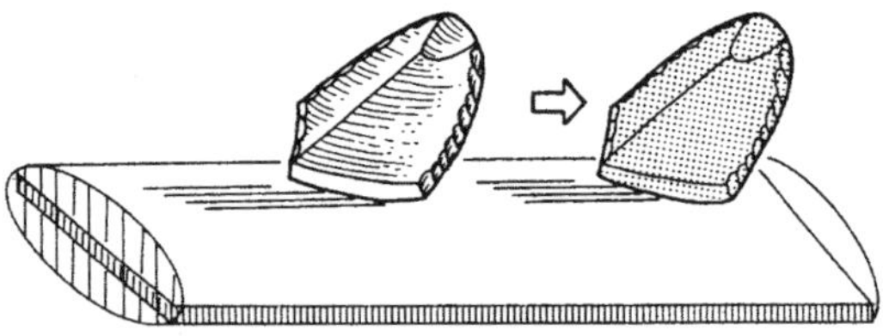

図43　使用痕分析からみた白草遺跡の荒屋型彫刻刀形石器の主たる操作法

者である芹沢長介自身からも出されていた。すなわち、「ヨーロッパでは、彫刻刀形石器の用途については、名称どおり彫刻刀として用いられたと考えられているらしい。しかしかつて私が日本の資料を検討してみたところ、使用痕が残されているのは刃先の部分ではなく、多くは溝状剥離の中央に近い部分であることがわかった。形の上では彫刻刀に似ているけれども、実際の用途としては物を削る道具であったかもしれない」と指摘（芹沢 1974）され、同様な疑問はその後いくつか示されるようになった（森嶋 1974、稲田 1982、水村 1977など）。しかし、残念ながらそうした機能推定は具体的分析事例の提示に欠けたため、一般的には「角や骨などに溝をきざんだり、切りこみを入れたりする道具」（鈴木 1984）と説明されるにとどまったのである。

そうした一方、近年の高倍率法による実験使用痕研究の展開以降、彫刻刀形石器の機能についての分析例も徐々にではあるが蓄積されてきた。

北海道モサンル遺跡の彫刻刀形石器 4 点（うち 2 は荒屋型）の使用痕分析をおこなった梶原洋は、そのそれぞれの機能を以下のように推定している（梶原 1982）。ひとつは水づけの角もしくは乾燥していない骨に対しファシットの縁辺をあてやや手前に引きながら削ったと考えられる彫刻刀形石器、2 点目はファシットの縁辺は水づけの角もしくは骨を削る作業に使われ、一方の縁辺と先端では同じ被加工物に対し、まずは溝切りに使われ後に削る作業に用いたと考えられる荒屋型彫刻刀形石器、3 点目は一部は木の削りとその後に皮の切断、ファシットの先端は木の溝切りに、他の縁辺は木の削りに用いられたと考えられる彫刻刀形石器、4 点目はファシットの中央部は削りに先端は溝切りに側縁は切断に用いられたと考えられる彫刻刀形石器、であるという。これらの彫刻刀形石器のうち３点の先端は溝切りに使われている。また、いずれのファシットの縁辺も削りに用いられている。ファシットの縁辺以外の縁辺も削りに用いられる場合がある。その被加工物は、水づけの角もしくは骨である場合と、木である場合がみられた。このようにモサンルの例は、白草の荒屋型彫刻刀形石器が主にファシットの縁辺を骨角の掻き削りに用いていたという結果に対し、使用法が溝切りや削りなど幅広く、被加工物も骨か角に加え木などがみられる点で異なっている。

タイプサイトであり、かつ数百点という最多出土量を誇る新潟県荒屋遺跡の荒屋型彫刻刀形石器についての使用痕分析事例は、残念ながら本論の公表時点では断片的にしかなかった。わずかな情報紹介によれば（山田 1984）その一部には皮・肉（光沢E1）のcutting や皮・肉（光沢E2）のscrapingなどの使用痕が確認されるという[(5)]。かつて美安慶子は、表採資料ではあるが３点の荒屋型彫刻刀形石器の使用痕観察をおこない、うち１点の荒屋型彫刻刀形石器のファシット腹縁にE1タイプ相当の光沢を検出した。そこから考えられる機能は肉か皮に対しての直交する方向の作業（scraping）であるという（美安 1995）[(6)]。

2003年、荒屋遺跡の第２・３次発掘調査報告書がようやく刊行となり、鹿又喜隆により174点の荒屋型彫刻刀形石器と890点の同削片の使用痕分析結果が報告された。荒屋型彫刻刀形石器本体では、骨・角を掻き削ったものが18例、皮（乾燥）を鞣したものが23例、両者の複合が５例あり、皮鞣しの使用痕の検出結果がやや上回った。一方、その削片では、骨・角を掻き削ったものが211例、皮（乾燥）を鞣したものが43例であり、骨・角を掻き削った使用痕の検出が圧倒的に多い。こうした削片のあり方は、乾燥皮に比べて骨角の掻き削りの際の刃部の消耗が激しく、削片剥離による刃部再生が数多くなされた結果であろうという（鹿又 2003）。刃部再生がなされれば、本体に骨・角を掻き削った使用痕が残らない場合もある。このことを勘案するなら、荒屋遺跡においても白草遺跡と同様、荒屋型彫刻刀形石器を用いた骨・角の掻き削りが重点的になされ[(7)]、一方で乾燥した皮鞣しがおこなわれていたことが想定されよう。こうした作業の度合いは、集団の生業活動の状況的脈絡の中でも変化するものであろう。

ここで日本の事例からは離れるが、ヨーロッパ・マドレーヌ文化期における彫刻刀形石器の機能についての研究を取りあげておきたい。阿子島香はマドレーヌ文化期に属するフランスのドフォール岩陰およびパンスヴァン遺跡の彫刻刀形石器を自ら観察し、あわせてパトリック・ヴァーンによるマドレーヌ文化期の３遺跡の使用痕分析例（Vaughan 1985）をふまえるなかで、彫刻刀形石器の機能について次のように指摘している。すなわち「彫刻刀は、樋状剝離によって形成された丈夫な刃部を、角や骨の溝刻みなどに用いる工作具、というのが通念であったが、必ずしもそうではない－中略－マドレーヌ文化期の５つの遺跡（では）－中略－彫刻刀面の先端刃部（切っ先）は、使用されてはいるが、それよりも彫刻刀面の側辺が用いられる事例のほうがずっと多い。さらに、彫刻刀面ではない部分（石器の側辺など）が、それ以上の頻度で刃部として使用されている。また、切っ先はしばしば穿孔に用いられた痕跡を示す。被加工物は、骨・角は主要な対象の１つではあるが（特に彫刻刀面を刃部として使う場合）、それに限らず乾燥皮が卓越する事例がめだっている」という。

文化的脈絡のないフランスの事例と日本の彫刻刀形石器の機能との直接的な比較は困難である。しかし、彫刻刀面の作出された石器という同一の技術形態を有する道具において、その「先端を用いた溝切り」という従来の単純な使用法の想定が、双方で修正されつつある点は注視すべきであろう。

(2) 骨角器の実験的製作と彫刻刀形石器

筆者はかつて骨角器（植刃器）製作の実験的研究をおこなった経緯がある。その実験の過程において骨角加工に関するいくつかの知見が得られたので、今回の彫刻刀形石器の機能と絡む部分についてふれておくことにしよう。

その最初の実験では、約45°と90°の刃角をもつ２種類の黒曜石の剝片を用意し、水漬けをした鹿角の掻き削りをおこなってみた。その結果、45°の刃角をもつ剝片ではたちまち刃部破壊がおきて掻き削りが進行しないのに対し、90°の刃角の剝片では比較的スムーズに掻き削りが進行することがとらえられた。そこには刃角と被加工物の硬度の関係があらわれている。つまり刃角が浅いと硬質な鹿角の掻き削りには耐えられず、むしろより直角に近い刃角がその掻き削りには有効だったことがうかがえる（堤 1995a）。

ただし、通常の剝片の縁辺において直角に近い角度が生じることはきわめてまれである。したがって、直角に近い刃部を得るには、リタッチ・折断・ファシットのいずれかの調整加工技術によってその角度を作り出す必要がある。この3者のうち、リスクが高いのは折断で、コントロールがつけにくく幅狭な折り取りなどが困難な点、縁辺にいわゆるバリ（フィニュアル）が生じやすい点において難がある。一方、リタッチで直角に近い刃部を得るのは容易であるが、その刃縁がひとつの剥離ごとに波打ち、直線状の刃縁とならない点に特徴がある。一方ファシットではスムーズなラインの直角に近い刃縁を得ることが可能である。またファシットは、折断に比べコントロール性も高く除去部分を最小限にとどめることができる(8)。実験で骨角を面的に加工するには、よりスムーズなラインの刃縁が有効であった。その意味では3者のうちファシットによって作出された刃部が、鹿角など硬質なものの面的な削りには最適であった。

別の実験では、骨角製植刃器への溝切りをおこなってみた。結果、少なくとも細石刃を植刃するような細い溝切りは、平均的には4～5mmという幅の刃部を有する彫刻刀形石器のファシット先端部では、幅が広すぎて刻めず、かつその摩擦抵抗も強いことがわかった。むしろ植刃溝の溝切りには細石刃と同じ程度の薄い刃部による溝切りが有効であったものとみられる。すなわち、この実験の結果からは、従来しばしば説明されるような、細石刃植刃器の溝切りは、彫刻刀形石器ではきわめて困難であることが理解された。

ところで、筆者の実験使用痕研究データの一部である珪質頁岩の剥片（新潟県新発田市産）の刃部を用いた水漬鹿角の掻き削りでは、水を付けながらの作業でおよそ2000～2500回の削りで刃部（刃角83°）縁辺が摩耗し、切れ味が鈍くなった。さらに3000～4000回のストロークに至ると、きわめて切れ味が鈍った。ちなみに4000回のストロークでは、鹿角の100mm×10mmの範囲を2mmの厚さで削り取ることができた。この間、骨角の削り（とくに水漬け）によって生じる特有な光沢D1（梶原・阿子島 1981）は、およそ500回のストロークから生じ、4000回では図39-⑨の写真にみるD1光沢に発達した。

この実験では、頁岩の石器刃部が一定の切れ味を維持するには、2000～2500回程度のストロークの後に刃部を更新することが望ましかった。その更新の際には、より直角に近い刃角を確保する方法のひとつとして、ファシットによる刃部作出が有効であった。また、この実験において、ひとつの骨角器を仕上げるのには、それが小型なものでも少なくとも10～20回程度の刃部再生が必要であった。

ちなみに、白草遺跡では、225点の彫刻刀削片がみられる[9]。単純に計算すると出土した彫刻刀形石器全21点に対し約10倍の数であり、ファシット部の新規作出や再生の頻繁さを物語っているといえる。

なお、蛇足になるかもしれないが誤解のないように述べておくと、以上の実験結果は、ファシットにより作出された直角に近い刃部が骨角加工により有効であることを帰納的に述べているが、それは骨角加工にあっての必須条件という意味ではない。

(3) 石器の機能的特定性と機能的順応性

ここでこれまでの使用痕分析からみた石器の機能推定に関する問題点について考えてみたい。とくに触れたいのは、石器の技術形態（型式）と機能との対応関係の問題である。

さきにみた阿子島やヴァーンによるマドレーヌ文化期の彫刻刀形石器の使用痕分析例では、彫刻刀形石器が使用部位から操作法・被加工物にいたるまで多様な機能対応を示していることが指摘された（阿子島 1989、Vaughan 1985）。そうした意味においては、マドレーヌ文化期における彫刻刀形石器という一技術形態（型式）の石器は、単純に一機能のみと結びつくものではなく、むしろいくつかの機能を発揮していることがわかる。その一方、同文化期の掻器の使用痕分析から出された機能推定結果は、彫刻刀形石器とは対照的な点で興味深い。すなわち掻器はとくに皮革の掻き取り、いわゆる「皮革加工」という一機能と強く結びついた技術形態であることがうかがえるというのである（阿子島 1989）。同一の文化期の石器群にあって、機能との対応関係において対照的な２者が存在している点は注意すべきである。

ところで阿子島は、石器群の技術的組織における石器の維持管理curationにおける、便宜的石器expedient toolと管理的石器curated tool２者の弁別にあって、より管理的な石器ほど複雑な使用史を経ていると指摘する。たとえば、アメリカのミルアイアン遺跡の使用痕分析においては、バイフェイスがより複雑な使用史を持つのに対し、使用された剝片は比較的解釈容易な使用過程をみせているという（阿子島 1992）。

筆者は、技術的組織における管理的な石器にあっても、その状況的脈絡において、より専用的な機能＝機能的特定性をみせるものと、比較的多様な機能＝

機能的順応性をみせるものの2者が分化することを想定している[10]。例えば、さきのマドレーヌ文化期の彫刻刀形石器と掻器をとってみると、両者の管理的度合いはひとまず置いても、掻器が「皮革加工」に機能的特定性をみせているのに対し、彫刻刀形石器はより多様に用いられ機能的順応性をみせている点で対照的である。ちなみに、時代は下るが縄文時代の石器を例にとると、石器装備全体のなかで、ともに管理的とみられる磨製石斧と石匙を比較すると、磨製石斧は木材の伐採・加工といった作業に収斂しより機能的特定性をみせるのに対し、石匙は「万能ナイフ」などともいわれつまみ部にヒモなどをつけて携帯される石器で、様々な対象物と作業に使われる機能的順応性を発揮していることがうかがえる（梶原 1982、堤 1994b）。道具がより特殊な機能部形態をとるほど機能的特定性が増すという傾向は、通常想定しうることである。また、便宜的に使われる石器は短命でもあり、その機能がそれぞれの状況において特定的である場合も多い。

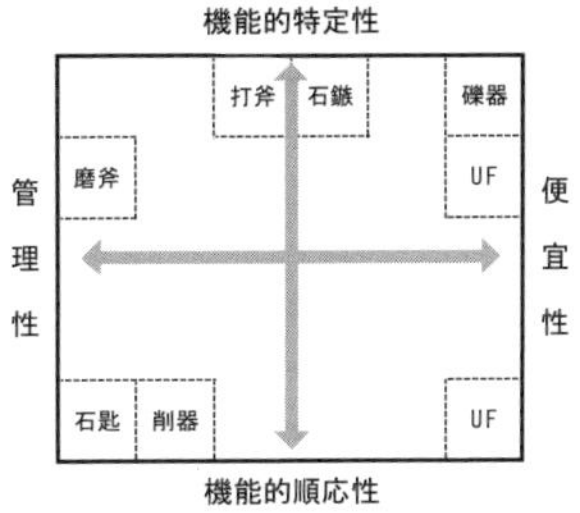

図44　石器の管理性と機能的特定性の関係概念図
（縄文石器での例示）

このような「機能的特定性」special-useと「機能的順応性」flexible-useの分化は、生業活動における機能システム全体の中での石器の機能的役割を考える上で重要であろう。ただ、特定性－順応性は概念的には対置的に思えるが、管理性－便宜性と同様、度合いの問題でもあることを注意しなくてはならない。これらの相互関係は図44のように概念化される。

そうした観点から白草遺跡の石器の機能的役割をみた場合、掻器は2点（492・493）と点数的には少ないまでも、皮革の掻き取り、つまり皮鞣しと限定的に結びついており「機能的特定性」の強い石器といえるだろう。一方削器（495）は、cutやwhittleなどいくつかの作業に用いられたことがうかがえ「機能的順応性」のある石器とみることができる。なお、荒屋型彫刻刀形石器に関しては、白草遺跡では100％とは言えないまでも75％の割合で「骨角の掻き削り」という機能と深く結びついているが、荒屋遺跡の同彫刻刀形石器に関しては、「骨角の掻き削り」とともに「皮鞣し」もなされ、骨角加工に特化しながらも、状況に応じて「皮鞣し」にも用いられたということができようか。

4　荒屋系細石刃石器群の技術的組織と荒屋型彫刻刀形石器

最後に白草遺跡の使用痕分析の結果等をふまえ、荒屋型彫刻刀形石器について、技術的組織論（Binford 1979、阿子島 1989）の観点から荒屋系細石刃石器群の中に位置付けてみたい。なお、その技術的組織論上の位置付けについて若干の考察をした第４章３節の拙稿（堤 1996c）もあるので、そこでの論点をふまえた見解を述べる。

荒屋系細石刃石器群とは、主に珪質頁岩を用いた両面調整体の分割素材を細石刃石核の母体とする細石刃技法を保有するもので、しばしば荒屋型細石刃などの完形細石刃を用い、これに荒屋型彫刻刀形石器、角二山型を含む掻器、削器などを装備としてもつ石器群である。また、石器群の移動性をふまえた維持・消費システムとして、細石刃石核の母体生産と剥片石器の素材生産とが一体化した「連動システム」（永塚 1996）をみせることが技術的組織上の特徴のひとつである。

荒屋系細石刃石器群に装備される荒屋型彫刻刀形石器において注目されるのは、その保有点数の多さであろう（表12）。たとえば荒屋遺跡では、３度の調査をあわせると掻器16点に対して574 点もの彫刻刀形石器が出土している。白草では掻器２点に対し彫刻刀形石器21点、頭無では掻器２点に対し彫刻刀形石器９点、後野Ｂでは掻器がないのに対し彫刻刀形石器７点、恩原でも掻器がないのに対し彫刻刀形石器６点が組成している。おそらくその存在性の高さ

表12　荒屋系細石刃石器群の石器組成

遺跡	細石刃	彫刻刀形石器	掻器	削器	錐状石器	鏃形石器	尖頭器	ナイフ形石器	R・M剥片	礫器	打製石斧	磨石	敲石	剥片・砕片	細石刃石核	石核	その他	計
角二山	1212	29	32	6	2		1		65	12	1		1	4289	9	14	90	5763
荒屋１次	682	425	11		2	4	7		45	6				不明	51	1	1144	2378
荒屋２次	481	149	5	5	2				48					3211	5	4	635	4545
後野Ｂ	167	7		3		1				2				544	4		18	746
木戸場	2	9	7	10									1	58	2		5	94
白草	478	21	2	2				2	117	1				3561			232	4416
頭無	121	9	2	10					16				1	248	1		16	424
恩原２	56	6		4					78					262	4		21	431

Ｒ・Ｍ剥片とは、Ｒが加工痕がある剥片、Ｍが微小剥離痕がある剥片を示す。

は、常用装備としての多用性をみせている反面、消耗が激しく、常に一定量が補充されるべき必要性をのぞかせているのではないだろうか(11)。

一方、西南日本に広がる矢出川タイプなどとも称される稜柱形の細石刃石核をもつ細石刃石器群にあっては、荒屋型彫刻刀形石器に限らず彫刻刀形石器をまったくもたないことが、装備上の大きな特徴のひとつといえる。その非存在性を逆説的に考えると、西南日本の細石刃石器群の機能システムにおいては、１：彫刻刀形石器の担った機能群が要求されなかったか、２：彫刻刀形石器の担った機能群が他の石器に置換されていたか、の２者の可能性が考えられよう(12)。仮に彫刻刀形石器が東北日本の細石刃石器群の機能システムのなかである特殊化した存在であった場合、その非存在的理由として１の原因は成り立ち得る。また一方で、同じ機能を有する道具でも文化的背景などの相違に基づいたデザインの相違は当然ありうることで、２の原因も十分に想定される。つまるところその非存在的理由の判断は現状では決め手がないことになる。

今回、白草遺跡の使用痕分析結果から導きだされたのは、そこでの荒屋型彫刻刀形石器が主として骨角加工に用いられていたという点である。また、タイプサイトである荒屋遺跡でも荒屋型彫刻刀形石器を用いた骨・角の掻き削りが重点的になされ、一方で乾燥した皮鞣しがおこなわれていたことが想定された。「同型式であっても機能を他の個体に類推することは研究の現状では一種の飛躍」であるとの指摘（阿子島 1989）もあるが、おそらく荒屋型彫刻刀形石器という石器は、骨角加工、言いかえれば骨角器製作の重要な役割を担う石器とみておくことがきわめて重要であろう。

今日、荒屋系細石刃石器群における生業システムとして、サケ・マス類の内水面漁撈の採用がクローズアップされつつある（加藤・松本 1984、佐藤 1992b）。現在のサケ・マスの天然遡上域は日本海沿岸一帯と利根川以北の太平洋側にあるがその遡上域が荒屋型彫刻刀形石器を伴う石器群の分布（図45）と一致すること（橋本 1989）、荒屋系細石刃石器群をもつ遺跡の立地が河川次数の高い河川合流点近くにあること（桜井準 1993）などが、内水面漁撈の採用を補強する証左ともいわれる。であるなら、荒屋型彫刻刀形石器の顕在性は、内水面漁撈という生業の採用とのかかわりにおいて理解することもできる。仮に荒屋型彫刻刀形石器がいくつかの遺跡において骨角加工に機能的特定性をみせたとするなら、それは具体的には骨角製漁撈具の製作にかかわる道具であった可能性が

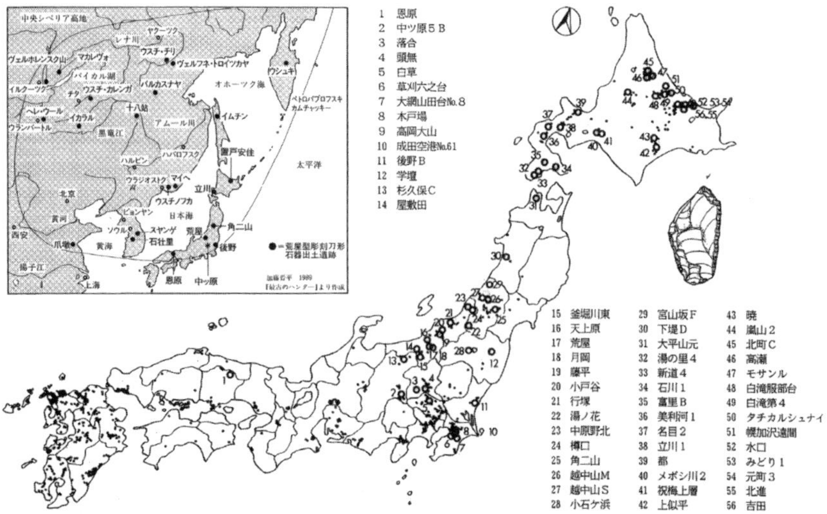

図45　日本列島の細石刃石器群（•）と荒屋型彫刻刀形石器の分布（○）

ある。また、そうした役割を荒屋型彫刻刀形石器が負っていたとすれば、それは内水面漁撈を採用したとされる荒屋系細石刃石器群の技術的組織の中において、ある意味では特殊化した装備であることが想定されよう。

註

(1) 本論を発表した当初の1997年から6年をへた2003年、荒屋遺跡の第2・3次発掘調査報告書が刊行された（東北大学考古学研究室編 2003）。同書での荒屋型彫刻刀形石器の機能に関する研究については、本稿末で触れることにした。
なお、本内容の一部は、ロシア沿海州ウスチノフカ遺跡群調査の際の1995年8月17日、ロシア科学アカデミー極東支部および日本側調査団の共同研究発表のおり“The function of the Araya type burin”として発表した。また、「荒屋型彫刻刀形石器の機能考」として、1997年2月1日の長野県旧石器文化研究交流会の席上において研究発表をおこなった（堤 1997a）。ただし、研究発表後の論の展開もあるので、すべて本稿の見解を優先する。

(2) 白草遺跡の石器使用痕の顕微鏡観察は、1995年7月5・6日に、石器の保管場所である埼玉県埋蔵文化財調査事業団および川本町出土文化財管理センターにおいておこなった。また、その後補助観察を1997年1月27日におこなった。

(3) 従来、刃の部分を立てたscrapingの操作法は、掻き取りと邦訳される（たとえば阿子島 1989など）。ただし、骨角や木などの硬質な被加工物についてのscraping作業は、ニュアンス的には「掻き取り」というより「掻き削り」に近いものである。

したがってここでは、硬質な被加工物のscraping作業は「掻き削り」に、皮など軟質な被加工物のscraping作業は「掻き取り」もしくは適宜「鞣し」の用語を用いた。

(4) 白草遺跡の第1ユニットと第2ユニットの分離については、他の第3・4・5ユニットの分離が容易であるのに対し、石器組成の面でも視覚的な石器分布の面でもあまり明確に線引きができない。したがって、両者をひとつのユニットとしてみることもできよう。

(5) 今野（荒俣）省子による観察結果であるとされる。

(6) その資料については筆者も検鏡しており、ファシット腹縁においてEタイプ類似の光沢と直交する線状痕を確認している。

(7) 竹岡俊樹は、荒屋遺跡の荒屋型彫刻刀形石器の分析をおこなう中で、荒屋型彫刻刀形石器に裏面基部加工がしばしばみられること、その基部の幅・厚さの規定性がみられることなどから、荒屋型彫刻刀形石器がソケットなどに装着されて使用された可能性が強いことを指摘している（竹岡 1996a)。この裏面基部加工は、山中一郎によると荒屋遺跡の荒屋型彫刻刀形石器150点のうち93点（63%）に認められ、荒屋型彫刻刀形石器の著しい特徴のひとつであるという（山中 1982)。

筆者も竹岡の見解に同調し少なくとも入念な裏面基部加工がある荒屋型彫刻刀形石器についてはソケットに装着されていた可能性を想定しているが、使用痕分析の立場からは、その基部に装着痕などがないものかどうか今後注意をする必要があろう。

(8) 竹岡俊樹は、荒屋型彫刻刀形石器の彫刻刀面の作出方法について、「剥離痕はなめらかで打点付近のツブレも全く見られ」ないことから、押圧剥離が採用されたことを指摘している（竹岡 1966a)。

筆者も彫刻刀面の作出をコントロールするには押圧剥離がより有効であると考える。今後は、大沼克彦が細石刃の剥離手法の同定において示した実験基準（大沼 1993）などを参考として、彫刻刀削片の打圧面の定量的な観察をおこない、押圧剥離かどうかの同定をする必要があろう。

(9) 今回は、彫刻刀形石器そのものの観察に時間がかかり、一方で重要な検討対象である彫刻刀削片の使用痕観察を果たせなかった。それについては白草石器群の細石刃や使用されたとみられる剝片の使用痕観察とあわせ今後の課題としたい。

(10) 阿子島香は、石器の刃部を中心とする形態と機能との相関関係については、固定的でなく、むしろ「ゆるやかな機能形態対応」をみせるのが実態ではないだろうかと推測する。また、技術組織的な要因が場合によっては形態的な要因に優先して機能を規定することも考えられうるという（阿子島 1992)。

(11) 新潟県上ノ平遺跡A地点では、いわゆる杉久保型ナイフ形石器に伴って、51点の神山型彫刻刀形石器が検出されている。これについて報告者の沢田敦は、その多さは必ずしもそれを用いた作業の多さを示すものではなく、むしろその携行にあたっての十分な数量の準備品であるという解釈をしている。また、その多くの点数が遺跡に遺存する理由については、将来の使用のために意図的に残された可能性を指摘する。加えて「彫刻刀形石器は、旧石器時代における移動性の高い生活の中で長期間保持され遺跡間を持ち歩かれるきわめて管理的な石器である」ともいう（沢田 1994）。

石器の管理性は度合いの問題でもあり評価が難しいが、少なくとも荒屋型彫刻刀形石器に関して筆者は、量産され、機能して消耗し、廃棄されるいわば消耗品であり、むしろ管理的側面は濃くないとも考えるが、いかがなものであろうか。

⑿ まったく異なったデザインの道具が状況的脈絡において同一の機能を発揮することは、ビンフォードも指摘するところである。たとえばビンフォードは、ヘイドンとグールドが観察したアボリジニの矢の製作を取り上げ、それが柄付き斧で製作された場合と鋸歯縁石器で製作された場合の双方があったことを紹介している（Binford 1979）。

まったく異なる形態をとる道具にあっても、同種の機能が発揮されるということを示す好例であろう。

第3章
環境変動と生業動態

第1節　掻器の機能と寒冷適応としての皮革利用システム

1　寒冷適応と掻器研究

アフリカからアジアへと拡散した人類は、さらに北を目指し、やがてシベリアの地へと進出した。最終氷期最寒冷期、人類は北緯60度の壁を越え、晩氷期までにはベーリンジアを渡ってアメリカ大陸へと歩を進めた。発掘された考古資料は、こうした酷寒の環境を生き抜くために、様々な適応戦略がはかられたことを物語っている。細石刃など石器製作技術の開発、炉付きの住居の構築、暖かな毛皮革の防寒衣の製作と着用などである。

そうした寒冷適応のひとつである皮革利用システムについて、掻器という石器の機能的理解を通じて考察することを、本節は目的としている。掻器は、日本列島においては後期旧石器時代を中心に特徴的に展開した石器である。山中一郎は掻器を「剥片もしくは石刃（時に細石刃）の端部に規則的な連続細部調整で丸みを帯びた刃部が作り出された石器」と技術形態学的に定義する（山中1976）。概ねこの定義は掻器の形態を広く言い表しているが、その刃部が端部に限らず全周する円形掻器などもその範疇に含めることが一般的である。したがってここでは掻器を、大筋山中の定義に従いつつも「剥片・石刃の端部・周縁に規則的な連続急斜度調整で丸みのある刃部が作り出された石器」と認識しておく。

掻器を本格的に扱った研究は、北海道吉田遺跡の掻器の多角的分析による加藤晋平らの研究（加藤・畑・鶴丸 1970）を嚆矢に、技術形態学的分析の指針を示した山中の研究（山中 1976）など重要な研究成果が公開されているものの（簗瀬 1985、比田井 1991・1993a・1993b、伊藤 1992、織笠 1993、春成 1999、保坂 1999など）、半世紀以上におよぶ日本の旧石器研究にあっても十指を数えるに過ぎない現状にある。これらの研究は、主に掻器の技術形態論もしくは様相研究であり、その機能に関しては、加藤らがいち早くその使用痕に着目していたものの、今日では機能的研究が途絶えた現状がある。そうした点においても掻器の機能的検討は一定の意義を持ちうるものと考える。

２　掻器の時空分布

(1) 掻器の登場と展開、終焉

日本列島における掻器の登場はどの段階までたどれるのか。

局部磨製石斧や台形様石器を伴う後期旧石器時代の最古段階で、南関東のローム層序でいうⅩ・Ⅸ層段階の石器群は今日、北海道祝梅三角山（横山・吉崎 1974）から熊本県曲野（江本編 1984）まで列島内各地で検出されているが、秋田県松木台Ⅲ（大野編 1985）や群馬県下触牛伏（岩崎編 1986）などにおいてそれらしき石器がみられるものの（図46-1・2）、定形化した掻器とは言い難い。

列島内において掻器が確立するのは、石刃技法が汎用化されナイフ形石器の定形化が看取されるⅦ層段階ととらえられる[(1)]。東日本では、長野県太子林（望月編 1981）において局部磨製石斧・ナイフ形石器とともに円形掻器・先刃掻器の定形化した２形態が検出され[(2)]（図46-6〜8）、長野県茶臼山でも先刃掻器が認められる[(3)]（図46-9・10）。西日本では兵庫県板井寺ケ谷下位文化層（山口ほか 1991）で局部磨製石斧・ナイフ形石器（台形様石器）とともに19点の掻器が安定して存在する（図46-3〜5）。南関東地方では、Ⅶ層からⅥ層段階への過渡的様相をみせる下総台地の千葉県千田台（矢本編 1996）において先刃掻器・円形掻器が計13点出土している（図46-11・12）。

AT降灰の前段階にあたるⅥ層段階は、掻器の分布拡大期である。東日本では、新潟県樽口A-KH文化層（立木編 1996）や岩手県大渡ⅡのAT下位文化層

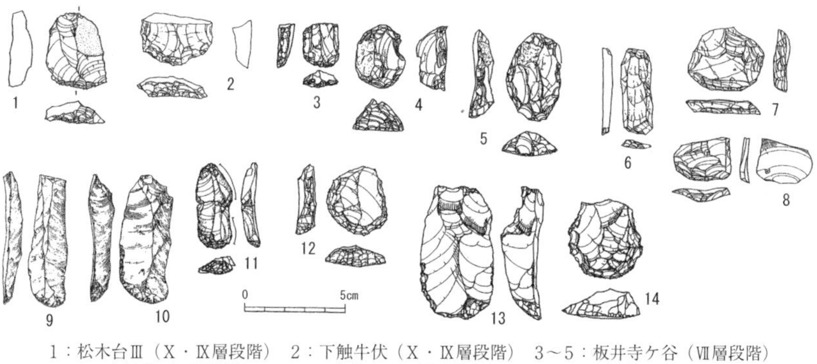

1：松木台Ⅲ（Ⅹ・Ⅸ層段階）　2：下触牛伏（Ⅹ・Ⅸ層段階）　3〜5：板井寺ケ谷（Ⅶ層段階）
6〜8：太子林（Ⅶ層段階）　9・10：茶臼山（Ⅶ層段階）　11・12：千田台（Ⅶ・Ⅵ層段階）
13・14：狸谷Ⅰ（Ⅶ・Ⅵ層段階）

図46　後期旧石器時代前半期の掻器

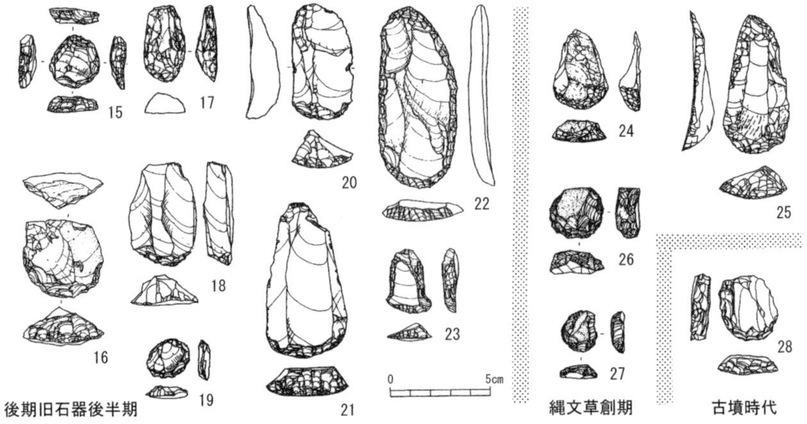

15・16：柏ケ谷長ヲサⅨ　17：板井寺ケ谷上層　18・19：狸谷Ⅱ　20：上ノ平Ａ　21：大平山元Ⅱ
22・23：白草　24・25：大平山元Ⅰ　26・27：栃原岩陰　28：山王

図47　後期旧石器時代後半期・縄文草創期・古墳時代の掻器

（菊池・中川ほか 1995）にみるように安定的に掻器が存在している。一方、熊本県狸谷Ⅰ（木崎編 1987）の14点の掻器出土にもみるように（図46-13・14）、九州にもその広がりを追うことができる。

南関東において横剝ぎ技法が盛行し角錐状石器や切出形ナイフ形石器が用いられるＡＴ降灰直後のⅤ～Ⅳ下層段階は、日本列島に掻器が広く分布する時期として知られる。以後は、掻器がほぼ姿を隠す九州においても、狸谷Ⅱ（図47-18・19）をはじめ数多くの石器群において、安定した掻器の装備がうかがえる。近畿の国府石器群においても同様で、例えば大阪府郡家今城においても11点の掻器が組成する（大船編 1978）。また、国府石器群に後出するともみられる角錐状石器をもつ石器群、例えば板井寺ケ谷上位文化層（山口ほか 1991）においても掻器の存在が確認される（図47-17）。東海では静岡県上ノ池Ⅱ（前嶋 1999）などで、20点以上の掻器の出土が知られる。東北日本では、新潟県樽口（立木編 1996）・山形県越中山Ｋ（加藤 1975）などで掻器の安定した存在が確認できる。南関東では、後期旧石器時代を通じ掻器がもっとも充実して装備されるのがⅤ～Ⅳ下層段階で、伊藤健によれば1992年の時点において、下総台地９・大宮台地２・狭山丘陵１・武蔵野台地20・多摩丘陵１・相模野台地９の合計42石器群において掻器が確認される（伊藤 1992）。この地域では円形掻器が発達するのが特徴で（例えば図47-15、神奈川県柏ケ谷長ヲサ第Ⅸ文化層など）、その保有量が10点を超える石器群も稀ではない。

「砂川期」ともいわれるⅣ中層段階は、南関東では前段階の掻器の発達から波が引くようにその存在が希薄になる時期である。この傾向は西日本全般においても同様らしい。一方、東北地方では、この段階に杉久保石器群が該当するものと筆者は考えている。杉久保石器群では掻器をほとんど伴わない新潟県上ノ平A（沢田編 1994）・上ノ平C（沢田編 1996）が特徴的である一方、一定量の掻器を伴う石器群樽口KSU文化層（立木編 1996）も散見される。また、この段階に位置付けられるかどうかの問題はあるが、山形県乱馬堂（長沢編 1982）ではいわゆる東山型のナイフ形石器98点に対して348点という多量の掻器の出土が注目される。なお「砂川期」以降、ナイフ形石器が小型化をみせるⅣ上層段階においても、南関東以西の石器群での掻器の存在はあまり顕著でない。一方、中部地方北半においては、小型ナイフ形石器の出土した長野県日焼（望月編 1989）において、多量の掻器の出土が確認される。

相模野台地のL1H層段階は、南関東では尖頭器石器群が展開する時期であるが、掻器の存在はほとんど確認できない。同段階とみられれる新潟県の真人原尖頭器石器群（小野編 1992）にも掻器は１点のみで、その存在は顕著でない。一方、青森県大平山元Ⅱの尖頭器石器群（三宅編 1980、横山編 1992）では先刃掻器の出土がみられ（図47-21）、長野県上ノ平尖頭器石器群（杉原編 1973）には13点の掻器があるが、この石器群がL1H層段階かあるいは縄文草創期の石器群かの位置付けは見解の分かれるところである。後期旧石器時代から縄文時代への移行期にあたる細石刃石器群においては、織笠昭により列島全体の石器組成が概観され「東北日本にエンド・スクレイパーが、西南日本にサイド・スクレイパーが著しい」とされ（織笠 1984）、東西のコントラストが鮮やかである。

縄文草創期段階は、東北日本では、無文・隆起線文・爪形文・多縄文系など各土器型式において、掻器の安定した存在が看取される。例えば無文土器を伴った北海道東麓郷（杉浦ほか 1987）や大平山元Ⅰ（図47-24・25、谷口編 1999）、多縄文系土器を伴う宮城県野川（工藤編 1996）など掻器が一定量存在する。尖頭器石器群や細石刃石器群など前段階までは掻器の存在が顕著でなかった南関東においても、草創期はⅣ下層段階以降再び掻器が一定して組列してくる時期

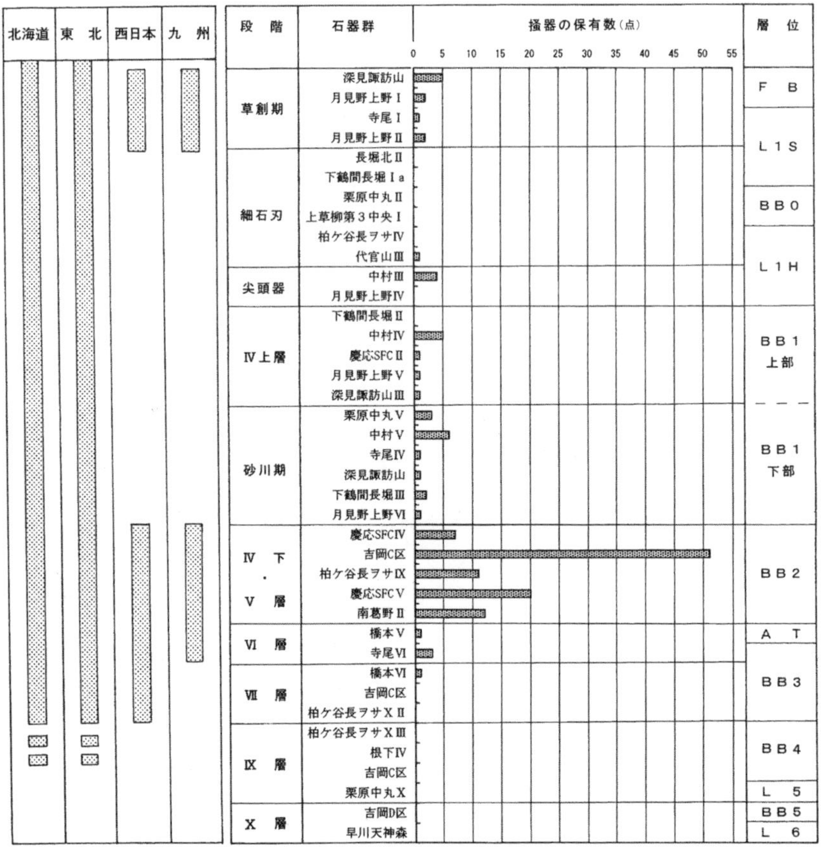

図48　日本列島における搔器の消長（左）と相模野台地の石器群における搔器の保有数（右）

として注意される。隆起線文や爪形文土器を出土した神奈川県花見山（坂本編 1995）においても106点の搔器が出土している。

長野県お宮の森裏（新谷編 1995）では、表裏縄文段階の住居９軒から131点の搔器が出土、石鏃の101点を超え、剝片石器全体の４割を占める。同じ表裏縄文土器群では、長野県栃原岩陰（図47-26・27、藤森 1996）・山梨県社口（櫛原編 1997）・岐阜県椛の湖（紅村編 1974）でも多量の搔器が出土している。保坂康夫は、草創期の搔器に注目し、隆起線文・爪形文土器段階に比べ草創期最終末段階の押圧縄文・回転縄文あるいは条痕文土器の段階に搔器が増加する傾向を指摘する（保坂 1999）。

以上、後期旧石器時代から縄文時代草創期までの日本列島および相模野台地を１事例とした掻器の消長を図48に示しておく。

なお、北海道では、続縄文段階まで掻器は存在する。５世紀の北大Ⅰ式には円形掻器が特徴的に伴い、札幌市K435遺跡の８世紀前葉の竪穴住居からは黒曜石の掻器が確認されている（仙庭 1998）。また、東北地方北部では古墳時代にも円形掻器がみられる場合があり（図47-28）、北海道の続縄文文化との関連性もうかがえるところである（佐藤嘉 1998）。

(2) 掻器の分布と保有量

石器群ごとの掻器の保有量とその分布について、細石刃石器群を例として列島内に追ってみよう。日本列島の細石刃遺跡は、1993年の集計において1013遺跡が確認された（堤 1993b）。その後さらに遺跡数は増加しているが、分布の基本的傾向は現在も変化がないと考えられるので、このデータをもとに掻器の分布と保有量を把握してみたい。

1013遺跡のうち掻器出土遺跡は180遺跡（18%）ある。地域別・遺跡別の掻器保有頻度については図49に示した。全体的な傾向をみると、北海道では、135遺跡中86遺跡で掻器が出土、64%の保有率である。東北日本では39遺跡中22遺跡で56%の保有率、北陸・中部北半すなわち東日本の日本海側では33遺跡中11遺跡（33%）、本州中央部（中央高地）では35遺跡中６遺跡（17%）、関東では141遺跡中31遺跡（22%）、東海・近畿では106遺跡中２遺跡（２%）、中国・四国では74遺跡中３遺跡（４%）、九州では450遺跡中19遺跡（４%）となっている。北海道で６割、東北で５割、北陸・中部北半で３割、中部高地・関東で２割前後、それ以西の西南日本では１割に満たない保有率である。

１遺跡あたりの掻器の保有量は、西南日本では、１遺跡を除き、いずれも５点未満の出土に過ぎない。唯一の例外は鹿児島県加治屋園の12点出土であるが、ここで掻器とされたものは実は形態的に不安定なものばかりで真正な掻器と認識するには難があり、その点数の多さを特別視できない。加えて西南日本の「掻器」とされる石器は多くが形態的に不安定なものばかりである。これに対し東日本の遺跡では掻器の保有量がきわめて多い遺跡が特徴的に認められる。最多出土は北海道の白滝服部台２で、359点の掻器がある。この極端な多さについては、白滝黒曜石原産地に近接するという遺跡の特殊事情を考慮しなければ

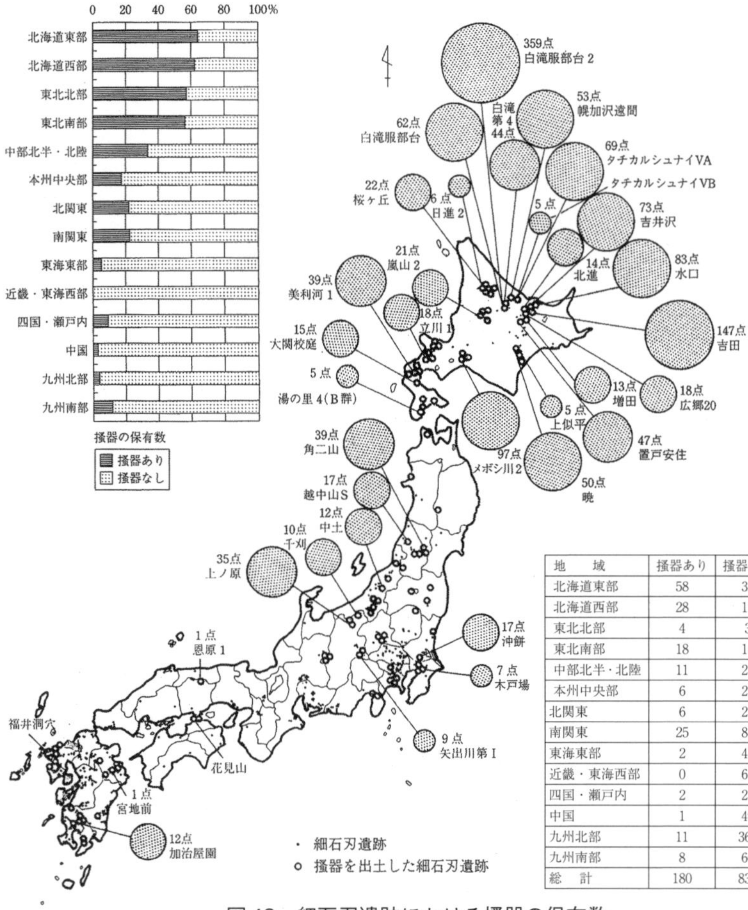

地　域	掻器あり	掻器なし	遺跡計
北海道東部	58	32	90
北海道西部	28	17	45
東北北部	4	3	7
東北南部	18	14	32
中部北半・北陸	11	22	33
本州中央部	6	29	35
北関東	6	22	28
南関東	25	88	113
東海東部	2	42	44
近畿・東海西部	0	62	62
四国・瀬戸内	2	22	24
中国	1	49	50
九州北部	11	365	376
九州南部	8	66	74
総　計	180	833	1013

図49　細石刃遺跡における掻器の保有数

ならないかもしれない。このほか北海道では、50点以上の掻器が出土したのが10遺跡、30点以上が３遺跡、10点以上が12遺跡ある。東日本では、30点以上が２遺跡（上ノ原・角二山)、10点以上が７遺跡ある。

このように細石刃石器群において掻器は、西日本できわめて希薄な分布をみせるのに対し、東日本では普遍的に組成し、関東・中部高地から中部北半、東北・北海道とより高緯度になるにつれて濃密に分布、かつ１遺跡で多くの保有量をみせることがわかる。

型式との関係では、西南日本の矢出川型の細石刃石核を保有する細石刃石器群においては、従来から指摘されてきたように掻器がほとんど装備されないという傾向が顕著である。これに対峙する東北日本の削片系細石刃石器群においては、掻器の装備が普遍化しており、とくに茸形掻器＝「角二山型掻器」といわれる特徴的な形態の掻器（例えば白草の図47-23など）を伴うことも多い（堤・小口 1991、加藤 1998）。

なお、掻器と対照的な分布を示すのが、黒坪一樹が植物食料加工具とする「敲石」で、九州の照葉樹林帯をはじめとして冷温帯落葉広葉樹林帯にみられる（黒坪 1984）。

3　掻器の機能論

技術形態的に掻器とカテゴライズされる石器について、これまでの使用痕分析事例を瞥見し、あわせて新たに掻器の使用痕分析を実施したうえで、その機能論を展開する。

(1) 掻器の使用痕

定形化した掻器の登場はAT下位のⅦ層段階において確認できた。出現期における掻器の機能推定の試みとして、長野県太子林遺跡（望月編 1981）の掻器の顕微鏡観察をおこなってみた(4)。太子林では、石刃を素材とした先刃掻器と円形掻器の2形態が認められるが、先刃掻器は安山岩製のため風化が激しく使用痕観察が不可能であった。観察した黒曜石の円形掻器1点（図46-8）では、乾燥皮の掻き取り（scrape）で生じた特徴的な使用痕が検出された。

掻器が東日本から九州南部にまで広がる分布拡大期であるⅤ・Ⅳ下層段階の掻器について筆者は、神奈川県柏ケ谷長ヲサ第Ⅸ文化層で検出された黒曜石製の掻器6点の使用痕分析をかつて試みた（堤 1997e）。このうち3点の掻器は、乾燥皮の掻き取りに使用され（例えば図47-15）、他の2点の掻器も対象は生か乾燥かは不明だが皮の掻き取りに用いられていることが推定された。使用痕の観察された掻器のうち1点は（図47-16）、分厚い刃部先端で皮の掻き取りをおこない、シャープな側刃部で皮や肉の切断（cut）をおこなっていることがうかがえ、刃部を巧みに使い分けていることがわかった。

細石刃石器群については、埼玉県白草（川口編 1993）の荒屋系細石刃石器群を例として使用痕分析を試みたことがある。白草では、珪質頁岩の２点の掻器が出土しているが（図47-22・23）、２点とも刃部先端を用いて皮（乾燥？）の掻き取りをおこなっていた。また、出土した削器２点のうち１点から観察された使用痕によると、その削器は側刃部で削り（whittle）をしたり、皮・肉（生？）の切断がなされていた。一方、21点の荒屋型彫刻刀形石器のうち12点から使用痕が検出され、うち10点は骨角の削りに用いられ、２点は皮や肉の切断や掻き取りに用いられていた。以上の結果からは、掻器・削器・彫刻刀形石器という石器の技術形態の異なりが、機能的側面においてもおおよその棲み分けをなしていることがうかがえる。加えて３者の石器の分布もそれぞれ異なり、「場の機能」の違いも見出せる（堤 1997b）。

掻器が終焉をみせる草創期では、最古段階とみられる無文土器を伴った青森県大平山元Ⅰ（谷口編 1999）の1998年調査の出土石器のうち、珪質頁岩製のいわゆる加工具類全28点の使用痕分析を実施した（堤 1999b）。このうち８点の石器、すなわち掻器８点・掻削器２点・彫掻削器１点・彫器削片１点に使用痕が認められた。このうち掻器としての先刃部７点には使用痕がみられ、被加工物は肉もしくは生皮４点・乾燥皮２点・木１点で、いずれも掻き取りに用いられていた。木を対象とした１例を例外として、それ以外は掻器の先刃部が皮革などの掻き取りに使用されるのが特徴的である。ただし、肉・生皮に対して使用された掻器（図47-24）と乾燥皮に対して使用された掻器（図47-25）との間に、有意な形態的な差異は見出せなかった。

筆者以外の分析事例では、宮城県野川の爪形文や押圧縄文や回転縄文の土器を伴った掻器１点について、東北大学考古学研究室の使用痕分析で確認された光沢や線状痕から、乾燥皮や骨などの掻き取り作業が想定できるという（工藤編 1996）。長野県栃原岩陰の表裏縄文段階の掻器23点のうち、１点の小型掻器（図47-27）には乾燥皮の掻き取りによって生じる使用痕が検出され、皮革加工に用いられたことが推定されている（藤森 1996）。

なお、時代は下るが、北海道の続縄文文化の影響から掻器の存在が一部古墳時代においても確認される東北地方では、宮城県山王から出土した古墳時代の黒曜石製掻器のうち、５点が生皮（例えば図47-28）、１点が乾燥皮の掻き取りに用いられたことが確認されている（須藤・高橋 1997）。掻器という石器を用いた皮革加工が古代東北地方に一部残される点は興味深い。

(2) 日焼遺跡の石器形態と機能

掻器の機能論的検討にあたり、長野県日焼（望月編 1989）の石器の使用痕分析を新たに実施した。その詳細は別の機会に譲るとして、ここでは分析結果の概略を示しておく。

日焼遺跡からは、小型のナイフ形石器・尖頭器・掻器・削器・錐器などを含む石器群が、AT上位から検出されており、南関東Ⅳ上層段階に比定できる。出土した掻器・削器類にはいくつかの形態的バラエティが認められる（図50）。スクレイパーエッジの刃角と最大長のグラフ化によると、グラフ上で明確に識別できるグループは、平面形および利用石材の点でも弁別され、以下に形態分類が可能である。A：長さ3～5cmで刃角60°～80°の黒曜石の円形掻器49点、B：長さ4～6cmで刃角60°～90°の安山岩の円形掻器12点、C：長さ5～9cmで刃角70°～100°安山岩の縦長剥片を素材とした分厚い刃をもつ先刃掻器8点、D：長さ9cm強で刃角40°前後珪質頁岩の石刃素材の削器2点、E：長さ12cm前後で刃角80°弱の安山岩の尖頭形削器である。

日焼石器群の使用痕分析によると、形態Aの黒曜石の掻器49点のうち、観察が不可能であった10点の掻器を除き、39点の掻器の円形の刃部に乾燥した皮の掻き取りによって生じる特徴的な使用痕が認められた（図49-写真①・②）。日焼の黒曜石の円形掻器は乾燥した皮革の加工ときわめて強い相関をもつ石器であるといえる。残念ながら在地系安山岩製の形態B・Cの掻器、Eの削器は、風化が激しく使用痕観察が不可能であった。一方、非在地系石材の珪質頁岩製の形態Dの削器2点（図50-6・7）は、側刃部を利用して肉・生皮の削りをおこなっていた（図50-写真③）。また、報告において削器と分類された1点（図50-9）は、先端が鋭く尖るもので、その先端には衝撃剝離が観察され、無数の線状痕が観察できた（図50-写真④）。その表面に微小円形剥落（micro-potlid）が観察され、おそらく乾燥皮などの穴あけに使用された錐だったことが推定される。

(3) 掻器の機能

使用痕研究の父ともいわれるセルゲイ・セミョーノフはかつて、皮革作業に関係する石器を「掻器」と呼称しようとし、その中でも皮から肉、脂肪、筋を

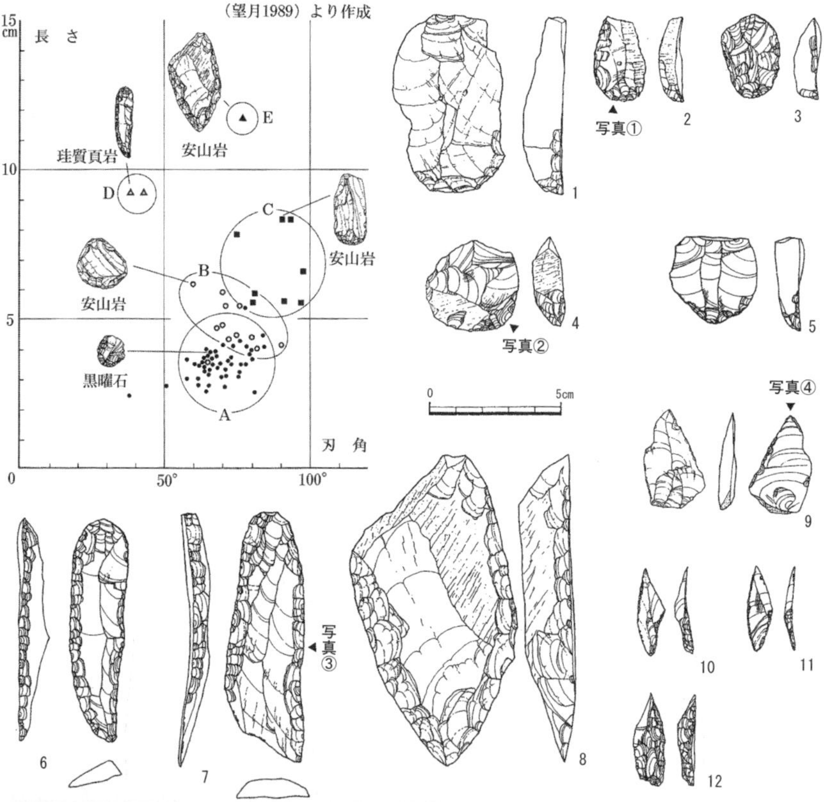

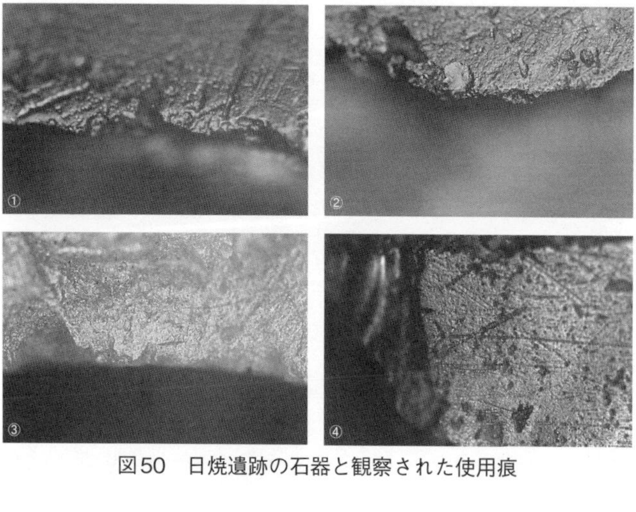

1～5：掻器
6～8：削器
9：錐状石器
10～12：ナイフ形石器
1・8：安山岩
6・7：珪質頁岩
他はすべて黒曜石

写真
①：掻器 2 の使用痕
E2+直交線状痕
②：掻器 4 の使用痕
E2+直交線状痕
③：削器 7 の使用痕
E1+直交線状痕
④：錐器 9 の使用痕
衝撃剝離＋線状痕
①～③× 200　④× 100

図50　日焼遺跡の石器と観察された使用痕

取り除く作業に対しては鋭く広い刃の掻器を用いる一方、いわゆる鞣しの工程に対してはにぶい刃の掻器を用いるとの見解を表明した（Semenov 1964）。

阿子島香は、掻器が一般に、乾燥皮への使用痕と強度の刃部摩滅が認められる事例が多く報告されており、鞣しの段階に主として使用されたと推定されていることを述べたうえで、マドレーヌ文化のフランスドゥフォール岩陰やパンスヴァン遺跡などを含めた掻器の、皮革加工との結びつきとの強さについて触れる。確かにこれらの遺跡では、阿子島の指摘のように、使用痕の観察された掻器全点が皮革加工に用いられていた例がいくつかうかがえる（阿子島 1989）。

前項では断片的ではあるが列島における掻器の登場から分布拡大、終焉に至るその機能について覗いてみた。管見の限りにおいては列島の掻器も、全般に皮の掻き取りという機能と強く結びついていた。皮の掻き取り作業とは、いいかえれば皮鞣し作業ということになる。皮鞣しは、掻器のように石器の端部に外湾した厚い刃部を設けることによって、ようやく可能となった作業だといえる。

一方でいわゆる皮鞣しなどの皮革加工は、掻器という技術形態の石器でしかなしえないのか、という反論もあろう。確かに掻器と他の石器との機能的置換が想定されうることが、使用痕分析結果からもうかがえる。白草では骨角の加工に使用された彫刻刀形石器が多かったが一部生皮や乾燥皮の掻き取りに使用した彫刻刀形石器が存在し、掻器の機能を一部彫刻刀形石器に代置していた可能性もある。とはいえ、しなやかでデリケートな皮革の加工を効率よく実施するには、厚めの円形刃部という機能部位をもつ掻器という道具の存在の必要性は高いものと考えられる。

さて、かつて筆者は、石器の機能分掌において「機能的順応性」と「機能的特定性」という概念を提示したが、状況に応じて様々な用途で使い分けられる石器がある反面、特定の機能との相関を崩さない石器がある（堤 1997b）。例えば、万能ナイフといわれる縄文時代の石匙（梶原 1982）などはまさに前者「機能的順応性」のある石器に相当し、掻器は皮の掻き取りとの強い相関を見せる「機能的特定性」の強い石器であると考えられる。一方、梶原洋は、ある程度伝統や知識（モデル）に基いて作られる定形的な要素の強い「形態指向型石器」と、用途を満たすために刃部の形状が選んで作られる「使用指向型石器」の2者を弁別する（梶原 1997）。例えば様々な地域色をみせるナイフ形石器というカテゴリーは、その記号化の判断基準が問われるものの、文化伝統や社会的象徴要素などをその形状に反映した「形態指向型石器」であるものと考えられる。一方、掻器・削器などスクレイパー類は梶原も述べるように「使用指向型石器」の石器と考えられる。石器研究においては研究者の認識（etic）と使用当事者の認識（emic）との距離を確かめ難く、研究者の記号化が実態と遊離する危険性も生じやすいが、こと掻器に関してはより接近したレベルでの分析が可能ではないだろうか。

4　皮革利用システムの機能

掻器という技術形態が皮革加工という機能と強く結びついていることが使用痕分析から理解できた。また、一方で掻器の分布比重が列島の高緯度地域により高まっていることについて細石刃石器群を例として示した。過去における道具類の存在意味については、イアン・ホダーがポストプロセス的な立場で述べてきたような（Hodder 1986）、社会的・歴史的コンテクストを背景とした文化的もしくは象徴的存在理由も考慮する必要がある。しかし、ここでみたような掻器の存在格差はむしろ、環境適応の差に基いた道具の機能的保有差と解釈することがより本質的ではないだろうか。より高緯度地域における環境適応とは第一義的には生命維持のための寒冷適応であり、掻器の機能的存在性からは「寒冷適応としての皮革利用システム」のあり方が問題視されてこよう。

さて、旧石器時代の北東アジアにおける人類の寒冷適応と皮革利用について論ずるとき、現今の北方諸民族の民族誌的研究成果は示唆的である。民族誌と使用痕分析との研究的融合については、北米インディアンの皮革利用を掻器などの検討を通じて考察する一方、使用痕分析から皮革加工具のあり方を考究したブライアン・ヘイドンの今日的研究もある（Hayden 1990・1993）。ここでは北方諸民族の皮革利用を瞥見しながら、前述した掻器の使用実態をふまえ旧石器時代の環境適応と生業システムについて検討してみたい。

中国大興安嶺のエベンキの民族調査において大塚和義は、その皮革利用について具体的に触れている。エベンキにおいては、剝いだトナカイの皮を木枠で張り、斧で肉や汚れなどを除去したのち、トナカイの脳を溶かした液に漬け置き、生乾きのところを鋸歯状のスクレイパーで余分な脂肪を掻き取るという皮革処理プロセスがみられる（大塚 1987）。ここからは、皮剝ぎ、木枠への固定、肉や脂肪などの除去、薬液（脳溶液）への漬け置き、脂肪の除去など複数の工程を経て皮革製品が誕生することがうかがえる。本来、動物の生皮はそのままだとすぐ腐食するので、それをより持ち良く利用するためには、道具によるスクレイプや、薬液（脳髄・糞尿・植物性タンニン）の漬しや擦り込み・燻しなどによって、肉や脂肪など腐食の根源となる成分をできるだけ取り除き、コラーゲン繊維組織である真皮層のみにする作業が必要となる。さらに揉み解しなど柔軟化も重要で、これらの工程が一般的に「皮鞣し」と呼ばれる作業である。

北海道・サハリン・アムール川下流域の諸民族の皮革利用を詳細に論述した佐々木史郎によれば、北東アジアの狩猟漁撈民を生活環境でみた場合、寒冷地という点から毛皮を始めとする皮革製品が必要不可欠で、皮革処理技術とその利用は彼らの物質文化の中できわめて重要な位置を占めているという。皮革の主な使用先は、衣類・寝具をはじめヒモ・網・武具などであり、衣類としてのその特徴は、繊維製品にくらべ肌触りがよく防寒性・耐水性に優れて丈夫であり、布のように機を織る手間が必要ないという長所がある。一方の短所は、温度・湿度に敏感で、高温多湿の地方では腐りやすく、その特性を生かせないことがあげられる。ナナイ・ウリチ・オロチ・ウデへなどツングース系統の民族では、きわめて複雑で入念な皮革処理がなされるのが特徴で、その皮革加工においては、生皮を剝ぐナイフ、生皮から毛を除去する際に使う専用ナイフ、皮の内側の脂肪などを削り取る鋭い刃をした刃先が円形または環状のスクレイパー、鞣しに用いる刃が円形または環状だが刃先が鈍いスクレイパー、媒剤を擦り込むための長い刃がついた両側に把手がある擦込み器、などが順を追って用いられるという（図51）。この処理方法の大きな特徴は、３種類のスクレイパーと擦込み器を使用する点、鞣しの媒剤に魚卵・魚油・シカ類の脳髄または肝臓・アザラシの脂・湿らせた草・木屑・樹脂などを使う点にある。処理工程の各段階ごとに使用する道具を変えることによって、処理がより丁寧になり、多種多様な革、毛皮製品を作ることができるという（佐々木 1992）。また、齋藤玲子もそうしたツングース型のスクレイパーを３分類し（齋藤 1998）、山本祐弘により「馴鹿皮仕上具」一式とされた「皮剝」「油抜具」「鞣皮具」（山本 1943）とそれぞれを対応させている。

一方北米では、カナダのチペワイアン・インディアンなども、鉄製や骨製の

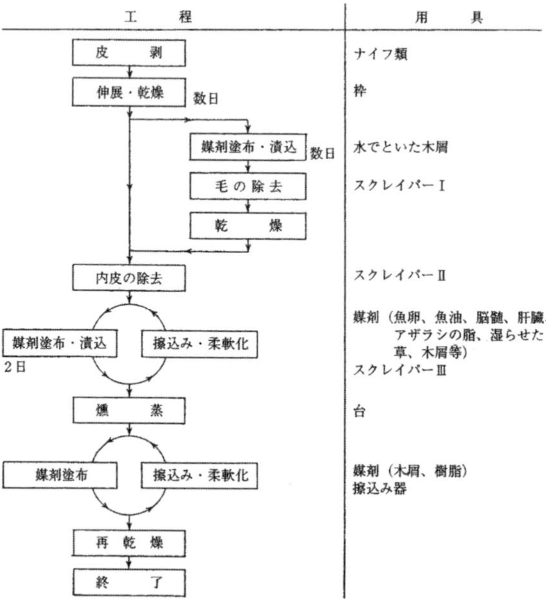

図51　ツングース型の皮革加工工程（佐々木 1992より）

スクレイパーを段階的に用いる念の入った皮革加工システムを有していることが知られ、また、ヘラジカとトナカイではその皮革処理の度合いに差があることも報告されている（煎本 1981、Irimoto1981）。

皮革処理に要する時間はさまざまであるが、例えば原ひろ子が調査したカナダのヘアー・インディアンでは、生皮の脂肪などを削ぎ落とし一時保存できるような状態までの処理に8〜10日、その後の鞣し作業に7日程度を要している（原 1980）。

翻って日本古代においても、『延喜式』において皮革処理のあり方を詳細に知ることができる。すなわち、長さ４尺５寸・幅３尺の鹿皮一張りが、毛を除去し曝し涼され、肉を除き水に浸され、脳を和えて擦り乾かされ、焼き柔げて燻し染め上げる、という処理プロセスを経て製品化することが、「内蔵寮式・造皮功」にみえる。残念ながらその皮革加工具に関する記載はない。松井章によれば皮革製作は鹿のみでなく、From牛馬においても実施されていたことが推定されるという（松井 1987a）。このような古代日本の皮革処理は５世紀に高句麗の渡来系集団によってもたらされたとみられている（小林 1962、松井 1987a）。

北東アジアの狩猟採集民や古代日本における皮革加工システムを一瞥したが、ここでふたたび列島の旧石器時代における皮革利用の検討に立ちかえってみよう。例えばAT上位（Ⅳ上層段階）のナイフ形石器群である日焼では、生皮などの加工に使われた削器が存在しているとともに、いわゆる皮鞣しに利用されている円形掻器が多数あり、機能は直接推定できなかったが黒曜石の円形掻器に比べ鈍く分厚い刃をもつ先刃掻器も安定して存在していた。あわせて、皮革等の穿孔にかかわったとみられる錐器の存在も特徴的であった。皮革加工などにかかわる定形的スクレイパー類の安定的存在とその形態分化は、上記の民族誌からの演繹的理解においても、皮革利用のシステム化の表れと解釈可能である。さらに、それ以前についても、局部磨製石斧を伴う段階の太子林において、円形掻器と先刃掻器の形態分化は確認される。このことから、日本列島においては、後期旧石器時代前半段階より、生皮の剥離から脂落し・乾燥・鞣し・柔軟化・縫製といった多数の工程を経る一連の皮革加工システムが確立しつつあったことを想定しておきたい。また、多くの民族例の場合皮鞣しや衣服の縫製が女性の仕事であるといわれるように、男性の狩猟活動系とあわせて男女間の性別分業も進行したことも考えられる。

なお、皮革処理という点に関して特に取り上げておきたいのは、南関東のⅤ・Ⅳ下層段階に顕在化をみせる「磨石」ともみなされる円礫の機能についてである。この石器については不明な点が多いが、縄文の磨石にみるような木の実を粉砕する道具にしては対応する石皿類もみあたらない。重要なのはこの石器の存在が、当該期において他器種の装備数を超え、一方で掻器の多出と歩調を合わせて多出することであり、推測するに掻器との機能的な補完性を暗示していると筆者は考える。例えば神奈川県吉岡Ｃ区では、ナイフ形石器102点に対し51点の掻器とともに261点の「磨石」が検出されており（砂田 1997）、その存在性の高さが注目される。これについては、多孔質な円礫がその素材に選択的にあてられることが特徴で、柏ケ谷長ヲサⅨでは表面に明らかな磨痕を認めるものもあった（堤 1997e）。その機能は使用痕分析レベルでの裏付けが取りにくいが、その多孔質な表面の性状をうまく利用して脂肪の削ぎ落としをおこなったり、球面を利用して皮の柔軟化（softening）をおこなう石器であると推定しておきたい。おそらく皮革加工プロセスにおいて掻器と連携して用いられたとみられる。この石器は携行するには重量があるため保管場所であるキャッシュ（cache）にいくつかがまとめて置かれ（図52）、それぞれの地点への回帰時に取り出して利用されたと考えられる。民族誌では、アイヌが皮の脂肪をこそぎ落すのに使う砥石（萱野 1978）や、カナダのブリティッシュ・コロンビアのインテリア・インディアンの使用する皮の柔軟化をおこなうきめの粗い円礫片（Hayden 1990）などを同種の石器として類推できる。実際、多孔質安山岩の

図52　柏ケ谷長ヲサ遺跡の磨石のキャッシュ

図53　磨石による生皮鞣しの実験

模造磨石を用いた筆者の実験によるなら（図53）、シカの生皮の脂肪をゴシゴシ洗うような感覚で、難なくこそげ落せた。また、実際円礫だと、シャープなエッジがないため、皮を傷めずにこそげ落とせる。

ところで、旧石器時代の西日本における掻器の希薄性はどのように説明されるのだろうか。無論西日本においては皮革利用がなされなかったなどという極論をするつもりはない。春成秀爾は、佐賀県宇木汲田遺跡から出土した弥生時代（約2500年前）のブタ下顎骨製の大陸系掻器をふまえ、中国の骨製掻器について考察しているが（春成 1999）、そうした骨製掻器などの存在性も十分に考慮しておかなければならないであろう。一方、民族誌では、例えばサハリンのアイヌは特別な皮革処理用の道具はもたず（山本ほか 1979）、基本的には剥がした生皮を木枠で張り伸ばして、夏は10日、冬には20日ほど乾かすだけで使用してしまうという。また、北海道アイヌでは、生皮を張って火棚で10～20日乾燥させ、裏に木灰を振りかけ、なるべく目の粗い砥石（ルイ）で灰に吸い取られた脂肪をこすりとる鞣しをおこなう。毛の除去には１週間ほどの便所漬けをおこなったのち洗うと毛が除去されしなやかになるという（萱野 1978）。ちなみに糞尿鞣しは、ツングース系統民族ではみられない技術である（佐々木 1992）。いずれにせよ衣服やテントなど皮革への依存度が強まる高緯度の狩猟採集民に対し、植物繊維などの利用が可能なアイヌの場合、皮革処理専用のスクレイパー類をもたなかったり、皮革処理プロセスの簡略化がみられている。この点は、旧石器時代における掻器不在の解釈の参考となる。

さて、ロシアのシベリア・アルタイ地域での掻器の出現は、木村英明によれば、石刃技法の登場と等しく（木村 1997）、カラボム（33800±600年BP）やマカロヴォ

Ⅳ(34500±450年BP)・ヴァルヴァリナ山(34900±780年BP)などの遺跡の年代を参考にすれば、較正年代でおよそ40000年前前後を目安にできようか。また、酸素同位体ステージ2の初頭(29000年前以降)にあたるマリタ遺跡では、円形掻器・先刃掻器など掻器229点が出土し、錐器94点を抜いて器種のなかで最多数であり、鹿角製のシャフトに掻器が装着された例も2点ある。この遺跡はヴィーナスや水鳥など豊富な象牙製品の出土で著名であるが、その中にはメド孔のある精巧な骨針も含まれ、一定の縫製技術の存在もうかがえる。一方、同じマリタ文化にあたるブレチ遺跡では、フード付きのアノラック風の防寒着をまとった女性像が検出されており、毛皮製の防寒着はそうした縫製技術の存在とも呼応する(木村 1997)。酷寒のシベリアを生き抜くための最重要装備である毛皮製の防寒着の存在は、皮革利用のシステム化を想定させ、そうした状況証拠として豊富な掻器の出土が注目されるのである。

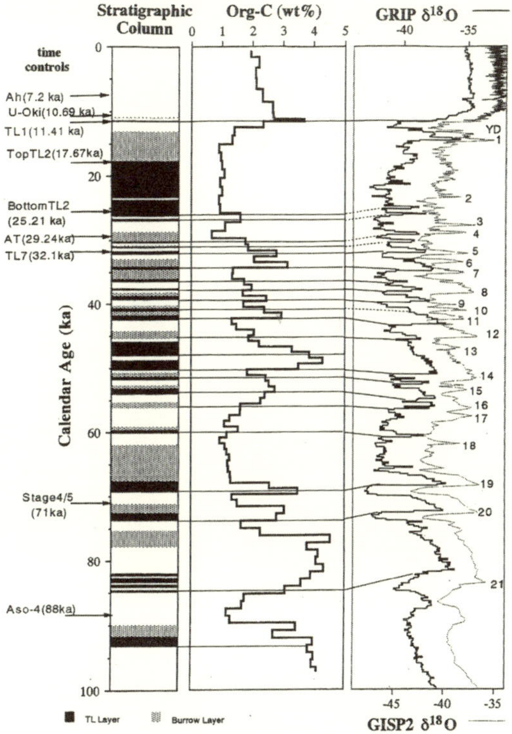

右図の数字が亜間氷期(Interstadial)ナンバー。ATは29.24kaの年代となっている。(Tada 1999)

図54　日本海コア(左)とグリーンランドコア(右)にみる気候変動

ところで、先にみたように、一地域においても掻器の存在に時間的な盛衰があったり、その地理的分布の拡大・縮小がみられるのはなぜだろうか。掻器の機能性から「寒冷適応としての皮革利用システム」の存在を想定するとき、グリーンランド氷床コア、あるいは日本海コアなどによって得られた鋸歯状の気候変動曲線などからうかがえる、ダンスガード・オシュガーサイクルといわれる激しい寒暖の繰り返しの中の、特に亜氷期の環境適応行動として、その存在意味を問うことができよう（図54）。例えば、前述したⅤ・Ⅳ下層段階は南関東において搔器の利用度がきわめて高まる時期である。この時期においては信州系の黒曜石供給が相模野などにおいて遮断されるなどの現象が観察されるが、その要因として寒冷化による環境の劣悪化から中部高地の黒曜石原産地の占有的開発が相当困難になっていたとする解釈（佐藤 1996）にもみられるように、この時期の寒冷化を示す現象がいくつかうかがえる。南関東などにおいてこの時期多用される暖房性をあわせもつ礫群も、寒冷気候への地域適応行動の一種とみることが可能かもしれない。

このⅤ・Ⅳ下層段階の直前に降灰したATは、日本海海底堆積物のグレイスケールなどによれば29240年BPの年代が得られており（Tada 1999）、酸素同位体ステージ３と同２の境界にもあたる鍵層である。したがってⅤ・Ⅳ下層は、寒冷な酸素同位体ステージ２が開始されて間もなくの段階に位置付けられる。

一方、縄文時代草創期末、すなわち表裏縄文など多縄文系土器群の段階は、最終氷期最末の寒冷イベントであるヤンガー・ドリアス（Younger Dryas）相当期に位置付けられそうである。草創期末の搔器顕在化現象も、ヤンガー・ドリアス相当期の寒冷適応をうまく説明しているものと考えられる(5)。

搔器を用いた皮革利用システムは、南関東でいうⅦ層段階にあたる同位体ステージ３の終末期に確立した寒冷適応システムと推定できる。この後期旧石器時代前半期においてすでに複雑な工程をへた皮革利用が開発されていた可能性が高く、皮革製衣類やシート・皮袋・その他の皮革製用具など多様な皮革利用が想定される。後期旧石器人たちは一定の皮革利用システムを開発し、寒冷気候への適応をはかったものとみられる。また、列島においてより高緯度地域ほど、寒冷地適応戦略としての皮革利用の重要性が高まったことが考えられよう。

註

(1) 後期旧石器時代における搔器の確立は、ATを前後する後期旧石器時代中盤とされたが（比田井 1993a）、太子林や板井寺ケ谷下位文化層などをみる限りⅦ層段階まで遡らせることができる。

(2) 局部磨製石斧や基部加工ナイフ形石器などが出土した太子林を、望月静雄はAT上位の石器とするが（望月編 1989）、むしろ佐藤宏之（佐藤 1992a）が述べるようにAT下位のⅦ層段階の石器群として位置付けることが妥当であろう。近年、飯山市に近接する新潟県津南町の正面ケ原Dで太子林と同時期的な内容を示す局部磨製石斧などを伴う石器群がAT下位から検出されており（佐藤・山本 1999)、太子林をⅦ層段階とする妥当性を支持している。

(3) 茶臼山の位置付けをめぐっても、Ⅶ層段階かⅥ層段階かの評価は分かれるが、筆者は局部磨製石斧の存在をもってⅦ層段階の石器群として理解している。

(4) 太子林および日焼遺跡の掻器の使用痕観察については、飯山市教育委員会および望月静雄氏のご配慮によって実施させていただいた。

(5) 草創期末の掻器の多出から、この時期を最終氷期最末の寒冷イベントであるヤンガー・ドリアス期に位置付ける同様な見解は保坂康夫も示している（保坂 1999)。

第 2 節　終末へと向かう氷期と礫器使用行動の意味

――相模野細石刃石器群における礫器顕在化についての解釈――

1　礫器の装備

石器群の構造あるいは機能から、環境生態に対する人類のアプローチをどのように読み解くことが可能だろうか。あるいは、所与の環境に対する生業適応として、具体的にどのような石器装備が発現するに至ったのか。

最終氷期は、ダンスガード・オシュガーサイクルといわれるおよそ1000～1500年を周期とする激しい寒暖の繰り返しを経ながらやがて終息へと向かい、11500年前を境に現在へと続くより温暖な完新世を迎えるにいたった。この環境の変動期において人類は、土器や弓矢の発明、定住化の促進、あるいは海洋適応などといった新たな変革を遂げ、時代の幕を開けた。こうした新たな適応戦略を、石器群はどのように体現しているのか。

新しい時代「縄文」への幕開け前夜、日本列島には細石刃石器群が展開していた。細石刃石器群にはさまざまな石器が組成するが、とりわけ礫器は特徴的に認められる器種のひとつである（織笠 1984）。筆者は、神奈川県相模野台地の細石刃石器群における礫器の検討（堤 1986a）や礫器を伴う野辺山中ッ原の細石刃石器群（堤編 1991・1996）の調査を通じ、そのあり方に関心を払ってきた。

細石刃石器群においてなぜ礫器が顕在化するのか。相模野台地を中心に礫器のあり方について検討を加え、その使用行動の意味について考察し、いわゆる「縄文化」に至る適応戦略の一端について触れてみることにしたい。

2　礫器の存在性

層位的出土事例に恵まれた相模野台地では、後期旧石器時代後半に展開するナイフ形石器・尖頭器・細石刃石器群などにおいて、礫器の存在性をどのようにたどることができるのだろうか。

相模野における石器群の段階的変遷を整理した諏訪間順は（諏訪間 1988）、AT降灰以降から縄文草創期までについて、段階Ⅴ～段階Ⅷの８区分をおこ

なった。各段階の特徴を列記すると、

段階Ⅴ：切出形ナイフ形石器・角錐状石器を伴う段階

段階Ⅵ：石刃技法をもち二側縁加工の美麗なナイフ形石器に有樋尖頭器・上ヶ屋彫刻刀形石器を伴ういわゆる砂川期にあたる段階

段階Ⅶ：石刃技法がみられず小型幾何形ナイフ形石器や周辺調整小型尖頭器を有する。

段階Ⅷ：尖頭器を主体としナイフ形石器の消滅する段階

段階Ⅸ：細石刃石器群の前半段階、野岳・休場型などがみられる。

段階Ⅹ：細石刃石器群の後半段階、削片系細石刃技術がみられる。

段階Ⅺ：削片系細石刃技術や神子柴文化の影響を受けたとみられる大型尖頭器・石斧に最古の土器が伴う段階

段階Ⅻ：有茎尖頭器に、石斧・隆起線文系の土器の伴う段階

という変遷としてとらえられる。ナイフ形石器の盛行から消滅、尖頭器の盛行、細石刃の盛行から、大型尖頭器・石斧・土器の登場へという構図がおおまかに追える。

さて、こうした石器群の段階的変遷のなかで、主題となる礫器のあり方はどのようにとらえられるのか。諏訪間のいう段階Ⅵ以降の石器組成（層位ではB1～B0）のあり方について、ここで具体例として月見野遺跡群上野遺跡第１地点における第Ⅵ文化層～第Ⅱ文化層までの石器群の組成を追ってみよう（表13）。

月見野上野においては、まず、B1層下部の第Ⅵ文化層（段階Ⅵ）でナイフ形石器12点と尖頭器４点が出土している。この文化層において石核とされたものの１点に礫器の可能性のあるものが含まれる。B1層上部の第Ⅴ文化層（諏訪間段階Ⅶ）では、小型化したナイフ形石器83点と尖頭器５点とともに礫器１点がみられる。L1H層の第Ⅳ文化層（諏訪間段階Ⅷ）では尖頭器77点とナイフ形石器15点が検出されているが、礫器は出土していない。一方、細石刃石器群からなるB0層の第Ⅲ文化層（段階Ⅸ）では細石刃 325点とともに16点の礫器が出土している。L1S層上面の第Ⅱ文化層（段階Ⅺ）では、無文土器24片・尖頭器10点・細石刃18点とともに打製石斧１点と磨製石斧が１点あるが、礫器は出土していない。以上のように、上野遺跡第１地点では、細石刃石器群からなる第Ⅲ文化層での礫器16点の存在が突出することがうかがえる。

ここで相模野台地の68遺跡における石器組成の層位別検討をおこなった

表13　月見野上野遺跡第１地点の石器組成

文化層	層位	土器	細石刃	尖頭器	ナイフ形石器	角錐状石器	削器	掻器	彫刻刀形石器	錐状石器	楔形石器	加工のある剥片	微小剥離痕のある剥片	礫器	打製石斧	磨製石斧	その他	計
Ⅱ	L1S上面	24	18	10	5		2	2				2			1	1	1668	1733
Ⅲ	B0下部		325				5	1		2		4	52	16			967	1372
Ⅳ	L1H			77	15		3		1	4	1	23	48				3460	3632
Ⅴ	B1上部			5	83		6	1				10	54	1			997	1157
Ⅵ	B1下部			4	12		2	1			1	4	6				667	697
Ⅶ	L2				1												1	2
Ⅷ	B2U				2	2							1				50	55

表14　相模野台地の旧石器の層位別器種出土点数（集計）

層位	土器	細石刃	細石刃石核	尖頭器	ナイフ形石器	削器	掻器	彫刻刀形石器	錐状石器	楔形石器	加工のある剥片	微小剥離痕のある剥片	礫器	磨石	敲石	その他	計
B0 上部		454	30	29	4	6	46	5	4	1	47	69	22	5	22	1773	2517
B0 中部		450	21	12	3	6	4	1		1	4	44	3		1	728	1278
B0 下部		376	23	10	4	7	5	4	3	2	10	37	26		2	1224	1733
L1H 上部		1255	91	52	4		2	2	1		58	27	7	4	2	4953	6458
L1H 中部				160	19	14	4		5		41	75		1	1	4681	5001
L1H 下部				17	11	2	5	1	1	1	9	15				666	728
B1 上部		2		143	482	30	33	6	5	3	10	209	3	2	21	5876	6825
B1 中部		15	1	48	622	30	19	26	4	11	12	122		1	10	9376	10297
B1 下部				4	20	1	2		3		9	47			2	358	446

（砂田ほか 1995 より作成）

かながわ考古学財団の旧石器時代プロジェクトチームによる器種別集計（砂田ほか 1995）をみてみよう（表14）。ナイフ形石器が主体となるB1層下部（B1L）からB1層上部（B1U）では礫器がわずか３点しかなく、尖頭器石器群のみられるL1H層下部（L1HL）・中部（L1HM）では礫器がまったく認められないことがうかがえる。これに対し、細石刃石器群の登場するL1H層上部（L1HU）において礫器７点がみられたのち、さらにB0層下部（B0L）で26点へと増加する傾向がみてとれよう。

相模野台地において尖頭器が主体となるL1H層段階について織笠昭は、「両面調整の尖頭器の著しく発達する時期である。しかし、石器組成としてはサイドスクレイパーの他には形態的にとらえられ得るものは少ない。そしてその数量も決して多くはない」と指摘し、問題の礫器の無さのみでなく組成全体の貧弱さについて言及している（織笠 1987）。この段階において削器以外の器種があまり認められないことは諏訪間も追認するところである（諏訪間 1988）。

これに対し、続く細石刃石器群の段階では、筆者の集計（堤 1991a）では、28石器群中、礫器のみられるものが15石器群、みられないものが13石器群となっておりその半数以上に礫器が組成することがわかる。さらに、ひとつの文化層において数多くの礫器が組成する事例がきわめて特徴的にあることにも注目したい。例えば、47点の礫器がみられる栗原中丸遺跡第Ⅱ文化層（鈴木 1984）、16点の礫器がある月見野遺跡群上野遺跡第 1 地点第Ⅲ文化層（堤 1986a）、9 点がある報恩寺遺跡（鈴木・矢島 1979）、8 点の栗原中丸遺跡第Ⅰ文化層（座間市教育委員会 1988）などである。

一方、細石刃石器群に後続する土器出現期の段階では、月見野遺跡群上野遺跡第 1 地点第Ⅱ文化層では打製石斧と磨製石斧が 1 点あるが礫器は認められず、寺尾遺跡第Ⅰ文化層（白石 1980）においても石斧 6 点があるが礫器はない。勝坂遺跡（内川 1993）では逆に石斧が出土せず礫器 1 点が認められている。こうしたいくつかの事例をもとに、相模野台地における礫器のあり方については、以下にまとめることができる。

1　細石刃石器群以前の石器群では、礫器は皆無ではないが、その存在は貧弱である。

2　細石刃石器群の段階に至って礫器の組成が顕在化し、ひとつの石器群に数多くの礫器が組成するものが特徴的にある。

3　細石刃石器群に続く土器出現期の遺跡では石斧が組成するものでは、礫器はみられない場合が間々ある。

ところで、列島の片刃礫器の検討をおこなった織笠昭によれば、列島全体で84遺跡・110 文化層・264 点の礫器を確認でき、ナイフ形石器文化以前は皆無、ナイフ形石器文化で48文化層64点、尖頭器文化で20文化層31点、細石刃文化で45文化層169 点が認められ、年代を追って増加し、とくに細石刃文化に顕著であることが指摘されている（織笠 1992）。

1993年のシンポジウム「細石刃文化研究の新たなる展開」(堤編 1993)での組成集計中、列島内の発掘調査された細石刃石器群 555において礫器を保有する石器群は62、礫器の総点数は292 点となる。これを地域別にみてみると、関東・中部・東北南部においては全体の2割強の石器群に礫器が認められる。北海道は1割強、九州は1割未満となっており、中国・四国・近畿ではまったくみられない。全国的におしなべてしまうと礫器増加の傾向はあまり実感できない。しかし、たとえば中国・四国・近畿で礫器がまったくみられないのは、この地域における細石刃石器群が元来貧弱なことにも起因することが考えられ、こうした地域別のあり方を一様に比較できないといえる。

3　礫器の使用とリダクション・場の機能

相模野台地においてこの種の石器は、以前、礫器か石核かとその機能が取り沙汰されてきた。報恩寺遺跡の報文において当該石器9点は、礫器状の石核として位置付けられた経過がある(鈴木・矢島 1979)。しかし、その後報告者のひとり鈴木次郎は栗原中丸遺跡の報文において当該石器を礫器として再認識するに至っている(鈴木 1984)。筆者もこれについては、かねてより礫器としての認識を示しているが(堤 1984f・1986a)。改めてその理由を示しておきたい。

第一点として、この石器の刃部に使用によるダメージを受けているものがみられること。第二点として、この石器から剥離された剥片は企画性に乏しいうえ二次加工のある削器などの製品がみられず目的的に剥離されたとは考え難いこと。第三点として、これらの石器の石材には粗質なものが多く、礫器としてならまだしも、剥片石器の素材には好ましくないと思われること(1)。第四点として、礫器周辺に多量の当該剥片が遺存し接合することから、剥片が素材として他所に持ち出されず、その場に遺棄されたものとみられること、である。

具体例をみてみよう。図55-3は、柏ケ谷長ヲサ遺跡第Ⅳ文化層の礫器である。刃部aとbの部分には、肉眼でも観察可能な刃部に直交する激しい線状痕がうかがえ(図55写真)、摩耗が認められる。つまり、これが道具そのものであることを示す好例といえる。その刃部について、金属顕微鏡を用い100～200倍で観察したが、残念ながら被加工物を示すようなポリッシュ等は観察できなかった。原因はおそらく礫器の素材が、やや粗質な緑色凝灰岩であることに起因するものと考えられる。刃部に残る激しい線状痕と摩耗からして、その機能が打割－Chopping－であることは推定に難くない。

また、こうした礫器の中には刃部と反対の端部が敲打に供されているものがある。上野遺跡第１地点の第Ⅲ文化層の礫器では、16点中８点（50％）が敲打に供されていた。その敲打とは、他のいくつかの礫器の刃部剝離（再生）のためかもしれないし、他の可能性もある。こうした礫器は、分厚く重量があり、基部の形状も不安定であることから、同じ打割の機能をもつ石斧のように着柄されて使用されたものではなく、手持ちの道具であったと考えられる。また、石斧のように入念な形態調整をなさず、刃をつけるだけの製作に手間のかからない道具でもある。打ち欠きにより鈍った刃を再生することも容易で、打割による激しいエッヂ・ダメージから、著しいリダクションのみられる道具といえる。

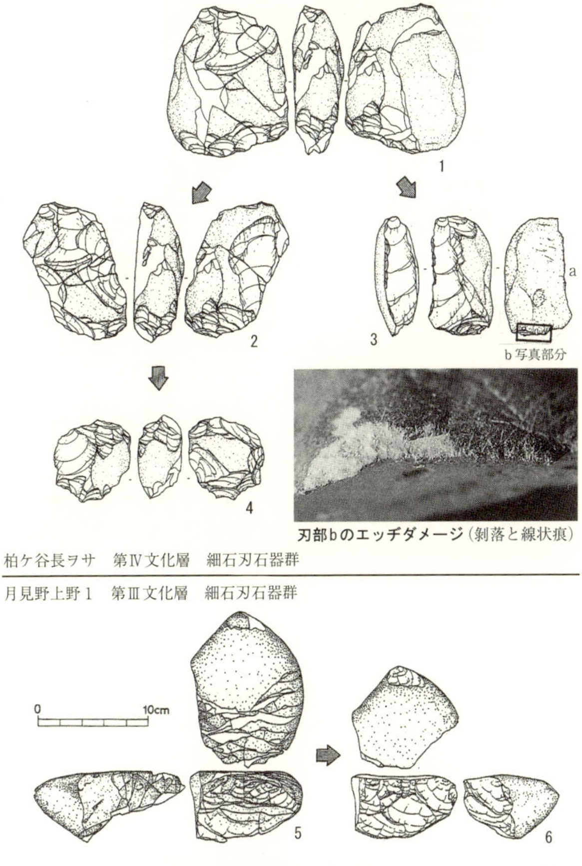

図55　礫器のリダクション

柏ケ谷長ヲサ遺跡と月見野遺跡群上野遺跡第１地点の礫器のリダクションを示す接合例を図55に示してある。柏ケ谷長ヲサ例では、当初１の状態で使用された礫器が、節理によって２と３に分割してしまい、２と１の２者それぞれで使用されたが、最終的に２は小型の４に変化して使用された過程を物語っ

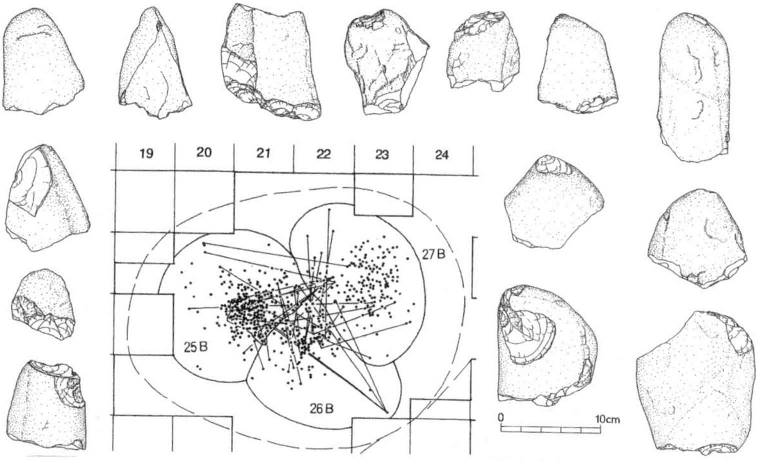

図56　礫器の多量出土をみた月見野遺跡群上野遺跡第1地点第Ⅲ文化層

ている。一方、月見野遺跡群上野遺跡第1地点例は、6の礫器に数多くの剥片が接合し(5)、少なくとも数回の刃部再生がなされたことを物語る接合である。最終的には礫器の刃角が鋭角からより直角に近い鈍角の状態に至り、打割の機能をなさなくなって放棄されたものとみられる。このように、礫器本体と数次にわたる数多い調整剥片の存在・密なその接合は、これらの礫器がその場で機能し、その場で再生され、再使用されたことを物語っているものと考えられる。重量がある点・加工が容易な点・小型剥片石器ほど石質を問わず石材入手が煩わしくない点などは、礫器の便宜性・非携帯性を示している。

ここでもう少し、6の礫器を出土した月見野遺跡群上野遺跡第1地点第Ⅲ文化層分布Ⅲ群の場の機能についてみておこう。第Ⅲ文化層分布Ⅲ群では径8mのブロック群から、6を含めた礫器14点のほか細石刃5点・加工痕を有する剥片1点・使用痕を有する剥片4点・剥片 518点・原石1点の計 543点が検出されている（図56）。剥片の多くは礫器から剥離された調整剥片で、組成全体が明らかに礫器に偏っているといえる。礫器のいくつかは6の事例のように多くの剥片を接合し、原礫の状態まで戻るものがある。したがってここは、多くの礫器の製作－使用－刃部再生－遺棄がなされた場であることがわかる。

このようにこの場所は多くの礫器を用いたある種の作業場workshopとみられる（堤 1991a）。同様に栗原中丸遺跡第Ⅱ文化層の第1号～14号ブロックにおいても計44点の礫器が出土しているが、ここでも各ブロックとも細石刃は少なく礫器中心の組成となっている。このように礫器を多出するワークショップは細石刃石器群段階に至って顕在化するセトルメントとして注視されよう。

4　礫器使用行動の意味

(1) 最終氷期後半期以降の環境変化

最後に、最終氷期後半期以降の環境変化から、礫器使用行動の意味を考える。

まず、本州のいくつかの細石刃石器群の放射性炭素年代とIntCal09（Reimer *et al.* 2009）による較正年代の平均値についてふれておくと、より古相を示す神奈川県吉岡遺跡群Ｂ地区で16840±160BP（19980calBP）、静岡県休場遺跡で14300±700BP（17420calBP）、新潟県荒屋遺跡で13200±350BP（15930calBP）といった年代が得られており、およそ２万年前から16000万年前までがその存続期間と考えられる。本論で扱った礫器の増加する神奈川県月見野遺跡群上野遺跡第１地点第Ⅲ文化層では13570±410BP（16400calBP）の年代が出されている。

関東地方の最終氷期後半の植生史について辻誠一郎（辻 1985）は、約18000～16000年前にハンノキ拡大にみる短期間の温暖期があり、約16000～11000年まではチョウセンゴヨウとバラモミ節を含む針葉樹林に温帯落葉広葉樹を比較的多く含む森林が加わったとする。そして、約11000年前にそれまで栄えたチョウセンゴヨウとバラモミ節を含む針葉樹林は、カバノキ属やハンノキ属といった陽樹林にとってかわられ、針葉樹林から広葉樹への移行的植生がみられるという。

長野県野尻湖における公文富士夫らの花粉分析では、較正年代で29000～18000年前（OIS２前半）にかけてはトウヒ属やモミ属を主とする亜寒帯針葉樹林が卓越した寒さの厳しい時期であったが、18000年前からコナラ亜属の増加に示される温暖化が始まり（図57）、何度かの寒の戻りを経ながら、14000年前から12000年前にかけて急激な温暖化がうかがえる（公文ほか 2009）。

各地域における古環境データは、年代との整合性を求められるものであるし、また地域的特性も考慮しなければならないが、おおまかにみて最終氷期最寒冷期以降上昇を始めた気候は、晩氷期の気候の一時的ゆり戻しをへたにせよ、パークランド的な草原の景観をしだいに森の景観へと変え、一方で針葉樹林を広葉樹林へと塗りかえていったとみることができよう。

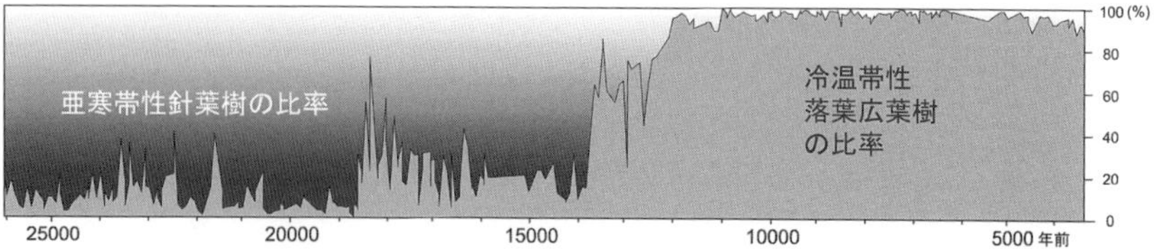

図57　野尻湖湖底堆積物の花粉分析による植生の変動（公文ほか 2009より、工藤 2010作図）

(2) 礫器使用行動の意味

細石刃石器群において、多出する礫器はいかなる機能を発揮したのか。礫器の被加工物については、さきの使用痕分析では残念ながら同定することができなかった。ただし、刃部の消耗の著しい打割－Chopping－がその機能であり、それゆえリダクションが頻繁であることは説明できた。おそらく礫器の機能については、従来の見解どおり、木材の伐採・加工具と想定しておくことに無理はないように考えられる。したがって礫器の多用は、人類の森林資源への積極的アプローチを示しているものと考えたい。礫器多用の背景には、最終氷期最寒冷期以降、パークランド的な草原の景観から森林景観への変化、針葉樹林から広葉樹林への変化という、森林環境の変化があったことも考慮される。

細石刃石器群の展開するころから始まったより積極的な木材利用とは、具体的にどのような内容を示すのだろうか。ひとつには、遊動生活から定住へと向かう季節的な定着生活のためのより堅牢な住居構築に関する木材利用であり、居住付随施設など生活施設の構築などもその利用の理由として考えられよう。あるいは狩猟採集にかかわる生業施設の構築なども木材利用の理由のひとつにあげられようか(2)。いずれにしても、より積極的な木材利用のプレリュードとして、この時期の礫器の拡大利用がみられたものと考えたい。また、一方では月見野遺跡群上野遺跡第1地点第Ⅲ文化層の事例に代表されるように、ワークショップ、特に木材の加工などにかかわる特定の作業場なども顕在化したものと考えられる。

では、続く土器出現期において礫器類のあり方はどのようにとらえられうるのであろうか。この時期にあっては、さきの寺尾遺跡第Ⅰ文化層・月見野遺跡群上野遺跡第1地点第Ⅱ文化層にみたように石斧はみられるが礫器は含まれていない。この2遺跡に代表されるように土器出現期の石斧を組成する遺跡には、礫器がみられないという傾向が看取できる。このように石斧の出現とともに礫器が減少する点は看過できない。おそらく礫器から石斧への機能的置換がなされたと推定される。石斧の利点は、礫器に比してのスピーディな樹木の伐採のみならず、礫器では不可能な木材の細工などデリケートな作業をも可能にしたところにあり、それが両者の機能的置換をもたらした要因であるとも考えられる。

ところで、民族例の紹介では、石斧の耐用年数については、1年半から20年にもおよぶという（佐原 1994）。そうした点を考えると、石斧は、長期にわたり維持・管理される「管理的石器」（阿子島 1989）ということができる。これに対し礫器は、さきにも述べたように「便宜的」で「その場性」が強く「非管理的」な石器とみることができる。こうした耐久性も、礫器から石斧への置換の理由と考えられる。ただし礫器は、石斧が一般的に用いられるようになっても一部にその命脈を保っていた。それは裏返せば、加工に手間がかかる石斧に対し、簡単に作ることのできる便宜的な道具だったからである。

最終氷期の細石刃段階における礫器使用行動の意味については、より積極的な森林資源へのアプローチ、広い意味では森林環境へと適応する縄文化への第一歩として解釈される。そして礫器は、やがて新たな神子柴型石斧の登場によって、その影をひそめることになるわけである。

註

(1) ただし、当該剥片が臨機的に使用される場合があったことまでを否定するものではない。しかしその剝離は、あくまで目的的剝片の確保を希求したのではなく、礫器本体の刃部作出と再生によるものと筆者は考えている。

(2) 望月明彦と堤がおこなった黒曜石分析によると、相模野台地の細石刃石器群には安定して神津島産の黒曜石が用いられていることが明らかにされている（望月・堤 1997）。しかし、寒冷な酸素同位体ステージ2にあっても神津島と本土は陸続きになっていない。となると、その入手には当然舟といった海上交通手段が必要であったことが考えられる。細石刃段階で顕在化する礫器は、そうした水上交通のための丸木舟などの製作に用いられたとする見方も成り立ちうるだろう。

第3節　内水面漁撈の導入をめぐる作業仮説
──日本列島における北方系細石刃石器群の生態・技術適応──

1　内水面漁撈をめぐって

東京都前田耕地遺跡の縄文草創期住居からの7000点を越えるサケ顎歯の検出（加藤暁 1985）は、縄文時代初頭における遡河性魚類の内水面漁撈（以下適宜、遡河性魚撈もしくは内水面漁撈と略記）の施行をより具体的に物語った。しかしそれ以前の旧石器段階では、現在のところ魚類遺存体の検出例はない。

列島の後期旧石器時代における漁撈採用の可能性については、加藤晋平によりその最初の問題提起（加藤 1981）がおこなわれてから、特に北アジアと日本列島北半の削片系細石刃石器群の文化的拡散が遡河性漁撈を含む河川資源の開発に結びついたものであるとの見解が示され（加藤・松本 1984）、その見解は橋本勝雄による分布論的な検討（橋本 1989）からも支持された。また、遡河性魚類の内水面漁撈導入のもつ意味については、佐藤宏之により社会生態学的視座からの理論的昇華がはかられ、内水面漁撈のシステム化が旧石器的遊動型社会から定住型社会へのリリーサーとしての役割を果たしたという仮説が提示され、縄文化へのプロセスがたどられている（佐藤 1992b）。翻って大陸の後期旧石器時代をみると、西ヨーロッパのマドレーヌ文化期のサケ資源利用についてはチャイルド（Childe 1954）を筆頭に古くからその重要性が指摘されており（松井 1985）、ジョッチムはライン川流域の中石器の社会経済とセトルメントシステムにおいてサケ資源が果たした役割を民族誌との対比の中でモデル化し（Jochim 1979）、議論の展開をみるに及んでいる（Mellars 1985）。

むろん列島における後期旧石器時代の内水面漁撈の導入をめぐっては、いくつかの否定的な見解もみられる（鈴木忠 1993、加藤博 1993）。しかしより重要なのは、単にその採否を問題とすることではなく、そうした生業活動の背景としてある社会・経済システムを議論することにある。山内清男を嚆矢とするいわゆる「サケ・マス論」（山内1964）も、いくつかの議論にみる学史的経過（渡辺 1967、大林 1971、高山 1974、松井 1985）がある。ここではそれについて詳述する紙幅は持ち合わせていないが、肝心なのは「サケ・マスの持つ食料源としての価値を、縄文時代の食料獲得活動全般の中でどのように位置付けていくか」（鈴木公 1979）という点であろう。ことに「サケ・マス論」の問題点はメジャーフード論としてのその性格にあるが、近年の同位体食性分析の成果（南川 1995）をみる限り、縄文時代の列島各地域においては、さまざまな食生態が展開していたことは明らかである（図58）。今後は日本列島を東西に二分した単純なメジャーフード論を脱却し、地域ごとの環境生態に適応した生業システムあるいは食生態を明らかにすることが何よりも重要であると考えられる。

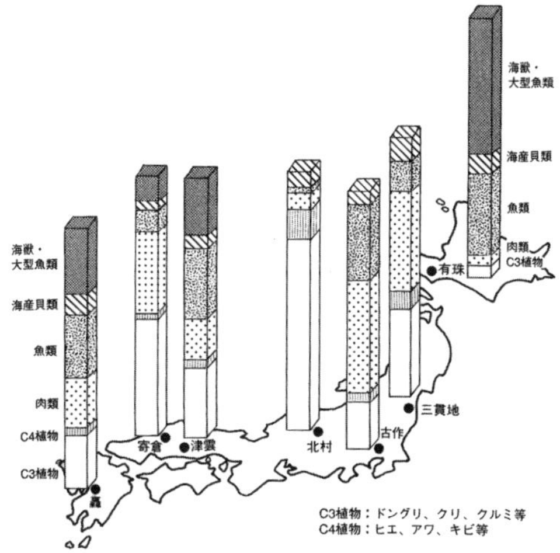

図58　同位体食性分析による縄文の食生態
（南川 1995より、西本 1995作図）

ここで改めて先史時代における人類の食料獲得活動あるいは古食生態を解明するための直接的・間接的な接近法をひもとくと、考古学的には①遺跡に残された動植物遺存体の研究、②食料生産用具や生産遺構の研究、③遺跡の立地分析、④民族考古学的アプローチなどがある。一方、分析科学では⑤人骨などの同位体食性分析などがあり、⑥古環境生態の分析に基づく資源環境の復元なども重要な作業となろう。しかし日本の旧石器時代においては、人間行動の関与した動植物遺存体が遺跡に残されるケースはきわめて稀であるため、本論の主題である内水面漁撈のみならず狩猟や植物採集活動の復元においてでさえ、困難をきわめている。したがって旧石器時代の食料獲得活動の研究においてとれる考古学的方法としては、食料生産用具や生産遺構の研究、遺跡の古環境生態分析や立地分析、民族考古学的アプローチということになろう。

本論では、約 2 万年前以降の最終氷期の環境生態を概観した後、東日本を中心としてみられる北方系削片系細石刃石器群の技術的組織や遺跡の立地環境など、状況証拠から導き出される内水面漁撈の導入という作業仮説のもと、日本列島における最終氷期の生業システムについて論じてみたい。あわせてサケ・マス漁撈がその生業活動において重要な位置を占める北方狩猟採集民の民族誌を環境生態適応の観点から瞥見し、内水面漁撈のシステム化について考えてみることにする。

2　環境生態と食料資源

(1) 最終氷期最盛期以降の気候変動と年代

最終氷期は、グリーンランド氷床における酸素同位体比分析から（図59）、ダンスガード・オシュガーサイクルといわれる突然かつ激しい寒暖の繰り返しを経ながら、終焉を迎えたことが明らかにされた。更新世と完新世の境界にあたるヤンガー・ドリアス期末（11500y.B.P）には、50年で年平均気温が7℃も上昇したといわれる。こうしたグローバルな気候変動は日本列島においても日本海堆積物や福井県水月湖の年縞堆積物などによって確かめられ、近年では野尻湖湖底堆積物に基づき過去72000年間の中部日本の詳細な古気候復元もなされている（公文ほか 2009）。最終氷期末には、海面上昇・日本海環境の変化（対馬海流の流入）・気候の湿潤化や降水量の増加・日本海側の多雪化・海洋生態系の変化・動植物相の変化などさまざまな環境変化が起きていたことが考えられる（日本第四紀学会 1997）。

今日、年輪年代・氷層年代・年縞年代などの数値年代のスケールの確立とともに、高精度な加速器質量年代測定法による年代測定例も増加し、その較正年代も算定されている。そこで問題となるのは、精緻化された時間軸上での環境イベントと人類文化イベントとの対応関係であろう。近年では、大平山元Ⅰ遺跡の最古段階の無文土器の^{14}C年代の較正値が15000～16000年前と出

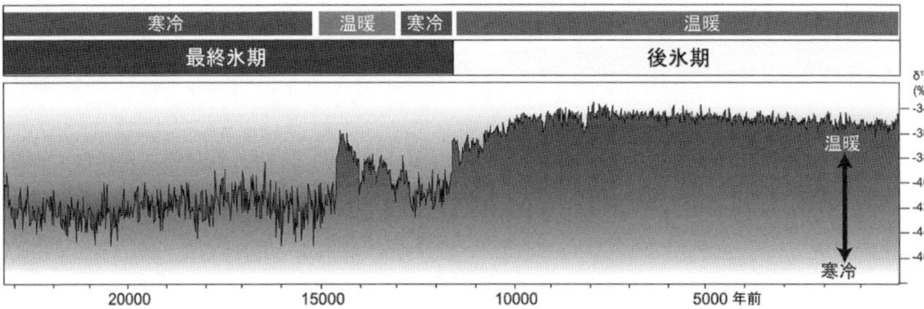

図59　グリーンランド氷床コア（NGRIP）から復元された古気候変動（工藤2010作図）

され（谷口編 1999）、晩氷期を突き抜けるその位置付けが議論を呼んでいる。当然、その前段階の細石刃石器群の年代はそれ以前に押し出されることになる。

ここで本州のいくつかの細石刃石器群の放射性炭素年代とIntCal09（Reimer *et al.* 2009）による較正年代の平均値を述べると、より古相を示す神奈川県吉岡遺跡群B地区で16840±160BP（19980calBP）、静岡県休場遺跡で14300±700BP（17420calBP）、神奈川県月見野遺跡群上野遺跡第1地点第Ⅲ文化層で13570±410BP（16400calBP）、新潟県荒屋遺跡で13200±350BP（15930calBP）といった年代が得られており、後続する縄文草創期の年代をふまえると、およそ20000年前から15000年前頃までがその存続期間と考えられる。

(2) 動植物資源

最終氷期における本州の哺乳動物相については、河村善也による動物化石骨の産状からの復元によると、従来の年代観で15000～10000年前までには、ヒグマ・ニホンムカシジカ・ナウマンゾウは完全に絶滅、ヤベオオツノジカも絶滅に向かい、ウマ・ヘラジカ・野牛・原牛など北方系大型有蹄類も絶滅したとされる（河村 1985）。近年の研究によると、未較正の年代値でナウマンゾウは23000年前には絶滅していたとされ（高橋 2007）、オオツノジカに関しては信頼できる年代測定値がきわめて少ないという（岩瀬ほか 2010）。このことを考慮するなら、2万年前以降の大型哺乳類絶滅の構図は明らかで、以後の本州の潜在的食料資源としての哺乳動物相は、中・小型獣とみておくことが妥当であろう。

後期旧石器時代における中・小型獣狩猟については、近年静岡県東部で数多く検出されている連鎖土坑群の様相からうかがうことができるが、この機能からはシカ・イノシシなど中型獣の陥し穴猟が想定される（稲田 1998・2001）。また、唯一の事例ではあるが神奈川県相模野台地の吉岡遺跡群において調理施設である礫群（Ⅳ下層段階）からイノシシ幼獣の歯が検出され、当時の狩猟対象獣リストの一端を垣間見せてくれる（かながわ考古学財団 1997）。いずれにせよ、後期旧石器時代後半期には、ナウマンゾウその他の大型獣から、シカ類など敏捷な中型獣へと狩猟がシフトされつつあったものとみられる。先端に衝撃剥離痕を残し刺突用先端具となったナイフ形石器の終末期における小型化は、こうした狩猟システム改変への適応現象のひとつである可能性がある。後の細石刃石器群段階における狩猟についても、西南日本・東北日本ともにシカ猟が主体で、これに小型獣が加わるという狩猟動物層のあり方が想定される（鈴木忠 1993）。鹿児島県仁田尾遺跡の細石刃文化層からは逆茂木痕を伴う土坑群が検出され、より温暖な環境下にある列島西南端においては縄文的な陥し穴がその狩猟システムの中に組み込まれていたことがわかる。一方、同じ細石刃石器群段階の北海道については、トナカイ・ヘラジカ・バイソンの大型獣やシカなどの中型獣・あるいは小型獣の狩猟が想定され（鈴木忠 1993）、本州とは異なった狩猟事情を考慮する見方もある。

後期旧石器時代における植物質食料については、東北日本ではハイマツ・チョウセンゴヨウの堅果やヒメウスノキ・クロマメノキ・コケモモなどの漿果が、西南日本ではクルミ・ハシバミ・クリ、ヒシ・ヤマノイモ・チョウセンゴヨウ・ヤマブドウ・サルナシ・イチイ・ノイチゴ・ウスノキなどの存在が植生から推定される（鈴木忠 1988）。いずれにせよ氷期という制約上、可食植物は後氷期と比べ、きわめて限られていたことがうかがえる。

(3) 遡河性魚類資源

主題となる後期旧石器時代における内水面漁撈を考えるうえで、サケ属魚類の生態と分布についてふれておきたい。通常サケ・マス類といった場合、サケ科（*Salmonidae*）サケ属（*Oncorhynchus*）に属する太平洋サケ（Pacific salmon）が総称される。サケ属にはシロザケ・ベニザケ・ギンザケ・マスノスケ・カラフトマス・サクラマスと最近ではニジマスを含めた７種があり、今日日本列島に分布するのは、オホーツク海に面した道北・道東の河川にみられるカラフトマス（*Oncorhynchus gorbuscha*）、日本海側で山口県以北・太平洋側で利根川以北にみられるシロザケ（*Oncorhynchus keta*）、シロザケよりより南の四国・九州に一部分布がおよぶサクラマス（*Oncorhynchus msou*）がある。一般にはシロザケがサケ、サクラマスがマスと略称される。

遡河性魚であるサケのライフ・ヒストリーをみると、稚魚となった年にすぐ降海し、平均的には4年程度海洋生活をした後産卵のため母川回帰、産卵行動の際は一日平均14kmほど河川を遡上し、遡上・産卵の際は食物をとらない。産卵場所は湧水と砂礫のある場所で、河川流路が大きく改変されない限り、毎年決まった場所で産卵がなされる。遡上時期は９月から１月で、より南に下るほど遡上時期が遅い。北太平洋域に無数にある河川のうち生まれた川を正確

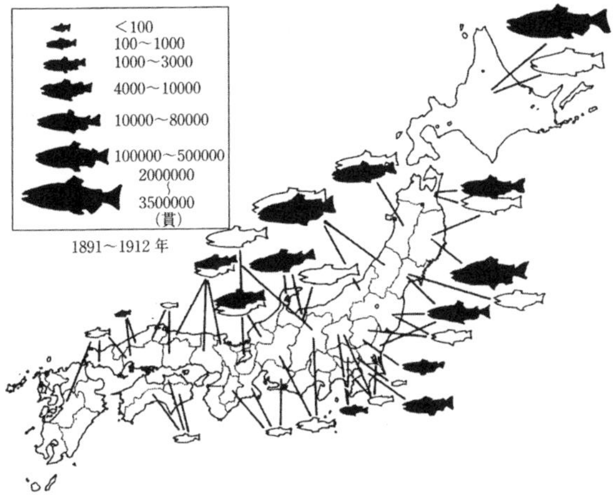

図60　国内のサケ（黒）・マス（白）の漁獲量（四柳 1983）

につきとめる母川回帰本能については、稚魚期に後天的に刷り込まれる母川臭の嗅ぎ分けによる「嗅覚刷り込み説」が有力である。

マスには、河川残留型と降海型の2者があり、降海型は1年間河川にとどまった後、海に下る。大きさは降海型で40～60cm、遡上時期はサケより早く、北上川の例では遡上最盛期は3～6月で産卵期は9月から11月である（木曾 1995)。産卵はサケよりもより上流でおこなわれ、遡上中も活発に餌を求める点もサケと異なる。

サケ・マスの分布および資源量を知る旧資料としては明治24年の農商務省『水産事項特別調査』があり、サケ319河川・マス277河川の漁獲高が示されている。この資料をもとに四柳嘉章が示した分布図(図60)からは（四柳 1983)、その北海道・本州日本海側・本州北半の太平洋側の分布と、資源量のより北への傾斜がわかる。

最終氷期におけるサケ属については、その分布規定要因である海水温の低下から、シロザケ・サクラマスは九州あるいはそれ以南に、ベニザケとおそらくカラフトマスも少なくとも東北地方まで、イワナ類は本州南端まで分布したことが想定されている（前川 1988)。サクラマスの一亜種タイワンマスが氷期のレリックとして台湾で確認されていることも、氷期におけるサケ属の南下をよく示している。したがって旧石器時代における内水面漁撈を考える際には、シロザケとサクラマスのみならずベニザケやカラフトマスもその捕獲対象として考えておかなくてはなるまい。サケ属の生態における定時期的・定位置的な産卵遡上行動と、豊富なその資源量は、その捕獲採否の見解は別にして、人類にとっては陸上中型哺乳類に比べはるかに高く安定した生業支持力を持ち得ていることは確かである。

3　細石刃石器群の技術的組織とセトルメントシステム

(1) 荒屋系細石刃石器群の技術的組織

東日本においてみられる削片系細石刃石器群のうち、内水面漁撈を担ったことが推定される荒屋系細石刃石器群の技術的組織（堤 1996c）について、生業システムの観点から検討してみよう。荒屋系細石刃石器群とは、荒屋遺跡の石器群（東北大学考古学研究室編 1990）に代表されるように、主として珪質頁岩を用いた両面調整体の分割素材を細石刃石核の母体とする削片系細石刃技法をもち、細石刃・彫刻刀形石器・掻器・削器・錐状石器などの石器装備を保有するものである。とくにこのなかでは、荒屋型細石刃および荒屋型彫刻刀形石器と呼ばれる特殊化した装備の存在が注目される。この2者を機能論的にみると、有加工完形細石刃である荒屋型細石刃は、斜交装着による逆刺刃（綿貫・堤 1987）、いわばヤスあるいは銛状刺突具の逆刺として機能した可能性がある。荒屋型彫刻刀形石器の機能については、埼玉県白草遺跡（川口編 1993）の使用痕分析では荒屋型彫刻刀形石器の多くが骨角の削りへの機能的特定性をみせ、その存在数の多さと刃部再生の頻繁さもふまえて、背景に骨角器製作への特殊化という現象が推定された（堤 1997b）。一方、荒屋遺跡における荒屋型彫刻刀形石器の使用痕分析の予備的結果としては、骨角の削りとともに乾燥皮をなめす作業が重点的におこなわれていたことがわかった（鹿又 2003）。なお、角二山型掻器など掻器の安定した存在性は、皮革利用システムの普遍性を物語るものであろう（堤 1997b）。

また、荒屋系細石刃石器群の技術的組織を語る上で欠かせないのは、石器群の補給・維持・消費にかかわる、両面調整体による多器種の生産システム（大塚 1968）としての「連動システム」（永塚 1996）であろう。これは、コスト高な石材の有効活用と可搬性を備えた技術管理システム curation-system（Binford 1979、阿子島 1989、佐藤 1992b、加藤博 1996）である。

こうした荒屋系細石刃石器群の特徴は、対峙的な位置付けのなされる矢出川系細石刃石器群との比較においていっそう明らかである。矢出川系細石刃石器群では、器種生産において連動システムをもたず、装備上では彫刻刀形石器や掻器が組列せず、また平行装着タイプの折断細石刃が主体である点で際だった違いがある（堤 1994）。石器のデザインが異なっても発揮される機能が等しい場合があり、異形態間の石器の機能的置換も問題となろうが、この場合の装備の大きな違いにおいては機能的置換を考えがたく、その運用の背景にある生業活動の相違に根ざしているとみる解釈が重要であろう。

(2) 細石刃石器群のセトルメントシステム

細石刃石器群における生活空間および土地利用形態については、鈴木忠司によって「低地・平坦地（平野）型」＝「平原型」が原則としてあり、一部に「高地・平坦地型」＝「高原型」があるとされた（鈴木忠 1983）。さらに平原型・高原型の生活空間・土地利用形態は細石刃石器群のみに固有なものでなく、ナイフ形石器文化以来受け継がれ後期旧石器時代全体を通じて一貫するもので、また後期旧石器時代の漁撈の可能性を拒むものであるという見解が示された。この指摘は概括的な立地の把握としては重要であるが、さらに微妙な立地環境を読み解く必要がある。

遡河性漁撈肯定の立場から取り上げられる現在のサケの遡上域と荒屋系細石刃石器群との分布的一致は（加藤・松本 1984、橋本 1989）、先に述べた氷期のサケ属南下による分布想定とは不整合をきたすが、その分布比重を考慮すれば両者の比較は意味をなしてくる。また、東北地方の荒屋系細石刃石器群が、より河川次数が大きい河川のかつ合流点に立地するという河川次数分析に基づく立地論（桜井 1989）は、内水面漁撈の採用について重要な状況証拠を提出している。象徴的ではあるが、矢出川技法をもつ集団が「平原の民」、ホロカ技法をもつ集団が「山の民」、湧別（札滑）技法をもつ集団が「川の民」としてあるという橋本勝雄の環境適応表現（橋本 1997）は意味深い。

しかし、荒屋系細石刃石器群の遺跡のすべてが、それまでの後期旧石器時代の遺跡立地と異なっているわけではない。より厳密にいうと、

Ａ類：ナイフ形石器群や尖頭器石器群と立地が重なり（＝文化層が重複し）従来型の立地を示すもの

Ｂ類：他の石器群と立地が重ならずかつ河川とのより親和的な立地関係を示すもの

の２者がある。

前者には頭無・恩原２・木戸場・大網山田台№８などの石器群が、後者には荒屋や白草などの石器群が該当する。Ａ類のセトルメントはそれまでの狩猟・

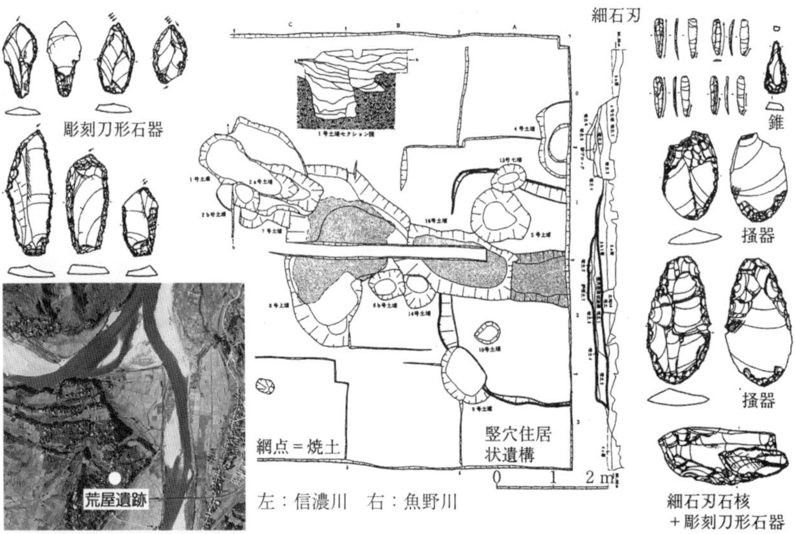

図61　荒屋遺跡の位置（白丸）**と検出された遺構・遺物**（東北大学考古学研究室編 1990）

採集系の生業活動の維持的側面を残す状況も考えられるが、一方Ｂ類のセトルメントの派生は内水面漁撈採用のプロセスを示す可能性をみてとりたい。Ｂ類を代表する荒屋遺跡は千曲川と魚野川の合流点にあるが、江戸時代の民俗誌『北越雪譜』には、千曲川と魚野川が合流する川口は砂に小石が混じりサケの産卵地であるとの記載がみえる。むろん晩氷期以降のこの場所の立地・生態環境の変化はあるだろうが、遺跡立地と生業との関連を考えるうえできわめて興味深い記述といえる（梶原 1998）。

細石刃石器群に後続する縄文草創期段階では、さらに河川との親和的な立地関係がみえる。信濃川流域の細石刃石器群から縄文時代草創期段階の遺跡立地を検討した佐藤雅一らの分析結果からも（佐藤雅ほか 1994）、段階ごとの河川環境への進出状況がみてとれる。東京都前田耕地遺跡は、多摩川と秋川の合流点の離水したばかりの川原上に立地しており、サケの歯の多量出土にみる内水面漁撈の具体性とあいまって、河川との直接的関係はいっそう明瞭である。

ここで遺跡立地から遺跡構造へと視点を移してみよう。まず荒屋遺跡の構造（図61）をみた場合その特質は、土坑18基と竪穴住居状遺構１基という多数の遺構が、折り重なって検出されたことにある。うち２つの土坑では焼土が認められ、また一辺が4mほどの隅丸方形らしい竪穴住居状遺構の中央にも炉がある。土坑の重複は、この場所が定位置的な遊動地点として繰り返し利用され、加えて竪穴住居状の構築物の存在はこの場所に一定期間の滞在があったことを物語る。つまりここは回帰的・拠点的なセトルメントとして機能していたといえよう。一方、これとは対照的に、遺物数が少なく遺構もみられない非回帰的なセトルメントをみせる木戸場遺跡（田村ほか 1989）などの例もある。

ここでみたA類・B類の遺跡立地は、おそらく対峙関係にあるというよりは連鎖構造を示し、荒屋を代表例とするような回帰的・拠点的なセトルメントを組み込んだ遊動システムの軌跡として理解できるものであろう。

4　生態系と生業システム

(1) シカの生態と狩猟戦略

最終氷期最盛期以降における生業活動の理解のために、まず狩猟活動系、とりわけその一翼を担ったとみられるシカ猟の構造について、生態的見地から考察する。

ニホンジカ（*Cervus nippon* 以下シカと略記）については、東日本地域では北海道・岩手五葉山・宮城金華山・栃木日光・神奈川丹沢などの地域で調査が進んでおり、その生態が解明されつつある。まず、シカの群サイズは、哺乳類全体について原則的にいえるように、遮蔽物coverの有無によって第一義的に規定される。図62はシカの群サイズの変動パターンであるが、冬季の落葉によりcoverがなくなり、かつ雪によって視界が開けている状況では、捕食者から身を守るためにシカの群れは大きくなることが通常である。逆に、見通しのききにくい森林内や緑が被覆する季節・場所では、群れは2頭以下となるという（高槻 1992）。したがって降雪のある環境下での狩猟は、シカが群れをなし、かつ特定な場所に集まり、遮蔽物が少なく発見しやすい点において、冬季の12～3月がもっとも効果的な狩猟シーズンといえる。ただ、通年的にオープンランド的景観の生じていた地域のあった氷期では、夏季においてもその群れは解体されなかったことも考慮せねばなるまい。

一方、シカの行動形態については、丸山直樹（丸山 1981）により定住型sedentary・季節的分散－集中移動型seasonal dispersive convergent migration・季節的往

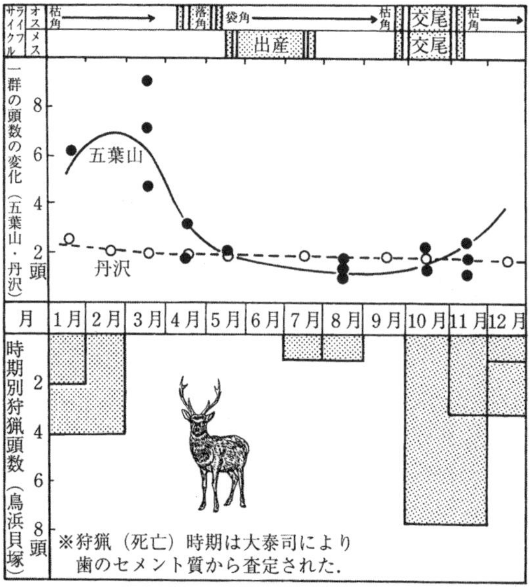

上：高槻 1992、下：大泰司 1980をもとに作図

図62　ニホンジカのライフサイクルと鳥浜貝塚出土のシカ歯からみた狩猟シーズン

復移動型seasonal return migrationの存在が示され、ニホンジカでは定住型と季節的分散－集中移動型が、エゾシカでは季節的往復移動型がみられるとされた。積雪地帯ではシカの集団的の冬季移動「わたり」がみられ、北海道では数十kmの距離を移動した例が知られているが、この移動は、深雪で歩行困難となるなど行動上の制約から降雪を避ける、雪に覆われる主たる食料であるササに対しこれを違う場所に求める、など原因が考えられている（高槻 1992）。したがって乾燥気候で降雪量が少ない氷期にあっても、今日の「わたり」的なシカの季節的移動が同相として生じていたかどうかについてはわからない。ちなみに加藤博文は、削片系細石刃石器群の関東地方への遊動要因を多雪化によるシカの季節的移動に付随する行動とみるが（加藤博 1996）、むしろさきの年代・古気候データでは多雪化は細石刃段階以降の現象とみられ、その解釈は齟齬をきたしている（橋本 1998）。

シカの栄養状態では、冬を乗り越えた春がもっとも栄養状態が悪く、夏季に採食して越冬のための脂肪を蓄え、10月頃がもっとも栄養状態の良い時とみられる。またオスの角は、5月にまでに落ち、次に新しい袋角が生えてくる。袋角は人の手で折れるくらい軟質で、角がカルシウムによって硬化し枯角となるには10月をまたねばならない。したがって夏季の角は骨角器としての利用はできない。また、夏毛から冬毛への換毛は8月末から10月にかけてである。シカの交尾期は秋の10月をピークとしてその前後、出産期は翌年の夏の5～6月で、地域ごとの周期のズレはあまり認められない。列島において近年までおこなわれ

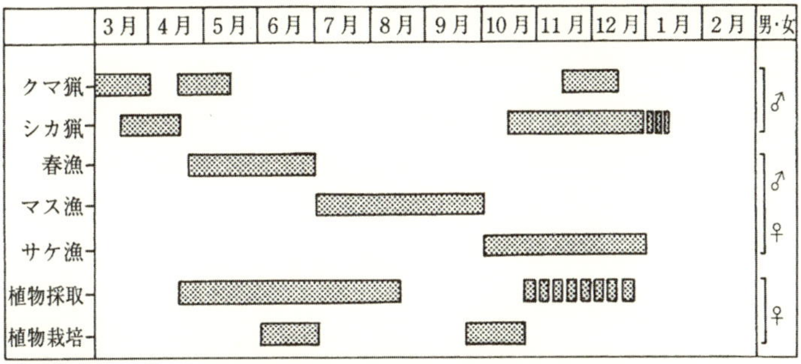

図63　アイヌの生業活動の年周期と男女の性別分業（渡辺 1962）

縄文期にも確認できる鹿笛猟は、交尾期のシカの生態を利用した効果的な狩猟法として知られているが（南 1996）、交尾期のシカのナワバリ性や興奮状態は、狩猟戦略の施行を有効に働かせたものと考えられる。

シカのライフサイクルをアイヌの狩猟行動（渡辺 1977）に照らしてみると（図63）、シカの交尾期でもありもっとも栄養状態のよい時期に相当する10月から狩猟が始まり、群の大きさが保たれている12月末～１月まで狩猟がなされている。この時期の狩猟では、肉とあわせて冬毛といわれる上等な毛皮と枯角（オス）も手に入る。続く１月から２月までは厳冬のため狩猟採集活動は休止、保存食による生活が続けられ、再び３月～４月にかけてシカ猟がおこなわれる。春のシカは越冬により栄養状態は最悪であるが、群れは夏ほど解体されておらず、かつ弱っているため捕獲しやすかったことも考えられる。夏は、樹木や植物のcoverによりシカの群れが解体し栄養状態も回復して活動が活発になり、狩猟行動において標的を発見しにくい状況が生まれるため、狩猟には不適な季節である。またこの時期はメスの出産期にあたり、狩猟圧負荷の回避がなされた可能性もある。大泰司紀之による鳥浜貝塚出土の鹿の死亡季節査定（大泰司 1980）では（図62）、10・11月をピークとし12～２月までの死亡例がほとんどで、３～９月の春夏にかけての死亡例はきわめて少なく、つまり秋～冬が縄文期における狩猟シーズンで、シカの生態から導かれる狩猟シーズン、民族例による狩猟シーズンの３者はよく符合している。

(2) 内水面漁撈のシステム化

次に細石刃石器群における内水面漁撈のシステム化について、サケ・マス類の生態とその漁撈に関する民族誌をふまえ、考察を加えてみたい。

サケの遡上・産卵行動をみた場合、その遡上期間はとくに限られ、産卵後はすぐに死んでしまうことから、その捕獲にあたる場合生態を熟知し、遡上・産卵時期にあわせた計画性が行動論上必要となる。また、「嗅覚の刷り込み」に基づくといわれるサケの母川回帰は、放流実験上では１％程の母川選択ミスしか認められないというものであり、さらに例年定まっている産卵床は、捕獲する側にとっては、陸上動物の移動性の高さに比べ、ピンポイントともいえる定位置性があった。遭遇猟にしろ、待ち伏せ猟にしろ、常に不確実性を負う狩猟に比べ、遡河性漁撈の集約性はそのシステム化さえ図れれば大きな人口支持力を持ち得ていた。

ここで、荒屋遺跡における遺跡構造に立ち返ってみた場合、さきに述べた回帰性と拠点性という特質は、行動論上大きな転換点として評価でき、その立地環境も合わせみて遡河性漁撈のシステム化という解釈に符合する。

さて、サケ・マス類の捕獲に関しては、旧石器時代の狩猟技術系からの導入が想定できるのは、まずヤス漁であろう。魚ヤスの存在性にあって気がかりなのは、荒屋遺跡おいて特殊化した、逆刺状の装着状態が復元できる荒屋型細石刃の存在である。また、多量に装備される荒屋型彫刻刀形石器は、機能の一翼に骨角器製作を担ったが、漁撈との関連においてその骨角器製作の内容も問題となろう。

アイヌではmarekと呼ばれるヤスによるヤス漁が実施されていた。他に導入の可能性がある漁法としては、北西海岸インディアンなどの例で知られる石積みによるエリなどの漁法であろう（Stewart 1977）。ヤス漁はエリへの魚の誘導によりいっそう容易であったことだろう。細石刃段階では、高度な編み物技術を必要とする網や筌漁などの存在は確かではなく、投網法は石錘などの未検出からも想定しがたい。また、産卵期のサケが採食をおこなわない点において、釣りによる捕獲はこの時点では困難であろう。なお、性別分業の観点から採集民の生業をみた場合（図63）、狩猟が男子、採集が女子という分業がなされる反面、漁撈は男女ともにおこなう。期間の限定される遡河性漁撈では、老人や子供など集落構成員全員の協力による集約的な作業も必要となる。

しかし、大量のサケ・マスを捕獲しても、そのままでは当面の食料にしかなりえない。したがってそれらを中長期的な食料とするためには、加工および保存処理の技術が必須となってくる。内水面漁撈の導入の初期においては天日干しや燻製という保存技術（大塚 1984）の適用がまず考えられよう。天日干しと燻製の加工に際しては、魚を三枚以上におろす作業が必要となる。おろしの作業には北西海岸のインディアンでは刃角の浅い専用の魚用ナイフが用いられ（Stewart 1977）、アイヌにもサケ解体用のナイフがあった。この種の作業にあてられる旧石器を想定した場合、むしろ刃角の厚い掻器や彫刻刀形石器などより、削器や単純な剝片が適していたことが考えられ、その種の機能が想定される石器の使用痕などに注意する必要がある。また、保存食作成の過程においては、乾燥棚・燻製小屋や貯蔵穴などが必要となろう。こうした点からみれば荒屋遺跡の炉址を伴う竪穴住居状遺構や多数の土坑が、機能的には燻製小屋や貯蔵穴であった可能性を否定できない（佐藤 1992b）。

サケの栄養価をみると、個体によりばらつきはあるが1匹がおよそ7000キロカロリー、成人男子の必要カロリーの3日分に相当する。アイヌにおいてサケは、shiipe（真の魚の意）あるいはkamui chep（神の魚の意）と呼ばれる主要越冬食品であった。一般に北方狩猟民にとってサケやシカの豊凶が直接生命に関係することはよく知られ、大雪でシカが大量死したり、サケ漁が思わしくない年は、多くの餓死者がでた記録がある。渡辺によればアイヌが1～3月の間の越冬貯蔵食とするサケとシカのうち、ushinoという1家族ではサケ漁終了時の貯蔵量は12・13～20束であるという。この1束とは、小型のサケで30匹、大型のサケで25匹程度で、換算すると300～600匹がひと冬の貯蔵量ということになる（渡辺 1963）。ただし、このようなサケのメジャーフード性の強調に関していえば、これをただちに過去にあてはめることは慎まなければならない。同位体食性分析の結果が示す北海道先史人の食生態（図58）は、むしろ海獣や大型魚類へと傾斜しているからである。

ところで、旧石器時代における寒冷地適応としての皮革利用の重要性は、皮革加工への機能的特定性（堤 2000a）が想定できる掻器の、とくに東北日本における発達からうかがうことができる。シカ類に関しては冬の狩猟シーズンともあいまって上質な冬毛の利用価値が高かったことが想定される。一方、サケ類の魚皮は民族により利用の格差があるが、アムール川から沿海州・サハリン・北海道地域の皮革利用の最大の特色は、サケ・マス・チョウザメ・カワカマスなどの魚皮を利用することにあるという。魚皮には、一枚の処理が簡単・大量に手に入る・防水性がある・軽いなどの利点と、継ぎ合わせが大変・強度がない、防寒は布よりいいが毛皮に劣るなどの欠点がある。魚皮では40〜50枚で衣服が作られるほか、靴や道具の表張りなどにも利用される。獣皮との利用比では、上流地域ほど狩猟の比率が高まり毛皮の利用が増し、沿岸では防水に優れた軽い魚皮が用いられるという（佐々木 1992）。また、北方狩猟民は一般に魚皮を煮つめて膠を作り、アイヌは魚皮を丹念に噛んでKaptamaという膠とする（犬飼 1965）。岩手県柏山館遺跡の珪質頁岩の細石刃からの膠とみられる動物起源のペーストの検出例は（小笠原 1996）、その利用を考えるうえで興味深い。また北方狩猟民にとって重要な調味料である魚油は鍋で煮込んでとられる。堅果類のない北ユーラシア地域における最古の土器が、魚油精製のプロセスのなかから登場したという見解（メドヴェージェフ 1994）は、生態系に対する文化的適応の合理的解釈のひとつであろう。

晩秋から冬期にかかるサケの遡上期間にあって、その捕獲あるいは加工・消費のために形成された過去の漁撈キャンプがより定着的な意味をもったことは重要であるが、その具体的な滞在期間がどの程度であったかは推測が難しい。薫製作りなどの工程や期間そしてその消費、あるいは越冬を考えると少なくとも1か月以上か2・3か月に及んだのだろうか。また、次のキャンプへの移動はなぜ生じたのか。サケの産卵期は北の地域で早くより南にいくにつれ遅くなり、河川の上流より下流の産卵が遅い。サケの最盛期を追ったアイヌの住居移動も民族誌の示す事例である。ナワバリとの関係もあるが、流域を下るか、異なった水系に南下しながらサケを追う捕獲行動も想定してみる必要性がある。他方、松井章は内陸部遺跡や沿岸部貝塚におけるサケ属の骨の出土状況の違いから、その利用の差異をみてとる（松井 1985）。同一水系内における資源分布の格差も、内水面漁撈の施行を考えるうえでふまえておかなければならない問題であろう。

ところで中緯度地域の狩猟採集経済における季節的な生業戦略上の克服点は、一般に厳冬期の生業活動の困難さのみ強調されがちであるが、むしろ陸上動物の狩猟がふるわず堅果類の実りを待たなければならない春から夏をどのように乗り切るかという点にあろう。アイヌの場合、春には蕨・蕗などの植物採取やウグイなどの雑魚の春漁が、夏から初秋にかけてはマス漁が組み込まれている（渡辺 1977）。マスは、アイヌ語でsakipe（夏の食料の意）ともいわれる。旧石器時代の場合、限られた有用植物とそれを加工するための土器をもたない関係上、春から夏はより深刻な通過点であったと考えられる。したがって内水面漁撈システムが開発された場合、サケ漁の強調に目を奪われがちであるが、サケと遡上期が異なる夏から秋にかけてのマス漁についても踏まえてみる必要がある。サケ漁のシーズンの開始前そして狩猟のふるわない夏にあってマス漁の準システム化は重要な意味をもつものと考えられる。ちなみにアイヌは寄生虫の知識から特にマスの生食については注意深く避けていたことが報告されている。一方で保存用には、夏季は腐るため天日干しには適さないことから焼き干しがなされたという（更科 1976）。

なお、秋から冬にかけて、シカ猟とサケ漁のシーズンが完全に重なるため、その双方を実行するためにアイヌでは、シカ猟については誘導柵などを用いた罠猟を狩猟システムとして組み込んでいる。とくに冬季に群集するシカ類の生態を熟知したうえで仕掛ける罠猟は、一定捕獲に効果的であった。内水面漁撈のシステム化により同シーズンの狩猟システムも変化し、罠猟など不在型の猟法の開発が進んだことも想定せねばならない（佐藤 1998）。

5　生業システムの変化と社会機構

北方系削片系細石刃石器群の技術的組織の特徴である機動性に富んだ curation-system は、北ユーラシアにおいては、季節的長距離移動が想定されるシカ類の狩猟に対して発揮された技術的適応とみられる（加藤博 1996）。こうした細石刃石器群が、アムール川流域からサハリン・北海道・東北日本へと拡散する過程において、内水面漁撈のシステム化が図られ（佐藤 1992b）、一方で土器の開発がなされた（梶原 1998）。

列島の後期旧石器社会にあっては、大型獣の絶滅化による敏捷な中型獣狩猟へのシフトのなか、多角的な食料資源開発とその獲得技術導入は必然的な要請となっていた。そうした背景にあって、内水面資源、わけても安定的な資源量をもつサケ属魚類への着目とその利用を可能にする漁撈技術の開発へと結びついていったことが考えられる。また、このころ登場する土器は、一方で煮沸による魚類や動物質食料の利用拡大を図り、他方では堅果類のアク抜きなどによる植物質食料の新たな利用法の開発を促し、貯蔵の機能も兼ね備えていた。

そしてこうした新たな食料資源への適応は、環境の異なる日本列島の北と南では大きく異なりをみせる。これまで述べてきた東日本におけるサケ属の内水面漁撈に対し、南九州などでは温帯林形成のなかで堅果類の利用が積極的になされ、陥し穴猟が発達、一方では海洋適応が進行したことが、近年の調査成果からうかがえる。

最後に、新たな生業システムとしての採用を仮説提示した内水面漁撈が、最終氷期の日本列島の社会機構に与えた影響について、推定しておきたい。

サケ属の生態に適応した、晩秋から冬季にかけての季節的限定性を伴う内水面漁撈は、後期旧石器時代集団の生業活動において季節性と計画性をもたらすものであった。あわせて、サケ属の遡上の定期間性と産卵場所の定位置性は、後期旧石器的な居住戦略（Binford 1980）であるforager型の遊動生活を、よりcollector型へと近づいた期間的定住化へとシフトしたものとみられる。また、多くの民族誌にみられるように、従来の狩猟採集社会にみられる狩猟が男子・採集が女子といった性別分業に対し、内水面漁撈においては集落構成員の集約的協業の進行が推定される。内水面漁撈のシステム化によって狩猟採集システムが変化をきたしたであろうことは当然考えなくてはならない問題である。なお、ここではふれられなかったが、この時期の遺跡の小規模化傾向から、定住化よりはさらに遊動化が活発化したとする田村隆の対論（田村 1993）も、内水面漁撈の採否問題とからんで重要な意味をもつものであることを述べておく。

サケ属魚類資源の大量捕獲は、乾物・薫製など食料加工・保存技術を発達させ、その余剰分については他集団への交換財として機能したことも予測せねばなるまい。また、内水面漁撈という新しい生業の維持にかかわる社会機構の調整装置として、サケ信仰や儀礼といった観念的なサブシステムもいずれ派生したことであろう。ちなみに、アイヌ社会においては、サケの産卵区域に季節的にlocal-groupのナワバリが発現し、そのテリトリーへ他のlocal-groupが侵入するには首長の許可が必要になるという（渡辺 1963）。後期旧石器時代末に開発が進んだとみられるサケ属魚類資源は、やがて社会性を帯び始め、集団の新たな交換関係や均衡関係を生じさせたことも考えられよう。

第４章

石材資源の獲得と消費の構造

第1節　相模野台地の細石刃石器群における黒曜石利用の動態

1　黒曜石原産地同定

1960年代以降、考古理化学の発展が可能としたのは、遺物成分元素の化学的定量化という客観的根拠に基づく原産地同定である。今日、実用化をみた考古遺物の原産地同定は、研究方法の精緻化とともに多くのデータ蓄積をみせ、現代考古学の一翼を担っている。

黒曜石の分析については、60年代前半にアメリカのプライスらによって研究開発されたフィッション・トラック法（Price and Walker 1963）が、日本では70年代初頭に鈴木正男によって黒曜石の年代測定法および原産地同定法として実用化された。鈴木は、フィッション・トラック法によって、信州・箱根・神津島など中部関東の代表的な黒曜石原産地の黒曜石の生成年代を算出、あわせて産地ごとに異なる黒曜石の生成年代とウラン濃度の測定から黒曜石の原産地同定を試み、旧石器時代から縄文時代にかけての黒曜石利用の動態を明らかにした。さらに鈴木は、考古学的方法ではみえない旧石器時代の南関東への神津島産黒曜石の搬入を分析から導き出し、当時すでに航海技術があったことを指摘した（Suzuki 1973・1974）。一方、原子炉で中性子を照射し成分元素比を求めることで産地を推定する中性子放射化分析法も、鈴木正男・戸村健児のほか、大沢眞澄や二宮修治らによって基礎研究がなされ（大沢 1991）、今日まで数多くの原産地同定の成果をあげている。

非破壊法としての蛍光X線分析の開発は、石材原産地同定に大きな飛躍をもたらした。70年代前半から蛍光X線分析の研究開発を進めていた京都大学原子炉実験所の東村武信と藁科哲男らは、まずサヌカイトの原産地同定を軌道に乗せ、つづいて黒曜石の原産地分析への適用をはかった（東村 1986、藁科 1995）。蛍光X線分析は、放射化分析法のように原子炉などの大掛かりな施設を必要とせず、非破壊法であるがゆえに主要な石器の分析も問題なくおこなえ、しかも短時間で大量の原産地同定を可能とした点は画期的であった。藁科の教示によれば、現時点で国内では100個所にもおよぶ黒曜石の化学組成群原産地が識別され、数万点に達する黒曜石石器の原産地同定が実施されているという。一方では、こうした原産地同定の基礎データを形成する黒曜石原産地の綿密な調査が実施されている（森嶋編 1993）。近年では、杉原重夫らによる積極的な原産地サンプルの蒐集と分析とが大きな成果を上げているところである（杉原 2009）。

蛍光X線分析による原産地同定の新しい試みとして、望月明彦・池谷信之らはいわゆる「全点分析法」という方向性を打ち出した（望月・池谷ほか 1994）。これは非破壊・短時間測定という蛍光X線分析のメリットを最大限に利用し、黒曜石全点を可能な限り分析することによってサンプリングの恣意性を排除するものである。この分析結果に基づいて、黒曜石全体の産地別分布図が描かれ、産地別の石材搬入の視点から遺跡の空間分析も試みられた。また、黒曜石産地と石器器種との対応関係も詳細に検討でき、異系統石器とされる石器の原産地問題や搬入形態についても言及が可能となっている。

筆者は、かねてより望月明彦との共同研究によって、この「全点分析法」の視点から、相模野台地の細石刃石器群について一石器群で可能な限り全点に近い試料の分析を要件として、蛍光X線分析による産地同定を実施しており、本論はその成果の報告とその様相の考察をおこなうものである。

2　原産地同定と研究の目的

火山国である日本列島には、北は北海道白滝から南は鹿児島三船に至るまで数多くの黒曜石原産地が存在しており（図64）、それらの原石は100を超える化学組成群に類別される。相模野台地の位置する本州中央部にも、良質な黒曜石の原産地が存在している。もっとも近接するのは天城・箱根系産地で、箱根・畑宿や天城・柏峠の原産地が知られる。また、140kmの太平洋沖には神津島黒曜石原産地が、110〜130kmほど内陸には長野県和田峠や霧ヶ峰（諏訪・星ヶ塔）・男女倉・蓼科（麦草峠・八ケ岳・冷山）の黒曜石原産地がある。

こうした国内の黒曜石原産地について筆者は、北海道白滝から秋田県男鹿・栃木県高原山・東京都神津島・静岡県柏峠・島根県隠岐島・大分県姫島・佐賀県腰岳・鹿児島県三船等、主要なものについての産状の踏査とサンプリングを実施している（堤 2004d）。また、長野県和田峠および八ケ岳周辺について

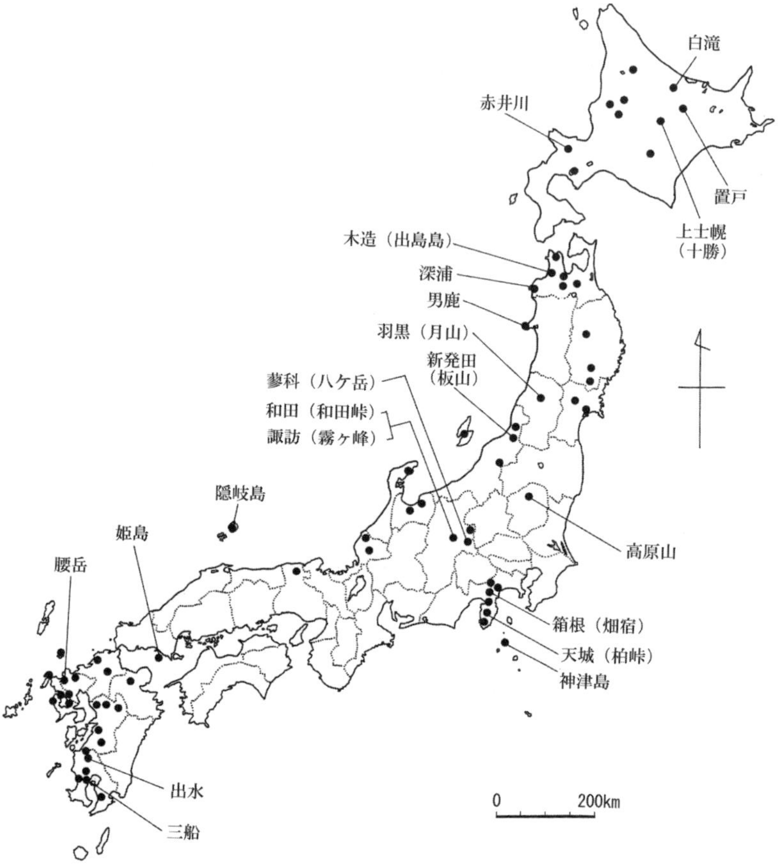

図64　日本列島の代表的な黒曜石原産地

は、数年にわたる野外調査に加わり、成果を報告した経過がある（森嶋編 1993、堤・吉田 1996）。

今回分析の対象とした相模野台地において、これまで発掘調査によって確認された細石刃石器群は40以上を数えるが、そのうち黒曜石を用いたものは30ほどある（28・29頁表 3 参照）。筆者らは、まず手始めにその 3 分の 1 にあたる10の細石刃石器群の産地分析を実施した[(1)]。上草柳第 1 地点遺跡第Ⅰ文化層・上草柳第 3 地点中央遺跡第Ⅰ文化層・上草柳第 3 地点東・上草柳第 4 地点遺跡・福田札ノ辻遺跡第Ⅰ文化層・長堀南遺跡第Ⅱ文化層・台山遺跡第Ⅱ文化層・柏ケ谷長ヲサ遺跡第Ⅳ文化層・上和田城山遺跡第Ⅱ文化層・草柳中村遺跡第Ⅰ文化層が分析を実施した石器群で、柏ケ谷長ヲサ遺跡が海老名市である以外はすべて大和市の遺跡である(2)。分析は、大和市教育委員会の深いご理解によって実現することができた。

分析にあたっては、堤が試料のサンプリングをおこない、望月が蛍光Ｘ線分析を担当して、考古学的な意味付けについて考察した。その際には、以下の諸点に留意した。

1　各石器群の黒曜石産地別構成の定量的な解明。
2　石器器種と黒曜石産地との対応関係の検討。
3　遺跡内での黒曜石分布の産地別検討。
4　石器群間の比較による黒曜石利用の相違の検討。
5　細石刃石器群が層位的にみられる相模野台地の優位性をふまえての、黒曜石利用の変遷の検討。

分析対象試料数は全部で2829試料であるが、そのうち、未分析のものと、試料が小さすぎたり薄すぎたりして測定ができなかった試料は675試料あった。黒曜石原産地の判定は、多変量解析と判別図法を用いた。

同定された黒曜石の産地とその構成を表15・16に示す。また、表17〜31には、石器群ごとの黒曜石石器器種の産地別内訳を示した。表中には、産地の明らかになった黒曜石のほか、分析不可であった黒曜石、未分析の黒曜石点数を示し、あわせて黒曜石以外の石器の点数と石器群の石器組成の総計を示してある。石器群ごとの黒曜石産地別構成の比率は、分析の結果、産地の判明したものを100％として算定してある。以下には、石器群ごとに産地構成の特色についてふれた。

なお、望月による産地呼称については、分析当時の呼称と現在の呼称とが異なっている。本論中では現在の呼称に変更し、提示した。

(1) 上草柳第１地点遺跡

上草柳第１地点遺跡第Ⅰ文化層では立川ローム層BB0層中位を生活面としてＡ・Ｂ２個所のブロックがあり、ブロックごとに石器器種の産地別内訳を示した（表17・18）。

Ａブロックでは、192点の黒曜石の産地が判明した（表17）。その内訳は、畑宿

表15　相模野台地の細石刃石器群の黒曜石産地推定結果（点数）

遺跡・文化層・ブロック	信州系				天城・箱根系		神津島系	推定総数
	和田（WO）	和田（WD）	諏訪	蓼科	箱根・畑宿	天城・柏峠	神津島	
上草柳第 1 地点　第Ⅰ文化層　A ブロック					14	1	177	192
上草柳第 1 地点　第Ⅰ文化層　B ブロック					38	18	82	138
上草柳第 3 地点中央　第Ⅰ文化層		138						138
上草柳第 3 地点東		2						2
上草柳第 4 地点							2	2
福田札ノ辻　第Ⅰ文化層							1	1
長堀南　第Ⅱ文化層		2						2
台山　第Ⅱ文化層　1 ブロック		6	14	25		10		55
台山　第Ⅱ文化層　2 ブロック	1	221	84	4		369	1	680
柏ケ谷長ヲサ　第Ⅳ文化層							345	345
上和田城山 4 区　第Ⅱ文化層　A ブロック		46	22					68
上和田城山 4 区　第Ⅱ文化層　B ブロック		23	34					57
上和田城山 4 区　第Ⅱ文化層　C ブロック		393	1					394
草柳中村　第Ⅰ文化層　1 ブロック		1	5				1	7
草柳中村　第Ⅰ文化層　2 ブロック			14	58	1			73
計	1	832	174	87	53	398	609	2154

表16　相模野台地の細石刃石器群の黒曜石産地推定結果（%）

遺跡・文化層・ブロック	信州系				天城・箱根系		神津島系	推定総数%計
	和田（WO）	和田（WD）	諏訪	蓼科	箱根・畑宿	天城・柏峠	神津島	
上草柳第 1 地点　第Ⅰ文化層　A ブロック					7.3	0.6	92.1	100.0
上草柳第 1 地点　第Ⅰ文化層　B ブロック					27.5	13.0	59.5	100.0
上草柳第 3 地点中央　第Ⅰ文化層		100.0						100.0
上草柳第 3 地点東		100.0						100.0
上草柳第 4 地点							100.0	100.0
福田札ノ辻　第Ⅰ文化層							100.0	100.0
長堀南　第Ⅱ文化層		100.0						100.0
台山　第Ⅱ文化層　1 ブロック		10.9	25.5	45.5		18.1		100.0
台山　第Ⅱ文化層　2 ブロック	0.1	32.5	12.4	0.6		54.3	0.1	100.0
柏ケ谷長ヲサ　第Ⅳ文化層							100.0	100.0
上和田城山 4 区　第Ⅱ文化層　A ブロック		67.6	32.4					100.0
上和田城山 4 区　第Ⅱ文化層　B ブロック		40.4	59.6					100.0
上和田城山 4 区　第Ⅱ文化層　C ブロック		99.7	0.3					100.0
草柳中村　第Ⅰ文化層　1 ブロック		14.3	71.4				14.3	100.0
草柳中村　第Ⅰ文化層　2 ブロック			19.2	79.4	1.4			100.0
計	0.1	38.9	8.0	4.0	2.4	18.3	28.3	100.0

14点（7.3%）・神津島恩馳島177点（92.2%）で、神津島恩馳島が9割以上を占める。器種別にみると、1点の柏峠の黒曜石は成品として単独で出土した尖頭器にあたる。98点の細石刃はすべて神津島恩馳島にあたり、畑宿・柏峠の細石刃はみられない。ただし細石刃石核では神津島恩馳島以外に畑宿が1点ある。

Bブロックでは、138点の黒曜石の産地が判明した（表18）。その内訳は、畑宿38点（27.5%）・柏峠18点（13.1%）・神津島恩馳島82点（59.4%）となっている。

表17　石器の産地別点数　<上草柳第 1 遺跡　第Ⅰ文化層　Aブロック>

石材	エリア	判別群	細石刃	細石刃石核	細石刃石核原形	ナイフ形石器	尖頭器	掻器	削器	抉入石器	錐状石器	彫刻刀形石器	楔形石器	ストーン・リタッチャー	加工のある剥片	微小剥離痕のある剥片	礫石器	その他	剥片	砕片	石核	不明	計
黒曜石	箱根	畑宿		1															7	5	1		14
	天城	柏峠 1					1																1
	神津島	恩馳島	98	2	2											1			74				177
	分析不可		1																17	1			19
	未分析		4																				4
黒曜石以外					1														3	3			7
総計			103	3	3		1									1			101	9	1		222

表18　石器の産地別点数　<上草柳第 1 遺跡　第Ⅰ文化層　Bブロック>

石材	エリア	判別群	細石刃	細石刃石核	細石刃石核原形	ナイフ形石器	尖頭器	掻器	削器	抉入石器	錐状石器	彫刻刀形石器	楔形石器	ストーン・リタッチャー	加工のある剥片	微小剥離痕のある剥片	礫石器	その他	剥片	砕片	石核	不明	計
黒曜石	箱根	畑宿								1						1			4	32			38
	天城	柏峠 1	3				1		1										11	2			18
	神津島	恩馳島	38	2												3			24	15			82
	分析不可																		9	7			16
	未分析		1																				1
黒曜石以外			2	1	2		1		2					2	3		1		68	42	3		127
総計			44	3	2		2		3	1				2	3	4	1		116	98	3		282

表19　石器の産地別点数　<上草柳第 3 中央遺跡　第Ⅰ文化層>

石材	エリア	判別群	細石刃	細石刃石核	細石刃石核原形	ナイフ形石器	尖頭器	掻器	削器	抉入石器	錐状石器	彫刻刀形石器	楔形石器	ストーン・リタッチャー	加工のある剥片	微小剥離痕のある剥片	礫石器	その他	剥片	砕片	石核	不明	計
黒曜石	和田 (WD)		74	5	1											2			56				138
	分析不可																		29				29
	未分析		17																				17
黒曜石以外			5	2	1	2			3				2		1	8			122	86	2		234
総計			96	7	2	2			3				2		1	10			207	86	2		418

Aブロックと比べると畑宿・柏峠の点数が多いが、それでも神津島恩馳島が6割を占める。器種別にみると、柏峠の黒曜石は尖頭器・削器に、畑宿の黒曜石は抉入石器に用いられているが、この種の石器に神津島恩馳島の黒曜石は用いられていない。これに対し、柏峠の３点の細石刃を除くと38点の細石刃はすべて神津島恩馳島にあたる。

両ブロックの石器の器種ごとの産地について図65に示した。本石器群全体をみると、細石刃関係では神津島恩馳島が９割以上を占め、両ブロックで神津島恩馳島の黒曜石を用いた細石刃製作がなされていたことがうかがえる。逆に尖頭器・削器・抉入石器には神津島恩馳島が用いられず畑宿・柏峠の黒曜石があてられる傾向がうかがえる。また、黒曜石以外にはチャートの細石刃２点・細石刃石核１点、凝灰岩の細石刃石核原形１点、頁岩の細石刃石核原形２点が検出されている。黒曜石の細石刃石核が稜柱形であるのに対し、チャート・凝灰岩・頁岩の細石刃石核等は舟底形である点に相違がある。

なお、本文化層ではブロック外からナイフ形石器１点と尖頭器１点が検出されている。分析の結果、ナイフ形石器には畑宿の黒曜石が、尖頭器には蓼科冷山の黒曜石が用いられていた。

(2) 上草柳第３地点中央遺跡・第３地点東遺跡・第４地点遺跡

上草柳第３地点中央遺跡第Ⅰ文化層では、BB0層下位を生活面として、１個所の石器ブロックが確認されているのみである。産地が判明した黒曜石138点は、すべてが和田（WD）の黒曜石であった（表19）。分析可能なもの以外についても、個体別分類の結果を勘案すると和田の黒曜石と考えられる。本石器群では、和田の黒曜石によって細石刃製作がなされたことがわかる。なお、黒曜石以外に流紋岩の細石刃５点・細石刃石核２点、頁岩の細石刃石核原形１点が検出されている。すべての細石刃石核は稜柱形である。

上草柳第３地点東遺跡では、３点の細石刃が出土しているのみで、２点が黒曜石、１点は凝灰岩である。細石刃は２点とも和田（WD）の黒曜石であった（表20）。

上草柳第４地点遺跡では、L1S層から２点の細石刃が出土しているのみで、２点とも神津島恩馳島の黒曜石であった（表21）。

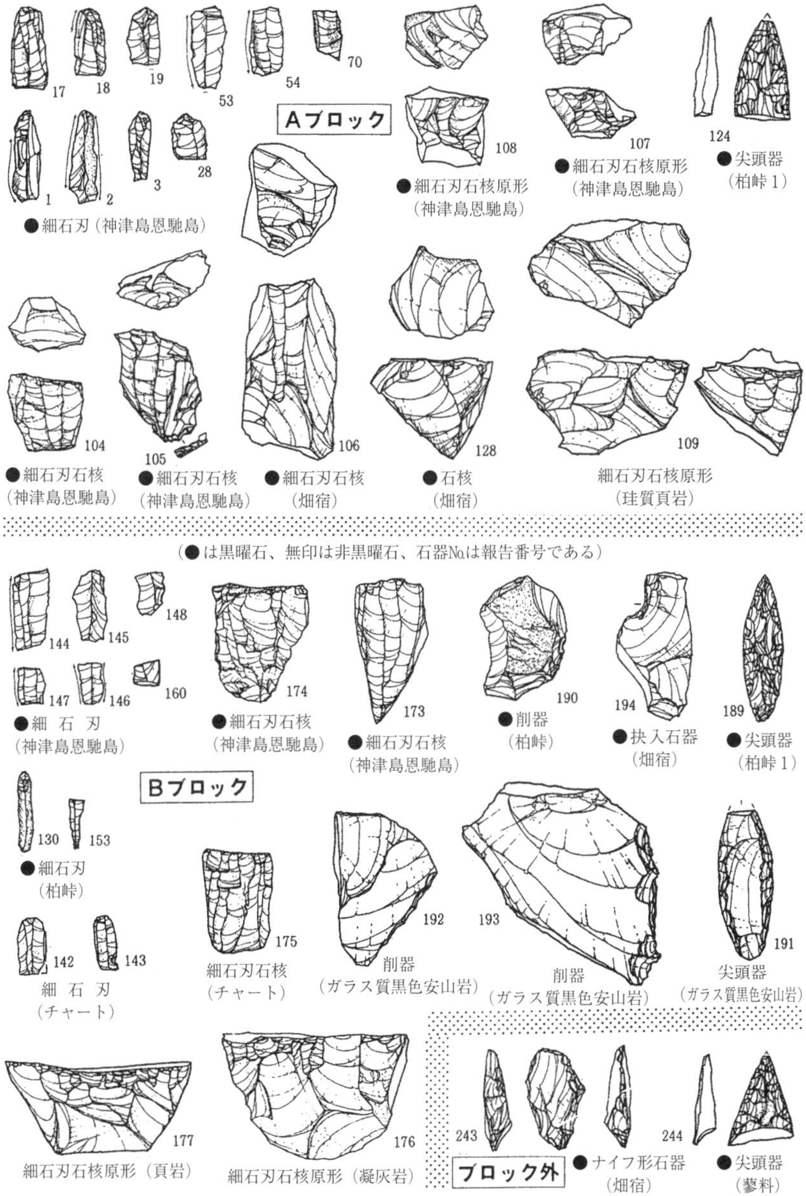
17
18
19
53
54
70
Aブロック
108
107
124
1
2
3
28
●細石刃（神津島恩馳島）
●細石刃石核原形
（神津島恩馳島）
●細石刃石核原形
（神津島恩馳島）
●尖頭器
（柏峠１）
104
105
106
128
109
●細石刃石核
（神津島恩馳島）
●細石刃石核
（神津島恩馳島）
●細石刃石核
（畑宿）
●石核
（畑宿）
細石刃石核原形
（珪質頁岩）
（●は黒曜石、無印は非黒曜石、石器№は報告番号である）
144
145
148
147
146
160
174
173
190
194
189
●細　石　刃
（神津島恩馳島）
●細石刃石核
（神津島恩馳島）
●細石刃石核
（神津島恩馳島）
●削器
（柏峠）
●抉入石器
（畑宿）
●尖頭器
（柏峠１）
Bブロック
130
153
●細石刃
（柏峠）
175
192
193
191
142
143
細　石　刃
（チャート）
細石刃石核
（チャート）
削器
（ガラス質黒色安山岩）
削器
（ガラス質黒色安山岩）
尖頭器
（ガラス質黒色安山岩）
177
176
243
244
細石刃石核原形（頁岩）
細石刃石核原形（凝灰岩）
ブロック外
●ナイフ形石器
（畑宿）
●尖頭器
（蓼料）

図65　上草柳第１地点遺跡の細石刃石器群の石器と石材

(3) 福田札ノ辻遺跡・長堀南遺跡

福田札ノ辻遺跡第Ⅰ文化層ではL1S層から黒曜石の稜柱形細石刃石核が１点出土している。産地は神津島恩馳島であった（表22）。

長堀南遺跡第Ⅱ文化層では、BB0層下位から細石刃１点と細石刃石核打面再生剥片（CRF）１点が出土している。２点とも和田（WD）の黒曜石であった（表23）。

(4) 台山遺跡

台山遺跡第Ⅱ文化層ではBB0層上面を生活面として、２個所の石器ブロック（報告ではこれをユニットと呼称）が確認されており、ブロックごとにその内訳を示した。なお、ここでの分析試料数は報告書にある石器総数をかなり上回るが、それは未報告でカウントされていない試料を数多く扱ったためであることを断っておく。

１ブロックでは、55点の黒曜石の産地が判明した。内訳は（表24）、和田（WD）６点（10.9％）・諏訪14点（25.5％）・蓼科25点（45.5％）・柏峠10点（18.1％）となる。器種的には、いずれの産地の黒曜石においても細石刃は製作されている。

２ブロックでは、693点の黒曜石の産地が判明した。なお、２ブロックではフルイにより回収された0.02g未満の細砕片が多数あり、この437点については、分析は実施したが産地は判明しなかった。

２ブロックの黒曜石産地の内訳は（表25）、和田（WO）１点（0.1％）・和田（WD）221点（31.9％）・和田（WD）？12点（1.8％）・諏訪84点（12.1％）・蓼科４点（0.6％）・柏峠369点（53.3％）・柏峠？１点（0.1％）である。１点（0.1％）のみみられる神津島恩馳島の砕片は、他の文化層からの紛れ込みか、あるいはサンプリングエラーにより混在した可能性がある（なお、表15・16の各遺跡の全体集計には、台山において不明確な和田（WD）？ 12点と柏峠？ １点の数字を加えていない）。和田（WD）・諏訪の黒曜石では細石刃が一定量ある。しかし蓼科の黒曜石には細石刃がみられず、剥片・微小剥離痕を有する剥片などがみられるのみである。１ブロックが信州系の黒曜石が多いのに対し、２ブロックでは柏峠の黒曜石が上回っている点で双方の相違がある。

表20　石器の産地別点数　＜上草柳第３東遺跡＞

石材	エリア	判別群	細石刃	細石刃石核	細石刃石核原形	ナイフ形石器	尖頭器	掻器	削器	抉入石器	錐状石器	彫刻刀形石器	楔形石器	ストーン・リタッチャー	加工のある剥片	微小剥離痕のある剥片	礫石器	その他	剥片	砕片	石核	不明	計
黒曜石	和田(WD)		2																				2
黒曜石以外			1																				1
総　計			3																				3

表21　石器の産地別点数　＜上草柳第４遺跡＞

石材	エリア	判別群	細石刃	細石刃石核	細石刃石核原形	ナイフ形石器	尖頭器	掻器	削器	抉入石器	錐状石器	彫刻刀形石器	楔形石器	ストーン・リタッチャー	加工のある剥片	微小剥離痕のある剥片	礫石器	その他	剥片	砕片	石核	不明	計
黒曜石	神津島	恩馳島	2																				2
黒曜石以外																							
総　計			2																				2

表22　石器の産地別点数　＜福田札ノ辻遺跡　第Ⅰ文化層　１ブロック＞

石材	エリア	判別群	細石刃	細石刃石核	細石刃石核原形	ナイフ形石器	尖頭器	掻器	削器	抉入石器	錐状石器	彫刻刀形石器	楔形石器	ストーン・リタッチャー	加工のある剥片	微小剥離痕のある剥片	礫石器	その他	剥片	砕片	石核	不明	計
黒曜石	神津島	恩馳島		1																			1
黒曜石以外																							
総　計				1																			1

表23　石器の産地別点数　＜長堀南遺跡　第Ⅱ文化層＞

石材	エリア	判別群	細石刃	細石刃石核	細石刃石核原形	ナイフ形石器	尖頭器	掻器	削器	抉入石器	錐状石器	彫刻刀形石器	楔形石器	細石刃石核ＣＲＦ	加工のある剥片	微小剥離痕のある剥片	礫石器	その他	剥片	砕片	石核	不明	計
黒曜石	和田(WD)		1											1									2
黒曜石以外																							
総　計			1											1									2

表24　石器の産地別点数　<台山遺跡　第Ⅱ文化層　1ブロック>

石材	エリア	判別群	細石刃	細石刃石核	細石刃石核原形	ナイフ形石器	尖頭器	掻器	削器	抉入石器	錐状石器	彫刻刀形石器	楔形石器	ストーン・リタッチャー	加工のある剥片	微小剥離痕のある剥片	礫石器	その他	剥片	砕片	石核	不明	計
黒曜石	和田(WD)		2								1					1			1	1			6
	諏訪	星ヶ台	8																2	4			14
	蓼科		12	2											1	2			4	4			25
	天城	柏峠1	4	1											1				3	1			10
	分析不可		7																5				12
	未分析		2																				2
黒曜石以外				2					1						5		3	4	70				85
総計			35	5					1		1				7	3	3	4	85	10			154

表25　石器の産地別点数　<台山遺跡　第Ⅱ文化層　2ブロック>

石材	エリア	判別群	細石刃	細石刃石核	細石刃石核原形	ナイフ形石器	尖頭器	掻器	削器	抉入石器	錐状石器	彫刻刀形石器	楔形石器	ストーン・リタッチャー	加工のある剥片	微小剥離痕のある剥片	礫石器	その他	剥片	砕片	石核	不明	計
黒曜石	和田（WO）		1																				1
	和田（WD）		95	4							1				1	2			27	91			221
	和田(WD)？		6																1	5			12
	諏訪	星ヶ台	52													1			10	21			84
	蓼科															2			2				4
	天城	柏峠1	232	3															13	121			369
	天城	柏峠1？																		1			1
	神津島	恩馳島																		1			1
	分析不可		141																296				437
	未分析		4																				4
黒曜石以外									5		2				5	4	3	7	112				138
総計			531	7					5		3				6	9	3	7	461	240			1272

表26　石器の産地別点数　<柏ケ谷長ヲサ遺跡　第Ⅳ文化層>

石材	エリア	判別群	細石刃	細石刃石核	細石刃石核原形	ナイフ形石器	尖頭器	掻器	削器	抉入石器	錐状石器	彫刻刀形石器	楔形石器	細石刃石核CRF	加工のある剥片	微小剥離痕のある剥片	礫石器	その他	剥片	砕片	石核	不明	計
黒曜石	神津島	恩馳島	137	1	4				2				1	2					57	131	1	6	342
	神津島	砂糠崎	2																	1			3
	分析不可		5																	21			26
	未分析		1																				1
黒曜石以外			1										1		4	1	3		214	111	3		338
総計			146	1	4				2				2	2	4	1	3		271	264	4	6	710

なお、本石器群の細石刃石核はいずれも稜柱形である。

(5) 柏ケ谷長ヲサ遺跡

柏ケ谷長ヲサ遺跡第Ⅳ文化層では、L1H層上位を生活面として、１個所の石器ブロックが確認されているのみである。黒曜石の産地の内訳（表26）は、神津島恩馳島が342点（99.1％）、神津島砂糠崎のものが３点（0.9％）ある。通常、ほとんど分析の網にかからない砂糠崎の黒曜石利用に注意したい。そのうち２点は、細石刃である。産地の判明しないものも26点あったが、それについても個体別分類の結果を勘案すると神津島エリアの黒曜石と考えられ、したがって黒曜石の全点が神津島エリアの黒曜石とみられる。

細石刃関係の石器で、黒曜石以外のものはチャートの細石刃が１点あるのみである。また、細石刃石核は稜柱形である。

なお、本論の原典となった論文（望月・堤 1997）では、資料の総数が716点であり、表26の710点より６点多いが、点数を再確認した本表の記述を優先する。

(6) 上和田城山遺跡

上和田城山遺跡４区第Ⅱ文化層ではBB0層下位を生活面として、Ａ・Ｂ・Ｃの３個所のブロックが確認されており、ブロックごとにその内訳を示した。

Ａブロックでは、68点の黒曜石の産地が判明した（表27）。内訳は、和田（WD）46点（67.6％）・諏訪22点（32.4％）で、信州系以外の黒曜石はみられない。器種的には、いずれの産地の黒曜石においても細石刃は製作されている。

Ｂブロックでは、57点の黒曜石の産地が判明した（表28）。産地の内訳は、和田（WD）23点（40.4％）・諏訪34点（59.6％）で、信州系以外の黒曜石はみられない。器種的には、いずれの産地の黒曜石でも細石刃関係の石器は製作されている。

Ｃブロックでは、394点の黒曜石の産地が判明した（表29）。産地の内訳は、和田（WD）393点（99.7％）・諏訪１点（0.3％）である。信州系以外の黒曜石はみられないが、その中でも和田峠系が大部分を占める。なお、本ブロックには尖頭器12点が含まれるが、逆に細石刃関係の石器は５点のみと少ない。

以上、３ブロックとも信州系の黒曜石のみで構成されることが特徴であるが、その中でも和田（WD）と諏訪の黒曜石の保有点数に微妙な傾向の違いが３者に

表27　石器の産地別点数　＜上和田城山遺跡 4 区　第Ⅱ文化層　Aブロック＞

石材	エリア	判別群	細石刃	細石刃石核	細石刃石核原形	ナイフ形石器	尖頭器	掻器	削器	抉入石器	錐状石器	彫刻刀形石器	楔形石器	細石刃石核CRF	加工のある剥片	微小剥離痕のある剥片	礫石器	その他	剥片	砕片	石核	不明	計
黒曜石	和田（WD）		22						6							5			9	3	1		46
	諏訪	星ヶ台	10						1						2				8	1			22
	分析不可		7																	1			8
	未分析		1																3	4			8
黒曜石以外																			14		3		17
総　計			40						7						2	5			34	9	4		101

表28　石器の産地別点数　＜上和田城山遺跡 4 区　第Ⅱ文化層　Bブロック＞

石　材	エリア	判別群	細石刃	細石刃石核	細石刃石核原形	ナイフ形石器	尖頭器	掻器	削器	抉入石器	錐状石器	彫刻刀形石器	楔形石器	細石刃石核CRF	加工のある剥片	微小剥離痕のある剥片	礫石器	その他	剥片	砕片	石核	不明	計
黒曜石	和田（WD）			2	1				4							7			7	2			23
	諏訪	星ヶ台	5	2					1				1	2		2			18	3			34
	分析不可		2													1							3
	未分析		1																1	9			11
黒曜石以外																1	15		29		5		50
総　計			8	4	1				5				1	2		11	15		55	14	5		121

表29　石器の産地別点数　＜上和田城山遺跡 4 区　第Ⅱ文化層　Cブロック＞

石　材	エリア	判別群	細石刃	細石刃石核	細石刃石核原形	ナイフ形石器	尖頭器	掻器	削器	抉入石器	錐状石器	彫刻刀形石器	楔形石器	細石刃石核CRF	加工のある剥片	微小剥離痕のある剥片	礫石器	その他	剥片	砕片	石核	不明	計
黒曜石	和田（WD）		4				11		6							12			316	42		2	393
	諏訪	星ヶ台												1									1
	分析不可																		1	4			5
	未分析															2			34	32			68
黒曜石以外							1									1			3				5
総　計			4				12		6					1		15			354	78		2	472

表30　石器の産地別点数　<草柳中村遺跡　第Ⅰ文化層　1ブロック>

石材	エリア	判別群	細石刃	細石刃石核	細石刃石核原形	ナイフ形石器	尖頭器	掻器	削器	抉入石器	錐状石器	彫刻刀形石器	楔形石器	細石刃石核CRF	加工のある剥片	微小剥離痕のある剥片	礫石器	その他	剥片	砕片	石核	不明	計
黒曜石	和田(WD)		1																				1
	諏訪	星ヶ台	1																3	1			5
	神津島	恩馳島	1																				1
黒曜石以外									1											1			2
総計			3						1										3	2			9

表31　石器の産地別点数　<草柳中村遺跡　第Ⅰ文化層　2ブロック>

石材	エリア	判別群	細石刃	細石刃石核	細石刃石核原形	ナイフ形石器	尖頭器	掻器	削器	抉入石器	錐状石器	彫刻刀形石器	楔形石器	細石刃石核CRF	加工のある剥片	微小剥離痕のある剥片	礫石器	その他	剥片	砕片	石核	不明	計
黒曜石	諏訪	星ヶ台	1						1							2			9	1			14
	蓼科		5			1			1					4	1	8			32	6			58
	箱根	畑宿	1																				1
	未分析		2																2				4
黒曜石以外																			2	8			10
総計			9			1			2					4	1	10			45	15			87

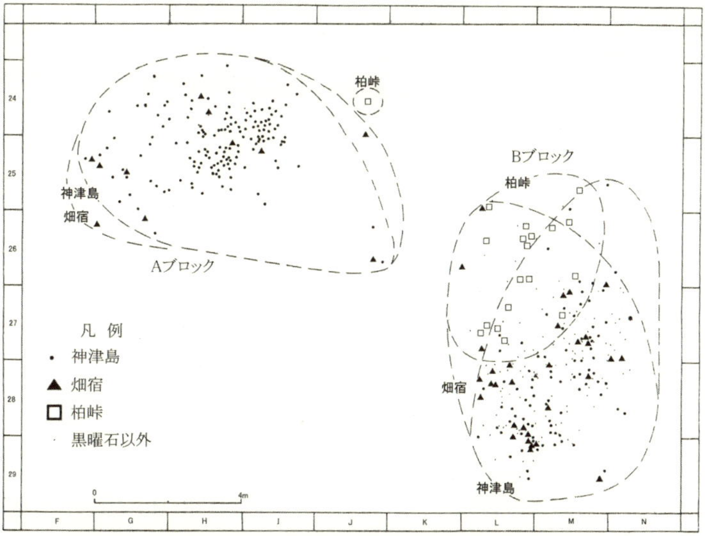

図66　上草柳第１地点遺跡の細石刃石器群の産地別石器分布

ある。特にCブロックにおいてその大部分が和田（WD）であることは、他の2ブロックと異なる点である。

本石器群の細石刃石核はいずれも稜柱形である。

(7) 草柳中村遺跡

草柳中村遺跡第Ⅰ文化層ではBB0層下位を生活面として、2個所のブロックが確認されており、ブロックごとにその内訳を示した。なお細石刃が黒曜石であることから、出土していない細石刃石核はおそらく稜柱形であるとみられる。

1ブロックでは、出土黒曜石は7点のみであるがその全点についての産地が明らかにされた（表30）。産地の内訳は、和田（WD）1点（14.3％）・諏訪5点（71.4％）・神津島恩馳島1点（14.3％）である。3つの産地とも細石刃を含んでいる。

2ブロックでは、73点の黒曜石の産地が判明した（表31）。産地の内訳は、諏訪14点（19.2％）・蓼科58点（79.4％）・畑宿1点（1.4％）となっている。3つの産地とも細石刃を含んでいる。

両ブロックと比べると、1ブロックにある和田（WD）と神津島恩馳島の黒曜石は2ブロックにはない。また、2ブロックにある蓼科・畑宿の黒曜石は1ブロックにはない、という差異がみられる。両ブロックをあわせて点数の多いのは蓼科の黒曜石58点（72.6％）で、ついで諏訪の19点（23.8％）、あとの和田（WD）・神津島恩馳島・畑宿は各1点（各1.2％）しかみられない。

3　産地別石器分布

ここでは遺跡構造論的視点から、産地ごとに黒曜石の分布について、上草柳第1地点第Ⅰ文化層と上和田城山4区第Ⅱ文化層2者を取り上げ、検討する。

まず、上草柳第1地点第Ⅰ文化層のA・Bブロックについてみてみよう（図66）。ここで確認された黒曜石は、神津島恩馳島・畑宿・柏峠の3種である。まず、Aブロックでは、神津島恩馳島・畑宿がほぼ重なって分布するのに対し、1点のみしか出土のない柏峠の黒曜石は、その外縁に分布するのが特徴的で、しかもその器種は単品の尖頭器である。Bブロックでも、神津島恩馳島・畑宿と加えて黒曜石以外の石器の分布はほぼ重なるが、柏峠はそれらの分布の中心

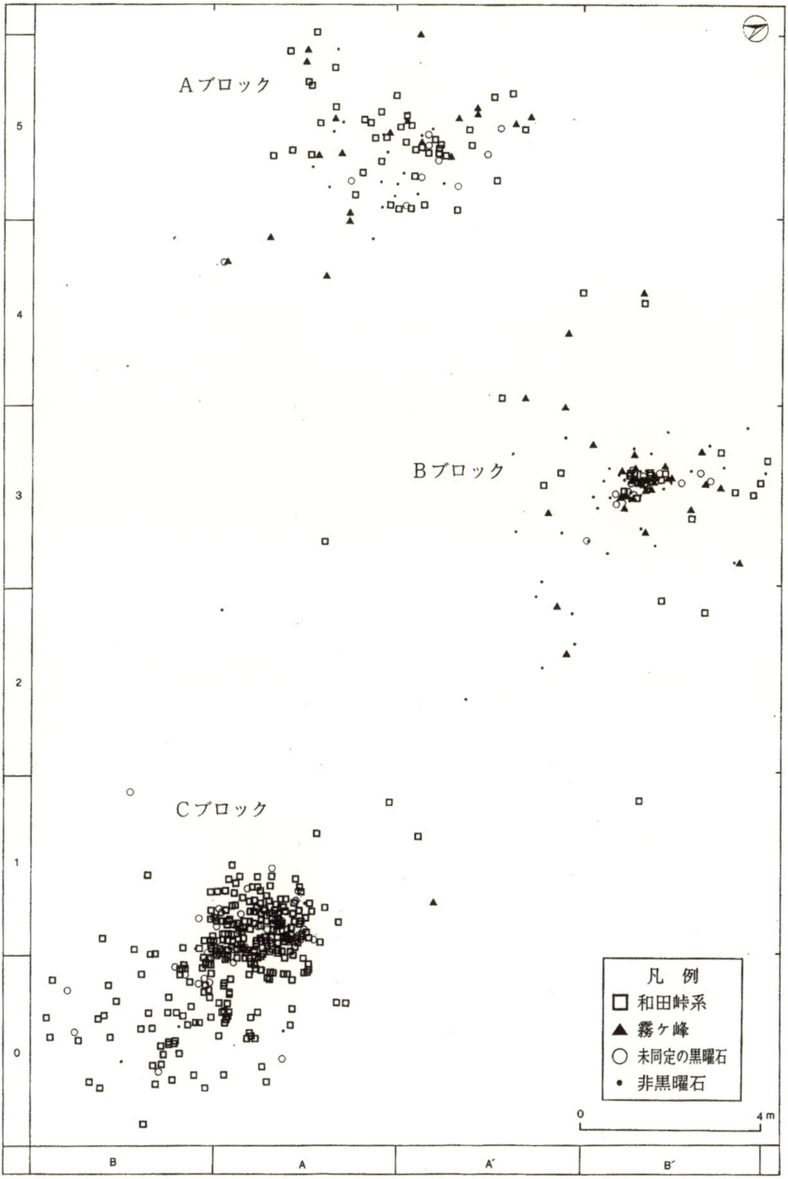

図67　上和田城山遺跡４区第Ⅱ文化層の産地別石器分布

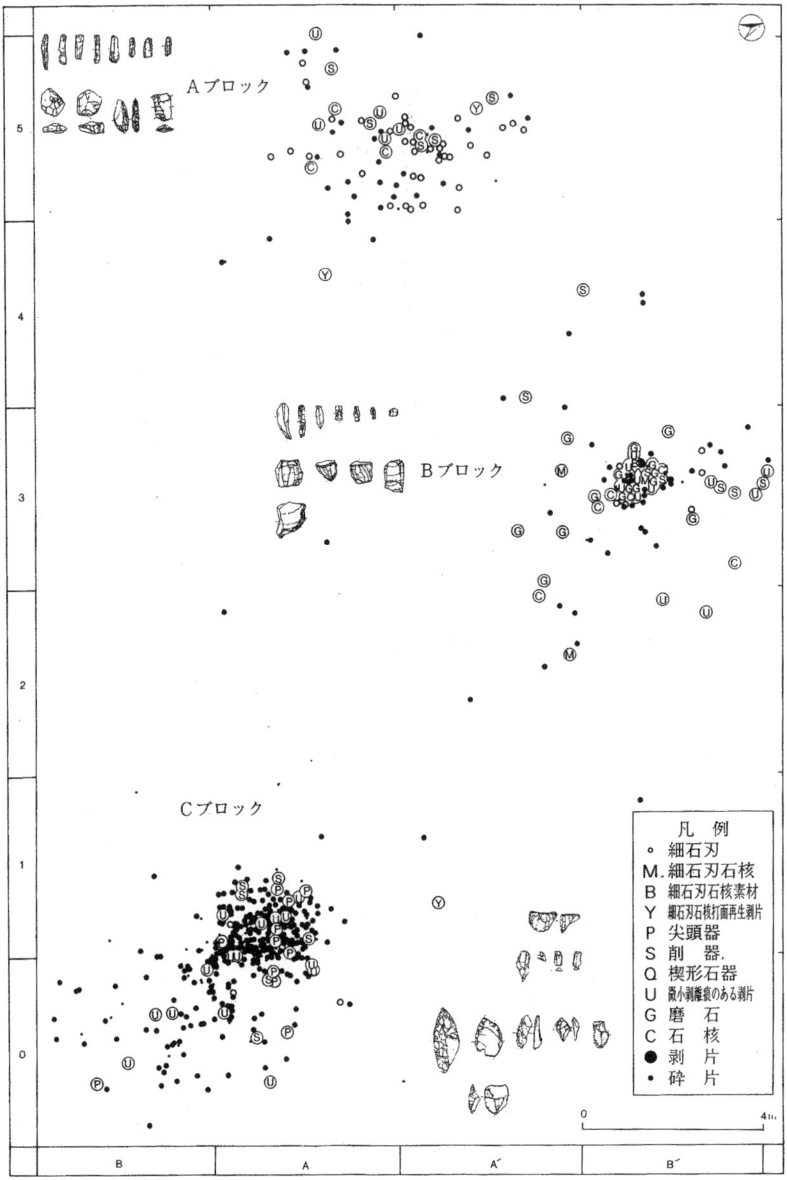

図68　上和田城山遺跡4区第Ⅱ文化層の器種別石器分布

よりややずれて、小さくまとまって分布している。Ｂブロックで柏峠の黒曜石を利用しているのは、細石刃・尖頭器・削器・剥片・砕片である。以上、上草柳第１地点第Ⅰ文化層では、双方のブロックとも柏峠の黒曜石の分布に他者とのズレが生じている点が注意される。

次に上和田城山４区第Ⅱ文化層のＡ・Ｂ・Ｃブロックをみてみる。図67に産地別、図68に器種別の分布を示した。ここで確認された黒曜石は和田（WD）・諏訪の２者である。まず、大きな傾向としてＡ・Ｂの両ブロックでは和田（WD）・諏訪の２者が混交した状態で認められるのに対し、Ｃブロックの分布は和田（WD）の黒曜石に限定される点で異なっている。なお、Ｃブロックに１点だけみられる諏訪の黒曜石はブロックの中心からはずれており、その器種も細石刃石核打面再生剥片である点が注意される。この３者のブロックは、器種的にはさきの表27～29に示したように、Ａ・Ｂが細石刃を主体として尖頭器を含まないのに対し、Ｃが尖頭器を主体としてわずかに細石刃を含むのみ(3)、という内容差をみせている。このように細石刃と尖頭器の器種別分布の違いは、Ａ・Ｂブロック対Ｃブロックという産地別分布の違いと同調している、といえる。

では、ここでみたような産地別黒曜石の分布の差異は、何に起因して生じているのであろうか。可能性としては、以下の①～④の原因を挙げておこう。④を除き①～③の原因が複合する状況も考えられうる。

① 集団内における産地別黒曜石の利用行動（製作・使用・保管・廃棄）の場所的差異
② 集団内における産地別黒曜石の利用者の場所的差異
③ 集団内における産地別黒曜石の入手・利用行動の時間あるいは時期の場所的差異
④ 利用集団・年代の異なる石器群の混在

①～③は同一集団内での産地別黒曜石の利用行動・利用者・利用時間の差を反映した分布の異なりであり、④は同一文化層と認識される中での異なる石器群の重複というケースである。ここで具体例に戻ると、上草柳第１地点における神津島恩馳島・畑宿と柏峠との分布の差異については、仮にこの石器分布が同一集団によって残されたと仮定した場合、④を除く①～③の原因が想定されることになるが、そのいずれかの判断はしかねるところである。例えばだが、Ｂブロックを形成したキャンプにおいて、初日の石器製作においては

当初にもちこんだ神津島と畑宿の黒曜石が用いられ、数日後の石器製作には後に入手された柏峠の黒曜石が用いられた、といったような状況があったとすると、③の黒曜石の入手・利用行動の時間差がそのズレの要因であるというひとつの説明は成り立つ。

一方、上和田城山の事例はどのように説明がつくだろう。上和田城山のA・BとCの２者は同一文化層中で扱われながらも、細石刃石器群と尖頭器石器群の２者として異なる石器群との評価も可能である。細石刃と尖頭器の偏在的な器種別分布に加え、黒曜石の産地別分布の偏在傾向もそうした分離性を支持する一要素とみることもできる。したがって④がその原因のひとつとして想定されようか。このように見かけ上同一文化層として扱われるものも、集団差・時代差を示す場合もあることが、産地別分布などからうかがい知れよう。

4　産地構成の様相

(1) 石器の器種・型式と原産地との対応

今回分析した10の細石刃石器群について、産地別に器種点数を集計し、表32

表32　相模野台地の細石刃石器群の産地別点数 ＜10遺跡　15ブロック総計＞

石材	エリア	判別群	細石刃	細石刃石核	細石刃石核原形	ナイフ形石器	尖頭器	掻器	削器	抉入石器	錐状石器	彫刻刀形石器	楔形石器	細石刃石核CRF	加工のある剝片	微小剝離痕のある剝片	礫石器	その他	剝片	砕片	石核	不明	計
黒曜石	和田（WO）		1																				1
	和田（WD）		201	11	2		11		16		2			1	1	29			416	139	1	2	832
	諏訪	星ヶ台	77	2					3				1	3	2	5			50	31			174
	蓼科		17	2		1			1					4	2	12			38	10			87
	信州系　計		296	15	2	1	11		20		2		1	8	5	46			504	180	1	2	1094
	天城	柏峠１	239	4			2		1						1				27	124			398
	箱根	畑宿	1	1						1						1			11	37	1		53
	天城・箱根系　計		240	5			2		1	1					1	1			38	161	1		451
	神津島	恩馳島	276	6	6				2				1	2		4			155	147	1	6	606
	神津島	砂糠崎	2																	1			3
	神津島系　計		278	6	6				2				1	2		4			155	148	1	6	609
	分析不可		163													1			357	34			555
	未分析		33													2			40	45			120
黒曜石以外			9	5	4	2	2		12		2		3		18	15	25	11	637	251	16	2	1014
総　計			1019	31	12	3	15		35	1	4		5	10	24	69	25	11	1731	819	19	10	3843

に示した。ただし、この集計では台山遺跡の２ブロック（表25）で産地に疑問符のつく和田（WD）？12点と柏峠１？の１点の値は除外してある。

黒曜石全体では、2829点のうち産地の明らかになったものが2154点（76.1％）、不明なものが675点（23.9％）ある。現状での集計内訳は、信州系が1094点（50.8％）、天城・箱根系が451点（20.9％）、神津島系が609点（28.3％）となる。なお、現状では、高原山系の黒曜石はまったく確認されていない。また、長野県野辺山の中ッ原5B地点や矢出川の細石刃に一定量用いられているNK産（産出場所は未発見）の黒曜石(4)も確認されなかった。

ここで石器器種を黒曜石の細石刃に限ってみると、総点数1010点のうち、信州系が296点（29.3％）、天城・箱根系が240点（23.8％）、神津島系が278点（27.5％）、不明196点（19.4％）となる。信州系、天城・箱根系、神津島系、３系統の黒曜石それぞれが一定の細石刃製作に供されていることがわかる。ただし、詳しく産地別でみると、細石刃製作に供される黒曜石と供されない黒曜石があることがわかる。例えば天城・箱根系では、細石刃製作に多用される柏峠に対し、畑宿の黒曜石が細石刃製作に用いられることはきわめて稀（確認されたのは２例のみ）であるといえる。気泡を多く含む畑宿の黒曜石は、柏峠や和田（WD）の黒曜石に比べると質が落ちることから、剥片石器には利用されるが、より良質な素材が求められる細石刃製作には積極的に用いられなかったのだろうか。

一方、信州系では、細石刃およびそれ以外の石器全般について和田（WD）や諏訪の黒曜石が多用されるのに対し、和田（WO）の黒曜石の利用はほとんどない。また、これらの産地群と15kmほど距離をおいた蓼科の黒曜石の利用率も和田（WD）や諏訪に比べると低いことがわかる。

さて次に、細石刃技法の違い、もしくは細石刃石核の形態・型式の違いにおいて、利用される黒曜石原産地に違いがあるかをみておこう。相模野台地において確認される細石刃石核には、楔形・舟底形・稜柱形の３者がある。

ここで、まずふまえておかなければならないのは、相模野台地の楔形細石刃石核（月見野上野１Ⅱ・長堀北Ⅱ・勝坂）および舟底形細石刃石核（下鶴間長堀Ⅰa）においては黒曜石がまったく用いられず、ガラス質黒色安山岩や凝灰岩・チャートなど非黒曜石が用いられている点である。石材と技法との関連においてまず注意される点である。

稜柱形細石刃石核については、黒曜石のほか、チャートや凝灰岩が用いられている。ここで分析対象とした黒曜石の10石器群は、いずれも稜柱形の細石刃石核をもつものである。その原産地は、男女倉・和田峠・諏訪・蓼科・柏峠・畑宿・神津島と各種があり、稜柱形という大別形態においては特定産地のみと結びついているとはいえない。さらに産地ごとに細別形態に差があるかどうかは、今後の検討課題としておく。

なお、稜柱形細石刃石核に含めるかどうかの議論があるが、「代官山技法」と呼称された代官山Ⅲ（砂田 1986）や吉岡Ｂ（砂田 1996）の細石刃技法については、柏峠など天城・箱根系の黒曜石との深い結びつきがみられる点で注意される。

(2) 産地構成の様相

次に今回の10石器群を中心に、すでに分析のおこなわれた石器群も参考として、その産地構成を、信州系、天城・箱根系、神津島系に大別し、さらに一系の主体構成か複数系構成かをみると、以下にグルーピングが可能である。

なお、一系構成のグループのうち、純粋でまったく他系の黒曜石を含まないものをサブグループａとする。また、わずかではあるが他系の黒曜石を含むものをサブグループｂとしておく。

Ａ　信州系黒曜石主体のグループ

・上草柳第３地点中央第Ⅰ文化層（BB0層下位）

・上和田城山４区第Ⅱ文化層（BB0層下位）

この２者は信州系黒曜石のみで構成されるサブグループａである。ただし、上草柳第３地点中央が和田（WD）のみで構成されるのに対し、上和田城山では和田（WD）・和田（WO）・諏訪の３者が含まれる。なお、両者には同じ信州系でも和田（WD）・和田（WO）・諏訪の３産地と距離をおく蓼科の黒曜石は含まれていない。

・草柳中村第Ⅰ文化層（BB0層中位）

草柳中村Ⅰでは信州系78点、天城・箱根系１点、神津島系１点という構成をとる。信州系を除いた他の２者の点数は各１点と貧弱でありサブグループｂとできる。

このほか上草柳第３地点東（L1S層）および長堀南第Ⅱ文化層（BB0層下位）の石器にも、信州系黒曜石（双方とも和田（WD））が用いられている。ただし、それぞれ２点のみであり積極的な位置付けは難しい。

また、清川村宮ケ瀬遺跡群サザランケ遺跡第Ⅱb文化層（BB0層下底）は、蛍光X線分析による産地分析結果（東村・藁科 1996）に基づいた鈴木次郎の母岩別分類によると、信州系218点、天城・箱根系1点という黒曜石の点数構成となりサブグループbと考えられる（鈴木 1996）。

B　天城・箱根系黒曜石主体のグループ

今回の分析ではこのグループは確認されなかった。ただし、鈴木正男らの放射化分析（鈴木ほか 1986）によれば、代官山遺跡第Ⅲ文化層（L1H層上位）が本グループに該当するものと考えられる。そこには天城・箱根系のみではなく、わずかに和田峠が含まれることから、サブグループbとみておく。

また、細石刃製作技術が代官山と共通する吉岡遺跡群B地区L1H層の細石刃石器群のおよそ3000点の黒曜石も「大半の黒曜石は伊豆箱根産であり」(砂田 1996)本グループに属するものと考えられる。

C　神津島系黒曜石主体のグループ

・柏ケ谷長ヲサ第Ⅳ文化層（L1H層上位）

柏ケ谷長ヲサⅣは神津島系の黒曜石で構成されるもので、サブグループaである。

柏ケ谷長ヲサ遺跡に近接するかしわ台駅前遺跡（小池編 1987）では、2枚の細石刃文化層が検出されているが、第Ⅱ文化層（L1H層上位）は分析した黒曜石の97点全点が神津島恩馳島であり、柏ケ谷長ヲサⅣと同じサブグループaとしてとらえられる。また同遺跡第Ⅰ文化層（BB0層上位）では分析点数280点のうち、7点が柏峠、273点が神津島恩馳島であり、サブグループbとしておく。

なお、上草柳第4地点（L1S層）の2点の細石刃、福田札ノ辻第Ⅰ文化層（L1S層）の細石刃石核も神津島恩馳島の黒曜石で製作されている。相模原市新戸遺跡（L1S層下位）の細石刃2点も神津島系の黒曜石との分析結果が出されている（神奈川県埋蔵文化財センター 1988）。しかしそれぞれ単独出土に近いものであり、本来神津島系の黒曜石のみの構成をとるかどうかはわからない。

D　信州系および天城・箱根系黒曜石の双方で構成されるグループ

・台山第Ⅱ文化層（BB0層上位）

台山Ⅱでは、信州系黒曜石と天城・箱根系黒曜石の双方が一定量認められている。信州系は355点で、和田（WD）・諏訪・蓼科という構成、天城・箱根系は379点で柏峠のみという構成となる。

Ｅ　神津島系と天城・箱根系黒曜石の双方で構成されるグループ

・上草柳第１地点第Ⅰ文化層（BB0層中位）

上草柳第１地点第Ⅰ文化層は、信州系黒曜石がみられず、神津島系259点と天城・箱根系71点の双方の黒曜石で構成される。その中で、神津島系は主に細石刃関係に、天城・箱根系は主に削器類や尖頭器などにあてられるという傾向の違いが看取される。

Ｆ　信州系と神津島系黒曜石の双方で構成されるグループ

本分析においてこの構成をもつグループは確認されなかった。

Ｇ　信州系、天城・箱根系、神津島系の３者の黒曜石で構成されるグループ

本分析においてこの構成をもつグループは確認されなかった。

ただし、二宮修治らの月見野遺跡群上野遺跡第１地点第Ⅲ文化層（BB0層下位）の放射化分析によると（二宮・大沢 1988）、ここでこれら３系統の黒曜石が認められており、今後、本グループに含められるかどうかの検討を要する。

ちなみに、望月が分析をおこなった箱根西南麓三島市山中城三の丸遺跡第Ⅰ文化層の細石刃石器群の分析結果（望月 1995）では天城・箱根系の比重がやや低いものの信州系29点、天城・箱根系７点、神津島系36点の３者が確認される。これは相模野とは地域は異なるが、本グループの構成をみせる参考例として挙げておく。

また同じ箱根西南麓の細石刃石器群である函南町柳沢Ｃ遺跡第Ⅱ文化層、同町大奴田場Ａ遺跡第Ⅰ文化層（函南町教育委員会 1989）の黒曜石の放射化分析（二宮 1989）においても、この３系統の黒曜石が確認されている。この分析結果をもとにした肉眼分類（伊藤 1989a）によると、柳沢Ｃでは星ヶ塔１個体・和田峠６個体・畑宿３個体・神津島４個体に、大奴田場Ａでは星ヶ塔６個体・和田峠67個体・柏峠４個体、畑宿１個体、神津島１個体、不明２個体、未定１個体に分類できるという。大奴田場Ａでは信州系に比重をおく構成がうかがえる。

(3) 産地構成の時間的推移

ここで、とらえられたＡ～Ｇの産地構成について、時間的配列が可能かどうか、あるいは今後の分析にどのような課題が残されるかをみておくことにしよう。各産地構成を下層からL1H・BB0・L1S層と続く層序にしたがって並べたのが図69である。

層位		産地構成							
		A 信州系	B 天城・箱根系	C 神津島系	D 信州系 + 天城・箱根系	E 神津島系 + 天城・箱根系	F 神津島系 + 信州系	G 信州系 + 天城・箱根系 +神津島系	黒曜石　以外
漸移層									勝坂
L1S 層	上部								月見野上野１Ⅱ 長堀北Ⅱ 上和田城山Ⅰ
	下部	（上草柳第３東）		（上草柳第４） （福田札ノ辻Ⅰ） （新戸）					下鶴間長堀Ⅰa 相模野No.149
BB0 層	上部			代官山Ⅱ	台山Ⅱ				
	中部	b 草柳中村Ⅰ （長堀南Ⅱ）				上草柳第１Ⅰ			
	下部	a 上草柳第３中央 a 上和田城山Ⅱ b サザランケⅡb							
L1H 層	上部		b 代官山Ⅲ 吉岡B	a かしわ台駅前Ⅱ a 柏ケ谷長ヲサⅣ					
	下部								

（　）は単独出土もしくは点数が少なく生活面設定の難しい石器群

図69　相模野台地の細石刃石器群の黒曜石産地構成と層位

相模野台地の細石刃石器群の変遷については、鈴木次郎（鈴木次 1983）や砂田佳弘（砂田 1994）、諏訪間順（諏訪間 1988）らの見解がある。また、堤もその変遷観を提示した経過がある（堤 1987・1991a）。

相模野台地の細石刃の石材利用傾向については、より下層（L1H層～BB0層下位）ではほぼ黒曜石のみが用いられるのに対し、より上層（BB0層上位～L1S層）では在地のグリーンタフやチャート・ガラス質黒色安山岩など黒曜石以外の石材が顕著に用いられるようになり、石材利用の大きな変化がBB0中位を境に起こる。より下層にあるのは、黒曜石の稜柱形細石刃石核であり、より上層になっては非黒曜石の稜柱形細石刃石核がみられるほか、非黒曜石の楔形細石刃石核や舟底形細石刃石核が登場する。

相模野においてより下層のL1H層上部に生活面をもつ細石刃石器群に、代官山Ⅲ・吉岡B・柏ケ谷長ヲサⅣ・かしわ台駅前Ⅱがある。前２者はBの天城・箱根系、後２者はCの神津島系である。砂田は「吉岡遺跡群Ｂ地区出土細石器は相模野における最古段階の細石刃細石器である。同一層序では藤沢市代官山遺跡とほぼ同時期であろう」とし「同一層序の柏ケ谷長ヲサやかしわ台駅前とはやはり一線を画する古段階として位置付けられる」とする（砂田 1996）。かつて堤は、類例の少ない時点にあってこの４者を同一段階でくくった経過がある。それらが異なる段階か同一段階での新古かの議論は別にしても、その前後関係において代官山Ⅲ・吉岡Ｂの２者が柏ケ谷長ヲサやかしわ台駅前Ⅱに前出するという意見には同調できる。したがって、より古い産地構成のひとつとして天城・箱根系のＢグループをあげておくことができる。

つづいてL1H層上部に位置付けられるものにはC-aの神津島系で構成される柏ケ谷長ヲサⅣやかしわ台駅前Ⅱがあり、かたやBB0下位に位置付けられるものに信州系で構成されるA-aの上草柳第３地点中央Ⅰと上和田城山Ⅱ、あるいはA-bのサザランケⅡbがある。ただし、現時点において、この微妙な層位関係をもって神津島系から信州系という供給元の変化があったとすることは差し控えたい。あるいは両産地が並立した可能性もあろうし、今後その前後関係が逆転する可能性もあろう。これについては、しばらく分析事例の増加を待って考えることとしたい。

一方、BB0層中〜上位では、A-b信州系の草柳中村Ⅰ、Ｄの信州系＋天城・箱根系の台山Ⅱ、Ｅの神津島系＋天城・箱根系の上草柳第１地点Ⅰがあり、いくつかの構成がありそうだ。

より上層のL1S層では、上草柳第３東で信州系黒曜石が、上草柳第４・福田札ノ辻Ⅰで神津島系黒曜石が認められているが、単発出土のため位置付けが難しい。

さて、以上とらえられた産地構成について、従来指摘されてきた石材変遷観とどのような相違がうかがえ、問題点が残るのであろうか。

かつて堤は、相模野の細石刃石器群において、より下層では信州系黒曜石が多用される傾向を指摘した経過がある（堤 1987）。しかし、これはあくまで肉眼観察による予測であり、今回の分析結果をみるにおよんでも、この指摘が不確かなものであったことがわかる。より多くの石器群についての理化学分析による正確な産地同定が望まれる所以である。

砂田佳弘は、相模野の細石刃石器群における石材変遷について、L1HU層において天城・箱根系黒曜石が、L1HU層〜BB0L層では神津島系黒曜石が、BB0M層〜L1SL層では神津島系黒曜石および安山岩・凝灰岩・チャートが、L1SM層〜漸移層では安山岩・凝灰岩・砂岩が主体で黒曜石はほとんどないとの見通しを示している。また「細石器の段階に入ると、信州系の黒曜石は後退りし、箱根あるいは神津島系黒曜石が主体を占めるのである」と述べている（砂田 1994）。このように砂田の見解のなかでは、相模野の細石刃石器群における信州系の黒曜石利用についての位置付けは消極的である。しかし、今回の分析による信州系黒曜石利用の上草柳第３地点中央Ⅰと上和田城山Ⅱの２者の確認によっても明らかなように、BB0層下位における信州系の黒曜石利用について再考せざるを得なくなっている状況にある。

一方、その後鈴木次郎は、サザランケⅡｂの黒曜石分析を通じ、相模野の細石刃石器群における天城・箱根系から神津島系という砂田の変遷観を修正し、「黒曜石産地の推移は、伊豆（天城）・箱根系（L1H層上位）から信州系（BB0層下位）に変わり、その後に神津島系（BB0層中位～L1S層下位）に推移する」ことを指摘している（鈴木 1996）。ただし、これについても、神津島系黒曜石で構成されるL1H上部の柏ケ谷長ヲサⅣが今回加わることによって、再整理の必要が生じたわけである。

また、今回の分析では、一系統の黒曜石で構成される細石刃石器群のみでなく、複数系統の産地構成をとるものもいくつかみられた。そうした複数産地の混在する状況を見るかぎり、仮に天城・箱根系→神津島系→信州系といったような一元的な黒曜石供給モデルを作れるかどうかについては検討の余地がある。また、同一集団にあっても黒曜石の入手スケジュールが季節ごとに異なることも考慮しておく必要があるだろう。

分析例がひとつ増加するたびに、その変遷観が揺れてしまうのではおぼつかない。したがって、現状においては慎重な態度をとることが必要で、さらに多くの細石刃石器群の原産地同定を重ねる必要があろう。

5　黒曜石利用の動態

本節では、相模野台地の10石器群2829点の黒曜石産地分析をおこない、細石刃石器群の黒曜石利用について考察した。ここでは、これまでの成果点をまず列記し、今後の課題を述べ、小結としたい。

1　10の細石刃石器群において、確認された黒曜石は、信州系では和田（WO）・和田（WD）・諏訪・蓼科、天城・箱根系では柏峠・畑宿、神津島系では神津島恩馳島・砂糠崎であった。

2　石器群ごとの黒曜石産地構成は、想定されるＡ信州系、Ｂ天城・箱根系、Ｃ神津島系、Ｄ信州系＋天城・箱根系、Ｅ神津島系＋天城・箱根系、Ｆ神津島系＋信州系、Ｇ信州系＋天城・箱根系＋神津島系のうち、Ａ～Ｅ

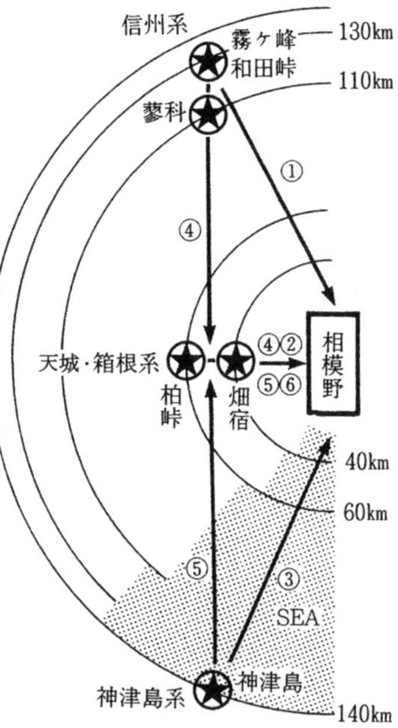

	産地構成	可能性のあるルート	
A	信州系	①	(④)
B	天城・箱根系	②	
C	神津島系	③	(⑤)
D	信州系 + 天城・箱根系	① ② 分立	
		④	
E	神津島系 + 天城・箱根系	② ③ 分立	
		⑤	
F	信州系 + 神津島系	① ③ 分立	
		(天城・箱根経由？)	
G	信州系 + 天城・箱根系 + 神津島系	① ② ③ 分立	
		①分立 ⑤経由	
		③分立 ④経由	
		⑥＝(④＋⑤)	

図70　相模野台地の細石刃石器群における黒曜石搬入のモデル

の構成が確認された。

3　器種と黒曜石産地との関係において、主に細石刃関係に用いられた黒曜石は、和田（WD）・諏訪・柏峠・神津島恩馳島の 4 者である。

4　器種と黒曜石産地との関係において、たとえば上草柳第 1 地点第 I 文化層では、細石刃関係には神津島系の黒曜石を主にあてているのに対し、尖頭器・加工具類には天城・箱根系の黒曜石があてられるという使い分けがうかがえた。

5　石器ブロックにおいて、産地別分布にズレが生じている場合がある。その原因には、産地ごとの黒曜石の利用行動・利用者・利用時間の差異、あるいは異なる石器群の混在などが想定される。

以上、簡略に今回の成果点について述べてみた。

ただし、産地別の黒曜石利用の時間的変化については、さらに分析事例がふえた時点での言及が望ましく、この点が課題として残された。

ここでまとめとして、相模野台地の細石刃石器群における黒曜石利用についてのモデルを提示しておきたい。図70には、さきのＡ～Ｇの黒曜石産地構成をもとに、産地の位置関係と距離・搬入ベクトルを示してある。黒曜石の入手については、直接採取・埋め込み戦略・交換などの獲得形態が想定されているが、ここではひとまずその問題は切り離して考えることにする。

このモデルのなかで特に問題視されるのは、複数系統の黒曜石の共存である。たとえばある石器群において、Ｄの信州系＋天城・箱根系の構成がみられた場合、双方の系統の黒曜石が、それぞれ別個にもたらされたか（①＋②）、あるいは信州系黒曜石が天城・箱根系産地（あるいはそれを持つ集団）での黒曜石の獲得を経由してもたらされた（④）か、の２つの場合が主に想定される。この状況は、Ｅの神津島系＋天城・箱根系においても同様に想定できる（②＋③または⑤）。実態はそのいずれであったのだろうか。また、Ｇの信州系＋天城・箱根系＋神津島系の構成の場合、３者の独立した入手（①＋②＋③）、信州系もしくは神津島系のうち一方が独立入手で他方が天城・箱根系産地経由の入手（①＋⑤ or ③＋④）、信州系・神津島系ともに天城・箱根系産地を経由した入手（⑥）、の３パターンが想定されよう。

なお、今回は、Ｆの神津島系＋信州系の構成は確認されなかったが、両者の搬入ベクトルが正反対である点からも、両者の共存しにくい事情があるのかもしれない。

細石刃期にあたる酸素同位体ステージ２の後半期においては、本州と神津島は海に隔てられており、陸続きになっていない。当然その黒曜石の搬出入については何らかの渡航手段がなくてはならないはずである。今回の分析の成果のひとつとして、相模野の細石刃石器群に一定量の神津島系黒曜石が確認されたことがあげられるが、こうした神津島系黒曜石搬入の背景には、安定した渡航手段の確保を読み取ることができよう。

註

(1) 相模野台地の旧石器の黒曜石産地の分析事例としてこれまでに、鈴木正男による橋本遺跡（鈴木正 1984）や代官山遺跡（鈴木 1986）の分析、二宮修治・大沢眞澄らによる月見野遺跡群上野遺跡第１地点の分析（二宮・大沢 1988）、藁科哲男による代官山・寺尾・早川天神森・新戸・田名稲荷山・栗原中丸遺跡などの分析（藁科 1992）がある。

(2) 分析した10遺跡は、以下に報告がなされている。

上草柳第1地点遺跡・上草柳第3地点中央遺跡・上草柳第3地点東遺跡・上草柳第4地点遺跡（大和市教育委員会 1984）、福田札ノ辻遺跡（大和市教育委員会 1988b）、長堀南遺跡（麻生編 1987）、台山遺跡（麻生編 1988）、柏ケ谷長ヲサ遺跡（堤編 1997）、上和田城山遺跡（中村編 1979）、草柳中村遺跡（草柳中村遺跡発掘調査団 1990）

(3) 本Cブロックの細石刃関係の資料は、細石刃石核打面再生剥片1点と細石刃4点である。このうち細石刃石核打面再生剥片はブロックの縁部で出土している。細石刃とされたものは確かにブロックの中心部から出土しているが、その4点のうち3点は、形態が不安定で細石刃とするには疑問の残るものである。したがってCブロックの細石刃資料の存在の意味については、積極的には論じ難い。

(4) 藁科哲男らによって未発見の原産地とされたNK産の黒曜石については（藁科・東村 1995）、その後望月明彦も、堤の資料提供によって中ッ原1G地点の黒曜石の分析をおこない基礎データを所有している。

第2節　八ケ岳東麓における石材環境と旧石器時代の石材利用

1　石材獲得をめぐって

先史社会における資源とは、経口資源・原材料資源・象徴性資源などに区分可能であるが、うち原材料資源、特に石器石材資源の産状と原産地遺跡群の形成、あるいはその獲得をめぐる議論が今日活発化しつつある（例えば日本旧石器学会 2004）。その背景には、黒曜石あるいは安山岩やサヌカイト原産地などを中心とした原産地調査の進展と、石材環境調査の展開、理化学的手法に基づいた原産地同定の飛躍的成果があるものと考えられる。原産地と消費地を結ぶ石材需給論は、当時の社会経済を考えるうえできわめて重要な意味をもつものであろう。

八ケ岳東麓の野辺山高原には、馬場平・柏垂・矢出川・中ッ原といったナイフ形石器群から細石刃石器群に至る後期旧石器時代遺跡が数多く存在している。一方で、近隣には和田峠や星ヶ塔、八ケ岳麦草峠といった優良な黒曜石の原産地が存在することもよく知られ、千曲川上流域には水晶やチャートといった石材も産出する。

本節では、石材環境と石材利用の関係性を主題に、八ケ岳東麓のフィールド的特性に鑑み、以下の目的にそって、野外調査を実施し、その考察をおこなった(1)。

① 八ケ岳東麓における各種の石材の産出地点を踏査によって明らかにし、その石材環境を把握する。

② 野辺山高原における旧石器時代石器群の石材構成を、原産地分析の結果をふまえて時期別に把握し、その利用の様相について、石材環境との関係性をふまえたうえで考察する。

2　八ケ岳山麓における石材環境(1)

(1) 地質環境の概観

2000m級の山々の連なる八ケ岳連峰は、日本のほぼ中央部に位置し、フォッサマグナ上にそびえている。八ケ岳地域の地質については、河内晋平による『八ガ岳地域の地質』（河内 1977）のほか、長野県地学会（1962)、八ケ岳団体研究グループ (2000)、『川上村誌』(白倉 1992) 等の研究がある。ここでは、それらの記載を参考に、石材の概況をみておくことにする。

八ケ岳東麓には古生層・中生層などの古期岩層が分布する。千曲川右岸には天狗山秩父古生層帯が存在し、主要岩層としてチャート層、石灰岩層、輝緑凝灰岩層、礫岩層、砂岩・粘板岩・頁岩およびその互層が確認されている。

千曲川左岸・御所平－十文字峠線以南の川上断層との間には、川上中生層群が分布している。この層は主として砂岩・頁岩・チャートの互層からなり、これに石灰岩、輝緑凝灰岩、礫岩等の薄層を挟む。川上村の南部、川上断層以南の山地には高登谷山層が分布、この層は山梨県に分布する小仏層に対比される中生層と考えられており、主として砂岩・頁岩・粘板岩の互層からなり、稀に薄く輝緑凝灰岩とチャート層を挟む。

高登谷山層分布地域の南方、山梨県との県境一帯には金峰山を中心とした大規模な火成岩帯である金峰山花崗岩帯がある。その中心部の朝日岳付近には石英玢岩が確認されている。また、西方の県境、信州峠東方および横尾山には安山岩の岩脈などが確認される。この他、本地域に特徴的にみられる石材として水晶があり、金峰山、赤顔山穴沢、長尾金山付近、野辺山三沢奥（山梨県境付近）での産出が知られている。

黒曜石原産地については、八ケ岳周辺では冷山・麦草峠があり、和田峠周辺では、和田峠・星ヶ塔・男女倉・星糞峠など著名な原産地がある。安山岩については、より緻密なガラス質黒色安山岩の産地として、佐久市八風山周辺が知られている。そのガラス質黒色安山岩の露頭は不明だが、八風山直下にある香坂川などの河川で原石採取が可能である。

以上、八ケ岳周辺では、従来までに石器の素材になりうる石材として、次のようなものが確認されることになる。チャート・石灰岩・輝緑凝灰岩・砂岩・粘板岩・頁岩・水晶・石英玢岩・花崗岩・安山岩（ガラス質黒色安山岩を含む）・

黒曜石などである。

(2) 石材環境調査の主眼

石材環境の調査にあたっては、以上の地質環境を概観したうえで、野辺山原中ッ原1G地点の細石刃石器群を例にとって、実際の遺跡においてどのような石材が利用されているかを確認し、石材環境調査の目的を設定する。

1G地点の石材には、黒曜石、チャート、安山岩、ホルンフェルスが用いられている。点数および重量でもっとも高い比率を占めるのは黒曜石であるが、その産地推定分析の結果、少なくとも３つの産地が確認された(2)。麦草峠、霧ヶ峰、そして未発見の産地である"NK"である。これら３産地の黒曜石のうち、重量でもっとも高い率を占めるのはNK産地であった。また、1G地点の黒曜石で麦草産と産地同定されているものの中には、黒色でなく、灰色（1G地点個体番号13）のものや赤褐色（1G地点個体番号７・11）のものが存在しており、きわめて特徴的である。

一方、チャートについても特徴的な個体群が存在している。暗緑灰色の地に白い縞が霜降り状に入る緻密質な一群であり、緑色チャートとして通常のチャートから弁別しているものである。この石材は、八ケ岳東麓の他の旧石器時代遺跡において異なった石材名で記載されていることがしばしばあるが、それらは明らかに同一の石材として捉えてよいものであり、本地域において広く利用される石材のひとつである。

しかし、上記のNK産黒曜石、灰色・赤褐色黒曜石、緑色チャートなど、本地域で主体となる石材については、残念ながら採取可能な地点が現在までに確認されていないというのが実状である。そこで、本研究では、これらの特徴的な石材・個体群の産出地点確認を主眼に、八ケ岳周辺の石材調査を1995年から３年間実施した(3)。その目的と内容は以下の通りである。

A：1G地点で多量に存在している産地不明の黒曜石（NK）の産地、ならびに非黒色黒曜石の採取可能な地点を明らかにする目的で、八ケ岳山麓でこれまでに黒曜石の存在が知られている地点とその周辺で石材標本の採取をおこなった。具体的には麦草峠・麦草峠の北方・双子池付近と、麦草峠の東方、池の平や八千穂付近である。

B：緑色チャートや他の良質なチャートの産出域を確認する目的で秩父層

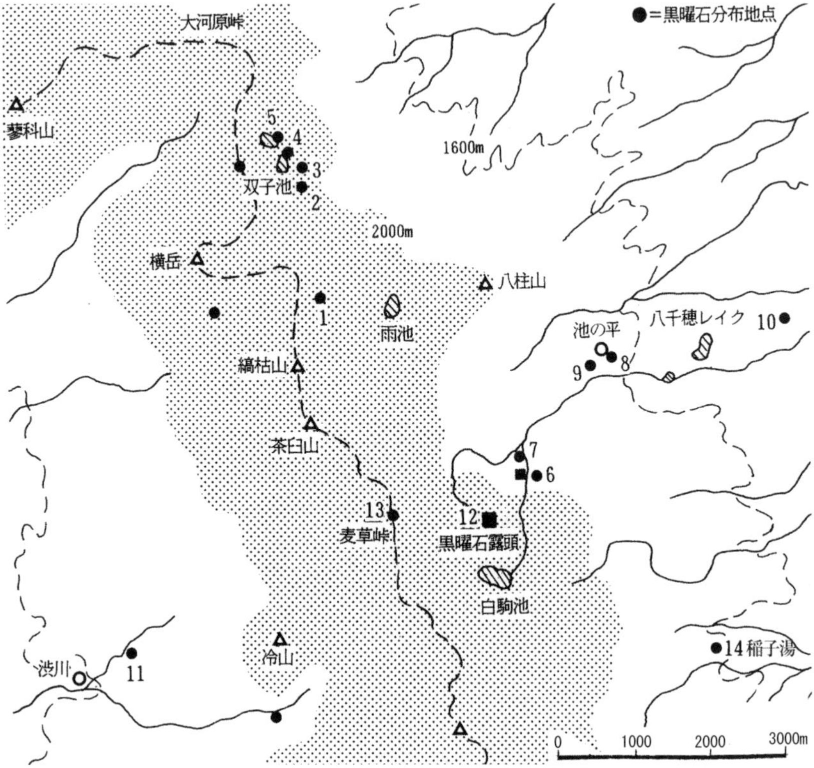

図71　八ケ岳周辺の黒曜石産状調査地点

群が存在する川上村・北相木村・南相木村の河床、河原や露頭で石材標本の採取をおこなった。

(3) 調査成果

黒曜石については14地点（図71）を、チャートについては22地点を調査、プロットした。採取できた石材の特徴については、黒曜石を表33に、チャートを表34に示してある。詳細は表の記載にゆずるとして、さきの2つの目的についての成果を以下に記す。

A　黒曜石

今回の調査において、双子池付近（地点3～5）で採取した黒曜石は、麦草峠

表33　採取した黒曜石の地点ごとの特徴

地点１　（大石川林道東側）	**地点８　（トリデロック）**
角礫形状、大型のものは７×７×３cm程度である。流状構造が確認できるものが多く、不純物粒や石英粒がやや混じっている。問題の灰・赤褐色黒曜石、NK産黒曜石に近い質感のものは採取できず。	角礫形状、小型のもの多く、大型のもので４×3.5×３cm程度である。縞目があり、灰色を呈し、節理や石英粒が多い。柏峠産の黒曜石に似た感じを受ける。問題の灰・赤褐色黒曜石、NK産黒曜石に近い質感のものは採取できず。
地点２　（大石川林道東側）	**地点９　（大石川河原）**
転礫形状、大型のもので２×２×１cm程度である。縞目はなく、油脂状光沢があり、不純物粒などはほとんどみられない良質のものである。問題の灰・赤褐色黒曜石、NK産黒曜石に近い質感のものは採取できず。	転礫形状、大型のものもあり、大きいもので８×６×６cm程ある。不純物粒・石英粒の粒径が大きい。透明度高く、油脂状光沢を持ち、剝離面がなめらかなものがある。流状構造が確認できる標本もある。問題の灰・赤褐色黒曜石、NK産黒曜石に近い質感のものは採取できず。
地点３　（双子他人り口）	**地点10　（駒出池）**
角礫形状、大型のものは６×５×３cm程。透明度高く、不純物粒は少ないが石英粒は多い。剝離面にはシワが多く見られる。問題のNK産黒曜石に似た感もある。また、和田峠24地点の黒曜石にも似る。灰・赤褐色黒曜石は採取できず。	黒曜石があまり確認できず、小型で角礫形状の標本を採取した。不純物粒・石英粒は少ない。問題の灰・赤褐色黒曜石、NK産黒曜石に近い質感のものは採取できず。
地点４　（双子池の雄池）	**地点11　（さかさ川合流点）**
転礫形状、大型のもので4.5×4.5×４cm程。地点３の標本に似ており、透明度高く、発泡部分が多く見られる。剝離面はシワが少なく、なめらかである。問題のNK産黒曜石に似た感もある。灰・赤褐色黒曜石は採取できず。	小型で角礫形状の標本を数点と、豆粒大の標本多数を採取したが、問題の灰・赤褐色黒曜石・NK産黒曜石とは異なる。これらの原石は冷山の黒曜石露頭に由来するものと考えられる。
地点５　（双子池の雌池）	**地点12　（白駒池入口：黒曜石露頭）**
転礫形状、小型のものが多く、大型のもので３×2.5×２cm程である。地点４に似て、透明度は高い。石英粒が多く見られる。剝離面のシワは少ない。問題のNK産黒曜石に似た感もある。灰・赤褐色黒曜石は採取できず。	白駒池入口手前、国道299号線脇の露頭。流紋岩帯の中に縞状に黒曜石が貫入する。原石は石英粒・不純物粒を多く含み、流状構造により板状を呈する。この岩脈中には問題の灰・赤褐色黒曜石、NK産黒曜石の質感のものは全く含まれない。この地点で黒曜石の尖頭器が採集されており、この露頭が旧石器時代に開発されたのは確実。
地点６　（麦草林道）	**地点13　（麦草峠）**
転礫形状、小型のものが多く、大型のもので３×2.5×２cm程度である。やや曇った感じで、透明度は低く、石英粒が多く観察される。問題の灰・赤褐色黒曜石、NK産黒曜石に近い質感のものは採取できず。	麦草峠の頂上、麦草ヒュッテ手前。径10cmほどの原石が採取可能。小型のものは多量にローム層中に含まれる。石英粒・不純物粒を含む原石。問題の灰・赤褐色黒曜石、NK産黒曜石に近い質感のものは採取できず。
地点７　（麦草林道）	**地点14　（稲子湯）**
角礫形状のものが多く、大型のものは８×６×５cm程ある。流状構造が認められる標本もあり、原産露頭に近い印象を受ける。石英粒・不純物粒の多いものもあれば、それらが全く見られず、漆黒で剝離面もなめらかな良質の標本があったが、問題の灰・赤褐色黒曜石、NK産黒曜石に近い質感のものは採取できず。	赤褐色黒曜石が分布するとの情報を得て、踏査したが、ここでは黒曜石の存在自体が確認できなかった。

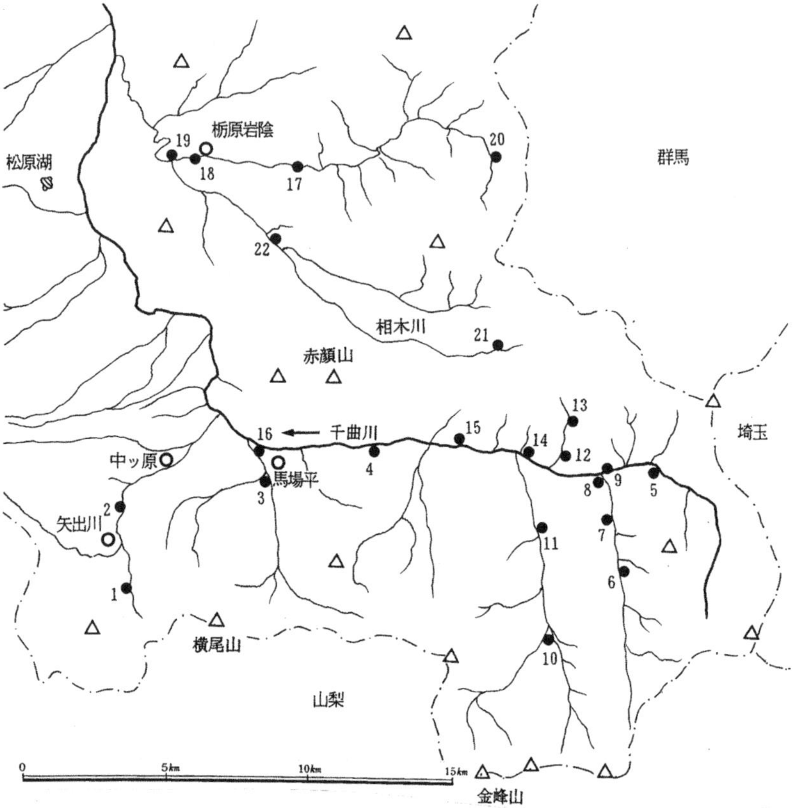

図72　千曲川上流域のチャート・緑色チャート産状調査地点

産特有の気泡を縞状に含むものとは異なり、透明感があり良質であった。この標本は、肉眼観察では産地不明の黒曜石NKと類似していたため、この地点がNK産地との期待もなされた。そうした予測のもと、京都大学（当時）藁科哲男氏に、この地点で採取した原石群20個について、蛍光X線分析によって元素組成をみていただいた。しかし、残念ながらそれらはNK産地の黒曜石とは明らかに異なる元素組成をみせた。また、それ以外の調査地点（表33-1・2、6～13地点）の採取原石はいずれも従来の麦草峠の黒曜石の元素組成をみせるという。つまるところNK産地は、今回の調査地点中には含まれておらず、確認することができなかった。ただ、藁科氏によると、双子池周辺の黒曜石は、麦草産に近い元素組成をみせるものの、微妙な組成のズレもうかがえ、麦草グルー

表34　採集したチャートの地点ごとの特徴

地点1	チャート自体は存在するが、石器の素材になり得るような良質なものはなし。緑色チャートは採取できず。	地点12	青灰色を呈すチャートや灰色を呈すものが多数確認できた。良質なものもいくつか採取することができた。また、緑色チャート似の標本も採取できたが、遺跡で見られる資料と比べ、節理の入りが多い感がある。
地点2	地点1と同様、良質なチャートはなく、緑色チャートは採取できず。	地点13	チャート礫が存在し、良質なものもまま採取できる。緑色チャートは採取できず。
地点3	チャートは地点１や地点２よりも多く確認できたが、良質なものはない。緑色チャート採取できず。	地点14	青灰色のチャートが多くあり、しかも良質なものもいくつか採取できる。緑色チャートは採取できなかった。
地点4	灰色を呈すチャートや黒色を呈すチャートがあり、やや良質なものも見られる。緑色チャートは採取できず。	地点15	千曲川沿いの露頭であり、チャートが脈状に走っている。大量に存在するが、いずれもぐしゃぐしゃと割れ、良質なものはほとんど採取できなかった。緑色チャートも採取できなかった。
地点5	チャート礫は多数見られるが、1G地点の石器に利用されているような青灰色を呈する良質チャートはない。磨石の素材になるような花崗岩を採取し得た。緑色チャートは採取できず。	地点16	青灰色のチャートで良質なものを多数確認できた。ホルンフェルスと思われる石でも良質な標本が採取できた。緑色チャートは採取できず。
地点6	梓川に面する露頭である。うす緑色を呈すチャート礫は大量に存在するが、石器の素材になり得るようなものはない。緑色チャートも採取できず。	地点17	北相木考古館前。一抱えほどの大きなチャート礫がいくつか存在するが、良質ではない。青緑色を呈すチャート礫を採取したが、節理の多いものであった。緑色チャートは採取できず。
地点7	梓川に面する露頭である。灰黒色を呈すチャートが得られるが、薄く、ばらばらと剝がれてしまうもので、石器素材となり得るような標本は採取できず。緑色チャートも採取できなかった。	地点18	栃原岩陰前。大きな礫塊はなく、白色を呈すチャート、青色のもの、灰色のものなどチャート礫は多数確認できた。節理の入りはさほど多くはない。緑色チャートは採取できなかった。
地点8	川と川の合流点である。チャート礫は多く得られるが、 素材になり得るような良質なものは採取できず。緑色チャートも採取できなかった。	地点19	塩平。チャート礫は多数見られたが、大型のものはあまりない。質的にも、ぐしゃぐしゃと剝がれる場合が多く、良質とはいい難いものが多い。緑色チャートは採取できなかった。
地点9	千曲川の河原である。良質なものがいくつか採取可能であった。遺跡で見られる、青灰色を呈すチャートが存在し、良質で剝離面がなめらかな標本が採取できた。緑色チャートは採取できなかった。	地点20	長者の森。チャート礫は多数見られ、大型のものも多い。白色のチャートが存在する。絶対数が多い分だけ、良質なものが採取できる確率は高い。緑色チャートは採取できず。
地点10	金峰山川の河原である。チャート礫はほとんど見あたらず、安山岩の存在が確認できた。花崗岩が多く見られる。緑色チャートは採取できなかった。	地点21	三川林道前。露頭も存在する。チャート礫は多数確認できた。青色のチャートが多数存在する。中ッ原遺跡群で出土する緑色チャートに近いものが採取できた。板状塊の形状で、露頭にて採取した。
地点11	チャート礫はまま見られるが、節理が多く入っており、石器素材には向かないものが多い。緑色チャートは採取できなかった。	地点22	南相木村役場付近。露頭にチャートが角礫形状で存在しているが、良質とはいえない。緑色チャートに近いものが採取できたが、剝離面はなめらかではなく、凹凸が激しいものであった。

プとして括られる中でも、新たな産出地点として分離されるという（藁科1996）。今回の調査で採取した黒曜石は二次的な転石であり、その母胎となった露頭の確認はできなかった。それは明らかに地点12の露頭の黒曜石とは異なる質感であり、由来の露頭は、双子池周辺に存在する可能性がある。

一方、灰色あるいは赤褐色黒曜石も、今回の調査地点1～13の中にはまったく含まれていなかった。これらは、麦草峠産であることは蛍光X線分析により推定されているが、やはり由来する露頭が前者とは異なる可能性がある。その後、赤褐色黒曜石が稲子湯周辺に分布するとの情報を得て(4)、地点14の踏査をおこなったが、この時点では赤褐色黒曜石の採取はできなかった。

なお、今回の踏査にあって、これまで麦草峠産として一括されてきた集合の中から「双子池産」の集合を、蛍光X線分析において細別しうる見通しができた。これは当初の目的とは異なるが、成果のひとつとして位置付けられる。

B　緑色チャート・チャート

緑色チャート・チャートについては、秩父層群のみられる、川上村の千曲川流域、南相木・北相木地域の22地点の調査をおこなった（図72、表34）。

従来まで、具体的な採取可能地点が確認されていなかった緑色チャートについては、出土資料にかなり近似する標本を、地点12・21・22など千曲川や相木川などの河川の上流部、秩父山系などの地点で採取できた(5)。また、通常の青色のチャートについても、剝片剝離に適している礫が採取できる可能性の高い地点を、この地域でいくつか確認することができた。このようにチャート産出地点については、川上・相木地域で確認することができ、当初の目的はある程度達成できた。

(4) 八ケ岳東麓における石材環境

今回の調査結果をふまえて、改めて八ケ岳東麓の石材環境を概観してみる（図73）。

黒曜石

八ケ岳では、双子池近辺、池の平、冷山、麦草峠付近が採集可能域としてあげられる。中ッ原から北西方向の地域にあたり、約20kmの距離がある。

また、北西約40kmには和田峠・男女倉・霧ヶ峰などの黒曜石原産地がある。

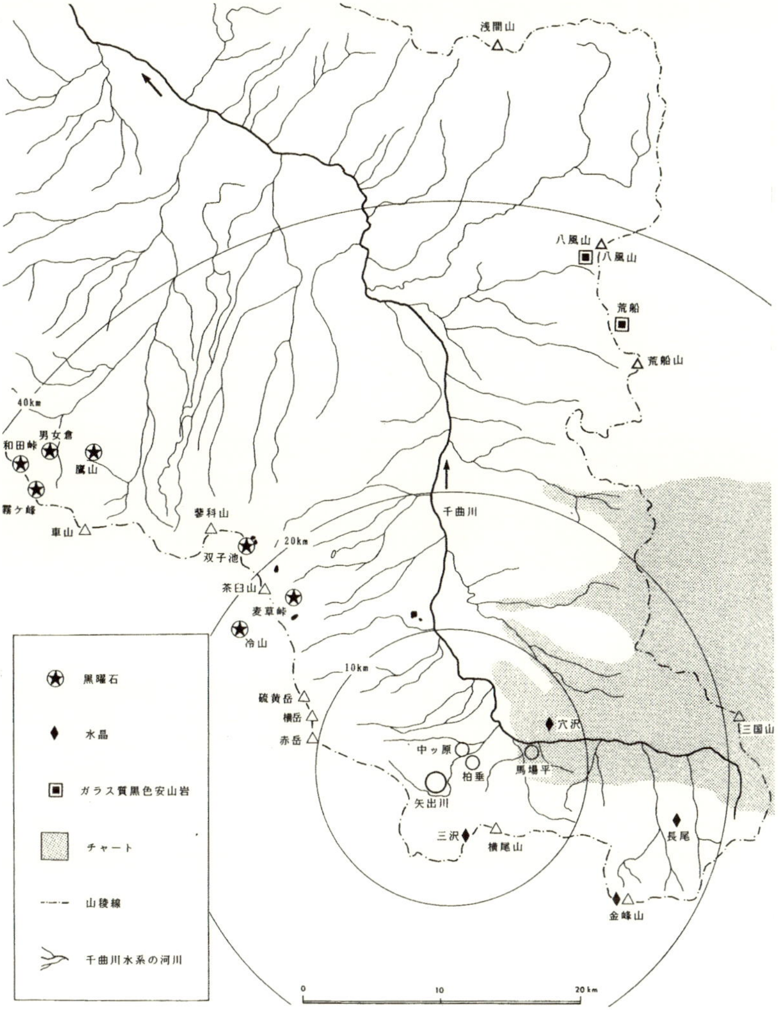

図73　八ケ岳東麓を中心とした石材環境と旧石器時代遺跡群

緑色チャート

千曲川右岸や相木川（三川）上流が採集可能域となる。秩父層群がその産出母胎である。中ッ原から東方向にあたり、10～15km程の距離がある。

チャート

広くは古・中生層帯の分布域で採集可能と思われるが、良質なものは、千曲川沿い・相木川沿いに分布。中ッ原から東・北東方向の地域にあたり、5～17kmの距離にある。

川上村信州峠を越えた山梨県須玉町塩川付近でも良質なチャートが認められるという(6)。

水晶

赤顔山、長尾金山、野辺山三沢、金峰山などがある。赤顔山は中ッ原から北東千曲川右岸にあたるが他は千曲川左岸側の南東方向に存在する。5～16km程の距離に入る。

ガラス質安山岩

佐久市八風山麓の香坂川河床にみられるが、母胎となる露頭はこれまで確認されていない。また、それとは若干元素組成の異なるガラス質安山岩が荒船山麓でも確認されているが、香坂川のものより質が落ちる。両地点は、野辺山から北東方向にあり、およそ35～40km程離れている。これらのガラス質安山岩の利用については、現在のところ野辺山地域では確認できていない。

その他の石材

砂岩・頁岩・輝緑凝灰岩・粘板岩などの石材も、野辺山から約20kmの範囲にある古・中生層帯の分布域で認められているが、これらの石材の積極的利用はうかがえない。また、信州峠および横尾山周辺には安山岩が存在するが、これもあまり利用に適さないものらしい(7)。金峰山周辺の花崗岩は磨石などに利用されるようである。

以上、野辺山において主体的に用いられる石材については、黒曜石が西方の八ケ岳山麓、緑色チャートやチャートが東方の千曲川右岸から秩父層群分布範囲の関東山地近辺にあり、いずれも20km以内の場所に存在するという位置関係が見えてこよう。

3　野辺山高原における旧石器時代の黒曜石利用

八ケ岳周辺の石材環境調査をふまえ、旧石器時代遺跡における石材利用の具体例を検討してみる。ここでは特に黒曜石利用に焦点を絞って、そのあり方を把握してみよう。

(1) 中ッ原細石刃石器群の黒曜石産地別構成

第一に、中ッ原細石刃石器群5B地点・1G地点の黒曜石産地別構成を検討してみる。

原産地の判別は、京都大学原子炉実験所藁科哲男氏に蛍光X線法による原産地分析を依頼しておこなった（藁科・東村 1995、藁科 1996）。分析試料は、5B地点・1G地点ともに個体別資料から１～数例の試料を代表させた。5B地点では黒曜石の個体別資料26個体例中22個体例、1G地点では黒曜石の個体別資料31個体例中全31個体例の分析が実施できた。

ここでまず、1G地点と5B地点に運ばれた黒曜石の産地別の重量構成について、原産地分析の結果を個体別資料の重量にあてはめて算出することにしよう。表35が、1G地点と5B地点出土の原産地別の黒曜石の重量構成である。

まず、5B地点では、遺跡に運ばれた1872gの黒曜石のうち、NKおよび麦草峠・双子池[8]の黒曜石がそれぞれ半数弱にあたる800g強を占め、これに対し霧ヶ峰・和田峠・男女倉の黒曜石は全体の3.7％（約70g）にあたるごくわずかしかみられないという傾向がうかがえる。

一方、1G地点では、遺跡に運ばれた3191gの黒曜石では、NKが70.8％にあたる2260g、麦草・双子池が29.1％の927gを占め、これに全体の0.1％（約４g）にあたるごくわずか霧ヶ峰の黒曜石が加わるという傾向がうかがえる。以上をまとめると次の傾向が指摘できる。

① 5B地点では、NKおよび麦草峠・双子池はほぼ同等の重量比で用いられている。

② 1G地点では、NKの黒曜石が麦草峠・双子池産の倍以上の重量用いられている。

③ 両地点とも、霧ヶ峰・和田峠・男女倉産の黒曜石の利用率がきわめて低い。

④ 両地点とも、NKを別にして、信州産の黒曜石以外は用いられていない。

(2) ナイフ形石器・尖頭器・細石刃石器群における黒曜石利用

中ッ原1G地点・5B地点の削片系細石刃石器群の黒曜石利用が理解された。それではそれに相前後するナイフ形石器・尖頭器・細石刃石器群における黒曜石利用をみてみよう。堤による野辺山編年（堤 1993a）を基軸に分析試料を選定

表35　中ッ原5B遺跡・中ッ原1G遺跡に搬入された黒曜石の産地別重量の推定

遺跡	推定重量	NK	麦草峠・双子池	霧ケ峰	和田峠	男女倉	不明	計	文献
中ッ原5B	g	889	838	64	2	4	75	1872	堤編 1991
	%	47.5	44.8	3.4	0.1	0.2	4.0	100	
中ッ原1G	g	2260	927	4				3191	堤編 1995
	%	70.8	29.1	0.1				100	堤編 1996

産地同定結果を個体別分類に当てはめて重量を推定した。

表36　放射化分析による野辺山地域の黒曜石の推定産地

遺跡名	石器群	時期	産地（点数）				総計	文献	備考
			八ケ岳	和田峠	星ヶ塔	神津島			
三沢	ナイフ	野辺山Ⅱ期	18		2		20	鈴木1990	発掘資料
中ッ原5B	細石刃	野辺山Ⅳ期	15		1		16	鈴木1991	発掘資料

表37　蛍光Ｘ線分析による野辺山地域の黒曜石の産地推定

遺跡	石器群	時期	麦草峠・双子池	和田峠	男女倉	霧ヶ峰	NK	神津島	計	文献	備考
中ッ原1C	ナイフ	野辺山Ⅱ期	4	1		7			12	藁科1996	吉沢靖資料
柏　垂	尖頭器	野辺山Ⅲ期	1	3		8	2		14	藁科1996	由井一昭資料
矢出川	細石刃	野辺山Ⅳ期	6	2		5	4	5	22	藁科1996	由井一昭資料
中ッ原5B	〃	〃	6	1	1	6	9		23	藁科1996	発掘資料
中ッ原1G	〃	〃	13				7		20	藁科1995	第一次発掘資料
中ッ原1G	〃	〃	13			2	2		17	藁科1996	第二次発掘資料
中ッ原1G	縄文	縄文				1			1	藁科1996	分析資料は石鏃

し、蛍光Ｘ線分析を藁科氏に依頼した（藁科 1996）。だたし、いずれの分析対象試料も個人蔵の既出で発掘資料ではないため、時期判定を誤りにくい主要器種（ナイフ形石器・尖頭器・細石刃石核）を試料として抽出した。分析結果（表37）に基づいて、以下に各石器群の黒曜石利用状況を概観する。

ナイフ形石器群

中ッ原1C地点のナイフ形石器12点が分析対象で、野辺山第Ⅱ期前半（砂川期並行）に位置付けられる吉澤靖の所蔵資料。採集資料であるが一括性が高い。

麦草峠・双子池、和田峠、霧ヶ峰産の黒曜石がみられ、NKおよび神津島産の黒曜石は認められない。

ここで、以前鈴木正男氏による三沢遺跡のナイフ形石器群の黒曜石産地分析結果（鈴木 1990）についてふれておく（表36）。三沢遺跡も野辺山第Ⅱ期前半（砂川期並行）に位置付けられるもので、２ブロックから構成される一括資料である。分析は20点おこない18点が八ケ岳（藁科氏の麦草峠と同等）、２点が星ヶ塔（藁科氏の霧ヶ峰と同等）との分析結果が出された。これを個体別資料の重量で換算すると、石器群中の黒曜石総重量927gのうち八ケ岳産が612.4g（66.1%）、星ヶ塔産が50.3g（5.4%）、産地未分析が264.3g（28.5%）という内訳となり、八ケ岳産黒曜石の多用傾向がみてとれる。

尖頭器石器群

柏垂遺跡の尖頭器14点が分析対象、野辺山第Ⅲ期（尖頭器石器群）で、由井一昭所蔵資料。麦草峠・双子池、和田峠、霧ヶ峰産に加え、NK産の黒曜石がみられる。神津島産等遠隔地の黒曜石は認められない。

細石刃石器群

矢出川遺跡の稜柱形（矢出川タイプ）細石刃石核22点が分析対象。中ッ原1G地点・5B地点の先行段階の野辺山第Ⅳ期第１・２段階の細石刃石核で、由井一昭所蔵資料。

麦草峠・双子池、和田峠、霧ヶ峰産、NK産に加え、神津島産５点が認められた。

(3) ＮＫ原産地の開発と利用

“NK”原産地は、1995年、中ッ原1G地点の黒曜石の蛍光X線分析を実施した結果、石器から判別できた「未発見の原産地」である[9]。そしてこの原産地は中ッ原に由来してNK原産地と仮称された（藁科・東村 1995）。このNK原産地を確認すべく、前節のとおり踏査をおこなっているが、残念ながら現在までには確認できていないが、上記の分析結果からNK原産地の開発と利用について以下のあり方を把握できる。

① NK産黒曜石は野辺山第Ⅲ期の尖頭器に用いられている。

② NK産黒曜石は野辺山第Ⅳ期第１・２段階の矢出川タイプの細石刃石核に用いられている。

③ 野辺山第Ⅱ期前半の中ッ原1C地点のナイフ形石器の中には、NK原産地の原石はとりあえず認められなかった。

④ 以上①～③を鑑みて、少なくともNK産地は野辺山第Ⅲ期の尖頭器石器群の段階には開発されていたことは明らかで、引き続き細石刃石器群の前半・後半と利用されていた。

一方、NK産地の開発と利用について、以下の問題点が残された。

① 野辺山地域以外でのNK産黒曜石の利用の確認。

② 尖頭器石器群・細石刃石器群以外、すなわちナイフ形石器群・縄文時代においてのNK産黒曜石の利用の確認。

まず、①については、神奈川・東京・千葉といった南関東地方において、従来数多くの蛍光X線分析がなされているにもかかわらず、その分析の網にNK産黒曜石が掛かった事例がなかった。しかし、近年、静岡県沼津市拓南東遺跡および同市葛原沢遺跡であわせて3例（望月 1998）、山梨県長坂町横針前久保遺跡で1例が確認されるにいたり（望月 2000a）、数少ないもののその分布が静岡県まで拡大していることが判明した。

また②の時期的問題については、横針前久保遺跡の事例は台形様石器と局部磨製石斧を伴う後期旧石器時代初頭の石器群であり、その開発期が後期旧石器時代初頭に遡ることが判明した。一方、拓南東および葛原沢遺跡例はいずれも縄文草創期の可能性があるといい、その時期的下限も草創期に引き下げられる可能性が生じてきた。

さて、こうした利用の広がりをみせるNK原産地は、どこに存在していたのだろうか。

さきに述べたとおり、5B地点ではNK産の黒曜石が全体の5割弱にあたる800g強を占める予測がなされ、1G地点ではNK産の黒曜石が全体の7割にあたる2260gを占めると推定された。つまり、NKの原石の利用は麦草峠・双子池産と同等か、もしくはそれ以上に多用されているといえる。また、一方で和田峠周辺の黒曜石の低調な利用率もみられた。このことからNK原産地について以下の推定ができる。

原石獲得にかかわるコストの低減やリスクの回避といった観点から、その利用度数の高さに鑑み、NK産地は野辺山により近いか、麦草峠・双子池と同等程度の距離（中ッ原から15km）にあり、和田峠周辺（中ッ原から35km）までは離れない位置、いずれにしても八ケ岳周辺のいずれかの場所にある、という推定である。いずれにせよ、NK原産地はスポット的で産出量が少ないマイナーな黒曜石原産地であるものと考えられる。

4　野辺山における旧石器時代の石材利用

(1) 各石器群における石材利用の傾向

前項では、黒曜石に絞って利用のあり方を概観した。ここでは、黒曜石・緑色チャート・チャート・水晶などの石材を中心に、ナイフ形石器・尖頭器・細石刃の３者における石材利用をみてみたい。

ナイフ形石器群

まず、野辺山第Ⅱ期前半三沢遺跡のナイフ形石器群の石材構成をみてみたい。重量別構成については表38に示した。

その重量別構成をみると、黒曜石35.7％・水晶11.7％・緑色チャート11.1％・チャート3.8％、その他は珪岩や砂岩で37.7％となっている。黒曜石が全体の３分の１を占め、その産地は前項で述べたように八ケ岳産が66.1％となっている。また、水晶が１割程度みられることも注意される。緑色チャートも１割程度みられる。出土ナイフ形石器９点の点数的な内訳では、黒曜石が４点の他、水晶・粘板岩・砂岩・珪岩・珪質粘板岩（緑色チャート）が各１点となる。

一方、三沢と同時期に位置付けられる山梨県清里丘の公園第二遺跡（保坂編1989）の石材構成はどうだろう。ここでは石材重量が未記載であるので、ナイフ形石器の点数的な内訳（表39）でみてみると、黒曜石が約７割、次いで緑色チャート（報告＝珪質頁岩）が１割、碧玉が１割、他は泥岩・凝灰岩等であり、黒曜石のナイフ形石器への利用が圧倒的に多いことがうかがえる。

やはり同時期に位置付けられる切草遺跡のナイフ形石器では（京都女子大考古学研究会編 1992）黒曜石24点・水晶10点・不明１点であり、黒曜石が多いものの、水晶も３割程度みられる点が注意される。

以上をまとめると、本時期の石材利用傾向としては、黒曜石が安定的にナイフ形石器に用いられるなか、緑色チャートなどの非黒曜石系石材も用いられる。一方で、尖頭器や細石刃などにはあまり用いられない水晶が、ナイフ形石器では一定程度使用されることが特徴的である。なお、水晶の原石サイズや硬度などに起因する剝離の困難さからしても、ナイフ形石器では小型のものが製作される傾向が強い。また、小型のスクレイパーなどにも水晶が用いられる場合がままある。

表38　三沢遺跡の石材重量構成

遺跡		黒曜石			緑色チャート	チャート	水晶	安山岩	粘板岩	砂岩	珪岩	計
		八ケ岳	星ケ塔	不明								
三沢	重量　g	612.4	50.3	265.2	287.0	98.1	303.7		23.0	245.3	704.6	2589.6
	%	23.6	1.9	10.2	11.1	3.8	11.7		1.0	9.5	27.2	100

表中、緑色チャートは報告書では珪質粘板岩と記載されている。黒曜石は産地同定に基づいた母岩別分類による。

表39　ナイフ形石器に用いられた石材の点数

遺跡		黒曜石	緑色チャート	チャート	水晶	安山岩	粘板岩	砂岩	珪岩	碧玉	泥岩	黄色泥岩	凝灰岩	不明	計
三沢	点数	4	1		1		1	1	1						9
	%	44.5	11.1		11.1		11.1	11.1	11.1						100
丘の公園第二	点数	44	7							6	3	3	1		64
	%	68.9	10.9							9.4	4.7	4.7	1.4		100
切草	点数	24			10								1		35
	%	68.6			28.6								2.8		100

表中、緑色チャートは、三沢遺跡報告書では珪質粘板岩、丘の公園報告書では珪質頁岩と記載されている。

表40　尖頭器に用いられた石材の点数

遺跡		黒曜石	緑色チャート	チャート	水晶	安山岩	粘板岩	砂岩	凝灰岩	珪質凝灰岩	鉄石英	めのう	花崗岩	不明	計
馬場平	点数	186	155	96	1	95	2	22	1	1	1	1	1	10	572
	%	32.5	27.1	16.7	0.2	16.6	0.4	3.8	0.2	0.2	0.2	0.2	0.2	1.7	100
菅の平	点数	184	21	36	4	16	1	1		2				1	266
	%	69.1	7.9	13.5	1.5	6.0	0.4	0.4		0.8				0.4	100
柏　垂	点数	828	47	194	5	49		39		1				3	1166
	%	71.0	4.1	16.6	0.4	4.2		3.3		0.1				0.3	100

表中、緑色チャートは、各遺跡で珪質凝灰岩と記載されている。

尖頭器石器群

つぎに、馬場平・菅の平・柏垂の尖頭器について、『川上村誌』（京都女子大考古学研究会編 1992）の記載をもとに、その石材構成（点数）をみてみる（表40）。

まず、黒曜石利用に関しては、馬場平が32.5％・菅の平69.1％・柏垂71.0％となり、菅の平・柏垂の尖頭器の黒曜石利用率が高いことがうかがえる。一方、同誌において珪質粘板岩と記載されている緑色チャートの利用率は、馬場平が27.1％・菅の平7.9％・柏垂4.1％となり、黒曜石利用率の低い馬場平において緑色チャートの利用率が高いことがうかがえ、黒曜石と緑色チャートの相互の補完的関係も予測されるところである。

ここで馬場平を例に、尖頭器の大きさと石材との関連をみると、『川上村誌』中の指摘にもあるように（林 1992）、黒曜石は60mmの小型品に特徴的にみられ、安山岩・チャート・珪質粘板岩（＝緑色チャート）は45〜110mmの中型品に、110mm以上の大型品には安山岩が利用される傾向が看取され、石器サイズによる石材選択の差異がうかがえる。

なお、柏垂遺跡の尖頭器には前述したように、双子池、和田峠、霧ヶ峰、NK産の黒曜石が用いられていることが原産地同定から判明している。

細石刃石器群

矢出川細石刃石器群では、いわゆる矢出川タイプの稜柱形細石刃石核には、数点の例外を除き、数百点は存在するほぼ全資料に黒曜石が用いられており、きわめて強い黒曜石指向がみてとれる。一方、舟底形の細石刃石核にはチャート・緑色チャート・下呂石などがあてられるという非黒曜石指向が看取できる。

矢出川第Ⅰ遺跡の細石刃石核の黒曜石産地については前述したが、22点中、麦草峠・双子池６・和田峠２・霧ヶ峰５・NK４・神津島５点となっている。神津島産の黒曜石が一定量存在している点は注意される。

一方、削片系細石刃石器群である中ッ原1G地点と5B地点においても、細石刃関係にはわずかにチャート類がみられるものの、主には黒曜石があてられている。これに対し柏垂遺跡の削片系細石刃石核には東北系の珪質頁岩があてられている。

遺跡間の石材構成の差異

つぎに、同一の削片系細石刃石器群である1G地点と5B地点を例にとって、石材の重量別構成をみてみよう。

遺跡に遺存した石材の構成を、器種との関係をひとまずおいて単純に比較すると、1Gでは９割方が黒曜石であるのに対し、5Bでは緑色チャート４割強・黒曜石３割・チャート１割と、緑色チャートが黒曜石を上回る傾向がうかがえる。また、5B地点では珪質頁岩や下呂石など遠隔地系石材が細石刃関係にわずかに認められるという傾向が看取される。

遺跡間石器接合によって関連性の証明された両遺跡間でも、このように石材構成に相違がある。このことは石器群間の石材組成の単純な比較に対する注意をも促している。

ただし、細石刃剥離技術にかかわる石材に関してのみいえば、両地点ともに9割以上に黒曜石が用いられている黒曜石指向は共通する。近隣の他の石材では、わずかに緑色チャート・チャートが細石刃関係に用いられる場合があるのみである。

(2) 野辺山における旧石器時代の石材利用

野辺山におけるナイフ形石器・尖頭器・細石刃の３者の石材利用を概観してみた。黒曜石のあり方を焦点にこれら３者との結びつきをみると、ナイフ形石器では黒曜石を一定量用いながらも他の石材の利用もみられるが、尖頭器ではより黒曜石の利用率が高く、細石刃はほぼ黒曜石のみに限定されるともいうべき状況がみてとれる。ナイフ形石器と黒曜石との結びつきがゆるやかであるのに対し、細石刃と黒曜石はその結びつきが強固である（図74）。押圧剥離技術を駆使し小型石刃を量産するという細石刃技術にあっては、より質の高い素材が要求されたことも、黒曜石指向に結びつくものと考えられよう。また、石器群がこの順序で変遷したという前提に立てば、ナイフ形石器から尖頭器、つづく細石刃という主要な狩猟具とも想定される石器に関して、より黒曜石に対する石材選択指向が強まるという様相が看取される。そうした黒曜石指向のなかで近隣の黒曜石原産地の開発が進んだことも予測できる。

一方、主要な狩猟具以外、掻器・削器などの加工具類には、時期別の石材利

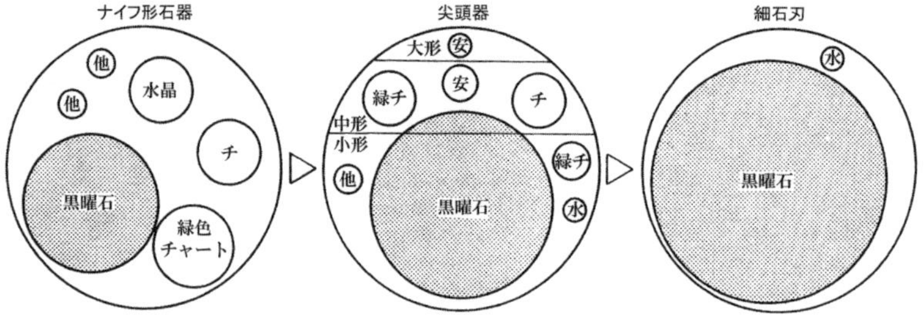

チ：チャート　緑チ：緑色チャート　水：水晶　安：安山岩

図74　野辺山の旧石器時代石器群と石材構成の概念図

用の差異はないようである。小型品には黒曜石・チャート・緑色チャート・水晶などが用いられ、大型品には大型の原石・素材の確保が可能な緑色チャートが用いられるという傾向が、一貫してうかがえる。加工具類には、とくにガラス質で脆い黒曜石より、耐久性の高いチャート類があえて選択される傾向も看取される。また、黒曜石と同様なガラス質の水晶であるが、黒曜石に比べ剝離が困難で、割れの状況を予測しにくいという難点がある。したがって水晶は、八ケ岳東麓において黒曜石・チャート類に比べ積極的な利用がみられるとはいい難い石材で、他地域への搬出もほとんど認められない。

野辺山の旧石器の主たる石材である黒曜石・チャート・緑色チャート・水晶などは、いずれも20km圏内に存在してしていることを述べた。黒曜石は八ケ岳山麓、チャート・緑色チャートは秩父山系から千曲川・相木川に、水晶は金峰山など山梨県境に存在している。野辺山からこれらの原産地の原石確保については、日帰りから１泊程度の行動圏内にあるものと考えられる。中ッ原5Bと1G地点の相互の遺跡間石器接合においては、野辺山から八ケ岳の黒曜石採取に向かい再び野辺山に戻るという、八ケ岳黒曜石原産地での原石獲得を組み込んだ回帰的行動を堤は復元しており（堤 1996c）、野辺山高原の後期旧石器時代遺跡における黒曜石補給の具体例をうかがい知ることができる。なお、こうした潤沢な石材環境にあっては、それらに比べ40kmとやや遠い距離にある八風山のガラス質安山岩の利用は、その品質ともあいまってあえてなされていないこともうかがえる。

こうした石材の獲得季節であるが、とくに標高2000mを前後する八ケ岳の黒曜石については、少なくとも氷雪に覆われる冬季にあっては採取困難であり、冬季以外の採取行動が予測されよう。

これに対しいわゆる遠隔地系石材として、ナイフ形石器では畑宿産黒曜石を利用したものと（中ッ原1C例）、柏峠産黒曜石を利用したもの（丘の公園例）が原産地同定によって確認されている（吉澤 2000、保坂ほか 2001）。また、細石刃関係では、下呂石の細石刃２点（中ッ原5B例）と細石刃石核１点（矢出川例）および神津島産黒曜石の細石刃石核５点（矢出川例）が確認され（藁科 1996）、東北地方産とみられる珪質頁岩の楔形細石刃石核１点（柏垂例）もみられる。

こうした遠隔地系石材の存在にはどのような意味があるのだろうか。例えば、矢出川遺跡で確認された神津島産黒曜石の存在の意味については、可能性とすれば、野辺山にいた集団が太平洋沿岸部に移動した後、さらに直接神津島に渡航し、黒曜石を採取して持ち帰ったというような状況は想定し難いのではないだろうか。神津島まで200kmという遠距離に加え、航海という高いリスクが伴うからである。それを考慮に入れると、問題の黒曜石は、神津島産黒曜石を獲得・所有する南関東沿岸部地域の集団がいて（池谷 1999）、その集団との接触によって野辺山にもたらされたものとみることが妥当なのかもしれない。いずれにせよそこには、南関東方面に流れる信州産黒曜石のベクトルのみでなく、信州方面に流れる関東（伊豆諸島）産黒曜石のベクトルも見て取ることができ、関東・中部地域における石材資源利用の循環構造をうかがうことができよう。

註

(1) 本節は、かつて「八ケ岳東麓の石材環境と旧石器時代の石材利用」と題し吉田政行と共同執筆したものである（堤・吉田 1996）。その時点においては２節を吉田政行が、１・３・５節を堤が、４節は吉田および堤が共同で執筆した。今回の論考については、吉田氏の承諾をいただき、吉田氏執筆部分の２・４節部分を堤が再執筆し、筆者の文責において再構成したものである。本研究の費用の一部には、堤に交付された平成７年度長野県科学研究費助成金：テーマ「八ケ岳東部を中心とした緻密質石材の産状と分布」を充当した。
(2) 黒曜石の産地推定分析は京都大学原子炉実験所（当時）の藁科哲男氏にお願いした。
(3) 分布調査は八ケ岳旧石器研究グループの須藤隆司、長崎治、永塚俊司、美安慶子、加藤学、中沢祐一の諸氏と共同でおこなった。さらに、望月明彦、池谷信之、守矢昌文、大竹憲昭、大竹幸恵、谷和隆、中村由克の諸氏からも様々なご配慮・ご教示を得た。
(4) 道澤明氏のご教示による。
(5) 少なくとも今回の調査では上流部での確認となっただけであって、必ずしも下流部では採取できないということではない。
(6) 保坂康夫氏のご教示による。
(7) 保坂康夫氏のご教示による。
(8) 従来、藁科哲男・東村武信氏によって「麦草峠」として一括記載された原産地であるが、今回確認した双子池周辺の原石群の元素組成が、麦草峠のものとは微妙に異なり両者が判別できる可能性が生じてきた。したがってここでは、両地点の名称を併記し「麦草峠・双子池」の名称を便宜的に用いた。
(9) 中ッ原1G地点出土の黒曜石の「７個の遺物の組成の特徴はCa／KおよびSr／Zr比が非常に大きく、現在までに調査した96個の原石群のなかでも最高値に属する。この黒曜石を生成したマグマは流紋岩質に完全に分化が進むまえで、安山岩質組成を残しているとか、流紋岩質マグマに安山岩質成分が溶け込んだなどが推測された。本遺跡群では細石刃に下呂産原石が使用されていることが明らかになり、広い交易圏、活動圏が推測されていることから、かなり遠距離の原石産地を考慮する必要があり、日本中の黒曜石と比較をおこなっているが、この７個の遺物と一致する組成の原産地はなく、未発見の共通の原石産地の黒曜石が使用されたと推定した」（藁科・東村 1995）。

以上が、中ッ原第１遺跡Ｇ地点の報告において、藁科氏らによって説明されたNK産地の黒曜石の特徴である。肉眼による外見的特徴はつぎのとおりである。

① 半透明で黒い縞が特徴的に入り、気泡や不純物は含まない。

② 原石面は平滑で、少なくとも原石の大きさには拳大のものがある。

③ 質感は、和田峠もしくは霧ヶ峰の黒曜石などに近く、麦草峠のものとは異なる。

第3節　削片系細石刃石器群をめぐる技術的組織の異相

──中ッ原細石刃石器群を中心として──

1　技術的組織論

石器群の技術的組織は、異なる環境に対しては異なる適応をみせ、組織内部の変容をきたしたものと考えられる。従来の固定化した石器群の構造理解では、こうしたダイナミクスを把握するのは困難で、その変化を石器群の系統差や時間差として単純に置き換えてしまううらみがあった。過去の狩猟採集民のもつ生業戦略のダイナミクスを把握するには、今日この技術的組織論からのアプローチが有効であると考えられる。

そもそもこの考え方は、ルイス・ビンフォードによるヌナミウト・エスキモーの民族誌的調査を通じ、"Technological Organization" として提起された概念である（Binford 1979）。日本においてこの概念は、阿子島香により「技術的組織」の名のもとに紹介がなされ、石器群における「技術」・「機能」・「維持・消費」・「兵站（補給）」・「廃棄」などの諸要素の有機的な組織性の検討の重要性が説かれた（阿子島 1989）。そして昨今では技術的組織論を基にしたナイフ形石器群の分析（沢田編 1994）や細石刃石器群の理解（加藤博 1996）、さらにそれを昇華させた下総台地の後期旧石器時代の社会生態学的な考察（佐藤 1995）もみられるところである。

本節では、その技術的組織論的観点に立脚し、筆者らが調査を実施した八ケ岳野辺山高原にある2つの削片系細石刃石器群、中ッ原第5遺跡B地点（堤編 1991）と中ッ原第1遺跡G地点（堤編 1995・1996）を主たる素材として検討を加えてみたい。一方で他の削片系細石刃石器群、柳又細石刃石器群や荒屋系細石刃石器群の技術的組織についても概観する。さらに、それらの技術的組織を比較して異同をみ、その異同が生み出された背景についての考察を試みることにする[1]。

2　中ッ原細石刃石器群の技術・機能・補給の構造

(1) 中ッ原細石刃石器群の構成

中ッ原遺跡群は、列島中央部にあたる長野県野辺山高原に所在し、矢出川遺跡の北東2.5km の位置にある。中ッ原遺跡群の削片系細石刃石器群は、中ッ原第5遺跡B地点（以下5B地点）とそこから500m離れた中ッ原第1遺跡G地点（以下1G地点）の2つによって構成される。そして両地点間では遺跡間石器接合が成立し、その共時性が証明されている。両遺跡は、1990〜95年にかけて3次にわたって調査がなされ、調査報告が刊行された（堤編 1991・1995・1996）。報告では、技術的組織論的な研究の基礎を担う「使用痕分析」・「石材産地同定」・「個体別資料分析」・「遺跡構造分析」などが含まれており、本項ではその分析の成果をふまえつつ技術的組織の考察を試みる。

5B地点においては石器総数1254点からなる2ブロックの石器分布が、1G地点については石器総数1617点からなる1ブロックの石器分布が検出されており、概して小規模な石器分布をみせている。その石器組成については、表41に示してある。ここでは石器装備（堤 1991a）といった観点から、両者の相違についてみておこう。

図75にはその基本的な石器装備を示した。両者に共通する装備は、細石刃・削器・掻器・加工痕のある剝片・微小剝離痕のある剝片・礫器・磨石である。加えて両者には、折断を施した後そのまま使用される台形状の折断剝片が多量に存在しており、特徴的な共通点として注意される。 上記の共通性に対し、両地点の明確な差異として注意しておきたいのは、5B地点では彫刻刀形石器5点（荒屋型を含む）と錐状石器1点があるのに対して、1G地点ではそれらがいずれも欠落しているということである。

「管理的石器」（阿子島 1989）などヒトによる携行性がより高い装備は、その機能地点から次の機能地点への搬出が予想され、すべての遺跡に痕跡が残るとはいい難い。そうした点をふまえると、1G地点での活動時に本来的に彫刻刀形石器や錐状石器が存在しなかったかどうかの判断は難しい。しかし、一方ではその遺存差が、両地点での石器使用活動の内容差を表す場合もあろう。また、その欠落の意味として、彫刻刀形石器や錐状石器は、両地点に共通した石器に比べ「常用の度合い」の低い装備であることも考えられる。

表41　中ッ原5B地点と中ッ原1G地点の細石刃石器群の石器組成

遺跡	細石刃	彫刻刀形石器	錐状石器	削器	搔器	加工のある剝片	微小剝離痕のある剝片	礫器	磨石	敲石	細石刃石核	細石刃石核原形	削片	剝片	砕片	石核	原石	計
中ッ原5B地点	181	6	1	9	4	8	18	1	1		4	3	20	752	239	7		1254
中ッ原1G地点	162			9	2	3	5	2	1	1	9	8	19	972	421	2	1	1617

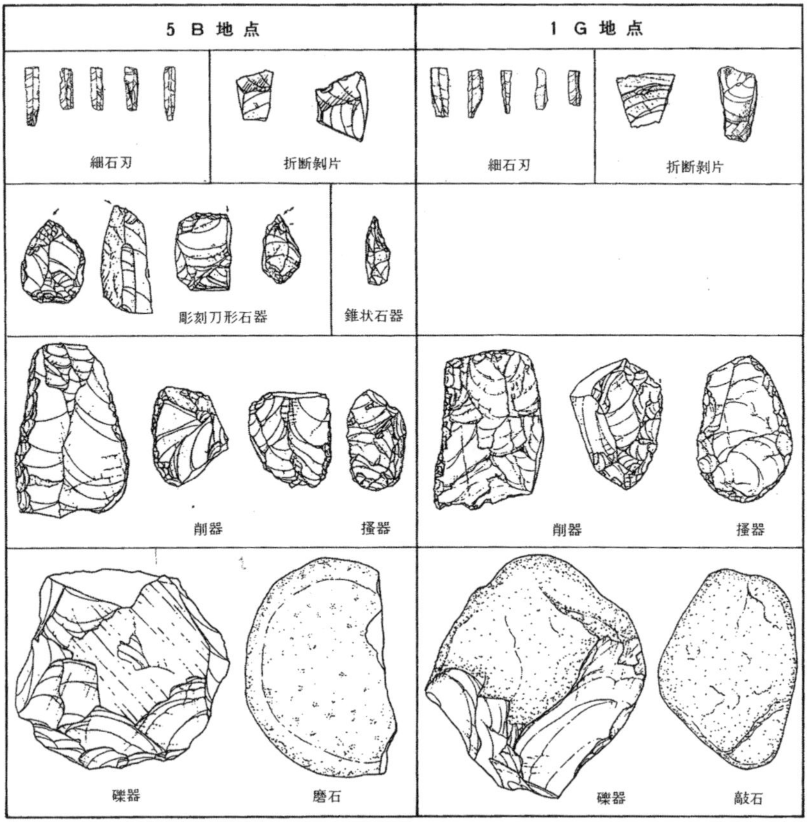

図75　中ッ原5B地点と中ッ原1G地点の石器装備

(2) 石器製作技術

次に技術的組織を構成する石器製作技術についてみてみよう。石器製作技術といった場合、大きく次の3者、すなわち「方式（method）」「加撃具（mode）」「技法（technique）」に整理できるという（Newcomer 1975、西秋 1994)。この大別において、中ッ原細石刃石器群を検討してみることにする。

まず、その「方式」においては、細石刃製作技術では、5B地点・1G地点ともに湧別方式（技法）の流れをくむ削片系の細石刃製作技術が採用されている。図76に示したように、そこでは原石→両面調整体製作→削片剥離→細石刃剥離という工程が追える。また、湧別方式（技法）ではあまり一般的ではないが、ここでは打面再生も若干みられる。

注意しておきたいのは、通常湧別方式(技法)の流れをくむ削片系細石刃製作技術においては、従来より入念な両面調整の細石刃石核原形の製作が特徴的であるのに対し、中ッ原、ことに1G地点では、(むろん入念な細石刃石核原形を製作するものもみられるが) 製作工程の省略や調整の省略がみられるものが特徴的に存在しているということである。扁平な原石を入念な両面調整体に仕上げないまま初期段階で打面を設け、若干の調整を施しただけで細石刃剥離へと移行してしまうものなどがそれである。その素材については、より原形に近い形状の原石が選択的にあてられることがうかがえる。

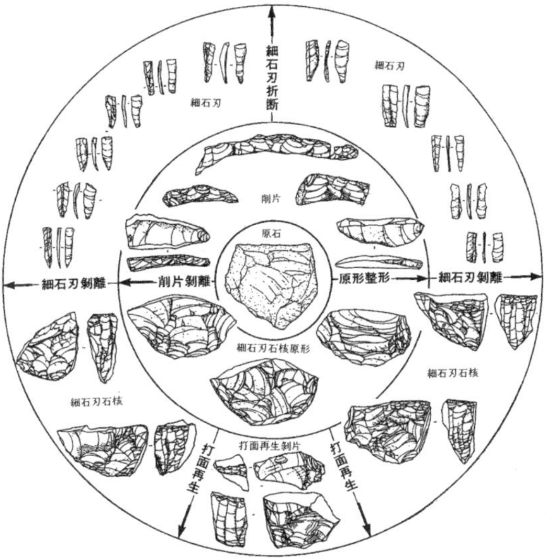

図76　中ッ原1G地点における細石刃製作システム

ところで従来、珪質頁岩を石材に利用する削片系の細石刃技術においては、両面調整体製作過程における剥片が、削器や掻器・彫刻刀形石器などの素材にあてられることがシステム上の大きな特徴とされてきた（大塚 1968、橋本 1988ほか)。しかし中ッ原細石刃石器群の２者においては、剥片石器製作と細石刃製作とが大枠では別工程をたどることが指摘され、前者、すなわち削片系の細石刃技術において細石刃生産工程と剥片石器素材生産とが一体化した「連動システム」に対し、「別動」ともいうべき異なるあり方が注意された（永塚 1996）[(2)]。確かに、中ッ原では、細石刃には黒曜石、加工具類には主にチャートなどがあてられ、石材選択の段階から両石器の製作過程が分離的であることが特徴的である。また、中ッ原における細石刃石核原形の製作工程の省略や調整の簡略化は、こうした剥片石器の素材生産の「別動」とも関連しているものと考えられる。

一方、中ッ原の石器製作での「加撃具（mode）」にはどのようなものが用いられたのか。まず、数多い折断剥片などにみる黒曜石の剥片剥離については、「ハードハンマー」が用いられたことが剥片の顕著な打瘤や打瘤上に残された明瞭なリング（Ohnuma and Bergman 1982）から想定される。おそらく1G地点から出土しているハンマーなどがそうした直接剥離に使用されたのであろう。また、細石刃剥離については、大沼克彦らが実験的に示した打圧面分析による細石刃剥離法同定の基準（大沼・久保田 1992）から、押圧剥離具の使用を推定することができた（美安 1996）。

「技法（technique）」の観点からみると、前述のように、細石刃剥離については押圧剥離が採用されていたことが推定でき（美安 1996）、剥片剥離についてはハードハンマーによる直接打法が採用されていたことが推定される。一方、特徴的にみられる剥片の折断については、「曲圧折断」がなされていたことが実験の結果から推定できたが[(3)]、その際、折断をコントロールするために剥片を挟むための「支持固定具」が用いられた可能性が高いことが想定された（吉田 1996）。細石刃についての折断は一般的とはいえ、こうした剥片についての折断技法の多用は、他の削片系細石刃石器群にあまりみあたらず、中ッ原の２つの石器群において発現をみせる特殊な技術として注意される。

(3) 石器と場の機能

石器と場の機能推定は、技術的組織論を構成する重要な要素である。中ッ原においては、5B地点では細石刃・スクレイパー・折断剥片について、1G地点では細石刃についての使用痕分析がなされ、その機能推定が試みられた。

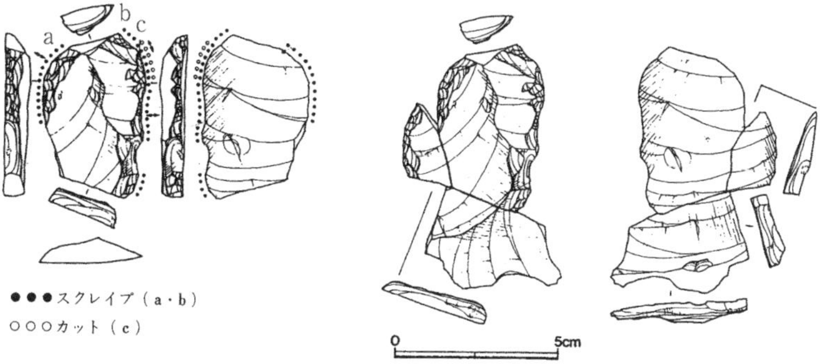

図77　中ッ原5B地点のスクレイパーの使用法とリダクション

細石刃については、折断によって反りが解消されたあと、植刃器の軸に平行した状態で正位もしくは逆位で植刃され（平行装着）、あるいは柔らかい対象物の切断に関して、側縁と平行する一方向に働きかけたものがあることが、残された線状痕から推定できた（堤 1991b）。その一方で、乾燥皮などの可能性のある対象物のスクレイピングに用いられた細石刃もあり、その替え刃としての機能の幅広さもうかがえる（堤 1993a・1995b）。

スクレイパー類では、図77に示した5B地点の小型スクレイパー（黒曜石）では、生皮や肉などの推定被加工物について、鋭角の刃のほうはカット（c）に、鈍角の刃のほうはスクレイプ（a・b）にと、刃部の形状を巧みに利用してひとつの石器を使い分けていることがわかる（御堂島 1991）。また、その石器の刃部再生剥片が接合をみせることから、リダクションをへて、繰り返し使用されていることもうかがえる。複数の使用法や刃部再生からみて、このスクレイパーのより管理的な側面をうかがうことができる。ただし、個体別分類や接合からみて本遺跡における石器のリダクションは全般的にあまり顕著とはいえない。通常その度合いは原産地との距離に比例しており、その状況は原産地との近接性に由来した傾向といえよう。

一方、両石器群を特徴付ける折断剥片については、5B地点において２つの機能群に分離された。すなわち生皮や肉などの推定被加工物についての「カットする機能」と「スクレイプする機能」の２者である（御堂島 1991）。ただし、上記の小型スクレイパーのようにひとつの石器にその２者の機能が同居する事例はみられなかった。

5B 地点の彫刻刀形石器からは、残念ながら使用痕は検出されていない。ただし筆者は、埼玉県白草遺跡の荒屋型彫刻刀形石器の使用痕分析例(4)から、その機能についてはファシットの側縁を用いた骨角器の加工具と想定しており、5B 地点の彫刻刀形石器類においてもそうした機能の類推は可能であろう。このほか、中ッ原における石器器種には礫器・磨石などがあるが、礫器は木材の伐採あるいは加工具、磨石は堅果類の加工具と考えておくことができる。

ところで、こうした石器には、その場で使われるものもあれば、携行されるものもあり、推定された機能群すべてが、その場の機能を物語るものではないことに注意しなければならない。特に管理的な石器であるほど搬出入が多く、さまざまな用途に使われてその使用史は複雑であり、一方、便宜的な石器ほど機能は単純でその場性が高い傾向もうかがえるという（阿子島 1992）。

両地点を特徴付ける黒曜石の折断剥片は、①その場で容易かつ多量に剥離され、②入念な二次加工なしに用いられ、③その場に多量に遺棄（廃棄）されている点において、その場かぎりで多様に用いられるより便宜的な機能的側面の強い「状況的装備」（Binford 1979）と考えられる(5)。高品質で産地的限定性のある黒曜石は、通常はより管理的な石材であり、このように多量に便宜的使用され廃棄されることは少ない。その便宜的利用も原産地との近接性がもたらした現象なのだろう。なお、この場所においては、先の機能推定とあわせて、折断剥片を用いた生皮・肉などのカットもしくはスクレイプといった加工処理行為がまとめてなされていたことが推定される。こうした折断剥片は他の削片系細石刃石器群にほとんどみかけられない点においても特殊であり、この折断剥片を用いた生産活動は、中ッ原細石刃石器群の技術的組織において便宜的な機能的側面を発現させた、より特徴的な要素といえよう。

両地点に遺存する礫器も、素材の調達や製作に手間がかからず、また携行するには重量があるといった点で、その場性の高い石器なのかもしれない。となると両地点では礫器の使用にかかわる木材加工等の作業もなされていたことが推測される。

これに対し、細石刃については、たとえばその一部が狩猟用具の側刃として機能したと仮定した場合、より携行・可搬性が高く、その場の機能を物語りにくいとも考えられる。両遺跡の細石刃において使用痕が残る細石刃がごくわずかであるという状況も、そうした性格に帰するものであると解釈した経過がある（堤 1991b）。

(4) 石材補給と遺跡形成をめぐる行動形態

中ッ原細石刃石器群の調査にあたっては、周辺の石材環境についての踏査を実施し、一方で黒曜石の原産地同定を試みた（鈴木・戸村 1991、藁科・東村 1995、藁科 1996）。ここではその成果をふまえ、両地点における石材利用を概観し、石材補給と遺跡形成をめぐる行動形態についてふれておきたい。

5B地点・1G地点に残された剝片石器類の石材とその点数および重量構成については、まず5B地点にみられるのは、黒曜石・チャート・緑色チャート・石英・安山岩・凝灰岩・珪質頁岩・下呂石の８種類である。1G地点ではそのバラエティが減少し黒曜石・チャート・緑色チャート・安山岩の４種類となる。

このうち、両遺跡にみられた黒曜石の産地については、NK・麦草峠双子池・霧ヶ峰・和田峠・男女倉があり、遺跡から20〜40kmの距離を隔てている（221頁、図73参照）。ただし、霧ヶ峰・和田峠・男女倉の黒曜石の占める割合は小さく、NKおよび麦草峠・双子池が大部分を占める。NK産地は未発見の原産地（藁科・東村 1995）であるが、その利用頻度の高さから、八ケ岳周辺にその産出地点を推定している（堤・吉田 1996）。チャート・緑色チャートは、秩父層群に由来する石材で、遺跡から10〜20km以内の千曲川右岸において採取可能である。中ッ原細石刃石器群の石材構成の特色をまとめると、両地点とも黒曜石、チャート・緑色チャートの３種でその９割以上の重量を構成することが大きな特徴である。この３種は遺跡から10〜20km以内で採取可能な近地石材である。一方、両遺跡で決定的に異なるのは、遠隔地石材の有無ということになろう。5B地点には下呂石（産地分析済）や珪質頁岩（おそらく東北地方）などが入っているのに対し、1G地点にはそれが見られない点に大きな相違がある。

次に、その石材利用のあり方をふまえたうえで、両地点についての集団の石材補給と遺跡形成をめぐる行動について考えてみたい。

遺跡間石器接合によって関連性の証明された5B地点と1G地点については、以下の関係パターンが仮定しうる。①両地点は別のグループによって併存して形成された。その際グループ間で、石器（石材）の交換・譲渡がおこなわれた結果が遺跡間石器接合となった。②両遺跡は同一グループの移動の結果として形成された。そして一方から他方への石器の持ち出しが遺跡間石器接合となった。その移動のベクトルについては、5B地点から1G地点への移動と、1G地点から5B地点への移動の２者が想定されうる。

以上、①と②の前者・後者いずれも仮説として成り立ちうる可能性があるが、もっとも可能性が高いのは②の前者、すなわち5B地点から1G地点への移動である。それは、共有される個体の消費順や石器製作の順序・石材補給の観点から導き出される（堤 1996a、加藤 1996）。ただし5B地点から1G地点への移動といっても、ダイレクトな移動とは考え難い。なぜなら1G地点の黒曜石は、5B地点ではみられなかった個体が大部分を占めており、20kmほど距離をおいた八ケ岳産周辺とみられる原産地から原石を獲得しないかぎり、1G地点は形成され難いと考えられるのである。

なお、5B地点において下呂石（細石刃３点）が認められる点は、下呂石使用地域から5B地点への下呂石製細石刃の搬入を示している。下呂石を多用する木曽開田高原の柳又遺跡の削片系細石刃石器群は、後に述べるように中ッ原と同相な技術構造を有しており、両者の関連性あるいは同一性も想起されるところである。石材が集団の行動の目盛りを示すという「埋め込み戦略」モデル（Binford 1980、田村 1992a）によれば、5B地点への移動者の前の活動地が下呂～開田周辺だった可能性もある。

これを整理すると、中ッ原をめぐる次のような集団の行動が追えることとなる（図78）。

①前地点（下呂～開田周辺？）からの移動→②黒曜石・チャート原産地での石材補給→③中ッ原5B地点への移動・居留（→石材の枯渇）→④黒曜石・チャート原産地への移動→⑤黒曜石・チャート原産地での石材補給→⑥中ッ原（1G地点）への回帰・居留→⑦他への移動。

以上、石材補給を移動の中に組み込み、同じ場所への近距離の回帰的移動と、他の場所への中・長距離移動をなす、集団の遊動形態が描きだせよう。

なお、中ッ原への移動の季節とはいつだったのか。加藤学も指摘するように、原石獲得の観点からすれば、標高2000mを測る八ケ岳周辺での原石獲得は、寒冷な氷期において氷雪に閉ざされたであろう冬期では不可能と考えられる。また、産出地点が草などに覆われる夏季もあまり原石採取には適さないかもしれない。となると雪解けを待つ春か、冬枯れのはじまる晩秋がより都合のよい時期であった可能性がある。ここでは、秋に実るハシバミなど堅果類加工

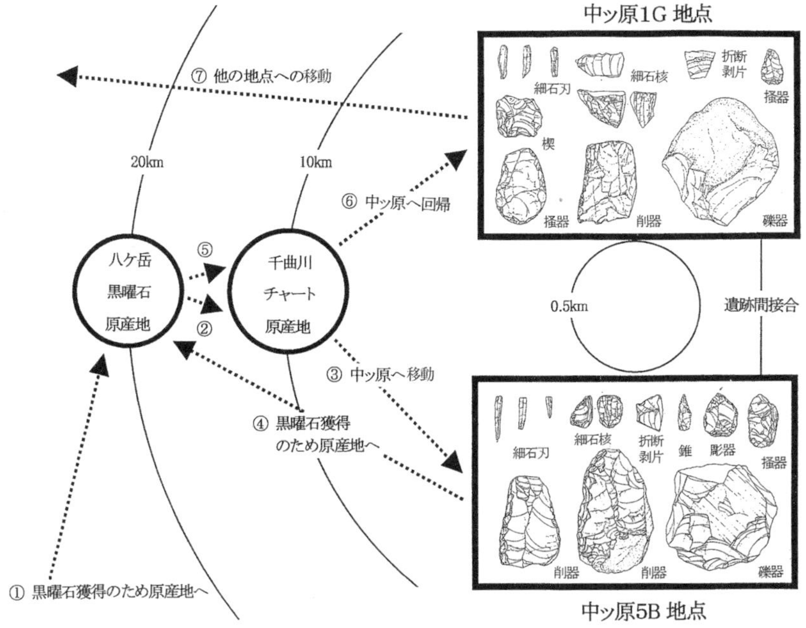

中ッ原遺跡群と20km 離れた黒曜石原産地間で、資源補給のための移動を①から⑦の順でモデル化した。
他の地点から、①黒曜石獲得のため八ケ岳原産地へ移動、②千曲川のチャート獲得へ、③中ッ原へ移動
④ふたたび黒曜石獲得のため八ケ岳原産地へ、⑤千曲川のチャート獲得へ、⑥中ッ原へ回帰、⑦他へ移動

図78　中ッ原5B地点・中ッ原1G地点間において推定される移動と石材補給の構図

用ともみられる磨石の存在などから、中ッ原での滞在時期を秋と想定しておきたい（加藤 1996）。

3　削片系細石刃石器群の技術的組織

(1) 柳又細石刃石器群

中ッ原細石刃石器群との技術的組織の比較において、さきにその関連性を指摘した柳又細石刃石器群について検討することにしよう。木曽郡開田高原、標高1120mに位置する柳又遺跡は、A地点と数十mの距離を隔てたC地点において削片系細石刃石器群が検出されている（小林編 1990・1992・1993、柳又遺跡C地点発掘調査団 1993）。ここでは主にA地点を検討材料とする。

まず、装備される石器についてはどうだろうか。

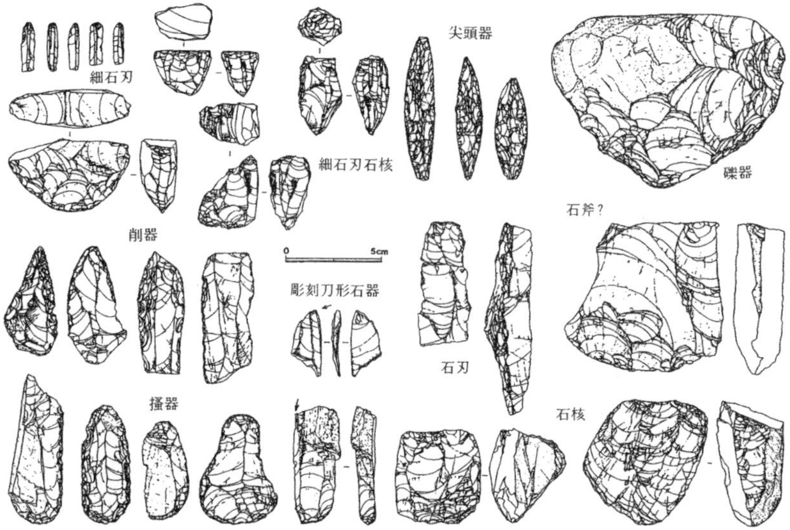

図79　柳又Ａ地点の細石刃文化層とされる石器（國學院大學考古学研究室 1993）

柳又Ａ地点において、第Ⅴ層文化層にあたる細石刃石器群に伴うとされる石器には、細石刃・削器・掻器・加工痕のある剥片・微小剥離痕のある剥片・礫器・彫刻刀形石器・尖頭器・石刃がある（図79）。ただし、これらの石器の共伴関係についてはいきおい慎重にならざるを得ない。なぜならその上位には尖頭器・彫刻刀形石器・石刃を含むとされる第Ⅳ層文化層が、その下位には尖頭器・ナイフ形石器・彫刻刀形石器・掻器・石刃などを含む第Ⅵ層Ｍ文化層・第Ⅵ層Ｌ文化層が存在しており、これらが50cm程度の層厚中から重なって出土しているからである。そのような文化層の重複をふまえると、細石刃石器群に共伴するとされた彫刻刀形石器や尖頭器については、その上下の文化層に帰属する可能性が捨て切れない。石刃や石刃素材の掻器の保有についても検討の余地がある。また、それはさておいても、中ッ原においてきわめて特徴的にみられた折断剥片は、柳又Ａ地点ではまったく認められない。これは、両者の大きな違いとして確認でき、中ッ原の折断剥片の独自性がより浮き彫りにされよう。

次に、柳又Ａ地点の石器製作システムの構造をみてみる。まず、基本的には、両面調整体製作から削片剥離・細石刃剥離に至る細石刃製作工程は、中ッ原と同一の手順を踏んでいることは明らかである（吉井 1991）。また、柳又Ａ地点においては、さきの文化層重複から削器・掻器類がどれだけ本来的に細石刃石器群に共伴するかは別にしても、削器・掻器類の素材生産が基本的に削片系細石刃製作システムに連動していないことだけは確認できる(6)。細石刃類には黒曜石・下呂石（報告書では玻璃質安山岩と記載）が主にあてられているのに対し、削器・掻器類にはチャートが多用されており、その製作工程が明らかに分離しているのである。この点は中ッ原の石器製作技術構造と同相なあり方として注意しておきたい。

石器群における石材構成は、細石刃石核・細石刃石核原形・細石刃石核素材の３者をあわせて４次調査までの点数構成をみると、チャート３点・黒曜石７点・下呂石６点となり、チャートの利用率が低く、黒曜石・下呂石はほぼ同等であるという傾向がうかがえる。細石刃ではチャート８点・黒曜石148点・下呂石118点という構成となる。中ッ原細石刃石器群において細石刃関係の石材がほぼ黒曜石に限定されるのとは異なる傾向である。

さて、柳又Ａ地点での石材補給に関しては、削器・掻器類に主に用いられる比較的良質なチャートは、遺跡から5km以内の地点の河川など近隣で採取が可能な石材である(7)。細石刃類に用いられる下呂石は、岐阜県湯ヶ峰に産出地点があり、柳又から西南におよそ30kmの距離にある。また、細石刃文化層にあたる第Ⅴ文化層の黒曜石の剝片の原産地分析では、和田峠および霧ヶ峰の黒曜石５点が用いられていることが放射化分析の結果からわかっている（鈴木ほか 1990）。柳又から和田峠までの距離は北東約50kmである。柳又Ａ地点からみて黒曜石原産地と下呂石原産地は正反対の方角に位置する。したがって直接・間接どのような入手形態がとられたにせよ、両者の入手行動は、それぞれが分立していた可能性が考えられる。

以上、柳又Ａ地点の細石刃石器群は、文化層の複合状況から細部でなお不明確な点があるが、石器製作システムにおける「別動性」など、中ッ原細石刃石器群の技術的組織を構成する諸要素との共通点をみせている。中ッ原と柳又については編年的前後関係を読み取ろうとする向きもあるが（栗島 1993b、白石 1995）、ここではその共通点を重視し、以後中ッ原・柳又細石刃石器群として同類型のなかで扱うことにする。なお、ここでは柳又Ａ地点を代表させたことにより詳述しないが、開田高原と隣接する岐阜県日和田高原の池の原遺跡の細石刃石器群（麻生 1991）も、基本的には両者と同様な構造をみせるものである。

(2) 荒屋系細石刃石器群

東日本における削片系細石刃石器群は、珪質頁岩を主たる石材として細石刃技法を展開する荒屋遺跡などの細石刃石器群がこれまでその代表例とされてきた。ここでは、「北方系削片系細石刃石器群」といわれるもののうち（橋本 1989）、荒屋（芹沢 1959、東北大学考古学研究室編 1990・2003）・角二山（宇野・上野 1975、桜井美 1993a）・後野B（川崎ほか 1976）・木戸場（田村ほか 1989）・頭無（前原 1988）・白草（川口編 1993）、あるいはやや離れて恩原 2（稲田編 1996）などに代表される石器群を、荒屋系細石刃石器群として認識し、その技術的組織について、中ッ原・柳又細石刃石器群と対比・検討してみることにしよう。

まず、荒屋系細石刃石器群に装備される石器についてみておきたい。頁がだいぶ戻るが、130頁表12には各石器群の石器組成を示してある。図80には代表して角二山の石器を示した。これらの石器群において共通してみられるのは、細石刃・彫刻刀形石器・掻器・削器であることがわかる。錐状石器や礫器が伴うものもある。それらにみられる彫刻刀形石器とはむろん、形態的斉一性

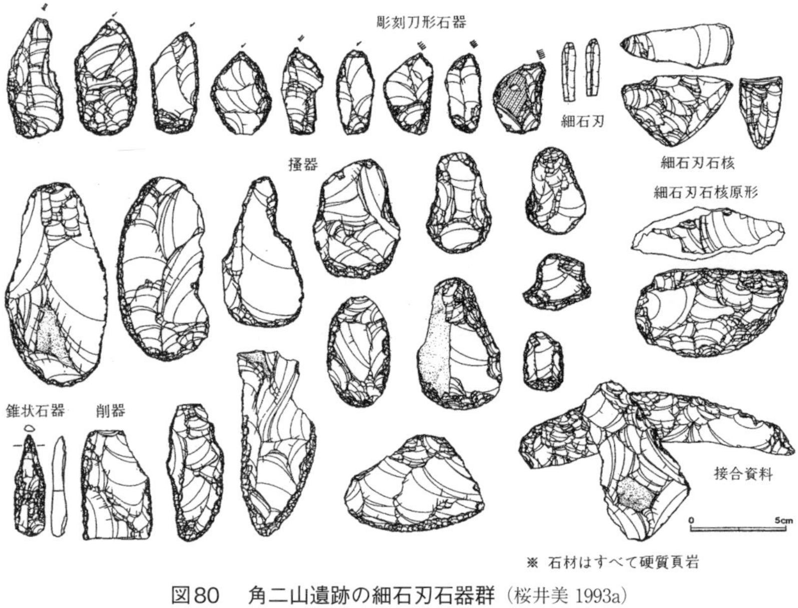

図80　角二山遺跡の細石刃石器群（桜井美 1993a）

の高い荒屋型彫刻刀形石器であり、掻器には特有な茸形を呈する角二山型掻器（堤・小口 1991）が含まれることも多い。予測される遺跡間の機能差や季節性などの差を、ある意味で越えて存在するとみられるこうした普遍的な石器を、より常用的な装備ととらえなおすなら、荒屋系細石刃石器群の常用的装備とは、細石刃・荒屋型彫刻刀形石器・掻器（角二山型を含む）・削器という内容で再認識できる。これに対し、中ッ原・柳又細石刃石器群においては、中ッ原5B地点のみにおいてしか確認されない荒屋型彫刻刀形石器を常用的装備としてはとらえがたい。こうした装備差は、後に述べるように一部生産活動の差異などを背景としてあらわれた、両石器群の技術的組織内部の差と考えられる。

さらにその差を微視的にみると、荒屋遺跡には、微細な加工を先端に施した特殊な完形細石刃である「荒屋型細石刃」（綿貫・堤 1987）が特徴的に存在しているのに対し、中ッ原・柳又においては細石刃の上下を折断した折断部位の存在が基本である点で大きく異なっている。荒屋遺跡のように規則的な加工痕をもたないが、後野B遺跡や白草・恩原2遺跡でも完形細石刃の占める割合が高く、荒屋と同様な点が注目される。これを言い換えると、中ッ原・柳又細石刃石器群では基本的には折断部位のみが使用されたが、荒屋系細石刃石器群では完形部位が一定数使用され、あるいはそれに加え折断部位が用いられたものとみられる。細石刃の折断部位にあっては植刃器への「平行装着」が、完形部位にあっては植刃器への「斜行装着」がなされたことが考えられることから（堤 1991b）、中ッ原・柳又で想定される「平行刃型植刃器」に対し、荒屋系細石刃石器群においては「逆刺刃型植刃器」の存在がクローズアップされ、両石器群に装備された植刃器の形態差が明確となる。

ところで機能という点からは、荒屋系細石刃石器群に常備される荒屋型彫刻刀形石器はどのように考えられるのだろうか。筆者がおこなった白草遺跡の21点の荒屋型彫刻刀形石器の使用痕分析では、そのいずれも従来解釈されてきた「溝掘り具」ではなく、ファシットによって生じた直角に近い彫刻刀面側縁を用いた「骨角の削り具」であることが判明している（堤 1997b）。また、荒屋遺跡の荒屋型彫刻刀形石器の一部の使用痕分析でも同様な結果が得られている（美安 1995）。2003年に刊行された荒屋遺跡の第2・3次発掘調査報告書では、荒屋型彫刻刀形石器本体では、骨・角を掻き削ったものが18例、皮（乾燥）を鞣したものが23例、両者の複合が5例あった。一方、その削片では（東北大学考古学研究室編 2003)、骨・角を掻き削ったものが211例、皮（乾燥）を鞣したものが43例であり、骨・角を掻き削った使用痕の検出が圧倒的に多い[8]。このことを勘案するなら、荒屋遺跡においても白草遺跡と同様、荒屋型彫刻刀形石器を用いた骨・角の掻き削りが重点的になされ、一方で乾燥した皮鞣しがおこなわれていたことが想定されよう。

骨角という硬質な被加工物を削るには、シャープでありながらより直角に近い強靭な刃部が必要となったものと考えられ、その意味でファシットによる刃部作出が好適であったものとおもわれる。一方で消耗の激しい彫刻刀面側縁については、度重なる彫刻刀面の再生が必要であった。事実、白草遺跡では225点の彫刻刀削片が出土している。単純にこれらが出土した21点の荒屋型彫刻刀形石器から排出されたものとして計算すると、本体１点につき10回の彫刻刀面の再生がなされたことになる。

ここで、荒屋系細石刃石器群における荒屋型彫刻刀形石器の点数の多さについて問題にしておきたい。たとえば荒屋遺跡では１次２次調査あわせて574本もの荒屋型彫刻刀形石器が出土している。これに対し掻器・削器はわずか21点である。白草遺跡でも掻器・削器４点に対し荒屋型彫刻刀形石器は21点と圧倒的に多い。さきの「骨角の削り具」という機能的解釈をふまえるなら、こうした荒屋型彫刻刀形石器の数の多さおよびその再生使用の多さからは、遺跡内における多量の骨角器生産への特殊化・集中化という様相が浮かび上がる。一方で、荒屋型彫刻刀形石器を常備しない中ッ原・柳又Ａなどの削片系細石刃石器群については、そうした骨角器生産が常態でなかったことも考えられる。

さて、荒屋系細石刃石器群の維持・管理・補給の構造とはどのようだろうか。いうまでもなくこれらの石器群においてまず特徴的なのは、細石刃から彫刻刀形石器・掻削器にいたる剝片石器の石材のほとんどに珪質頁岩が利用される点にある[9]。それはこれらの剝片石器の素材に、細石刃石核の原形となる両面調整体製作時の剝片があてられていることとも不可分な関係にある。こうした石器製作システムが、永塚のいう「連動システム」であり（永塚 1996)、事実そうした素材供給のあり方は、荒屋遺跡の細石刃石核と彫刻刀形石器の接合例をはじめ、角二山遺跡・恩原１遺跡などいくつかの接合資料からもうかがい知れるところである（図81)。それらが「別動」する中ッ原・柳又とは大きく異なる点である。

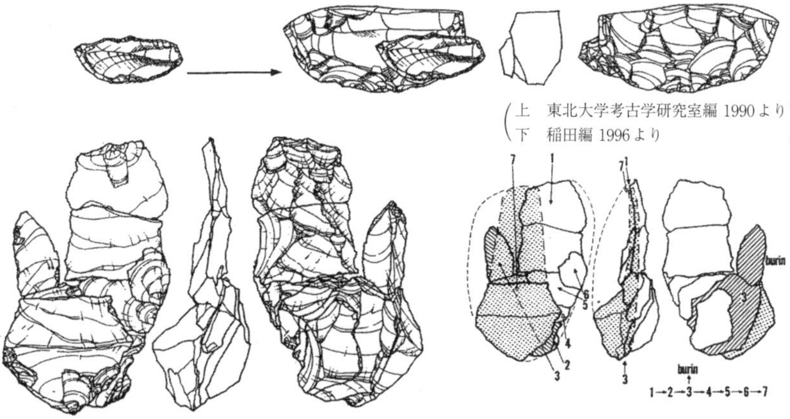

（上　東北大学考古学研究室編 1990 より
下　稲田編 1996 より）

図81　“連動システム”を示す接合例（上：荒屋遺跡　下：恩原 1 遺跡）

ではそうした石器の素材となる珪質頁岩は、どこから補給されたのだろうか。理化学的には産地を特定し難いので正確なことは述べられないが、その給源が東北地方の日本海側を中心とした女川層相当層であるとするなら（山本 1989）、関東の頭無遺跡や白草遺跡では給源から少なくとも100km以上、恩原に至っては300km以上もの距離を超えて珪質頁岩が動いていることになる。こうした長距離移動における石器群の生産・維持・補給をより合理的に支えるためのキュレイション・システムとして、細石刃製作と剥片石器製作とを一体化して運用する連動システムが発達したものと考えられる。

4　削片系細石刃石器群をめぐる技術的組織の異相

(1) 石器製作システムの別動性

荒屋系の削片系細石刃石器群にみる両面調整体製作技術は、①両面調整体が素材のみならずそれ自体を石器として活用でき、②入念な調整をへた両面調整体は運搬・製作における破損リスクを減少させ、③細石刃生産と石器素材生産とを一体化させた工程の合理性と石材の有効利用を果たしたという点において、遊動戦略により有利な機能を発揮するすぐれたキュレイション・システムと考えられる（佐藤 1992b･1995）。こうした諸点が両面調整体をモービル・トゥールとして意義付ける（加藤博 1996）所以でもあろう。

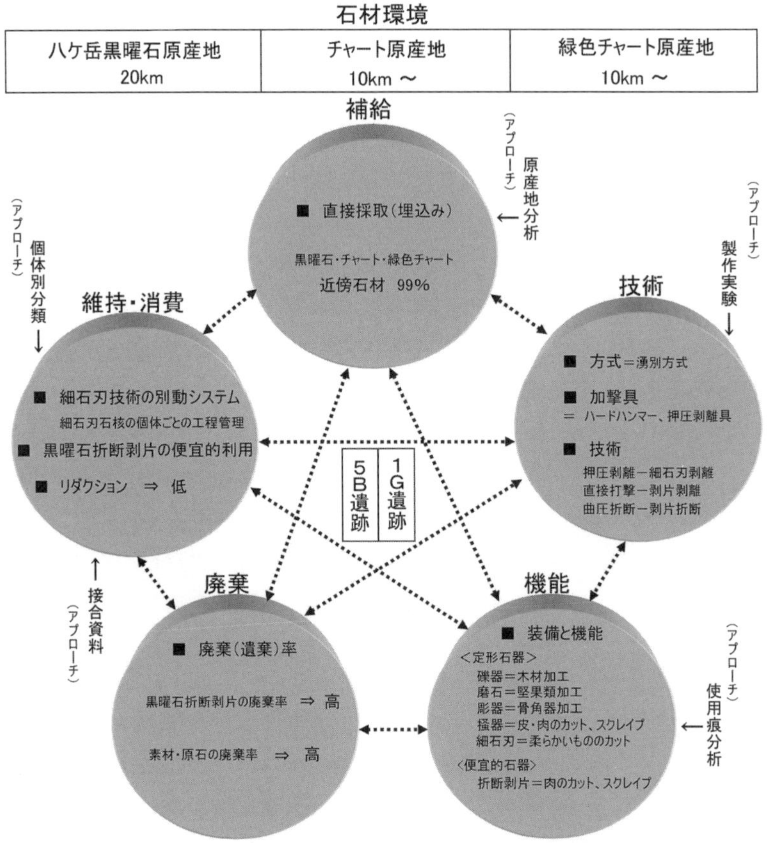

図82　中ッ原細石刃石器群をめぐる技術的組織

しかし、ここでみた中ッ原・柳又細石刃石器群にあっては、少なくとも細石刃生産と石器素材生産との一体化、すなわち荒屋系細石刃石器群の技術的組織上の特性ともいえる「連動システム」は認められず、そのコントラストの違いを鮮やかにした。同じ削片系細石刃石器群にありながら、そうした技術的組織の異相（図82）はどのような背景のもとに生じているのだろうか。

再び中ッ原・柳又細石刃石器群において、細石刃と他の剥片石器生産が連動しないという状況に立ち返ってみよう。両石器群におけるその別動性は、いいかえれば、細石刃関係には黒曜石もしくは下呂石が、スクレイパーなどの剥片石器にはチャート類があてられるという選択的な石材利用の傾向として看取される。さらに述べれば、それは鋭利さが要求される細石刃には黒曜石・下呂石というよりガラス質な石材が、スクレイパーやその他の加工具類には粘りのある硬さの非ガラス質なチャート類の石材があてられるという、いわばそれぞれの石器の機能にあわせた「機能別石材選択指向」とも考えることができる。

こうした「別動性」や「機能別石材選択指向」を発現させた理由としては、まず近接した潤沢な石材環境にあって石材の運搬コストが低減していたことがあげられる。また、一方にチャート類の石材原産地が存在し、他方で若干の距離をおいて黒曜石あるいは下呂石といった優良なガラス質石材の原産地がひかえているという「多元的石材供給環境」があったことによる考えられる。そうした環境下においては、さきに柳又細石刃石器群において指摘したように、別種の石材獲得行動は連動せず、分立していた場合もあったことだろう。なお、仮にビンフォードの示した資源利用範囲モデルに照らすと、両遺跡それぞれを起点とした場合チャートはフォレイジング・ゾーン（日帰り調達域）に、黒曜石あるいは下呂石はロジスティカル・ゾーン（1泊以上かかる調達域）にある石材とみることができる（Binford 1980）。

(2) 削片系細石刃製作システムの受容と変容

削片系細石刃石器群が認められる以前の野辺山高原あるいは開田高原においては、矢出川遺跡に代表されるような稜柱形細石刃石核（安蒜 1979）をもつ細石刃石器群が展開していたことが編年的に予測されている（堤 1991c、諏訪間 1991、谷口1991）。ここで、相前後するふたつの石器群と比較して、矢出川遺跡を中心に細石刃製作技術の運用についてとりあげてみると、およそ以下の傾向が看取される。①その細石刃製作では石材選択のあり方として強い黒曜石指向がうかがえる。②黒曜石には主に40～20kmの範囲に存在する和田峠・男女倉・霧ヶ峰・麦草峠などの石が利用されるほか、神津島産もみられる。③細石刃石核製作の際の石材のサイズ選択としてより小型な原石（例えば細石刃石核原形により近いサイズの原石）が抽出され、原石の分割や加工が最小限に済まされる傾向がある。④スクレイパーなど剥片石器の素材には一部小型品を除き細石刃剥離工程とは別に生産された剥片（20km以内の範囲に存在するチャート類など）があてられており、器種製作システムの「別動性」と「機能別石材選択指向」がうかがえる。

以上指摘した諸点、すなわち細石刃製作の「黒曜石指向」と器種製作システムにおける「別動性」・「機能別石材選択指向」は、削片系の中ッ原細石刃石器群の技術的組織にもみられる石材運用システムであり、両者の共通性として特徴的である。その共通性の背景にあるのは、黒曜石・チャート類を潤沢に産出する「多元的石材供給環境」である。

また、両者における共通した石材運用は、次のような継承性によるものと想定しておきたい。すなわち、野辺山に展開した矢出川細石刃石器群の集団は、荒屋系細石刃石器群をもつ集団との接触によって、新たな技術系である削片系細石刃製作システムを受け入れる局面を迎えた(10)。しかし、本来、矢出川細石刃石器群における石器製作は別動システムをとるがゆえ、削片系細石刃製作システムを受容する際に連動システムのみを切り離し、多元的石材供給環境にも影響された自らの技術的組織下の石材運用を適応させ、そのシステムを変容させた。なお、こうした受容と変容の状況については柳又細石刃石器群においても同様にみてとれよう(11)。

こうした湧別方式（技法）の流れを汲むとみられる北方系削片系細石刃石器群（橋本 1989）の波及については、すでにいくつかの言及がみられる（加藤・松本 1984、谷口 1991、吉井 1991、堤 1991c 、佐藤 1992b、栗島 1993b、白石典 1995、加藤博 1996、絹川 1996、光石 1996、稲田 1996など）。ここでは、その論点を逐一整理する紙幅を持ち合わせていないため、本稿の論旨である技術的組織の問題にかかわる部分のみを随時取り上げる。

さて、上記の波及の問題を取り扱う論考のなかで、野辺山、あるいは開田高原を活動領域の一部とした矢出川細石刃石器群の技術集団が、新たに削片系細石刃技術を受容したとする本見解とは異なる解釈が提示されている。稲田孝司は、珪質頁岩主体と存地石材主体の削片系細石刃石器群が明確に区分されるひとつの理由として、2つの石器群を残した集団が移動の目的を異にしていたことを推測している。そして珪質頁岩主体の石器群は珪質頁岩の分布地へ回帰することを目的とした遊動集団によって残され、存地石材主体の石器群は珪質頁岩分布域を離れたところで在地化を目的とした「植民集団」によって残された、とする見解を示した（稲田 1996）。興味深い見解である。はたして、新たな地に技術のみが伝えられたのか、ヒトと技術の双方が定着することになったのか（図83）。

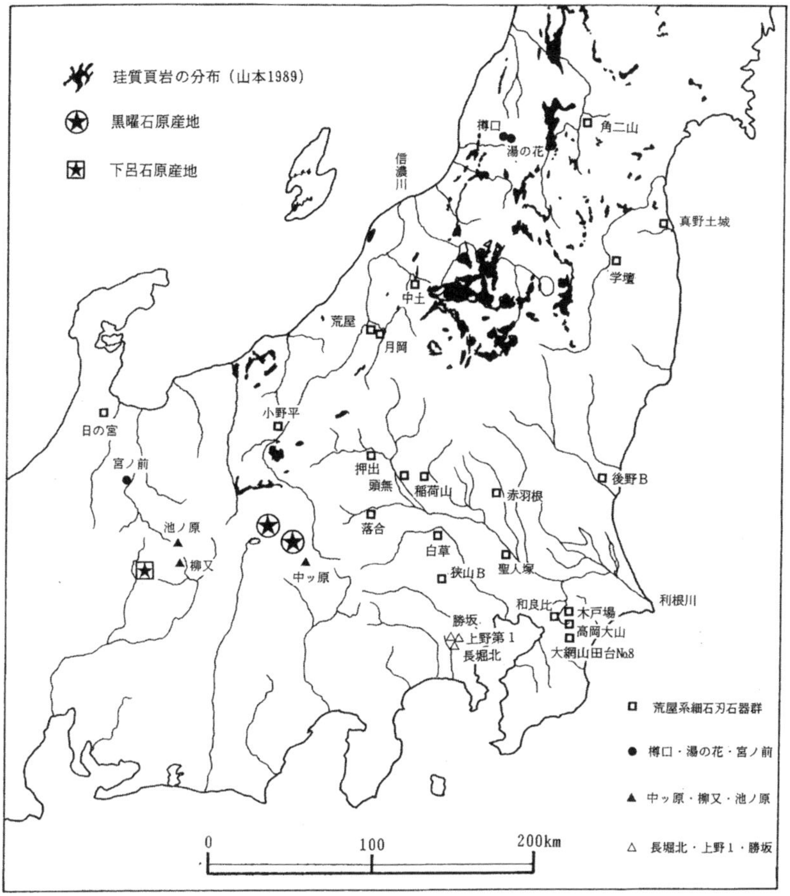

図83　石材環境と削片系細石刃石器群の分布

本来、「典型指向」とも称される（稲田 1996）荒屋系細石刃石器群の石器製作システムは、その分布中心域を離れても比較的変異が少なく純粋な形をとどめていることが特色でもある。となると、仮に野辺山や開田の地に削片系細石刃石器群をもつヒトと技術の双方が定着（稲田によれば「植民」）したとして、その石材運用システムの大きな改変や荒屋型彫刻刀形石器・完形（荒屋型）細石刃など装備の一部欠落といった技術的組織の変容はどのような意味をもったのだろうか。「新たな環境適応」として一言で説明するのには複雑な問題である。したがって筆者は、中ッ原・柳又細石刃石器群の成立が、新たな集団の定着（「植民」）

によってなされたものとの見解をとらず、さきに指摘したようにあくまで従前の集団によりその技術が受容された結果と考えたいのである[12]。中ッ原細石刃石器群におけるこの問題ついては「技術本来の所有集団ではなく、技術を受容した異集団の手になるが故の変容」であるとする安斎正人の見解（安斎 1995）とも同調する。

(3) 生産活動と装備の相違

削片系細石刃石器群における技術的組織の異相として、ことに石材運用のあり方をこれまで取り上げてみた。一方、荒屋型彫刻刀形石器や完形（荒屋型）細石刃など、保有される装備の石器群間の相違はどのような背景から生じているのか。おそらくそうした装備の相違は、石器群間でのそれらを用いた生産活動の相違を物語るものと考えられる。では、そうした生産活動の相違の実態とは何か。ここで生業の問題についてふれておきたい。

北アジアから日本列島北半に広がる「楔形細石刃石核」をもつ細石刃石器群の拡散について加藤晋平らは、遡河性魚類であるサケ・マス類といった河川資源の開発と結びついた現象であるとの見解を示した（加藤・松本 1984）。さらに佐藤宏之は、関東地方においては、北方系削片系細石刃石器群を保有する集団がもたらした内水面漁撈により当該集団においてひとつの定住型狩猟採集戦略が開発され、縄文化の過程における定住化が促進されたとの仮説を示した（佐藤 1992b）。このように、削片系細石刃石器群とサケ・マス類の内水面漁撈という生業活動との関連が注目を浴びて久しい。それらを裏付ける論拠として示されるのは、サケ・マス類の分布と削片系細石刃石器群の分布の一致性（加藤・松本 1984）、河川次数が高く合流点に近い場所に位置する削片系細石刃石器群の遺跡立地の特性（桜井 1989・1993）といった諸点である。

これに対し、当該期における漁撈の採用の問題については慎重な態度を示し、あくまでシカ猟を中心とした生業が展開していたとする鈴木忠司の立場がある（鈴木 1988b・1993）。さらに加藤博文は当該期遺跡の規模やシカ類の生態を検討し、削片系細石刃石器群の関東への波及について季節的移動を伴うシカ類の狩猟に関する適応行動のひとつの現れとして解釈し、当該期における漁撈の採用に否定的見解を示した（加藤博 1996）。

問題は、鈴木忠司も述べるように、漁撈の存否のみを扱うことでなく、生業体系全体の中でのその正確な位置付けにあろう（鈴木 1993）。ここではそのような論点に立って、十分な議論を尽くすことができない。したがって、少なくとも可能なのは、これまでに検討された技術的組織的な諸相、つまり荒屋型彫刻刀形石器や完形（荒屋型）細石刃などの装備の保有・欠落の意味を生業の問題に還元し、検討をおこなうことであろう。

ところで、これまで生業の問題として取り上げられてきたサケ・マス漁は、その遡河を熟知した河川漁撈である。サケ・マス類の遡河は、いうまでもなく産卵に伴った生態的行動で、海洋から回遊したサケ・マス類は、河口に入るといっせいに産卵のための遡河（1 日平均16km程度）をおこない、産卵に都合のよい湧水の滲出する河川砂礫床をみつけて産卵、そして死を迎えるという（小林 1977）。したがって河川におけるその個体量は河口からの距離に反比例することは自明である。そうした観点から中ッ原遺跡群の立地環境についてみると、信濃川河口から250km のより源流部に近い河川次数の低い内陸高原地帯の河川流域にある中ッ原は、遡河性魚類の分布傾斜からいっても、内水面漁撈についてはより不利な場所にあると考えられる(13)。柳又に関しても河口から150km のより源流部に近い河川次数の低い内陸高原地帯の河川流域にある点は変わらない。しかも柳又遺跡の立地する西野川の本流木曽川は伊勢湾に注いでおり、今日の太平洋側のサケ・マス類の遡上ラインである利根川のはるか西に河口が位置することから、晩氷期にあってそのラインがより南下したとはいえ、サケ・マス類の遡上があったかどうかは疑問である。また、仮に彼らが内水面漁撈の技術を保持していたとしても、むしろ彼らは遊動民であるから、内水面漁撈をおこなう際にはより有利な下流の合流点などの捕獲域に移動し漁撈をおこなうほうが合理的とも考えられる。裏返せば、少なくとも内陸高原地帯にあっては、内水面漁撈の採用度は低く、狩猟・採集を主とした生業がおこなわれていた可能性を考えざるを得ないのである(14)。

以上、内陸高原地帯の削片系細石刃石器群における内水面漁撈の採用のより不利な状況を述べたが、それは荒屋系細石刃石器群における内水面漁撈の可能性を否定していることにはつながらない。ここで再び、さきにみた石器群間の保有される装備の相違について着目しておこう。内水面漁撈との関係が遠いとも考えられる内陸高原地帯の削片系細石刃石器群における荒屋型彫刻刀形石器や完形（荒屋型）細石刃などの装備の欠落から考えると、むしろ河川合流点という特徴的な立地を示す荒屋系細石刃石器群がもつ、荒屋型彫刻刀形石器や荒屋型などの完形細石刃が担った機能的意味がより明瞭に描き出せるのではないだろうか。すなわち、使用痕分析から多量の骨角器加工具と推定された荒屋型彫刻刀形石器は角製銛などの漁撈具製作具の可能性を、荒屋型など完形細石刃を装着した「逆刺刃型植刃器」については植刃銛の可能性を考えることができる。したがって、さきに問題視した2つの削片系細石刃石器群間の技術的組織における装備の保有差が示す生産活動の相違の実態とは、採用された生業の相違であり、内水面漁撈実施の相違とみられるのである。

註

(1) 本論は、早稲田大学において1996年5月26日におこなわれた日本考古学協会での筆者による研究発表「中ッ原細石刃石器群をめぐる技術的組織」を骨子とするものである（堤 1996b）。

(2) 白石典之も、「中央日本における細石刃石器群の展開」において石器製作システム全体を概観するなかで、中ッ原細石刃石器群を、器種製作において細石刃製作と他の器種製作が連動しないという類型（白石のいうⅡC類）に含めてとらえている（白石 1995）。

(3) 折断剥片の生成に関する実験的研究（吉田 1996）においては、折れ面に明瞭なバルブをもたない折断剥片が、曲げによって製作された可能性が高いとの推定をおこなった。ただし、吉田政行によるその後の追実験では、剥片を皮などにくるんで固定し加撃した際にも折れ面に明瞭なバルブをもたない折断剥片が生まれるといい、その製作技法については曲げと加撃双方の可能性が考えられた。

(4) 埼玉県白草遺跡の荒屋型彫刻刀形石器21点の使用痕分析については、埼玉県埋蔵文化財調査事業団および川本町教育委員会のご配慮によって1995年7月におこなった。

(5)「状況的装備」の好例としては、阿子島の指摘にもあるように（阿子島 1983・1989）、フリソンがバッファローの解体用とした石器（Frison 1968）や、バンフォースの使用痕分析（Bamforth 1985）から「草刈り石器」とみられるその場にある質の悪いの石を用いた企画性のない剥片があげられようか。

(6) 白石典之の指摘にもある（白石 1995）。白石は、中ッ原と同様柳又細石刃石器群も、器種製作において細石刃製作と他の器種製作が連動しないという類型（白石のいうⅡC類）に含めてとらえている。

(7) 柳又周辺のチャートの産出状況については、筆者も踏査により確認している。

(8) 2003年、荒屋遺跡の第2・3次発掘調査報告書が刊行となり、鹿又喜隆により174点の荒屋型彫刻刀形石器と890点の同削片の使用痕分析結果が報告された。荒屋型彫刻刀形石器本体では、骨・角を掻き削ったものが18例、皮（乾燥）を鞣したものが23例、両者の複合が５例あり、皮鞣しの使用痕の検出結果がやや上回った。一方、その削片では、骨・角を掻き削ったものが211例、皮（乾燥）を鞣したものが43例であり、骨・角を掻き削った使用痕の検出が圧倒的に多い。こうした削片のあり方は、乾燥皮に比べて骨角の掻き削りの際の刃部の消耗が激しく、削片剝離による刃部再生が数多くなされた結果であろうという（鹿又 2003）。刃部再生がなされれば、本体に骨・角を掻き削った使用痕が残らない場合もある。

⑼ 恩原を除く。恩原の細石刃石器群では珪質頁岩のほかに、遺跡から80kmの距離にある花仙山産の可能性のあるメノウ・玉髄などが多用されている。このメノウ・玉髄について稲田孝司らは、東北地方など遠方にしか産出しない珪質頁岩の代替石材であるとの見方を示している（稲田 1996、絹川 1996、光石 1996）。

⑽ 同じ野辺山の柏垂遺跡では、珪質頁岩の削片系細石刃石核が出土しており（由井・堤 1985）、荒屋系細石刃石器群との直接的な接触、あるいはその一時的な影響を示すものとして注意される（堤 1991c）。

⑾ これについては谷口康浩も「中部地方南部では、細石刃文化の前半期には西南日本に共通する野岳・休場技法が主流をなしたが、後半または終末に至ると、削片系細石刃石核を携えた北方系細石刃文化がその一次的な分布圏を乗り越えて南下し、細石刃剝離の様相が変化した」と指摘する（谷口 1991）。吉井雅勇も同様な見解を示している（吉井 1991）。

⑿ 中ッ原細石刃石器群における細石刃製作技術の稚拙性も、技術のみの受容をあらわす根拠となりうると考えている。

⒀ 市川健夫によると、ダム工事の本格化する昭和10年以前にあたる昭和６年の、長野県におけるサケの漁獲高については、千曲川上流地域から下流地域にかけて、南佐久郡で15匹・北佐久郡で170 匹・上田195 匹・埴科郡 575匹・更級郡1404匹・上高井郡3910匹というデータがある（市川 1966）。その存在量の勾配、中ッ原遺跡群のある千曲川上流地域の南佐久郡での捕獲高のより少なさには注意したい。ただし、千曲川上流地域においてもサケがまったく捕獲できなかったわけではない。

⒁ 佐藤宏之は、こうした内陸地帯での削片系細石刃石器群の受容について「関東地方で見たような内水面漁撈を媒介とする縄紋化とは今の段階では判断できない。むしろ関東とは異なった移行の実相を有するもの」との見解を示している（佐藤 1992b）。

第５章
場の機能とセトルメントシステム

第１節　皮鞣しの場
──掻器の分布と場の機能──

1　掻器の機能的分布論

セトルメントシステムを構成するある遺跡の性格を理解する、あるいはひとつの遺跡の構造を分析するうえにおいて遺跡内における「場の機能」を把握する、このことはきわめて重要な問題である。しかし、その機能的な性格付けをめぐっては、例えば使用痕分析をもってすることなどが裏付けとして重要なため、従来、試みとしては限られたものとなっていた。本節では、東日本のいくつかの遺跡の掻器の使用痕分析による機能推定のもと、遺跡内における場の機能の問題についてのアプローチを試みた。

掻器は、剝片や石刃の端部・周縁に規則的な急斜度調整で丸みのある刃部が作り出された石器である。後期旧石器時代前半期に登場、以降縄文草創期にかけて発達し、東北・北海道地域ではそれ以降の時期でも一部用いられた。一般に民族誌などによる機能的類推などから掻器は、皮鞣しの道具と考えられているが、使用痕分析でも皮鞣しに「機能的特定性」(堤 1997b) をもつ道具であることが一部裏付けられている (阿子島 1989、堤 1997b、堤 1999b、堤 2000a など)。日本列島において、より高緯度地域ほど濃密に分布する掻器は、あわせてより寒冷なステージほど多用された傾向がうかがえ、寒冷適応としての皮革利用システムのあり方をよく物語る存在といえる (堤 2000a)。

後期旧石器時代の東日本では、他の石器を凌駕し、掻器ばかりが大量に出土する石器分布が検出され興味深い。例えば、本州では長野県日焼遺跡 (望月編 1989)、北海道では注目を浴びている柏台１遺跡 (福井編 1999) などがある。ここでは、それらの石器群における掻器の組成のあり方、遺跡内での掻器の分布状況の分析などをおこない、一方で民族誌にみる皮革利用を瞥見し、旧石器時代における皮革利用システムと場の機能の関係について考察を加えたい。

2　日焼遺跡の掻器と使用痕

(1) 日焼遺跡の概要

日焼遺跡は、新潟県との県境に位置する長野県飯山市に所在し、眼下に千曲川を臨む標高327mの河岸段丘上に立地する。遺跡から検出されたのは、後期旧石器時代後半に位置付けられる石器群で、6個所の石器集中区より成り立っている（望月編 1989）。

日焼遺跡の石器組成をみると、出土石器総数1992点のうち、1820点の剥片類を除くと、掻器69点・削器22点・ナイフ形石器19点という主要器種構成となる。本石器群は、ナイフ形石器の3倍以上を数える掻器を組成する石器群として特徴的である。編年的には、ナイフ形石器の形態などから南関東でいうⅣ層上部段階に位置付けられ、いわゆる「砂川期」か、それにやや後出する石器群と考えられる。

日焼遺跡の掻器については、第3章第1節において使用痕分析結果を紹介しているが、そこでふれられなかった部分について、本節で補足することにしたい。

(2) 掻・削器の形態

日焼遺跡の掻器・削器類にはいくつかの形態的バラエティが認められる。

図84は、そのスクレイパーエッヂの刃角と最大長をグラフ化したものである。グラフ上で明確に識別できるグループは、平面形および利用石材の点でも弁別され、以下に形態分類が可能である（堤 2000a）。

A：長さ3～5cm、刃角60°～80°の黒曜石製円形掻器。49点。

B：長さ4～6cm、刃角60°～90°の安山岩製円形掻器。12点。

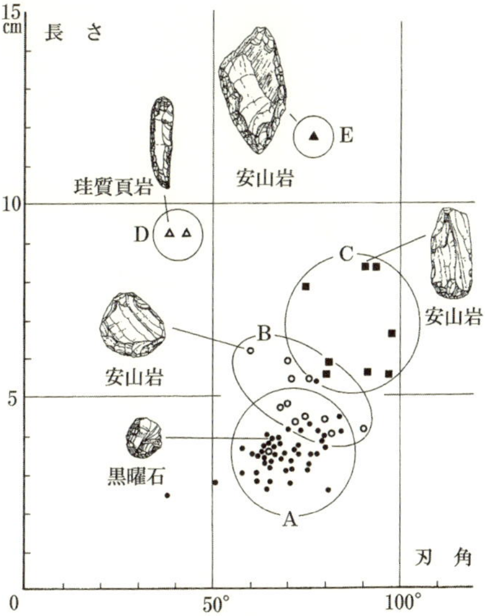

図84　日焼遺跡の掻器・削器の形態分類
（望月 1989より作成）

C：長さ５～９cm、刃角70°～100°。安山岩の縦長剥片端部に分厚い刃をもつ先刃掻器。８点。

D：長さ８cm強。刃角40°前後。珪質頁岩の石刃素材の削器。２点。

E：長さ12cm前後。刃角80°弱。安山岩の尖頭形削器。

(3) 掻・削器の機能

日焼遺跡の掻器・削器類については、飯山市教育委員会および望月静雄氏のご配慮によって使用痕分析を実施することができた。使用痕観察には落射照明付き金属顕微鏡オリンパスBHMJを用い、主に200倍を中心として観察した。試料はよごれを除去するため、観察前にエタノールを浸した布でふき取った。使用痕分析の方法はキーリーズ・メソッドといわれる高倍率法に立脚し、すでに公表されている使用痕分類（阿子島 1989、御堂島 1988など）や、筆者のおこなった実験プログラムの使用痕リストを用いて機能推定を試みた。なお、日焼以外の使用痕分析についても、同様な方法で実施した。

日焼遺跡の掻器・削器類では、さきの形態分類のうち形態B・C・Eの安山岩の掻器・削器は、風化が激しく使用痕観察が不可能であった。観察対象となったのは、形態Aおよび形態Dである。

形態Aの黒曜石製掻器49点では、観察が不可能なものを除き、40点の掻器の円形刃部に、乾燥した皮のscrapeによって生じる特徴的な使用痕が認められた。本遺跡の黒曜石製円形掻器は（乾燥した）皮革の加工、いわゆる皮鞣しとの強い相関、すなわち「機能的特定性」をもつ石器であるといえる。

形態Dの珪質頁岩の削器２点には、生皮のwhittleに関わる使用痕がみられ、掻器に比べ浅い刃角の側刃部を利用し、生皮のwhittleがなされていることがわかった。

また、報告において削器と分類された１点は、一端が鋭く尖るものであるが、その端部には衝撃剥離が観察され、器軸に平行する無数の線状痕とmicro-potlidといわれる円形の小剥落が観察できた。このことから、おそらくこの石器は、錐として乾燥皮の穴あけに使用されたことが推定される。ただし、横方向の線状痕が顕著でないことから、回転運動を伴うというよりは、突き刺す行為が主体的であったことがうかがえる。

(4) 掻・削器の分布

日焼遺跡の石器分布は、6個所の石器集中区として区分されている。

このうち、6群を例にとるとその分布は（図85）、計4m程度の範囲に石器がまとまる。その組成は、掻器14点・削器6点・錐1点・ナイフ形石器7点・敲石1点・磨石1点・使用痕もしくは加工痕を有する剥片3点、その他剥片類など総計362点となっている。本6群に属する石器の使用痕分析では、黒曜石製掻器12点のうち10点の刃部に乾燥した皮のscrapeの使用痕が認められた。また、珪質頁岩の削器2点（D）は側刃部で生皮のwhittleがなされたものであった。錐とみられる石器も本集中区から検出されたものである。

分布的には、6群の集中区内部に分布する掻器類に対し、その外縁に3点がならぶ削器のあり方が特徴的である。これらの石器が、その場所を大きく移動せず用いられていたと考えた場合、本集中区の機能としては、生皮剥ぎ、生皮の鞣し、乾燥皮の鞣し、乾燥皮の穴あけなど、一連の皮革加工がなされていた場とみられる。同様に他の集中区の掻器の存在も、皮革加工の場であったことを物語ろう。

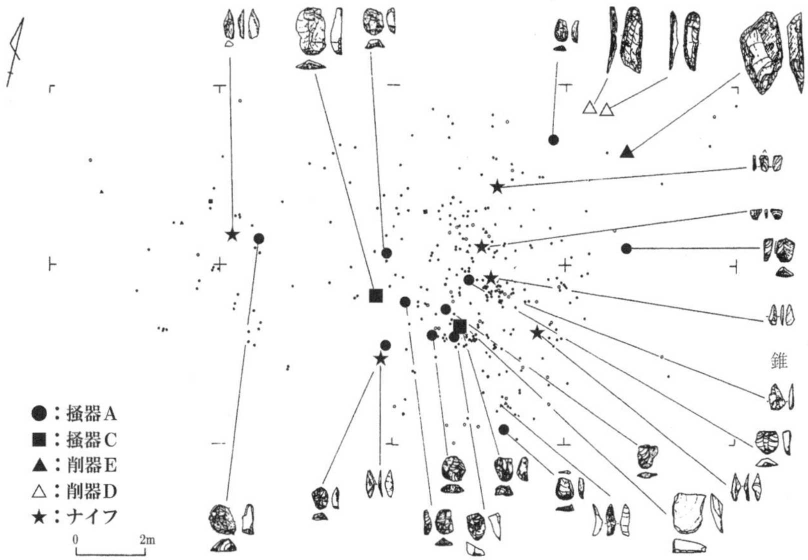

図85　日焼遺跡の6群の石器分布（望月 1989）

3　柏ケ谷長ヲサ遺跡の掻器と磨石

南関東の後期旧石器時代において、もっとも掻器が発達するのは、いわゆるV～Ⅳ下層段階である。近年の日本海海底堆積物のカウントによるATの数値年代が、29000年前あたりに落ちつきそうな状況（Tada 1999）を鑑みると、V～Ⅳ下層段階は酸素同位体ステージ2の初頭の寒冷期に該当する。

この時期にあたる相模野台地の柏ケ谷長ヲサ遺跡第Ⅸ文化層では11点の掻器が出土している。掻器の形態としては、黒曜石製とガラス質黒色安山岩製の2者がみられるが、うち黒曜石製の6点の円形掻器について使用痕分析を実施、次の機能がうかがえた（堤 1997d）。まず分析試料中3点の掻器は、乾燥した皮のscrapeに使用されたことがわかった。また、他の2点の掻器もscrapeに用いられ、生か乾燥かは不明だが対象は皮であることが推定された。1点の掻器は分厚い刃部先端で皮のscrapingをおこない、シャープな側刃部で皮や肉のcutをおこなっていることがうかがえ、刃部が巧みに使い分けられていた。

掻器の多出する南関東のV・Ⅳ下層段階に顕在化する石器に、「磨石」とも呼称される円礫がある。当該期の柏ケ谷長ヲサ遺跡第Ⅸ文化層でも、多孔質安山岩製の偏平な円礫で径10～20cm程度の「磨石」計49個が出土した（堤編 2007）。この石器の機能については不明な点が多いが、仮に縄文時代の磨石のように木の実を粉砕する道具にしては、対応する石皿類がみあたらないし、寒冷期に木の実の加工具が発達するというのも不可解である。重要なのはこの石器の存在数が、当該期の他器種の装備数をはるかに超え、一方で掻器と歩調を合わせて多出することである。いわば、掻器との補完的存在性が暗示される。

例えば吉岡C区では、ナイフ形石器102点に対し51点の掻器とともに261点の「磨石」が検出されており（砂田 1997）、その存在率の高さが注目される。これについては、多孔質な円礫がその素材に選択的にあてられることが特徴で、柏ケ谷長ヲサⅨでは表面に明かな磨痕を認めるものがあった。その被加工物については使用痕分析レベルでの裏付けが取りにくいが、その多孔質な表面の性状をうまく利用して脂肪の削ぎ落としをおこなったり、球面を利用して皮の柔軟化（softening）をおこなう石器であると推定できる（堤 2000a）。おそらく皮革加工プロセスにおいて掻器と連携して用いられたのではないだろうか。

民族誌では、アイヌが皮の脂肪をこそぎ落すのに使う砥石や（萱野 1978）、

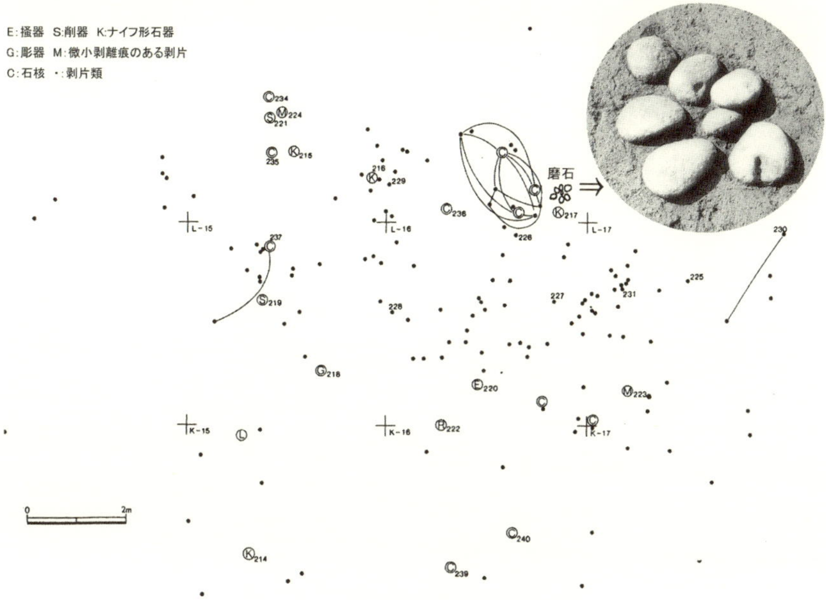

図86　柏ケ谷長ヲサ遺跡の石器分布と磨石のキャッシュ

ブリティッシュ・コロンビアのインテリア・インディアンの使用する皮の柔軟化をおこなうきめの粗い円礫片（Hayden 1990）などを同種の石器として類推できる。

また、この「磨石」は、特有な出土状況をみせる場合が多い。それは、数個が整然とまとまって出土したり、石器集中や礫群の分布とは分離して存在する場合がある、ことである。長ヲサ第Ⅸ文化層でも、配石26の例のように7個の「磨石」がまとまって石器集中や礫群の外縁から出土している（図86）。

ここで当該期の遊動形態を推定すると、連綿と石器分布や礫群が台地上に形成される点などから、同一地点へ幾度となく回帰するような行動をとっていたものと考えられる（堤 1996e）。その機能はいかにせよこの「磨石」は、遊動生活において携行するには重量があるため、いくつかがまとめて置かれ、それぞれの地点への回帰時に取り出して利用されたと考えられる。したがってそのまとまりは、いわゆるキャッシュ cacheとしての保管的機能を有しているものと解釈される。

4　白草遺跡

埼玉県白草遺跡 (川口編 1993) は、珪質頁岩を素材とした楔形細石刃石核や細石刃、荒屋型彫刻刀形石器・掻器・削器などの出土で知られている。本遺跡については、使用痕分析の成果の一部を公表しているが (堤 1997b)、ここではその分析結果に基づき遺跡の場の機能について考えてみたい。

白草では、出土した彫刻刀形石器は21点のうち、12点の石器に特徴的な使用痕が観察された。使用痕の観察された部位であるが、10点は、いずれも彫刻刀面と腹面 (主要剥離面) のなす縁辺 (ファシット腹縁) にのみ限定して使用痕が認められた点において共通し、きわめて特徴的であった。一方、それ以外の部分についても細かく検鏡をおこなったが、ファシット先端にはまったく使用痕が認められず、あわせて周辺の急斜度調整部分にも使用痕を観察することができなかった。つまりその10点の操作法としては、いずれもファシット腹縁を用いた掻き削りscrapeが想定できる。

これらの彫刻刀形石器の機能部に観察された光沢の性状としては、明るく平滑で「融けかけた雪」状の光沢が縁辺に帯状に分布し刃部に直交する線状痕をわずかに伴うものが12点中10点に顕在化していた。この光沢タイプから想定される被加工物は、D1 = 骨や角 (梶原・阿子島 1981) であり、白草遺跡の彫刻刀形石器については、彫刻刀腹縁を用いた骨角の掻き削り (scrape) 加工が主たる機能であったことが推測できる。

掻器・削器は、出土した各 2 点の使用痕分析をおこなった。結果、2 点の掻器と 1 点の削器から使用痕が検出された。2 点の掻器では、弧状の先刃部から直交する線状痕とともにdry hide polish のニックネームのあるE2 タイプの光沢が検出されており、これらの石器では先刃部を用いた皮 (乾燥) の掻き取りがなされたと推定された。一方、削器 1 点 は、40～50° のシャープなエッジを用いて、皮 (乾燥) の切断がなされたり、腹面側に刃部に直交して長く残る線状痕から刃をねかせての削りがなされたことがうかがえた。つまり掻器と削器とでは、被加工物は同じ皮 (乾燥) であるものの、異なる操作法で使用されていたことがわかった。

白草遺跡で使用痕の観察された 7 割の彫刻刀形石器は、骨角の削りに用いられており、掻器 2 点は皮 (乾燥) の掻き取りに用いられ、削器は皮や肉のカッ

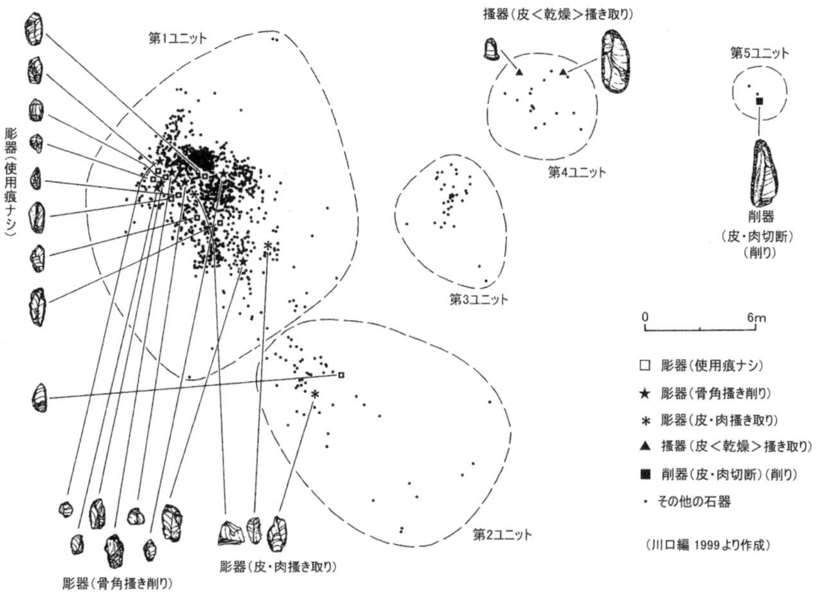

図87　白草遺跡の石器分布と「場の機能」

トや削りに用いられており、３種の石器において、それぞれ機能的役割が異なることが推定された。

ここではその使用痕分析の結果をふまえ白草遺跡における“場の機能”の問題についてふれておくことにしたい。

図87には白草遺跡の石器ユニットと使用痕のある石器の分布を示した。この図から以下の点がうかがえる。

①第１・２ユニットでは彫刻刀形石器・細石刃があって掻器・削器は存在しない。②第３ユニットは剥片ばかりで彫刻刀形石器・細石刃・掻器・削器などが存在しない。③第４ユニットでは掻器があって、彫刻刀形石器・細石刃・削器は存在しない。④第５ユニットでは削器があって、彫刻刀形石器・細石刃・掻器は存在しない。

このことは、さらに石器の機能群の分布にも反映して、第１・２ユニットでは骨角の掻き削りと皮肉の掻き取りの痕跡のある彫刻刀形石器が、第４ユニットでは乾燥皮の掻き取りの痕跡のある掻器が、第５ユニットでは乾燥皮の切断や削り痕（被加工物は不明）のある削器がみられるといった分布差を生じている。

石器器種分布の有意差は、石器機能の有意差とあいまって興味深い。仮に石器の機能した場が凍結され、大きく移動することのない状況で遺跡内に残されているとみるならば、白草の場の機能は、彫刻刀形石器を用いて骨角の削りをおこなった場、掻器を用いて皮鞣しをおこなった場、削器を用いて皮や肉のカットや削りをおこなった場が分立していたことが想定できよう。

5　柏台１遺跡の掻器石器群

北海道千歳市柏台１遺跡では、珪質頁岩を主体とする「細石刃石器群」と黒曜石を主体とする「不定形剥片石器群」が検出された（福井編 1999）。両者はその分布を異にし（図88）、後者が先行する別時期の所産と考えられている。

両石器群は19000〜22000calBPとされる恵庭a降下軽石層の下位から検出された。両石器群の^{14}C年代をIntCal09で較正すると、20490±130〜20790±160BPの年代幅によくまとまる「細石刃石器群」の較正年代が24000〜25300calBPの間で、22340±200〜22550±180BPの年代幅によくまとまる「不定形剥片石器群」の較正年代が26200〜28000calBPの間でおおよそ把握される。後者の「不定形剥片石器群」が2000〜3000年程度古い状況がうかがえよう。

北海道の後期旧石器時代について寺崎と山原は、前半と後半に区分し、後半には細石刃石器群をあてている（寺崎・山原 1999）。前半には細石刃を含まない石器群があてられ、台形様石器を主体とする石器群（１群）、掻器を主体とする石器群（２群）、小型削器を主体とする石器群（３群）、広郷型ナイフ形石器を主体とする石器群（４群）がみられるという。さらに掻器を主体とする２群は、石刃技法のみられる2a群と石刃技法のみられない2b群とがあるという。柏台１の「不定形剥片石器群」は、243点という膨大な数の掻器の存在と石刃技法の不在から、寺崎らのいう「掻器を主体とする石器群」のうち2b群に該当するとみることができる。ここでは柏台１の「不定形剥片石器群」の掻器の存在を重要視し、「掻器石器群」と仮称しておきたい。

柏台１の掻器石器群の組成は表42に示した。この組成の中からまずうかがえることは、掻器を主体に削器や錐状石器などいわゆる加工具がみられる反面、台形様石器・ナイフ形石器などいわゆる狩猟用刺突具と想定される石器をまったくみることができないのが大きな特徴である。この他、顔料とみられる擦り

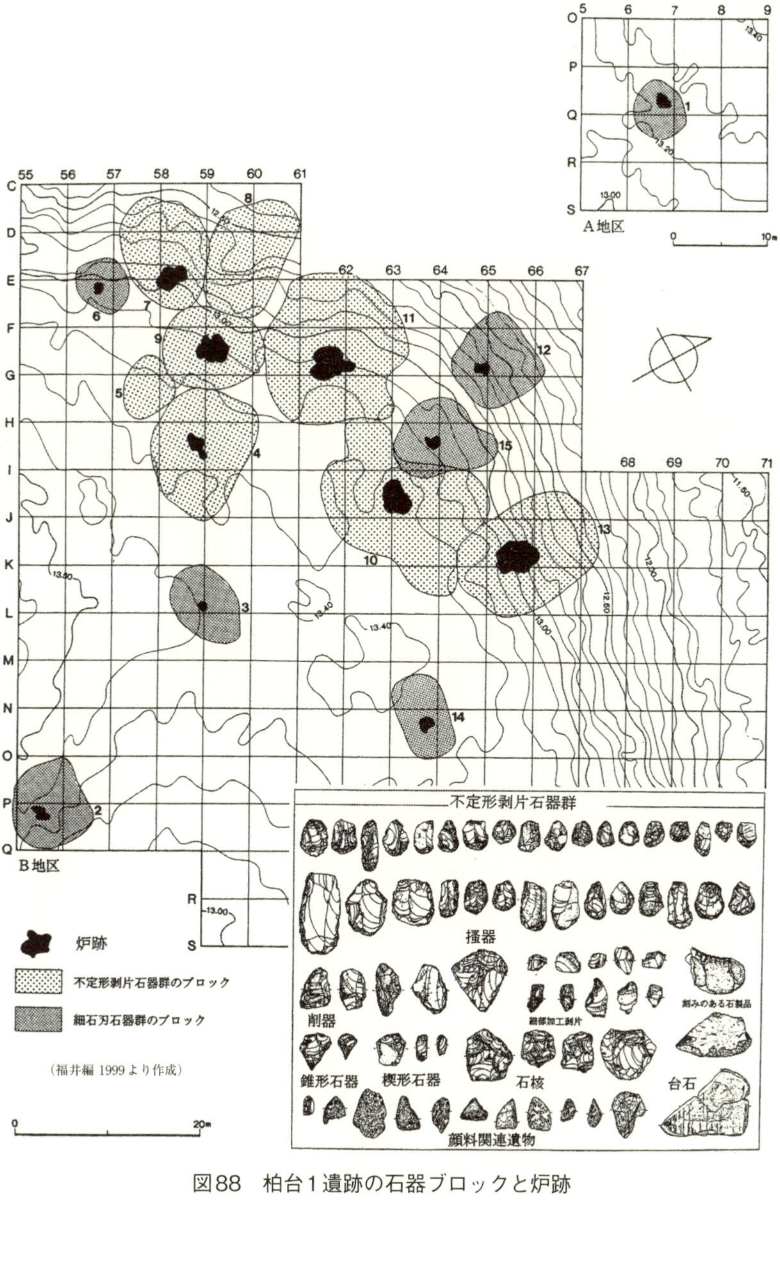

図88　柏台１遺跡の石器ブロックと炉跡

表42　柏台１遺跡の石器組成

	細石刃石器群のブロック							小計	不定形剥片石器群のブロック								小計	ブロック外	合計
	1	2	3	6	12	14	15		4	5	7	8	9	10	11	13			
細石刃	3	191	4	7	171	21	229	626	2					3		1	6	6	638
石　刃	2	8	7	4	1	5	13	40								2	2	4	46
彫　器		1	1	1	1			4											4
掻　器	1	1	4				7	13	51	3	11	18	28	23	48	61	243	10	266
削　器			1				1	2	16	1	3	1	6	14	19	8	68		70
細部加工剥片		1	3			2	5	11	85	1	28	10	58	65	94	78	419	12	442
錐形石器									4				5	2		1	12	1	13
楔形石器									10				12	3	4	4	33	3	36
細石刃核		4					1	5											5
石核							1	1	33	3	4		12	17	27	15	111	6	118
石製品							1	1	42				63		1		106		107
顔料関連遺物		6	1	5	4		26	42	111	1	38	1	122	305	725	122	1425	5	1472
台　石		4	1			5	6	16	9		2	2	9	9	42	17	90	5	111
敲石・礫器				1				1	2				1	3	6	2	14	1	16
剥　片	53	160	64	33	84	110	446	950	817	29	267	141	787	1837	1561	1169	6608	120	7678
砕　片	100	207	61	42	129	137	1005	1681	1320	10	308	338	2640	5637	6638	2146	19037	88	20806
礫				1	1		25	27	146		49	58	90	216	244	236	1039	87	1153
合計	159	583	147	94	391	280	1766	3420	2648	48	710	569	3833	8134	9409	3862	29213	348	32981

（福井編 1999 より）

痕のある赤色礫（磁鉄鉱）と黒色礫（マンガン）が多量に出土、それを粉砕するための台石類もあるのが大きな特徴である。

掻器石器群の接合資料からは、遺跡内に原石あるいは石核が搬入され、剥片剥離がおこなわれ、掻器のいくつかかが製作されている状況が明らかになった。またこの中には、掻器そのものばかりではなく、きわめて大量の掻器刃部再生剥片が含まれる。筆者も実見する機会を得たが、掻器刃部再生剥片には、縁辺が明瞭に磨耗したものがあり、使用による刃部消耗から再生がなされたことは確実である。

また、掻器石器群の分布には炉跡が伴い、その規模は細石刃石器群に比べて大きく、堆積物も厚いだけでなく、幾度か炉の堆積物をかき回した様子がみられ、炉の長期的使用が推定される。炉跡周辺半径２mほどには、赤色土が広がっており顔料が染み込んだものみられる。これらの炉跡からは焼骨が検出され、その一部は偶蹄目の可能性があり、候補としてはオオツノジカ・エゾシカ・バイソンなどの偶蹄目をあげることができるという（奈良ほか 1999）。

報告者の福井淳一は、掻器石器群の性格について、「皮革処理を集中的におこなったブロックと推定できる。そのような特徴のある石器組成のブロックから集中的に顔料が出土するということは、皮革のなめしや着色が目的だったと推定できるのではないか」とし「顔料生産過程を推定すると、まず原石をある程度分割した状態で遺跡内に搬入する。これを焼成することにより発色を高め、原料を脆弱化させる。そして、台石で擦ることで粉にし、水や獣脂などと混ぜて顔料としたものと考えられる」という（福井編 1999）。

柏台1では、掻器の使用痕分析という大きな課題が残されているものの、他の使用痕分析事例から掻器の機能的特定性を考慮すると、その皮鞣しという機能的類推が妥当性を欠くものではない。また、掻器と顔料の多出の背景に皮革の染色作業を想定する報告者の見解も支持できる。一部、筆者の見解を加えるならば、繰り返す炉の使用は、鞣し革の燻煙にかかわっていた可能性がある。

以上、柏台1の掻器石器群には、掻器の素材搬入－製作－使用－再生、顔料の搬入から焼成－粉砕－あるいは染色、複数回にわたる炉の使用、などさまざまな行為プロセスが含まれており、注目される。

6　杉久保系石器群の掻器不在

これまで述べてきたように、日焼や柏台1のように、東北日本では掻器が際立って多い石器群が目立ち、掻器が普遍的に組成する感もある。しかし、掻器がみられないか、ごく少数しか伴わない石器群の存在も注意される。

掻器の不在が指摘されるのは、いわゆる杉久保系石器群である。これは、杉久保型ナイフ形石器と神山型彫刻刀形石器によって構成される石器群であるが、一方では掻器をほとんど伴わないのが顕著である。同じ東日本にあっても、多くの掻器を伴う東山系石器群とは大きな異なりをみせている。杉久保系石器群の具体例を検討してみよう。

新潟県上ノ平C遺跡（沢田編 1996）では、杉久保型ナイフ形石器42点と神山型彫刻刀形石器95点が検出されているにもかかわらず、掻器をまったく出土していない。また、隣接する上ノ平A遺跡（沢田編 1994）では、杉久保型ナイフ形石器32点と神山型彫刻刀形石器51点の中に定形的な掻器は1点しか存在せず、しかもそれはブロック外の出土である。

杉久保系石器群は、本来的に掻器を装備しない石器群なのであろうか。ここで新潟県樽口遺跡B地点の杉久保系石器群であるKSU文化層（立木編 1996）に

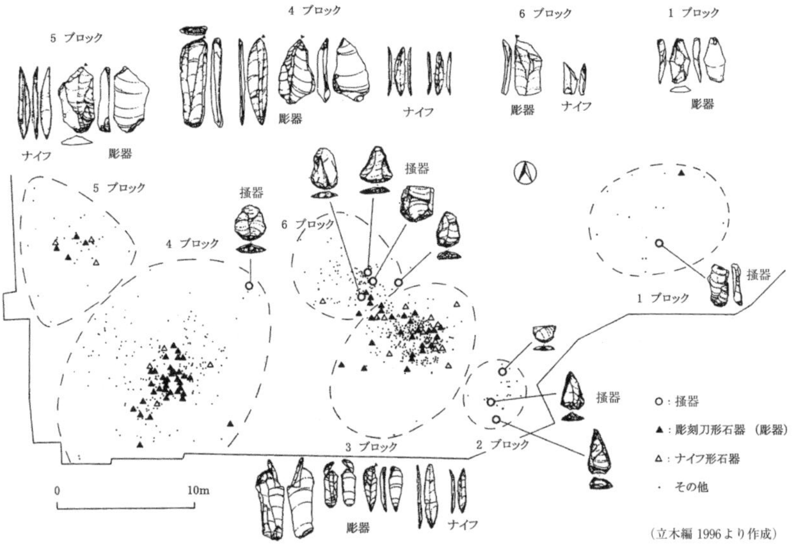

図89　樽口遺跡Ｂ地点KSU文化層の石器分布

ついて検討してみたい。

KSU文化層では、６個所の石器ブロックから、杉久保型ナイフ形石器28点と神山型を主とした彫刻刀形石器101点とともに、計12点の掻器が出土しており（図89）、その共伴問題が注意される。

報告のブロック区分に仮にしたがえば、たとえば、図89の２ブロックなどでは、ナイフ形石器・彫刻刀形石器の分布が絡まず、掻器が単独で出土している。４ブロックもナイフ形石器・彫刻刀形石器の分布の外縁に掻器が存在する。３・６ブロックは、その分離が困難にも思えるが、いずれにせよ掻器は、他の２者の分布の縁部に位置している。掻器とナイフ形石器・彫刻刀形石器の分布が乖離的であることがわかる。

この現象については、以下の２通りの解釈ができる。ひとつは、この乖離性をもって、両者が共伴関係にない、とする見方である。もうひとつは掻器と他の２器種が場の棲み分けをもつ、という解釈である。前者を支持する根拠としてKSU文化層の同層準には、KH文化層が確認されており、掻器が本来的にはKH文化層に伴うのではないか、という疑問も生じる。しかし、KH文化層の分布自体もこれらの掻器の分布とはズレており、乖離的な傾向にあることは同様である。

ここでは仮に杉久保系石器群に掻器が共伴したとしても、ナイフ形石器・彫刻刀形石器とは乖離的な関係をもつ傾向があるものとして注意しておきたい。

7　皮鞣しの場

(1) 皮鞣しの民族誌

これまでの検討では、旧石器時代の掻器機能と分布のあり方に注意を向けてきた。ここでは翻って北方先住民の皮革利用のあり方とその場に目を向けてみたい。

北方先住民の暮らしにおいて皮革利用はきわめて重要であり、それを生み出すための皮鞣しにどれだけの労力が割かれたかはしばしば言及されるところである（大塚 1987、佐々木 1992など）。例えばそれは、皮革とその加工に関する用語の多さからもうかがい知れる。

カムチャッカのイテリメンの人々には、動物の毛皮とその加工法に関する語彙が豊富であるという（小野 1999）。例えば、「トナカイの毛皮」「トナカイの足の毛皮」「煙でいぶしたトナカイの鞣し皮」「トナカイの白い鞣し皮」「切取った

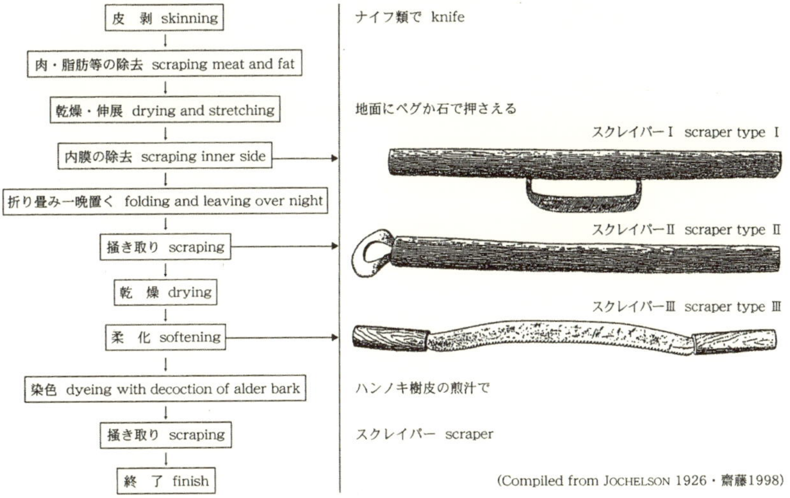

図90　ユカギールの皮鞣し

表43　ヘアー・インディアンの皮揉し工程

段　階	日数経過	皮革加工の内容
第1段階	1日目	ムースが射止められ、死後硬直が起こる前に大急ぎで皮が剝がされる。
第2段階	1日目	鞣し手が、ナイフで生皮の表面の毛を剃り落とす。(2時間の作業)
	2日目	鞣し手が、ナイフで生皮の裏面の肉や脂肪を掻き落とす。(4.5～8時間の作業)
	3日目	① 棚に生皮を掛け、残った短い毛を丁寧にナイフで剃り落とす。
		② 毛を剃った生皮は水に漬け、血液を抜く。
		③ 3～4時間おきに、生皮を漬けた水を取りかえる。
	4～6日目	① 棚を使って、生皮の厚い部分を削ぎ、皮の厚さを均等にする。
		② 皮の腐敗防止措置としてエゾマツ(トウヒ属)の朽木の煙で、炎が出ないよう注意し、皮が半乾きになるまでもうもうと燻す。
		③ 皮を水に浸す。
		④ しぼり棒で皮をしぼる。
		⑤ 物干し竿で皮を乾かす。
	7～9日目	生皮が保存できる状態になる。
第3段階	1日目	エゾマツ(トウヒ属)の朽木の煙で、皮が半乾きになるまでもうもうと燻す。(1時間)
	1～3日目	鞣し液(洗濯石鹸+ムースの脳味噌+水)に皮を漬けておく。(3日間)
	3日目	① しぼり棒で皮をしぼる。
		② 皮の引っ張り作業
		③ 皮の燻し作業
		④ 鞣し液に皮を漬けておく。
	4～5日目	① 皮をしぼる。② 引っ張る。③ 燻す。④ 鞣し液に漬ける、この作業を4～6回繰り返す。(1日＝4～6時間)
	6日目	① 竿に皮を掛け、フェッティエと呼ばれる掻器で余分な皮をこそぎ落とす。
		② 新しい鞣し液に浸し(4・5時間)、皮をしぼり、燻し、物干し竿で乾かす。
	7日目	① 鞣し液に皮を漬けておく。
		② 皮を燻し、しぼり、引っ張る作業を5～6回繰り返す。
		③ 皮を燻し、フェッティエで皮を鞣し、8時間におよぶ第3段階の鞣し作業が終了。
第4段階	1日目	風のない晴天を待って、煙突状にした皮にエゾマツの煙を通し、その煙で茶色の皮に染め上げる。(15～30分)

(原 1980より作成)

ケバの付いた真皮をとった毛皮」「生肉の内皮膜」「軟らかい皮」などきわめて多くの語彙が存在している。ここからは、北方先住民において多様な工程の認識と仕上げのあり方をみせる皮革利用の存在性がわかろう。

ユカギールの皮鞣しの工程は、図90に示したが、皮剝ぎ・脂肪の除去・乾燥・伸展・折り畳み置き・掻き取り・乾燥・柔化・染色などの多様な処理がほどこされている。その過程で3種類のスクレイパーが用いられる(図90-Ⅰ～Ⅲ)。また、レザーにする場合には水か尿に漬けられる。防水性を高めるためなどに、燻煙をおこなう場合もあるという(Jochelson 1926、齋藤 1998)。

チュクチのレザー加工の場合、毛皮を24時間水に浸してから、スクレイパーで除毛して乾かす。次ぎにトナカイの糞や人尿・肉汁など鞣し剤を擦り込んで掻き取り、風に晒して漂白するか、黄土（オーカー）で染色する。ほとんどの場合、炉の上や別の作業小屋で2日間燻煙される（Bogoras 1904-1909、齋藤1998）。

カナダ北西部のヘヤー・インディアンのムース（ヘラジカ）やカリブー（トナカイ）を対象とした皮鞣しについては、原ひろ子の報告がある（原1980）。細かな工程については表43に示したが、レザー（鞣し革）を製作するまでに2週間以上の期間をかけ、皮や脂肪の掻き取り、鞣し液への漬けこみ、しぼり、燻煙、などの作業が繰り返しなされ、最後に煙で染め上げられるという、きわめて入念な工程を経ていることが理解される。

古代日本においても、『延喜式』「内蔵寮式・造皮功」において皮革処理のあり方を詳細に知ることができる。すなわち、長さ4尺5寸・幅3尺の鹿皮一張りが、毛を除去し曝し涼され、肉を除き水に浸され、脳を和えて擦り乾かされ、焼き柔げて燻し、染め上げる、という処理プロセスを経て製品化されていたことがわかる。

齋藤玲子によれば、北方先住民において、トナカイの皮鞣しの場合、たいてい最後の工程で燻煙される場合が多く、それには腐敗防止のほか、染色と防水の効果があるという（齋藤1998）。

このように防腐効果・染色効果・防水効果がある燻煙については、例えば柏台1遺跡の繰り返し使用された炉の存在が示すように、旧石器時代においてもなされていた可能性がある。

(2) 皮鞣しの独立性

民族誌において、皮剝ぎ・脂肪の除去・乾燥・伸展・折り畳み置き・掻き取り・乾燥・柔化・染色などの多様な工程を経、手間のかかる皮鞣しについては、他の行動と乖離性・独立性をもった作業であることが理解できた。旧石器時代の石器分布において掻器の分布が乖離性をみせる現象についても、皮鞣しが独立してなされるような作業システムとして組み込まれていたことが想定される。

ここで掻器が不在か、あるいは乖離的とされる杉久保系石器群のあり方についても、掻器を用いる独立的な場が存在することを考慮すると、見かけ上は掻器を含まない石器群でも、掻器を装備する場が、別の場所にあることも解釈のひとつとして考慮しておくべきであろう。

杉久保型ナイフ形石器は、しばしば先端に折れや、ファシット状の衝撃剝離痕が観察され、刺突具としての機能を担っていたことがうかがえ、狩猟の場への繰り返す移動が考えられる道具である。そうした「移動的な道具」とより「定着的な道具」である掻器が分布を異にすることは十分想定できる。杉久保系石器群においても、時期は異なる事例であるが柏台１や日焼などにみるような掻器を主体とするセトルメントが存在してはいないか。例えば長野県飯山市のトトノ池南（望月編 1991）では23点の掻器に対し、ナイフ形石器１点、彫刻刀形石器は３点のみ、同市上野第14・15・16地点も掻器を主体とする組成内容をみせており（望月編 1997）、伴出するナイフ形石器の実態が今一つ明らかでないものの、杉久保石器群との関係性を考えることは可能である。

東日本において、ナイフ形石器を主体とする杉久保系石器群のような存在性と掻器を主体とする日焼石器群のような存在性は、相互補完的なセトルメントを形成していたことも考えられよう。こうした遺跡間組成変異の問題（高倉 1998a・b）は、「常呂パターン仮説」（加藤・桑原 1969）などで論じられてきた重要な問題といえる。

後期旧石器時代後半には、セトルメントシステム内において場の機能の分立が顕在化してくる場合が特徴的にみられる。ここで検討した掻器利用のほか、相模野の細石刃石器群にみられる礫器利用の場のあり方などがよい例である（堤 1997c）。皮革加工は時間と労力のかかる作業であり、その場所への定着性が促されたことは前述した民族誌からもうかがえた。あるいは遊動的なセトルメントにあっても、皮革利用のシステム化により、その地点の機能的独立化と定着化がはかられたものと考えられる。

第2節　細石刃石器群における石材需給とセトルメントシステム

1　セトルメントシステムの把握に向けて

後期旧石器時代は、同様な狩猟採集経済であっても縄文にみる定住生活社会には未だ辿り着かずに、程度の差こそあれ基本的には遊動生活社会であった。例えば、堅牢な構造をみせる竪穴住居などがほとんど確認されないのはその大きな証左であろう。しかし遊動の実態はというと、いまだその解明の道には至っていないと言わざるを得ない。遊動を基本とする後期旧石器時代の社会集団の構造やセトルメントシステムのあり方、あるいはその領域性はきわめて不可視的であり、われわれの目の前に残された遺跡構造や型式・技法の分布要素などわずかな手がかりのみをもってしては、その把握が困難な現状がある。

近年の石材原産地同定の成果によると、後期旧石器時代の中部・関東地方において100～200km という広大なゾーンを黒曜石が動くという現象が把握されているが（例えば堤 1998）、その動態は、型式や技術・技法などの分布で括られるある意味では認識論上にある理解とは別種の科学的保証において、需給ゾーンという異なった枠組みによって領域性の理解を可能としている。その領域の背景には、どのような人間行動が隠されているのだろうか。石器石材の動きの背景にあるセトルメントシステムやコミュニケーション・ネットワーク、あるいはモノを動かす社会システムの解明は、きわめて今日的な考古学的課題といえる。

本節においては、さきにふれた野辺山高原や相模野台地あるいは南関東における黒曜石の原産地同定の成果を手掛かりに、原産地から消費地への黒曜石の流れを追い、その需給ゾーンや、供給のベクトルを描き出してみる。一方で、中部・関東における細石刃石器群段階、とくに黒曜石の稜柱形細石刃石核をもつ石器群のセトルメントシステムと石材需給ゾーンとの整合性を考慮するなかで、集団の年間活動領域や遊動形態、石材獲得戦略の問題についての考察をおこなうことにしたい。

2　黒曜石資源と石材需給領域

(1) 黒曜石原産地の資源構造

細石刃製作における黒曜石指向については前章でも述べたが、ここでは中部・関東地域における黒曜石原産地の資源構造を概観したうえで、細石刃石器群の消費地遺跡での原産地同定に基づき、その需給状況を描き出したい。

本節の主題とする中部・関東地方には、いくつかの黒曜石原産地の存在が周知される。まず、中央高地では、信州において和田峠・星ヶ塔・霧ヶ峰・男女倉といった和田峠周辺、麦草峠・双子池・冷山の蓼科から八ケ岳周辺にかけて黒曜石原産地が存在する。また、NKとされる所在不明の黒曜石原産地も和田峠・八ケ岳周辺に存在する可能性がある（堤 1996d)。やや離れた内陸部には栃木に高原山黒曜石原産地がある。天城・箱根地域では、畑宿や柏峠などの黒曜石原産地があり、神津島には恩馳島原産地が存在している。

原産地の立地的特徴としては、信州の黒曜石原産地は、和田峠周辺で星ヶ塔1500m・東餅屋1500m・星糞峠1500m・男女倉1200m、八ケ岳周辺の原産地で、麦草峠2000m・双子池1500m・冷山1800mの高標高地帯にある。高原山黒曜石原産地も標高1000〜1200mの山地にある。天城・箱根原産地は太平洋沿岸の伊豆半島部にあり、箱根畑宿で標高500m、天城柏峠で標高450mである。神津島恩馳島原産地は、海浜および海底に原石が存在する原産地である。

黒曜石の資源構造上の特性としては、火成岩としてよりピンポイントに石材を産出する点にある。これは東北地方の珪質頁岩など、生成層が河川流域に広く分布する堆積岩などとは産状を異にする点であろう。

筆者は中央高地をフィールドとする関係上、和田峠原産地群および八ケ岳原産地の調査に参画し（森嶋編 1993、堤編 1996)、天城箱根・神津島・高原山黒曜石原産地の調査も試みた。それらの調査に基づいて、信州を中心に中部関東における黒曜石原産地の資源構造についてふれておきたい。

まず、これら原産地における黒曜石の産状には、基本的につぎのようなものがある[(1)]。①火道や岩脈などの貫入岩、②溶岩流、③火砕流の圧密と強い溶結で生じたレンズ、④降下火山噴出物に混じるもの、⑤土石流など二次的堆積物に混じるものなどがあり、①〜③が一次的生成、④⑤が二次的な分布状況を示すものである。

例えば、和田峠では東餅屋には火道の貫入岩としての黒曜石露頭がみられるが、これ以外に一次的生成をみせる露頭はきわめて少なく、黒曜石は一般に二次的堆積物に混じるものとして分布する。ちなみに、著名な星ヶ塔はその名称からすれば、巨大な塔のような黒曜石露頭の印象を受けるが、実際は火道等から転移した夥しい黒曜石原石が二次的に地層中に混入している状況にある。一方、八ケ岳では冷山において溶岩流中に黒曜石を含む大露頭があり、麦草峠においても溶岩流中に黒曜石を含む露頭がみられ、和田峠周辺に比較して露頭の存在が顕著である。あわせて二次堆積物中の黒曜石分布も広く確認されるところである。石器石材として問題となるのはその質だが、一般に一次的生成をみせる露頭の黒曜石には、黒曜石と流紋岩が相互に嵌入して脈状をなし、良質な部分の見極めに困難を伴う。これに対し沢や崖錐に堆積する二次的な黒曜石原石は、一次生成地からの移動に伴って不純物が淘汰され、良質なものが多い。むしろ不純物の淘汰された転石にその資源価値が高いものと考えられる。和田峠周辺の黒曜石の産状調査では、標高1200m前後の和田川周辺には拳大程度の転石が多く（図91）、さらにこれらは河川や土砂の運搬によって不純な部分や脆い部分が剥落して良質であり、基本的にはこうした転石が旧石器に利用されたとされ、この両岸の河岸段丘上に男女倉遺跡群が形成されていることから、原石採取に最適な位置に遺跡が形成されたとみられる（酒井 1993）。大規模な露頭がみられる八ケ岳黒曜石原産地においても、露頭から一旦離れた転石利用が一般的であったものと考えられる。神津島においては、現状では恩馳島周囲の海岸では転石を、海中部においては良質な偏平礫を得ることができ、氷期による海面低下によって増幅した海岸部での原石採取が可能だったものと考えられる。

ここで各産地の黒曜石の質と量についてふれておくが、八ケ岳周辺の黒曜石は気泡が脈状に入っているのが特徴であり、和田峠周辺産の黒曜石は八ケ岳周辺のものにくらべ一般に気泡が少なく良質でその産出量も圧倒的に多い。これが後期旧石器時代全般を通じての消費地遺跡における和田峠系と八ケ岳系の供給量の差異につながっているものと考えられる。同様に神津島産に比べ天城・箱根産の黒曜石も量・質ともに劣る傾向にある。

近年、和田峠周辺では、いわゆる星糞峠黒曜石鉱山や星ヶ塔・星ヶ台にみるように、おびただしい黒曜石採掘坑の発見がなされているが、これらはすべて

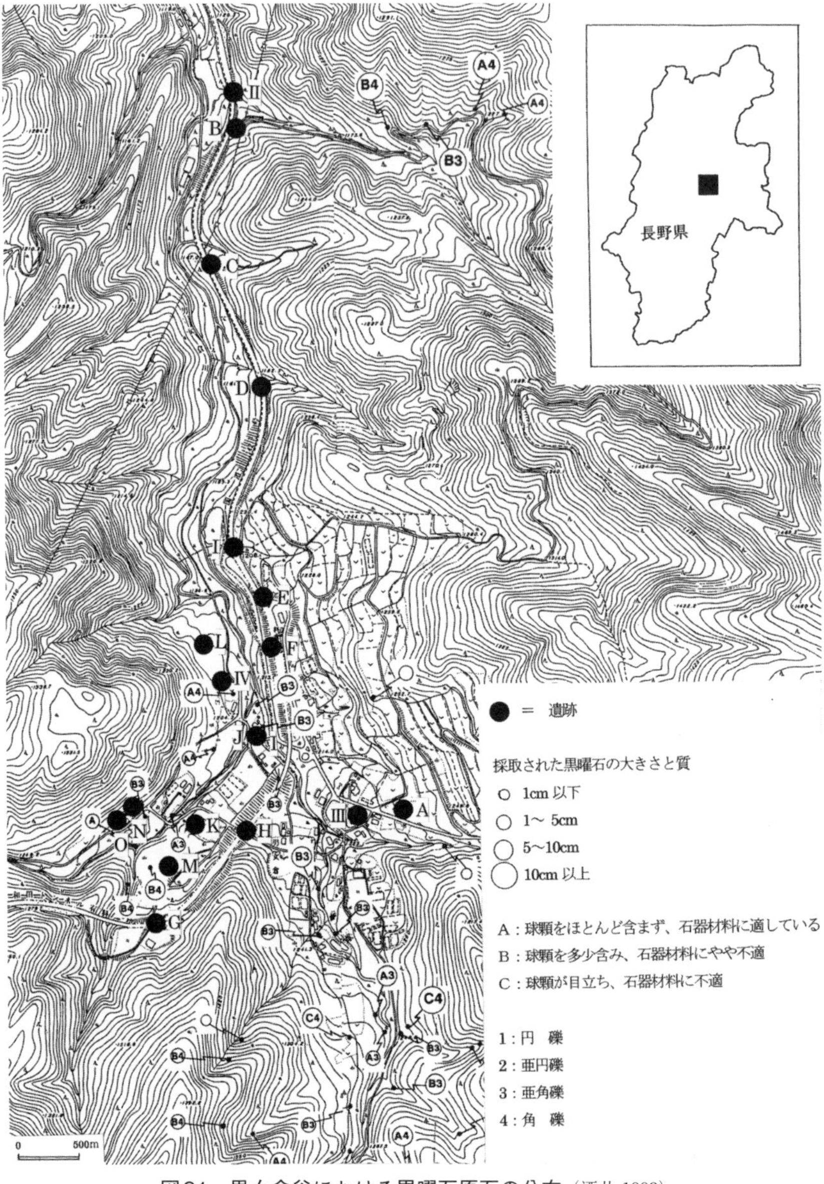

図91　男女倉谷における黒曜石原石の分布（酒井 1993）

縄文時代に属するものであり、旧石器時代に溯る採掘坑の存在は知られていない。時間的ロスの低減とエネルギー効率といった点からの最適化において、転石利用がもっとも効率のよい原石採取戦略であったものと考えられる。また、旧石器時代においては、採掘という集団協業的な行為をおこないうる社会組織・労働編成が備わっていなかったものと考えられ、その供給量も採掘で得られる容量までを必要としなかったものとみられる。

和田峠黒曜石原産地周辺においては男女倉遺跡群、八ケ岳黒曜石原産地周辺においては池の平遺跡群にみるように、原産地周辺において数多くの尖頭器石器群の遺跡が形成されるが、細石刃石器群は認めがたい状況にある。しかしこの差異は、おそらく見かけ上のもので、両者の原材料の伴出形態の差に起因するものと考えられ、本来的にはこれらの原産地においても細石刃石器群の集団が滞在したものと考えられる。尖頭器は加工途中での折損が多いため、原産地で一定の形状に整えられ、消費地へともたらされる。したがって原産地には製作途中に折損したものなどが残され、該期の遺跡の判別が容易である。これに対し、細石刃原材は原石がそのまま持ち出されるなどするため、細石刃遺跡としての痕跡が残りにくいものとみられる。

例えば埼玉県横田遺跡の細石刃石器群（田中編 1995）では、霧ヶ峰や和田峠など信州産と同定された（望月・天野 1997）原石まで戻るきわめて良好な接合資料が得られている。これは棒状のいわゆるズリと呼ばれるような原石であり、河川で円摩された原石とは異なり角張っており、露頭からそう遠くない転石が用いられたことがわかる。いずれにせよ、原石そのものが遠隔地の消費地に搬入された、細石刃石器群の石材利用のあり方を示している。

(2) 原産地同定にみる地域別黒曜石供給

現在、日本列島においては北海道白滝から鹿児島三船に至るまで数多くの黒曜石原産地の存在が知られており、中性子放射化分析あるいは蛍光X線分析によって原産地黒曜石の元素組成比が把握されてきた。それらは例えば蛍光X線分析による元素組成比によるなら100 組成群以上に分別が可能だという(2)。一方では消費地遺跡における黒曜石製石器の原産地同定が実施され、原産地と消費地を結ぶ黒曜石の供給状況が描き出されつつある。本稿では、黒曜石の原産地同定を精力的に試みている鈴木正男・二宮修治・藁科哲男・望月明彦らの分析化学者による中部関東地方における消費地遺跡の産地同定の結果をもとに、細石刃石器群における黒曜石利用について垣間見ることにしよう。

野辺山地域（表44・45）

矢出川第Ⅰ遺跡では、藁科による細石刃関係の遺物の産地同定では、麦草系6点・和田峠系2点・霧ヶ峰系5点・NK4点・神津島系5点という産地構成となった（藁科 1996）。矢出川第Ⅰ遺跡の筆者と望月による451点の細石刃関係遺物の産地分析では、和田（WD）エリア24点、諏訪エリア88点、蓼科エリア133点、神津島エリア157点、NK群が48点、XO群が1点となった。20〜40kmの距離内に存在する和田峠・八ケ岳側からの一定の供給ベクトルのみならず、200kmの距離をおく神津島産黒曜石の3分の1におよぶ供給がみられる点は注意される（望月・堤 1997、堤 2004a）。また、黒曜石ではないが1点の下呂石製細石刃石核が含まれていた点も注意される（藁科 1996）。

一方、中ッ原では5B地点では、麦草系6点・和田峠系1点・男女倉系1点・霧ヶ峰系6点・NK9点という石材構成となり、2点の下呂石製細石刃が含まれていた。近接する1G地点では、麦草系26点・霧ヶ峰1点・NK9点という石材構成となった（藁科・東村 1995・藁科 1996）。これに母岩別分類の結果をふまえると両地点では、NKおよび八ケ岳の麦草系の黒曜石が多用されているのに対し、霧ヶ峰・和田峠・男女倉産の黒曜石の利用率がきわめて低いことがうかがえる。また、両地点とも、産地が不明なNKを除くと、信州産の黒曜石以外は用いられていないこともわかった。

開田高原地域（表45）

木曽郡開田村の越遺跡（松原 1997）では矢出川技法による細石刃石器群が検出されており、分析の結果（望月 1999b）、和田峠系44点・諏訪系36点で、これに男鹿系1点（細石刃）が加わる。神津島・天城箱根系の黒曜石は見うけられない。

同じ開田村柳又遺跡においては、鈴木らの分析によると、剥片のため細石刃石器群かどうかの性格がはっきりしないが、10点のうち6点が和田峠産、4点が星ヶ塔産の黒曜石という結果が出されている（鈴木ほか 1990）。

群馬地域（表45）

市之関前田遺跡（細野 1991）の矢出川技法による細石刃石器群の藁科による分析（未公表）では、分析19点中19点が和田峠系の黒曜石であった。これは前

表44　矢出川遺跡採集細石刃石核類　産地推定結果

エリア	判別群	記号	由井茂也	土屋忠芳	由井一昭	堤　隆	計	%
和田(WO)	ブドウ沢	WOBD						
	牧ヶ沢	WOMS						
	高松沢	WOTM						
和田(WD)	芙蓉ライト	WDHY	2	1	2	1	6	1.3
	鷹山	WDTY	2	1	4		7	1.6
	小深沢	WDKB		1	3		4	0.9
	土屋橋北	WDTK						
	土屋橋西	WDTN		1	4		5	1.1
	土屋橋南	WDTM			1	1	2	0.4
	古峠	WDHT						
諏訪	星ヶ台	SWHD	25	20	41	2	88	19.5
蓼科	冷山	TSTY	37	25	67	4	133	29.5
	双子山	TSHG						
	擂鉢山	TSSB						
天城	柏峠１	AGKT						
箱根	畑宿	HNHJ						
	鍛冶屋	HNKJ						
	黒岩橋	HNKI						
	上多賀	HNKT						
	芦ノ湯	HNAY						
神津島	恩馳島	KZOB	50	25	79	3	157	34.8
	砂糠崎	KZSN						
高原山	甘湯沢	THAY						
	七尋沢	THNH						
新津	金津	NTKT						
新発田	板山	SBIY						
深浦	八森山	HUHM						
木造	出来島	KDDK						
男鹿	金ヶ崎	OGKS						
	脇本	OGWM						
羽黒	月山	HGGS						
	今野川	HGIN						
北上川	折居１群	KKO1						
	折居２群	KKO2						
	折居３群	KKO3						
宮城	湯ノ倉	MZYK						
仙台	秋保１群	SDA1						
	秋保２群	SDA2						
色麻	根岸	SMNG						
塩竈	塩竈港群	SGSG						
小泊	折腰内	KDOK						
魚津	草月上野	UTHT						
高岡	二上山	TOFK						
佐渡	真光寺	SDSK						
	金井二ッ坂	SDKH						
隠岐	久見	OKHM						
	岬地区	OKMT						
	箕浦	OKMU						
白滝	８号沢	STHG						
	黒曜の沢	STKY						
	赤石山頂	STSC						
赤井川	曲川	AIMK						
豊浦	豊泉	TUTI						
置戸	安住	ODAZ						
十勝	三股	TKMM						
名寄	布川	NYHA						
旭川	高砂台	AKTS						
	春光台	AKSK						
不明産地１	NK	NK	15	11	20	2	48	10.7
不明産地２	XO	XO	1				1	0.2
下呂石		GERO						
合計（点）			132	85	221	13	451	100

※　氏名は所蔵者、数値は％以外は点数を示す。

表45　中部・関東地方の細石刃石器群の黒曜石産地構成

長野

遺跡名	信州系				伊豆・箱根系		神津島系	NK	推定総数	備考
	男女倉系	和田峠系	霧ヶ峰系	麦草系	畑宿	柏峠				
矢出川Ⅰ		2	5	6			5	4	22	
中ッ原5B	1	1	6	6				9	23	
中ッ原1G			1	26				9	36	

（藁科・東村 1995、藁科 1996による）

長野

遺跡名	信州系				天城・箱根系		神津島系	男鹿系	推定総数	備考
	和田(WO)	和田(WD)	諏訪	蓼科	畑宿	柏峠				
越		44	36					1	81	

（望月 1999bによる）

長野

遺跡名	信州系				伊豆・箱根系		神津島系	その他	推定総数	備考
	和田峠		星ヶ塔							
柳又Ａ	6		4						10	剥片10点 各時期混じる？

（鈴木ほか 1990による）

群馬

遺跡名	信州系				伊豆・箱根系		神津島系	NK	推定総数	備考
	男女倉系	和田峠系	霧ヶ峰系	蓼科系	畑宿	柏峠				
市之関前田		19							19	細石刃関係のみ

埼玉・東京

遺跡名	信州系				天城・箱根系		神津島系	その他	推定総数	備考
	和田(WO)	和田(WD)	諏訪	蓼科	畑宿	柏峠				
横田		92	46	2					140	細石刃関係のみ
多摩蘭坂		152	2				1		155	

（望月・天野 1997、望月 2000bによる）

静岡

遺跡名	信州系				天城・箱根系		神津島系	その他	推定総数	備考
	和田(WO)	和田(WD)	諏訪	蓼科	畑宿	柏峠				
中見代Ⅲ		1		1	1	2	139		144	細石刃関係のみ
山中城 三の丸１		13	12	4	2	5	36		72	
上原Ⅰ		3	11	6		4	616		640	

（望月 1995・1998・1999cによる）

静岡

遺跡名	信州系				伊豆・箱根系		神津島系	その他	推定総数	備考
	男女倉系	和田峠系	霧ヶ峰系	蓼科系	畑宿	柏峠				
大奴田場Ａ 第Ⅰ文化層		35	5		1	2	1		44	
柳沢Ｃ第Ⅱ 文化層		1	2		1		2		6	
月見野上野１ 第Ⅲ文化層		4	3	5	1		3		16	

（二宮 1989、二宮・大沢 1988による）

田遺跡の細石刃石器群の各母岩を代表させた試料なので、あくまで予測であるが本石器群の黒曜石はいずれも和田峠系で構成されるものと考えられる。

武蔵野地域（表45）

横田遺跡（田中編 1995）では矢出川技法による細石刃石器群が検出されており、分析の結果（望月・天野 1997）和田エリア（WD）92点・諏訪エリア46点・蓼科エリア２点となっている。神津島・天城箱根系の黒曜石は見うけられない。

多摩蘭坂遺跡（中山・米田 2000）では矢出川技法による細石刃石器群が検出されており、分析の結果（望月 2000b）、和田エリア（WD）152点・諏訪エリア2点・神津エリア1点となっており、天城・箱根系の黒曜石は見うけられない。また、神津島エリアとされる黒曜石は細石刃石器群の分布を外れており、その共伴については問題が残る。したがって、和田峠系を中心とした黒曜石で構成されるものとみておきたい。

箱根・愛鷹山麓地域（表45）

沼津市中見代Ⅲでは139点の神津島エリア黒曜石に対し、天城箱根系の柏峠2点・畑宿1点、信州系の和田エリア（WD）1点・蓼科エリア1点という構成で、神津島エリア主体の黒曜石利用がうかがえる（望月 1998）。函南町の上原Ⅰでも神津島エリアが616点と主体をなし、これに4点の天城・箱根系および20点の信州系が加わる状況がうかがえる（望月 1999c）。これに対し、山中城三の丸では神津島エリア36点と信州系29点が存在し、これに7点の天城・箱根系が加わる状況がうかがえる（望月 1995）。函南町の大奴田場ＡⅠでは信州系が40点と主体となり、若干天城・箱根系および神津島系が加わる状況がうかがえる（二宮 1989）。

相模野地域（表46）

相模野台地については、第4章でふれたので詳しくは述べないが、石器群ごとの黒曜石産地構成については表46に示してある。産地構成は、Ａ信州系、Ｂ天城・箱根系、Ｃ神津島系いずれかの単独構成、Ｄ信州系＋天城・箱根系、Ｅ神津島系＋天城・箱根系の複数構成が認められる。例えば信州系のみの単独構成をとるＡに上草柳第3中央Ⅰや上和田城山Ⅱ、天城・箱根系単独構成をとるＢに吉岡Ｂ、神津島系のほぼ単独構成をとるＣに柏ケ谷長ヲサⅣやかしわ台駅前Ⅱ・かしわ台駅前Ⅲがある。また、Ｄ信州系＋天城・箱根系のあり方は台山Ⅱに、Ｅ神津島系＋天城・箱根系のあり方は上草柳第1Ⅰにみられる。なお、相模野では、神津島系と信州系の黒曜石が共存する事例がない点が注意される。

下総台地

下総台地においては細石刃石器群の原産地分析例が少ないが、向原遺跡において信州系3点、箱根系7点の検出事例がある（田村編 1987）。また、草刈場北遺跡においては、高原山系黒曜石の利用がみられるようである（橋本 1998）。近年の十余三稲荷峰遺跡の分析例では、和田峠118点、星ヶ塔1点、伊豆・箱

表46　相模野台地の細石刃石器群の黒曜石産地構成

遺跡名	信州系				天城・箱根系		神津島系	推定総数	備考
	和田（WO）	和田（WD）	諏訪	蓼科	畑宿	柏峠			
上草柳第1地点 第Ⅰ文化層Aブロック					14		178	192	
上草柳第1地点 第Ⅰ文化層Bブロック					38	18	82	138	
上草柳第3地点 中央第1地点		138						138	
上草柳第3地点東		2						2	
上草柳第4地点							2	2	
福田札ノ辻 第Ⅰ文化層							1	1	
長堀南 第Ⅱ文化層		2						2	
台山 第Ⅱ文化層1ブロック		6	14	25		10		55	
台山 第Ⅱ文化層2ブロック	1	233	84	4		370	1	693	
柏ヶ谷長ヲサ 第Ⅳ文化層							345	345	
上和田城山 第Ⅱ文化層Aブロック		46	22					68	
上和田城山 第Ⅱ文化層Bブロック		23	34					57	
上和田城山 第Ⅱ文化層Cブロック		393	1					394	尖頭器主体
草柳中村 第Ⅰ文化層1ブロック		1	5				1	7	
草柳中村 第Ⅰ文化層2ブロック			14	58	1			73	
かしわ台駅前 第Ⅰ文化層						7	273	280	
かしわ台駅前 第Ⅱ文化層							97	97	
報恩寺				1	12		185	198	
計	1	844	174	88	65	405	1165	2742	

根2点、高原山2点の分析結果が出されている（二宮・新免・永塚 2004)。こちらは信州系の和田峠の黒曜石利用が主体で、高原山を含め他の産地の黒曜石はほとんどみられない、という傾向がある。今後、下総台地でのまとまった原産地同定が望まれる。

(3) 黒曜石需給ゾーンと径路

中部関東の諸遺跡における黒曜石原産地同定の成果に基づいて、図92には黒曜石原産地と消費地遺跡における黒曜石の動きを示し、全黒曜石中50～100％の割合で各産地の黒曜石利用が確認される主体的利用域を需給ゾーンとして認識した。

需給ゾーンW：和田峠や霧ヶ峰など和田峠周辺の産地の黒曜石の動きをみ

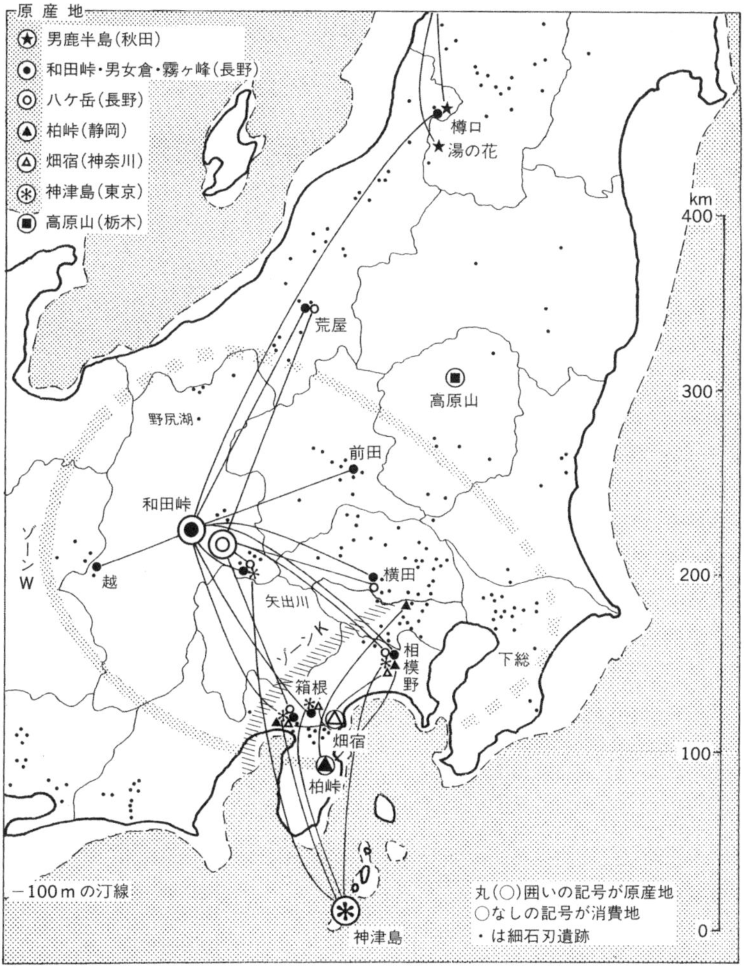

産地名は分析者によって異なる。「霧ヶ峰」は「諏訪」・「星ヶ塔」、「八ケ岳」は「蓼科」・「麦草峠」等と呼称される場合がある。

図92　細石刃期における黒曜石の需給

ると、野辺山高原・木曽開田高原・赤城山麓・武蔵野台地・相模野台地・箱根愛鷹山麓・下総台地の各細石刃石器群では、全黒曜石中50〜100％の割合で和田峠周辺の黒曜石利用が確認される遺跡がある。この150〜200km圏内がその黒曜石の主体的利用域（需給ゾーンW）で、東西南北の多方向の供給ベクトルをもっている。なお、300km近い遠隔地の新潟県樽口遺跡でも数点ではあるがその利用が確認されている。

需給ゾーンK：太平洋沖の神津島産の黒曜石は相模野台地や箱根愛鷹山麓など100数十km離れた沿岸部を中心に利用され、この圏内が主体的利用域となっている。さらに内陸の遠隔地ではおよそ200km離れた長野県野辺山高原の矢出川遺跡でもその利用が確認されている。

需給ゾーンY・A・H：高原山、和田峠周辺や神津島産黒曜石は遠距離を動く黒曜石であるが、これに対し八ケ岳周辺の黒曜石の主体的利用は野辺山や相模野などに限定され（需給ゾーンY）、天城柏峠や箱根畑宿の黒曜石も相模野・武蔵野や愛鷹山麓など100km未満の地域で利用される（需給ゾーンA・H）。これらの黒曜石は和田峠周辺や神津島産黒曜石と比べると量的・質的な制約があってその利用域や利用総量は限られ、和田峠や神津島の黒曜石供給を補うかたちでの利用もみられる。なお、栃木高原山の黒曜石の利用は、原産地同定の網には現状では掛かっていないが、下総台地などを中心とした利用が予想される(3)。

需給ゾーン重複地帯：相模野台地や箱根愛鷹山麓は、信州系（W・Y）、天城箱根系（A・H）、神津島系（K）黒曜石の需給ゾーンの接点にあたり多様な利用状況がみられる。望月と堤がおこなった神奈川県相模野台地の9遺跡における細石刃石器群の黒曜石2829点の産地同定の結果では、信州系が1094点、天城・箱根系が451点、神津島系が609 点という内訳となった 。これを遺跡ごとにみると、その利用状況に違いがあり、①信州系、②天城・箱根系、③神津島系のいずれか一系統の黒曜石を主に用いる遺跡、④信州系と天城・箱根系の両方を用いる遺跡、⑤神津島系と天城・箱根系の両方を用いる遺跡などのパターンがあった。一方では、信州系と神津島系の黒曜石が共存する遺跡は認められなかった（望月・堤 1997）。

黒曜石の補給経路

黒曜石の需給問題については、小野昭がその運搬経路を概念図化しているが（小野 1975）、信州と南関東の黒曜石補給にあっては、遺跡分布と山岳地帯や峠路・河川などの自然地形、あるいは台地内一般にみられる河川流域沿いの移動を考慮し、以下のルートなどを想定できようか。

1　信州産黒曜石の箱根愛鷹地域への供給に関しては、八ケ岳沿いに甲府盆地に下り富士川流域を下って、沿岸部の箱根愛鷹へと搬出されるルート。

2　信州産黒曜石の相模野への供給に関しては、八ケ岳沿いに甲府盆地に下り富士川流域を下って沿岸部の愛鷹、箱根へと出、さらに箱根から相模野へと搬出されるルート。

3　信州産黒曜石の相模野への供給に関しては、八ケ岳沿いに甲府盆地に下り丹沢山系を抜けて、相模川流域の相模野台地に搬出されるルート。

4　信州産黒曜石の赤城山麓・大宮台地・武蔵野台地への供給に関しては、千曲川を横断して浅間山麓を抜け群馬・埼玉へと下り、大宮台地・武蔵野台地に搬出されるルート。

5　神津島産黒曜石の供給に関しては、伊豆半島から神津島へと渡り、ふたたび伊豆半島をへて、箱根愛鷹あるいは相模野台地、武蔵野台地へと搬出されるルート。

6　天城・箱根産黒曜石は、足柄峠を越し、相模野台地・武蔵野台地へと搬出されるルート。

(4) 黒曜石需給の構図

原産地における黒曜石の産状については前述したが、その信州黒曜石原産地にあってはその高標高山岳地帯という地理的条件から、氷期の黒曜石獲得には季節的限定が伴ったものと想定される。すなわち原石獲得のシーズナリティーである。和田峠周辺は標高1200～1500m、八ケ岳麦草峠は標高2000m前後を測る。当時この地域は、亜寒帯針葉樹林の森林限界に近い周氷河地域であったとみられる。これらの地域では、氷期の乾燥化気候で降雪量が減少していたとはいえ、氷雪や凍結現象により冬季から早春にかけての原石獲得は困難をきわめたことが予測され、夏を中心とした石材採取の可能性が考えられる。特に、ステージ2においては、夏季といえども原産地への立ち入りが容易に為し得ない状況にあったことは、Ⅳ下・Ⅴ層段階において信州産黒曜石が相模野台地等にほとんどもたらされない現象が物語っており、その補給が一時中断されたことが考えられよう。

一方、神津島地域は、現在深さ400m以上の海で隔てられ、氷期に海面が100m低下したとしても本土とは陸続きにならない。当然、舟によるという航海手段がない限り黒曜石原石の採取は不可能である(4)。理化学分析による黒曜石の動きが考古学的にはみえない旧石器時代の舟の存在をクローズアップしたことになる。現状では神津島には旧石器時代の遺跡が確認されておらず、神津島の集団が原石を携えて本土にきたとは考え難く、本土の集団が神津島に渡航したとみるのが妥当である。その際海流や時化などの状況を熟知し、渡航というリスクおかしながらも採取に赴いたものと考えられる。関東の細石刃石器群での石斧などの本格的な木工具の不在から考えると、使用されたのは革張りのシーカヤックなどの類であったのだろうか。

相模野の細石刃遺跡にみられる信州系、天城・箱根系、神津島系という多様な黒曜石産地構成を、遺跡の段階差の表れととらえる見方もあるが、問題はそう単純には片づきそうにない。あるいは同一集団にあっても信州系と神津島系の黒曜石、つまり山の石と島の石とでは入手シーズンが異なった可能性もあるだろう。さきにみた資源構造をふまえその補給のあり方を考えてみると、神津島系と信州系の黒曜石が相容れない状況を相互補完的な石材補給状況とみてとることも可能である。石材補給において季節性があったものと考えるなら、信州系の黒曜石は冬季の補給が困難であって夏を中心とした季節に、神津島系はそれを補うような季節に補給されたことも想定可能である。

さて、前述した産地同定によって得られた結果は、その獲得プロセスまでもは自ら語らないので、獲得に関するモデルの設定とその社会経済的解釈が考古学的課題となる。産地同定から導き出される物資の動きは、現代考古学の命題ともいえる交換理論を視座としてまず問題化されてきた（常木 1991・1992）。60年代前半、コリン・レンフリューらは地中海および中近東の黒曜石の産地同定にいち早く着手し（Cann and Renfrew 1964）、フォール・オフ・モデルと呼ばれる黒曜石の離心減少パターンによってその供給システムを考察した。さらにレンフリューは経済人類学者のカール・ポランニーによって体系化された交換理論のもと、直接採取・互酬（交換）・中心地再分配・仲介者交易などの交換モードを概念化し、初期文明や初期国家形成など社会発展論にまで論及した（Renfrew 1975）。レンフリューのフォール・オフ・モデルは、その後イアン・ホダーやレイモンド・シドリス、ジョナソン・エリクソンらによって批判的検討が加えられたが（Hodder 1974、Sidrys 1976、Ericson 1977）、産地同定を礎に交換理論を適用し社会経済動態までを論じたレンフリューの「跳躍」は、現代考古学の新しい方向性を切り開いた点で高く評価される。

日本において黒曜石産地同定が軌道に乗り始めた70年代、小野昭は「石材運搬論」を展開し、旧石器時代の社会経済を考えた場合、黒曜石の獲得は交換よりもむしろ直接採取という特殊労働であるとの問題提起をおこなった（小野1975）。これに対し稲田孝司は、武蔵野台地の黒曜石利用を検討する中で、およそ2万年前までには黒曜石入手システムが整えられ、入手された黒曜石は部族的集団内で再分配がなされていたと推論する（稲田 1984）。北海道の後期旧石器時代において木村英明は、その中頃には白滝の黒曜石露頭が開発され、集団における石器製作の分業化と交換ネットワークが形成されたと考えている（木村 1995）。

田村隆らは、下総台地の旧石器石材産地同定の実施と関東周辺の石材産状の総合的調査によって石材研究のエポックを築いた（田村編 1987）。田村によれば南関東には、下総群・相模野群・武蔵野群の3者の石材利用パターンが認められ、後2者がいわゆる近傍産石材に依存するのに対し、近傍産石材の貧弱な下総は栃木や茨城など北部関東に石材を求めたという。そして下総への北部関東からの石材供給の背景には、女性交換に基づいた互恵的関係が働いていたと推測する。従来、石材獲得のモデルとしては、直接採取か交換かといった点で単純に二分するきらいがあったが、田村はビンフォード（Binford 1979）がヌナミウトの民族誌から提示した埋め込み戦略（石材獲得を非日常的な直接採取行動としてではなく一定の行動スケジュールの中に組み込んだ戦略）を新しい解釈概念として披露し、社会生態学的視座から石材獲得のダイナミクスを論じた（田村 1992b）。従来、近傍産石材の乏しい下総台地の石材有効利用において、リダクション戦略が発達したとするのは、技術的組織論に立脚した佐藤宏之の言及であり（佐藤 1995）、石材獲得にあたってはリスク低減戦略（Wiessner 1982）も機能していたものと考えられる。

このようなモデル化がなされる今日、いかなる石材獲得戦略が展開していたのか。およそ明らかなのは、神津島産黒曜石の獲得における、少なくとも島嶼部－本土間の渡航による目的的な直接採取の構図であろう。一方で、信州の野尻湖遺跡群や木曽地方の越遺跡などに秋田男鹿産の黒曜石製細石刃石核が搬入されていたり（望月 1999b、長野県埋蔵文化財センター 2000）、新潟県樽口遺跡に和田峠産の黒曜石製細石刃が搬入される（立木編 1996）という直線距離250～400kmにもおよぶ搬入事例は、直接採取や埋め込み戦略による入手を想定しがたく、地域間相互のコミュニケーション・ネットワークを背景とした交換が成立していた可能性を示そう。黒曜石など特定石材にあっては、後期旧石器時代の後半においては一定の交換システムが整えられていた可能性が高い。他方、例えば相模野台地などにおけるグリーンタフ利用などに関しては、近傍産石材として台地内で調達可能なことから、日常の生業活動における埋め込み的な獲得の蓋然性がもっとも高いものと考えられよう。

いずれにせよ、黒曜石など特定石材資源の開発成立当初にあたる後期旧石器時代初頭においては直接採取など比較的単純なモデルでその獲得戦略が理解可能かもしれないが、とくに社会システムが整えられてゆく後期旧石器時代後半には、直接採取・埋め込み・交換の３者に代表される獲得モデルから択一的に戦略をあてはめるのには無理が残ろう。おそらくは、①遊動領域と石材産地との地理的関係、②資源構造による獲得の難易度、③石材品質という資源価値、④集団関係などの諸条件が作用し、石材種によって実行する獲得戦略の選択がなされていたものと考えられる。

なお、資源所有やなわばり制の存在は、資源獲得戦略に大きな影響を与え、直接採取などの際の立ち入り拒むことになる。しかし、石材資源に対する明確な所有制やなわばり制が生じるのは、黒曜石原産地において本格的な黒曜石資源の採掘がなされ、集落間に介在する石材再分配システムの整えられる縄文時代前期以降のことと考えられる。したがって、後期旧石器時代後半における黒曜石原産地は、資源共有の意識のもといわば入会地的な状況を呈し、その立ち入りの規制はゆるやかであったと想定したい。そうした資源所有をめぐる段階性を想起するなら、仮に後期旧石器時代に黒曜石の交換が成立していたとしても、その意味は返礼の曖昧な一般的互酬制を示し、交換物相互の等価性のとれた平衡的互酬制（サーリンズ・山内訳 1984）には至っていないものと考えられる。

3　中部関東おける細石刃集団の遊動領域とセトルメントシステム

(1) 遺跡の立地的特性

前項においては、黒曜石の流れが示す消費経済圏を描いてみた。この黒曜石の需給ゾーンにおいて、どのような集団が存在し、どのようなセトルメントシステムと活動領域をもち、モノが流れていったのか。この問題を考えるために、

表47　細石刃遺跡の標高

地方名	標高	～100	～200	～300	～400	～500	～600	～700	～800	～900	～1000	～1100	～1200	～1300	～1400	～1500	計	平均m
北海道	遺跡数	25	38	7	2	5	1										78	156
	%	32%	49%	9%	3%	6%	1%											
東北	遺跡数	5	6	2													13	130
	%	38%	46%	16%														
関東	遺跡数	50	12			2											64	75
	%	78%	19%			3%												
中部	遺跡数	40	10	4	2		2	2					1	7	15		83	456
	%	49%	12%	5%	2%		2%	2%					1%	9%	18%			
近・中・四	遺跡数	24							1								25	62
	%	96%							4%									
九州	遺跡数	101	61	28	7	10	7	4		1							219	159
	%	46%	28%	13%	3%	4%	3%	2%		1%								
計	遺跡数	245	127	41	11	17	10	6	1	1			1	7	15		482	
	%	51%	26%	8%	2%	3%	2%	1%	1%	1%			1%	1%	3%			

※例えば、～200は101～200mまでの標高を表す。（鈴木 1983より）

ここで再びゾーン内における遺跡の分布と立地的特性についてみておこう。

中央高地から関東にかけての細石刃遺跡分布域において、93年の集計において国内1013遺跡を数えた細石刃石器群は、中部・関東地域では関東139遺跡・東海78遺跡・中央高地31遺跡である（堤編 1993）。いくつかの地域の遺跡数の詳細は、下総台地24遺跡・武蔵野台地30遺跡・大宮台地17遺跡・櫛引台地６遺跡・多摩丘陵５遺跡（西井 1993）、相模野台地40遺跡（本書第１章第２節）、箱根愛鷹山麓24遺跡（笹原 1993）、野辺山高原21遺跡・和田峠周辺５遺跡・鷹山周辺３遺跡・開田高原周辺３遺跡（堤 1993d）となる。また、隣接する北関東赤城山麓においては11遺跡（桜井 1993b）を数える。

これら中部南半から関東にかけて分布する細石刃石器群の地形環境を概観すると、中央高地の黒曜石原産地の南に隣接して標高2500mを越す八ケ岳連峰があり、千曲川水系を挟み関東平野に臨んで上州・信州境の浅間山（2568m）から甲州・武蔵・信州の接点に位置する甲武信ヶ岳（2475m）までの関東山地が連なっている。関東山地は浅間山南東では碓氷峠を頂点に急勾配で傾斜し、関東平野へと至り、大きく利根川が平野部を南北に分断し、太平洋へと連なる。一方、八ケ岳は南部において甲府盆地へと下り、甲府盆地を流れる釜無川と笛吹川が合流して富士川となり身延山地と天子山地とに挟まれた渓谷を下り駿河湾へと注ぐ。甲府盆地東の丹沢山地脇には相模川が流れ相模湾へと注ぎ、太平洋沖には神津島等伊豆七島が存在する。

鈴木忠司は、日本の細石刃石器群の地理的背景について考察するなかで、全

482個所の遺跡において、標高100m以内の地域に245遺跡（51％）が、200m以内になると372遺跡（77％）があり、圧倒的多数が200m以下の低標高地域に集中することを指摘している（表47）。一方、1000m以上の高標高地域に遺跡が集中するのは、長野県のみで23遺跡がそれに該当、国内の遺跡数全体の5％に満たない数だという。したがって日本列島の細石刃期の生活空間（領域）・土地利用形態を「低地・平坦地（平野）型＝平原型」を原則とすると結論付けている（鈴木 1983）。中央高地にみられる「高地・平坦地型＝高原型」の立地は特殊な例であることが注意されよう。

(2) セトルメントシステムをめぐって

中央高地から南関東を取り巻く地域の後期旧石器時代のセトルメントシステムをめぐっては、いくつかの仮説が提示されている。

安蒜政雄は、後期旧石器時代初頭のいわゆる環状ブロック群の登場から消滅、後半の流域遺跡群の展開を射程に入れたうえで、人々は「二万年前前後を境にして集合して居住し、環状のムラをかまえる様式から、分散して居住し川辺のムラをかまえる様式へと、その基本的な移動生活の枠組みを改めたのである」。環状集落を形成した「単位共同体は、一団となって集合・居住し、山地部と平野部を結ぶ広大な領域の、対原料産出地間往復移動をおこなっていた」「やがて二万年前以降になると、平野部での原料の在地化がはかられ、単位共同体は、もはや一団となって集合し、対原料産出地間を往復移動する必要はなくなった。平野部と山地部の双方で、単位共同体が、それぞれ河川の流域に分散・居住して、より狭い領域の地区周回移動へと移行したのである。こうして、川辺のムラが出現する」といい、「遺跡群出現以前の移動生活をより集合的な集団による相対的に不明瞭で緩慢な周期をもった径路周回的な状態であったとすると、遺跡群の出現後は、より分散的な集団を中心とする比較的短い規則的な周期をもった頻繁な移動が予測される」、さらにそうした移動生活は細石刃期に向けより定着化した方向へと向かうものととらえている（安蒜 1990）。砂川期における中部日本南部の地域社会について島田和高は、中部高地・相模野・武蔵野という代表的な各地区にそれぞれを生活領域とする固有の地区集団の存在を想定し、相互のゆるやかな対外関係を想定している（島田 1998）。

角張淳一は黒曜石原産地遺跡と消費地遺跡のダイナミズムについて行動論的

な理解を進めるなかで、武蔵野Ⅸ・Ⅹ層段階＝地域循環単位型、Ⅶ層段階＝広域循環放射型、Ⅵ層段階＝広域循環放射型、Ⅳ下・Ⅴ層段階＝広域循環単位型、Ⅳ中層段階（砂川期）＝地域循環放射型というセトルメントシステムのモデルを示した（角張 1991）。たとえばⅥ層段階＝広域循環放射型では、信州と南関東の遺跡は同一集団によって残されたもので、信州の黒曜石原産地と武蔵野台地・相模野台地・下総台地の一部のエリアを広域に移動し放射型に遺跡を残すシステムがあったとする。これに対し地域循環型は固有の石材原産地を取りこんだ地域的エリアにおいて移動をおこなうシステムであるという。

細石刃石器群のセトルメントシステムについては、田村隆は「関東地方及びその周辺地域の晩氷期の狩猟・採集民は、前後の時期と比較して、むしろ居住地移動の頻繁な広域捕食の戦略に準拠していたことになる。この仮説は、関東地方における遺跡の小規模分散化傾向とも調和し、保守性重視の狩猟具への傾斜という技術的特徴とも調和的である」とする。一方で、荒屋系細石刃石器群の関東方面への波及については、晩氷期の多雪化により積雪地居住集団の一時的な退避によるもの、との理解が示されている（田村 1993）。同様な問題をめぐって加藤博文は、細石刃石器群の狩猟対象となったと思われるシカ類の雪に対する退避行動などから、日本海側から関東方面への荒屋系細石刃石器群の波及を想定している（加藤 1996）。

また、佐藤宏之は「野岳・休場系統の細石刃石器群と北方系削片系細石刃石器群とに認められる細石刃生産技術の差異の他に、行動論上では両石器群では大きな差異があるといえよう。恐らく、前者は、基本的に直前段階の行動類型を反映して複合的な石器群構造の一部を代置するかのような位置を占めていた（一定地域内の頻繁な回帰的移動戦略の一端を担っていたのであろう）可能性が高いのに対して、後者は長距離移動と特定生業（例えば内水面漁撈〈佐藤 1992b〉）にきわめて特殊化した行動上の機能価を有していたと推測される。よって次の段階である長堀北遺跡や上野遺跡等の大型尖頭器や各種削器・石斧等をもつ石器群と共伴する段階には、こうした行動論上の特性（有利性）を失い、急速に衰退するのであろう」とした（佐藤1993）。

岡山県恩原2遺跡の調査成果に基づいて稲田孝司は、旧石器時代の人間集団は移動様式からみると、基本的に回帰遊動集団と植民集団とに大別できるという仮説を提示しつつ、珪質頁岩分布地域以外の地域における湧別技法細石刃石器群には、回帰遊動集団と植民集団の両者が残したものがあり、在地系石材を主体とする岡山県恩原2遺跡M文化層を残した集団は東北日本から南下してきた植民集団にほかならず、同じく在地系石材主体の長野県中ッ原5B・1Gや柳又も植民集団によって残された石器群と理解している。一方、後野・木戸場・白草・頭無など珪質頁岩利用の細石刃石器群は東北地方との回帰遊動によって残されたものと想定している（稲田1996）。

(3) 季節的標高移動と石材補給の構図

後期旧石器時代における集団の遊動領域と遊動モデルの代表的な仮説についていくつかを示してみた。後期旧石器時代後半においては南関東では台地単位あるいは隣接台地間を含む年間遊動領域をもつ集団と、中央高地を年間領域にもつ集団の存在が対峙し、その集団間を交換によって黒曜石が動くという構図は、このなかで比較的多くみられるものである。一方、その両地域を含むのが年間遊動領域で、その両域を周回するように遊動する集団によって黒曜石が南関東にもたらされたとする仮説もある。

このように多様なモデルが成立し得るのは、当然のことながら過去の集団における遊動の実態がきわめて不可視的なものだからであり、一定の理論的前提に基づいたより説得力のあるモデル提示が必要となるところであろう。筆者自身は野辺山高原および相模野台地の細石刃石器群の分析を通じて、以下の諸点を留意して遊動領域モデルを組みたてる必要性を認識している。まず第一点は、信州中央高地の細石刃遺跡における立地的特殊性の問題、第二点として信州黒曜石原産地の冬季閉鎖性の問題、第三点として島嶼部神津島産黒曜石の搬入の問題、第四点として相模野台地などにみる信州系黒曜石と神津島系黒曜石の非共存の関係性である。

まず、第一点として上げた信州中央高地の細石刃遺跡における立地的特性の問題であるが、これについては先の鈴木忠司の指摘にもあるように（鈴木1983）、列島の細石刃遺跡の生活空間（領域）・土地利用形態は「低地・平坦地（平野）型＝平原型」が原則であり、信州の高標高地帯にみられる「高地・平坦地型＝高原型」の立地が特殊例である点をふまえておかなければならない。また、第二点として信州黒曜石原産地の冬季閉鎖性について述べたが、黒曜石の獲得元である和田峠周辺は標高1200～1500m、八ケ岳麦草峠は標高2000m前後を測り、当時この地域は、亜寒帯針葉樹林の森林限界に近い周氷河地域であったとみられる。これらの地域では氷雪や凍結現象により冬季から早春にかけての原石獲得はおそらく困難で、初夏から秋の可能性が考えられる。あわせて高冷地のベリー類などわずかな植物質食料の採取も、冬季には絶望的とみられる。このように平原部の遺跡形成に対し、高原部の遺跡が特殊例であること、かつ山岳部の石材資源獲得についての冬季＝不適期という季節性を考慮した場合、信州黒曜石原産地周辺の高原型の遺跡は、冬季以外の季節に設けられたシーズナルキャンプである可能性を見せているものと考えられる。冬季の寒冷環境への適応戦略として、低標高地帯への季節的な移動がおこなわれていたものと想定したい。こうした高原地帯に隣接する内陸盆地周辺に細石刃石器群の遺跡がみられないことを考え合わせると、遊動先として想定されるのは南関東の諸台地であろう。両地域間は、距離的にしておよそ100km程度、標高差1000m以上を有する。そこで移動事例として想起されるのは、北西ヨーロッパなどにおいてモデル化される季節的な標高移動altitudinal mobilityあるいはトランスヒューマンスtranshumance型と呼ばれるセトルメントシステムであろう（高倉 1998a）。

一般に狩猟採集民の居住地の移動をうながす要因とは食料資源分布の季節的変動であるが、季節的な標高移動についてよく知られるのは、スター・カー遺跡においてグラハム・クラークの提示したモデルであろう。クラークは、アカシカが冬季は雪を避けて低地で群れをなし夏季は蚊などのいない高地へ移動するという習性があることから、アカシカを主に狩猟したスター・カー遺跡の集団は、冬季にはスター・カーのような低地に占拠し、夏季はアカシカを追って高地に移動したという仮説を示した（Clark 1972）。また、阿子島香はマドレーヌ文化期における適応戦略と遺跡構造分析をおこなうなかで、高度に移動的なその居住様式について述べ、スターディによるトナカイの季節的移動を追った片道600kmの長距離移動仮説（Sturdy 1975）や、バーンによるピレネー山脈一帯での高低差をカギとする季節的移動（Bahn 1977・1983）すなわちトランスヒューマンス型のセトルメントシステムを紹介する（阿子島 1996）。ただ、こうした長距離移動やトランスヒューマンス型のセトルメントシステムのあり方をめぐっては、当然のことながらいくつかの批判点もみられるようであるが（例えばLegge and Rowley-Conwy 1988）、依然そのモデルの有効性についての価値は失われていない。

ちなみに陸上哺乳類のなかでもっとも長距離の移動をするのはトナカイで、その距離は1000kmにも達するという。夏になるとトナカイは、トナカイゴケを食べるために北上するが、蚊をさけることも重要な移動要素であるという（高槻 1998）。ヨーロッパの場合、移動性の高いトナカイやアカシカを追尾した移動モデルが組み立てられるが、日本列島の細石刃石器群の場合その捕獲対象獣についてはどうだろうか。列島ではすでに大型獣は絶滅し、シカ類などの中小型獣が捕獲対象獣として想定される。現生態では、日光のニホンジカの場合、夏には2000m前後の高地で過ごし、冬になって雪が深くなると低地まで降りてくる個体があり、一方では一年中低地にとどまっている個体がいるという（丸山 1981）。ニホンジカに限らず、歩行を束縛する深雪は哺乳類にとってその移動をうながす大きな要因となる。高冷地においてはそうした環境生態も考慮されよう。

なお、シーズナルキャンプを論証する遺跡形成の季節的判断については、例えば動物遺存体の歯などによる季節査定に基づくが、日本の後期旧石器時代の開地遺跡では、現状では動物遺存体の出土などはほぼ期待できそうにない。高倉純は、広域に散在する考古学的記録の中に季節的な標高移動を認めようとする場合、複数の遺跡間の関係性と相互補完性を見出す作業が重要であろうとし、例えば遺跡間組成変異に相互補完性を拾い出すことが必要だとする（高倉 1998a）。しかし全体として比較的単相な組成をみせる中部関東の細石刃石器群から相互補完性を導きだすのは、現状ではきわめて困難な作業である。

さて、ここで再び南関東の細石刃石器群に立ち戻ろう。さきに第三点として島嶼部神津島産黒曜石の搬入の問題を掲げたが、航海等多大な労力と危険を伴う島嶼部の神津島産黒曜石の獲得作業は、きわめて目的的な直接採取行動として任を負った派遣グループによるものと考えられようか。神津島産黒曜石の獲得にあっては、伊豆半島の突端から直接的に神津島に渡航する最短ルートか、あるいは伊豆半島東の中間付近から大島・新島等を経由して神津島に渡るルートが想定できるが、いずれにせよ伊豆半島を領域にもつ集団があったとすると（池谷 1999）、その集団が派遣グループを出し、神津島産黒曜石の獲得にあたったと想定される。将来的には伊豆半島のどこかで、神津島産黒曜石の補給中継の遺跡が発見される可能性があろう。

図93　神津島恩馳島黒曜石原産地　快晴のこの日には伊豆半島や富士山が遠望できた。

第四点として相模野台地の細石刃石器群における信州系黒曜石と神津島系黒曜石の非共存の関係性を問題視したが、これはむしろ相互補完的な原材供給のあり方としてとらえられないだろうか。つまり信州産原石の獲得の不可能な時期は、神津島産原石が獲得・補給されるという補完的なあり方である。

以上をもとに、集団のセトルメントシステムについて、次の仮説を提示しておきたい。

おそらく黒曜石需給ゾーンで示される消費領域内には、いくつかの集団が遊動生活を展開していたものと考えられる。まず、相模野台地や武蔵野台地など南関東の平原部を領域とした集団群内には、拠点分散型のセトルメントシステムがうかがえ、1～数世帯の小規模な単位集団が複数散在したものと考えられた。この点からは、台地内あるいは台地相互において分散した遊動生活をおこない、非回帰的な居住地形成をおこなう集団の姿が想定される。こうしたセトルメントシステム形成の背景には、捕獲予測性の低い分散した資源＝狩猟対象獣に対する捕食戦略の展開があったのであろう（Dyson-hudson and Smith 1978、仲田 2001）。

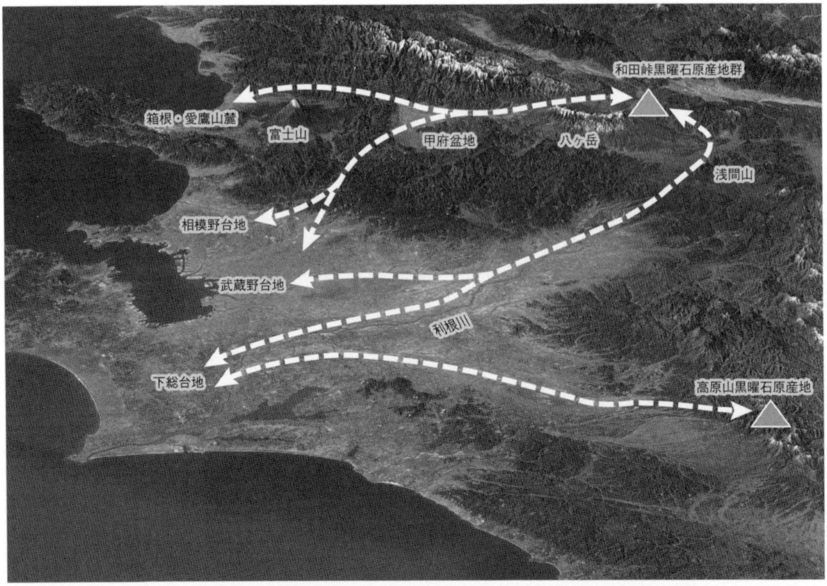

図94　黒曜石の搬出から推定される細石刃狩猟民の標高移動
（原画像提供：神奈川県立生命の星・地球博物館）

南関東の諸台地や箱根・愛鷹山麓に展開する集団の中には、夏季には信州中央高地に遊動し、夏季の高原地帯での狩猟活動とあわせて黒曜石原石の獲得をおこなうシーズナルキャンプを設営するグループがあった。矢出川遺跡の神津島産黒曜石は、高原地帯へと上るこうした遊動の過程で沿岸部からもたらされたものと考えられる。信州中央高地の野辺山高原では、矢出川湿原周辺の3km四方程の箱庭的景観の中に細石刃遺跡が群立するが、この水辺の狭いパッチ状環境の中にあっての狩猟対象獣密度とその捕獲予測性は、南関東の諸台地と比較すると相応に高いものと考えられ、したがってこの地が例年のシーズナルキャンプとして選ばれたと推定したい。

信州中央高地に遊動したグループは、冬季までには黒曜石原産地の閉鎖とおそらくは狩猟対象獣の移動に伴って高原地帯を下り、平原部の諸台地へと標高移動をおこなったものと想定される。その際、原産地から野辺山高原の矢出川遺跡などの補給拠点に一旦集積された黒曜石原石あるいは細石刃石核原形などを携え、ふたたび南関東の諸台地に回帰し、他のグループに信州産黒曜石をもたらしたものと考えたい。このグループは、距離にして100km、標高にしておよそ1000m差の山岳高原地帯と沿岸部平原地帯という異なる自然環境において、循環遊動をおこなったものと想定される(5)(図94)。他方、箱根・愛鷹から伊豆半島周辺を活動領域に含む集団では（池谷 1999)、航海というリスクを伴いながらもグループの一部から派遣部隊を出して、神津島産黒曜石の獲得をおこなっていた。箱根・愛鷹山麓へと下ろされた神津島産黒曜石は、「富士川回廊」などを通じて（堤 2011a）信州野辺山高原へともたらされたのであろう。

註

(1) 黒曜石の産状パターンに関しては、和田峠周辺や蓼科周辺の地質構造の踏査を実施している河内晋平博士にご教示をいただいた。

(2) 藁科哲男博士のご教示によれば、国内の黒曜石は100以上の化学組成群に分離可能であるという。

(3) 南関東における細石刃石器群の黒曜石需給ラインについては橋本勝雄の見解がある。橋本は、信州産黒曜石の分布北上限界が古鬼怒川ラインにあり、高原山産黒曜石の南下限界が古利根川ラインに、伊豆箱根産の黒曜石の北限ラインが相模野－武蔵野台地南半にあるとする（橋本 1998)。妥当な予測と思われるが、正確さを期するためにはいずれにしても武蔵野・下総の細石刃石器群においての原産地同定の積み重ねが望まれるところであろう。

(4) こうした実情をふまえ本書の序においても主張がなされるように、小林達雄は神津島産とされる黒曜石の存在に疑問を呈し、それと同等な組成をもつ黒曜石原産地が伊豆箱根近辺に存在しないかどうか、注意する必要があると述べる。

(5) こうした高標高地帯と低標高地帯とを対比した標高移動モデルの他、沿岸部と内陸部といった生態地理空間の対比において、「沿岸部－内陸部の相互関係coast/inland interaction」と呼ばれる居住形態モデルもみられ（Bang-Andersen 1996)、例えば高倉純はこのモデルによって北海道における石刃鏃石器群の移動・居住形態の説明を試みる（高倉 1998b)。ただ、中部関東における細石刃石器群の段階にあっては、海洋適応に基づく生業展開を想定しがたいため、沿岸部－内陸部といった説明概念はあてはまらないものと考えられる。

結　語
最終氷期における細石刃狩猟民とその適応戦略

1　細石刃期の人口動態と地域相

最後に、本書の各章での論述を総括し、結語としたい。

日本列島における細石刃石器群は、これまでの放射性炭素年代の較正値によれば、北海道ではすでに25000年前までに開始されており、本州・九州では20000年前前後に開始、15000〜13000年前までには北海道から九州の各地域で終焉を迎えていた。したがって細石刃石器群は、いずれの地域においても酸素同位体ステージ2の寒冷な時期に展開したことが理解される。

日本列島における細石刃遺跡は、今日1800個所に達する数が確認され、これらは9つの核地域、すなわち北海道東部、北海道西部、東北日本海沿岸、中央高地〜南関東、東海、備讃瀬戸、北九州、東九州、南九州地域からなり、わけても北海道東部、中央高地〜南関東、北九州、南九州の4地域に人口集中をみせることが理解された。

これらの核地域の人々は、地域生態系に適応し、動植物相からなる食料資源と食料獲得の手段となる石材資源などの資源構造に規定された有効環境によって支持され、地域間相互のコミュニケーション・ネットワークを形成していたものと考えられる。例えば、東北地方の日本海沿岸地域の人口支持力は珪質頁岩と遡河性魚の内水面資源などにあったと推定される。一方、東北地方の太平洋側、北陸・山陰地方および二上山周辺などの近畿地方、四国地方太平洋側などは、存在する遺跡自体が少なくその規模も貧弱で、人口希薄地帯であったものとみられる。おそらく黒曜石ほかの良好な石材資源環境に恵まれないことから、その生活領域からはずされたものと想定されよう。

中央高地から南関東にかけての核地域のひとつに含まれる相模野台地は、分厚いローム層堆積に恵まれた後期旧石器時代研究の絶好の研究フィールドである。相模野においては層位的上下関係に基づき細石刃石器群は4段階の編年が設定でき、第1・2段階においては稜柱形の細石刃石核をもつ細石刃石器群がみられ、第3段階において舟底形の細石刃石核をもつ細石刃石器群が加わり、第４段階の最終段階においては最古の土器を伴って楔形細石刃石器群がみられた。その前半段階においては細石刃石材の黒曜石指向が顕著であったが、後半段階ではグリーンタフなどいわゆる在地系石材への利用の転換がはかられる。その背景には、石材資源に関する需給システムの変化や領域性の変化を読み取ることが可能である。

この地域では、40個所を上回る細石刃遺跡が現在確認されているが、それらは機能的には中小河川沿いに配された居住地や礫器などを用いた作業場あるいは径路などを示し、基本的にはひとつの居住地に回帰的移動をなさない拠点分散型のセトルメントシステムをとっていたことが理解された。おそらく１～数世帯の小規模な単位集団が、台地上に分散して遊動生活を展開していたものと考えられる。こうした拠点分散型のセトルメントシステムは、おそらく捕獲予測性の定まらない、例えば樹木など遮蔽物の多い環境下でのシカ類の捕獲など、分散した資源に対して図られた適応戦略とみられる。

沿岸平野部の相模野とは対照的な標高1300mに位置する野辺山高原においては、その前半期に矢出川遺跡群において稜柱形細石刃石器群が、その後半期に中ッ原遺跡群において楔形細石刃石器群が展開していた。矢出川流域では湿原を取り込んだ3km^{2}の狭い箱庭的空間内に14個所ほどの稜柱形細石刃石器群の遺跡が確認されるが、こうしたパッチ状の生態環境においては相模野とは対照的に狩猟対象獣の密度と捕獲予測性が高く、その占地の理由がうかがい知れよう。

野辺山高原では、矢出川第Ⅰ遺跡においては膨大な細石刃石核が出土しておりその遺跡形成のあり方が注意されるが、おそらくは信州黒曜石原産地を背景とした細石刃原材の補給拠点的な役割を果たしたことから、累積的な多さの細石刃石核を保有するにおよんだものと考えられる。寒冷なステージ２にあたる当時においては、例えば年平均気温が現在より5℃低かったと見積ると、おそらく現在の標高2000m以上と同等の気候条件下に野辺山があったことになり、冬季は野辺山の旧石器集団が南関東への季節的な標高移動という遊動戦略を図っていたものと想定した。一方、矢出川遺跡で一定量がみられる神津島産の黒曜石は、冬季を過ぎ再び信州へと標高移動がなされる際に、野辺山へともたらされたものと考えた。

2　細石刃石器群の機能

細石刃は、ナイフ形石器や尖頭器に比べ同じ重量の石材から10倍近い有効刃部を確保するという小型軽量化のコスト・パフォーマンスを実現し（堤1998）、折断などを経て植刃器へと複数が装着された。これは『食料獲得の技術誌』のオズワルトの言に基づいた加藤晋平の評価によるなら、技術単位technounitにおける「反復と結合」（オズワルト、加藤・禿訳 1983、加藤 1984）を達成したことになる。細石刃の使用痕分析においては、その片側の刃部に平行する線条痕が認められ、折断具および刺突具が想定できる植刃器の容易に脱着可能な側刃として機能したものと考えられる。使用痕のあり方から想定されるその装着法としては、一般に「正位平行装着」や「逆位平行装着」がなされ、荒屋型細石刃では「正位斜行装着」などがなされたと考えられた。ちなみに、細石刃の接着剤として動物性の膠などを用いる例が観察されている（小笠原 1996）。

東日本の削片系細石刃石器群に特徴的に伴う荒屋型彫刻刀形石器は、広く北ユーラシアに分布する特徴的な石器である。石器の周縁に急斜度調整がなされ、その左肩にファシットを施した石器で、リダクションを繰り返し使用がなされたと考えられる。荒屋型彫刻刀形石器の生産は、その技術的組織の管理的技術の脈絡において、細石刃石核および細石刃製作と連動したバイフェイスリダクション戦略の進行のなかでなされたものだろう。荒屋型彫刻刀形石器の機能については、従来彫刻刀刃部の先端を用いた溝切り具であるとされたが、埼玉県白草遺跡の使用痕分析の結果では、その先端部に使用痕は残存せず、むしろ彫刻刀刃部の側縁に骨による光沢が顕著で、直角に近いその側縁を用いた骨角の削りがなされたことが想定された。石器には、例えば両面加工石器のようにモノを切る・削る・鞣すなど多様な機能を発揮する「機能的順応性」をもつものもあるが、荒屋型彫刻刀形石器は骨角器加工に特殊化した「機能的特定性」とも呼びうる性格をもつものであった。あるいは荒屋型彫刻刀形石器は、集団の内水面漁撈の採用というその生業的背景を仮定した場合、骨角製漁撈具製作の重要な役割を担っていたものと考えられる。

3 環境変動と生業動態

最終氷期においては、1000〜1500年を周期とするダンスガード・オシュガーサイクルにみる激しい寒暖の振幅があったとされる。こうした環境変動の中、人々はどのような適応戦略をもって生きぬいていったのだろうか。

使用痕分析において搔器は、皮革加工に「機能的特定性」をみせたことが証明されるが、ことに寒冷な環境への技術的適応として搔器を用いた皮革利用が、後期旧石器時代前半期においてシステム化された点は重要であろう。細石刃期においても搔器の装備は、より高緯度地域において充実してなされたことがその分布からうかがえた。皮革利用において衣服や覆い・袋などより多様な製品を生み出すには、そのシステム化が不可欠であった。

環境適応の諸点にあっては、相模野の細石刃石器群において木材の伐採・加工にかかわる礫器が顕在化しており、石斧を用い森林資源への積極的なアプローチをなす「縄文化」への先適応（グールド 1984）が果たされたものと理解される。礫器はその場限りの便宜的石器であるのに対し、石斧は持ち運びを伴うより管理的な石器であり、そうした機能価の変換も「縄文化」へのひとつの流れと考えられる。

列島の後期旧石器時代における漁撈採用の可能性については、加藤によりその最初の問題提起（加藤晋 1981）がおこなわれてから、とくに北アジアと日本列島北半の削片系細石刃石器群の文化的拡散が遡河性魚類の内水面漁撈を含む河川資源の開発に結びついたものであるとの見解が示された。また、遡河性魚類の内水面漁撈導入のもつ意味については、内水面漁撈のシステム化が旧石器的遊動型社会から定住型社会へのリリーサーとしての役割を果たしたという仮説が提示され、「縄文化」へのプロセスがたどられている（佐藤 1992b）。列島の後期旧石器社会の生業活動における漁撈の採否についてはいくつかの議論があるが、大型獣の絶滅化による敏捷な中型獣狩猟へのシフトのなか、多角的な食料資源開発とその獲得技術導入は必須の要請となっていた。そうした背景において人々は、内水面資源、わけても捕獲予測性が高く安定的な資源量をもつサケ属魚類へと着目し、その利用を可能にする漁撈技術の開発を推し進めていったことが考えられる。そしてこうした新たな食料資源への適応は、環境の異なる日本列島の北と南では大きく異なりをみせる。東北日本におけるサケ属の内水面漁撈に対し、南九州などでは温帯林形成のなかで堅果類の利用が積極的になされ、陥し穴猟が発達、その後引き続いて海洋適応が進行したらしい。やがて列島内の各地域において地域生態系への適応が深化し、今日の同位体食性分析の成果などにみる多様な縄文の食生態が発現するに至ったのである。

4　石材資源の獲得と消費の構造

火山国である日本列島には、北海道白滝から鹿児島三船に至るまで数多くの黒曜石原産地が存在しており、それらの原石は100を超える化学組成群に類別される。その原産地同定の新しい試みとして、蛍光X線分析による「全点分析法」があり（望月・池谷ほか 1994）、非破壊・短時間測定という蛍光X線分析のメリットを最大限に利用し、可能な限り黒曜石全点を分析することによってサンプリングの恣意性を排除するものである。筆者は、望月明彦との共同研究によってこの「全点分析法」の視点から、相模野台地の細石刃石器群について蛍光X線分析による産地同定を実施した。

相模野台地において、これまで発掘調査によって確認された細石刃石器群は40以上を数えるが、そのうち黒曜石を用いたものは30ほどあり、その3分の1にあたる10細石刃石器群の2829点の黒曜石産地分析を実施した。結果、確認された黒曜石は、信州系では和田・諏訪・蓼科、天城・箱根系では柏峠・畑宿、神津島系では恩馳島が主であった。石器群ごとの黒曜石産地構成は、A信州系、B天城・箱根系、C神津島系、D信州系＋天城・箱根系、E神津島系＋天城・箱根系の構成が確認された。器種と黒曜石産地との関係においては、主に細石刃関係に用いられた黒曜石は、和田・諏訪・柏峠・神津恩馳島の4者である。とくに注意されるのは神津島系と信州系の黒曜石の共存が見られない点であった。その産地は、一方は内陸山岳部、他方は海洋島嶼部に存在するという対置関係から、共存が図られにくい事情があったものと考えられる。あるいは信州系黒曜石は氷雪に閉ざされない夏季に獲得されて相模野に補給され、神津島系黒曜石はそれを補うような季節にもたらされ、相互補完的にこの2系統の黒曜石が相模野台地に供給されていたのかもしれない。

八ケ岳東麓の石材資源環境をみると、黒曜石やチャート・水晶などの石材原産地が存在し、そのおよそ20km圏内の野辺山高原に旧石器時代遺跡群が存在する。野辺山においてナイフ形石器・尖頭器・細石刃の３者について黒曜石のあり方を焦点に結びつきをみると、ナイフ形石器では黒曜石を一定量用いながらも他の石材の利用もみられるが、尖頭器ではより黒曜石の利用率が高く、細石刃はほぼ黒曜石のみに限定されるともいうべき状況がみてとれる。押圧剥離技術を駆使し小型石刃を量産するという細石刃技術にあっては、より質の高い素材が要求されたことも、黒曜石指向に結びつくものと考えられよう。なお、矢出川遺跡においては神津島産黒曜石が確認され、信州側からの供給ベクトルのみならず、太平洋側からの供給ベクトルも確認されており、供給の循環構造が想定された。

このような八ケ岳東麓の石材環境において、集団の保有した「技術」・「機能」・「維持・消費」・「兵站（補給）」・「廃棄」などの有機的関係性からなる技術的組織はどのように発現したのだろうか。野辺山高原の２つの削片系細石刃石器群、中ッ原第５遺跡Ｂ地点、同第１遺跡Ｇ地点においては、「黒曜石指向」と器種製作システムにおける「別動性」・「機能別石材選択指向」が観察された。通常、削片系細石刃石器群の石器製作システムは遊動生活と適合した合理的な管理システム curation-system として、細石刃製作と他の器種製作とが「連動」するのが特徴的である（永塚 1996）。しかし、中ッ原ではそのそれぞれが「別動」するという異相がみられ、その背景に一貫してあるのは、黒曜石・チャート類を潤沢に産出する「多元的石材供給環境」であった。

このような中ッ原の２つの石器群における共通した石材運用は、次のような継承性によるものと想定しておきたい。すなわち、野辺山に展開した矢出川細石刃石器群の集団は、荒屋系細石刃石器群をもつ集団との接触によって、新たな技術系である削片系細石刃製作システムを受け入れる局面を迎えた。しかし、本来、矢出川細石刃石器群における石器製作は細石刃製作と他器種製作の別動システムをとるがゆえ、削片系細石刃製作システムを受容する際に連動システムのみを切り離し、多元的石材供給環境にも影響された自らの技術的組織下の石材運用を適用させ、そのシステムを変容させた。このように石器群の技術的組織を構成する諸要素は、異なる環境に対しては、異なる適応をみせ、技術的組織内部の変動をきたしたものと考えられる。

5　場の機能とセトルメントシステム

遺跡の空間構造や機能性は、セトルメントシステムを検討する際の重要な要素である。通常民族誌において、皮剝ぎ・脂肪の除去・乾燥・伸展・折り畳み置き・掻き取り・乾燥・柔化・染色などの多様な工程を経、手間のかかる皮鞣しについては、独立性をもった作業であることが理解されている。旧石器時代において寒冷適応のための機能的役割を担う掻器は石器分布において乖離性をみせるが、このことは集団による掻器を用いた皮鞣しが独立してなされるような作業システムとして組み込まれていたことを示している。後期旧石器時代後半には、セトルメントシステム内において場の機能の分立が顕在化する現象が特徴的にみられるが、ここで検討した掻器利用のほか、相模野の細石刃石器群にみられる礫器集中利用の場のあり方などもその典型のひとつと考えられる。場の機能の分立性は、狩猟採集社会の獲得生産活動が多様化へと向うシグナルといえよう。

近年の石材原産地同定の成果によると、後期旧石器時代の中部関東地方において100〜200km という広大なゾーンを黒曜石が動くという現象が把握されるが、その動態は、型式や技術・技法などの分布で括られるある意味では認識論上にある理解とは別の科学的保証において、需給ゾーンという異なった枠組みによって領域性の理解を可能としている。実際中部関東地方においては、和田峠や八ケ岳など信州系の黒曜石需給ゾーン、神津島系の黒曜石需給ゾーン、天城・箱根系の黒曜石需給ゾーンが広がり、相互に交差をみせている。その領域性の背景には、社会集団におけるどのようなセトルメントシステムやコミュニケーション・ネットワークが隠されているのだろうか。セトルメントシステムの推定にあたっては、第一点として信州中央高地の細石刃遺跡における立地的特殊性の問題、第二点として信州黒曜石原産地の冬季閉鎖性の問題、第三点として島嶼部神津島産黒曜石の搬入の問題、第四点として相模野台地などにみる信州系黒曜石と神津島系黒曜石の非共存の関係性を留意してモデルを組みたてる必要性が認識された。

おそらく黒曜石需給ゾーンで示される消費領域内には、いくつかの集団が遊動生活を展開していたものと考えられる。まず、相模野台地や武蔵野台地など南関東の平原部を領域とした集団群内には、拠点分散型のセトルメントシステムがうかがえ、1～数世帯の小規模な単位集団が複数散在したものと考えられた。他方、箱根・愛鷹から伊豆半島周辺を活動領域に含む集団では（池谷1999)、グループの一部から派遣部隊を出して、神津島産黒曜石の獲得がなされていたことが想定される。それらの中には、夏季には信州中央高地に遊動し、夏季の高原地帯での狩猟活動とあわせて黒曜石原石の獲得をおこなうシーズナルキャンプを設営するグループがあった。矢出川への神津島産黒曜石の持ち込みはそのようなグループによってなされていたのであろう。

信州中央高地のグループは、冬季までには原産地の閉鎖とおそらくは狩猟対象獣の移動に伴って高原地帯を下り、平原部の諸台地へと遊動をおこなったものと想定される。こうしたあり方は、季節的標高移動あるいはトランスヒューマンス型のセトルメントシステムとして推定できよう。

そうした旧石器的遊動生活も、やがて竪穴住居の構築、土器製作や貯蔵技術の開発、交換システムの整備など、さまざまなイノベーションを伴う定住化の進行によって次第に幕が引かれていく。人々が手にした細石刃植刃器の後には、神子柴型尖頭器や有茎尖頭器を装着した槍が短期的に登場し、やがて狩猟具の革新ともいえる弓矢が主役の座を射止めるのである。晩氷期の寒暖の揺らぎを過ぎ、最終氷期が終焉を告げると、人々はようやく完新世の温暖な自然環境を享受することとなった。

引用参考文献

【あ】

相田　薫（編）1986『月見野遺跡群上野遺跡第1地点』　大和市教育委員会

青木　豊・内川隆志　1990「神奈川県勝坂遺跡第45次調査」『考古学ジャーナル』324, 11-17頁　ニューサイエンス社

阿子島香　1983「ミドルレンジセオリー」『考古学論叢Ⅰ』171-197頁　芹沢長介先生還暦記念論文集刊行会

阿子島香　1989『石器の使用痕』　ニューサイエンス社

阿子島香　1992「実験使用痕分析と技術的組織」『東北文化論のための先史学歴史学論集』27-53頁　加藤稔先生還暦記念会

阿子島香　1996「マドレーヌ文化期における適応戦略と遺跡構造分析」『古代』101, 1-29頁　早稲田大学考古学会

麻生順司（編）　1987『長堀南遺跡』　長堀南遺跡発掘調査団

麻生順司（編）　1988『台山遺跡』　台山遺跡発掘調査団

麻生順司（編）　1989『風間遺跡群発掘調査報告書』　法政大学多摩校地城山地区遺跡調査委員会

麻生　優（編）　1991「岐阜県・池の原遺跡調査概要」『日本旧石器時代から縄文時代への推移に関する構造的研究』6-15頁　千葉大学考古学研究室

阿部祥人・大浦真紀子　1986「細石刃の使用痕」『史学』56-2, 29-52頁　三田史学会

雨宮瑞生　1992「最後の遊動生活」『筑波大学先史学・考古学研究』3, 31-51頁　筑波大学歴史・人類学系

安斎正人　1994『理論考古学』　柏書房

安斎正人　1995『現代考古学』　同成社

安蒜政雄　1979「日本の細石核」『駿台史学』47, 152-183頁　駿台史学会

安蒜政雄　1990「先土器時代人の生活空間—先土器時代のムラ」『日本村落史講座景観Ⅰ』1, 3-22頁　雄山閣

【い】

井川史子　1976「旧石器文化研究の方法論」『日本の旧石器文化』5, 19-70頁　雄山閣

池谷信之　1999「黒曜石石材研究—原産地推定から石器への道すじ—」『石器文化研究』7, 249-258頁　石器文化研究会

市川健夫　1977『日本のサケ』　NHKブックス

市川健夫　1966「信濃の鮭漁」『長野』8, 1-8頁　長野郷土史研究会

井出淳一　1936「長野県野辺山原に於ける象歯化石と其の地層に就いて」『地球』25, 3-7頁

伊藤恒彦　1989a「本文化層の位置づけと問題点」『函南スプリングスゴルフ場用地内埋蔵文化財発掘報告書(Ⅰ)』110-116頁　函南町教育委員会

伊藤恒彦　1989b「細石刃石器群の成立と尖頭器石器群の関連について」『長野県考古学会誌』59・60, 292-296頁　長野県考古学会

伊藤恒彦ほか　1987『中村遺跡』　中村遺跡発掘調査団

伊藤　健　1992「円形掻器の素描と展開」『旧石器考古学』45, 23-35頁　旧石器文化談話会

伊藤典子　1996「荒屋型彫刻刀の使用痕研究」『東北史学会合同大会』3頁　東北史学会
稲田孝司　1982『旧石器時代』日本の美術88　至文堂
稲田孝司　1984「旧石器時代武蔵野台地における石器石材の選択と入手過程」『考古学研究』30-4, 17-37頁　考古学研究会
稲田孝司　1996「恩原に居住した旧石器時代の回帰遊動集団と植民集団」『恩原2遺跡』182-226頁　恩原2遺跡発掘調査団
稲田孝司　1998「絶滅動物と日本の旧石器人」『科学』68-4, 345-352頁　岩波書店
稲田孝司　2001『遊動する旧石器人』先史日本を復元する1　岩波書店
稲田孝司（編）　1996『恩原2遺跡』　恩原2遺跡発掘調査団
犬飼哲夫　1955「アイヌの鮭漁における祭事」『北方文化研究報告』9, 20-32頁　北海道大学
犬飼哲夫　1965「釧路アイヌの鮭のテシ漁」『北方文化研究報告』20, 22-26頁　北海道大学
煎本　孝　1981「チペワイアンのトナカイ狩猟活動系」『国立民族学博物館研究報告』5-3, 642-666頁　国立民族学博物館
岩崎泰一（編）　1986『下触牛伏遺跡』　群馬県埋蔵文化財調査事業団
岩瀬　彬・橋詰　潤・出穂雅実　2010「日本列島の後期更新世後半における陸生哺乳動物相研究の現状と課題」『論集忍路子』Ⅲ, 89-121頁　忍路子研究会
【う】
内川　隆　1993「縄文時代草創期」『勝坂遺跡第45次調査』16-50頁　相模原市市道磯部上出口改良事業地内遺跡調査団
宇野修平・上野修一　1975「角二山遺跡」『日本の旧石器文化』2, 96-111頁　雄山閣
云　翔　1988「試論石刃骨器」『考古』9, 825-835頁　科学出版社（中国）
【え】
江本　直（編）　1984『曲野遺跡Ⅱ』　熊本県教育委員会
【お】
大沢眞澄　1991『黒曜石の化学組成―遺跡出土黒曜石石器の原産地推定を基礎として―』平成2年度科学研究費補助金（一般研究B）研究成果報告書　東京学芸大学
大泰司紀之　1980「遺跡出土ニホンジカの下顎骨による性別・年齢・死亡季節査定法」『考古学と自然科学』13, 51-74頁　考古学と自然科学事務局
大塚和義　1968「本州地方における湧別技法に関する一考察」『信濃』20-4, 1-10頁　信濃史学会
大塚和義　1987「狩人・ラジミールの世界」『季刊民族学』40, 106-114頁　国立民族学博物館
大塚和義　1984「サハリン先住民族における伝統的魚食文化」『助成研究の報告』4, 85-90頁　味の素文化財団
大沼克彦　1993「細石刃剥離に関する実験的研究」『細石刃文化研究の新たなる展開』171-184頁　八ケ岳旧石器研究グループ
大沼克彦・久保田正寿　1992「石器製作技術の復元的研究：細石刃剥離方法の同定研究」『ラーフィダーン』13, 1-26頁　国士舘大学イラク古代文化研究所
大野憲司（編）　1985『七曲台遺跡群発掘調査報告書』　秋田県教育委員会

大林太良　1971「縄文時代の社会組織」『季刊人類学』2-2, 3-81頁　平凡社
大船孝弘（編）　1978『郡家今城遺跡発掘調査報告書』　高槻市教育委員会
岡崎里美　1983「黒曜石の使用痕研究」『季刊考古学』4, 51-55頁　雄山閣
小笠原正明　1996「8. 細石刃に付着したタール状物質と伴出有機物の化学分析」『柏山館跡発掘調査報告書』238-244頁　岩手県文化振興事業団埋蔵文化財センター
岡村道雄　1990『日本旧石器時代史』　雄山閣
岡本　勇・松沢亜生　1965「相模野台地における関東ローム層中遺跡群の研究」『物質文化』6, 1-14頁　物質文化研究会
オズワルト, W. H. 加藤普平・禿仁志訳　1983『食料獲得の技術誌』　法政大学出版局
小田静夫・キーリ, C. T. ほか　1973『武蔵野公園遺跡』I　野川遺跡調査会
小野　昭　1975「先土器時代石材運搬論ノート」『考古学研究』21-4, 9-22頁　考古学研究会
小野　昭　1979「分布論」『日本考古学を学ぶ』(1), 43-54頁　有斐閣
小野　昭　2001『打製骨器論』　東京大学出版会
小野　昭　2005「集落と集団」『日本の考古学』上, 91-97頁　学生社
小野　昭（編）　1992『真人原遺跡(I)』　真人原遺跡発掘調査団
小野智香子　1999「イテリメンのことばと文化」『Arctic Circle』15-17頁　北方民族博物館
小野正敏　1979「先土器時代の遺跡群と集団」『日本考古学を学ぶ』(3), 94-107頁　有斐閣
小野有吾・五十嵐八枝子　1991『北海道の自然史』　北海道大学図書刊行会
小畑弘己　1992「シベリアの植刃器(1)」『旧石器考古学』45, 11-22頁　旧石器文化談話会
小畑弘己　1993「シベリアの植刃器(2)」『旧石器考古学』46, 31-45頁　旧石器文化談話会
帯広市教育委員会　1987『上似平遺跡』
帯広市教育委員会　1989『暁遺跡』I
帯広市教育委員会　2006『帯広・大正遺跡群2』
織笠明子　1993「スクレイパー刃部の形態的研究」『大和市史研究』19, 1-48頁　大和市役所
織笠　昭　1979「中部地方北部の細石器文化」『駿台史学』47, 81-98頁　駿台史学会
織笠　昭　1983「細石刃の形態学的一考察」『人間・遺跡・遺物』77-104頁　文献出版
織笠　昭　1984「細石器文化組成論」『駿台史学』60, 71-93頁　駿台史学会
織笠　昭　1987「相模野尖頭器文化の成立と展開」『大和市史研究』13, 44-73頁　大和市役所
織笠　昭　1992「日本列島における片刃礫器と丹生1-B地点北区第2群石器の位置付け」『大分県丹生遺跡群の研究』461-524頁　古代學協会
【か】
角張淳一　1991「黒曜石原産地遺跡と消費地遺跡のダイナミズム」『先史考古学論集』1, 25-82頁
梶原　洋　1982「八、石器の使用痕分析」『モサンル』11-15頁　東北大学考古学研究会
梶原　洋　1997「考古学からみた日本列島最古の人類と文化」『科学』67-6, 358-369頁　岩波書店
梶原　洋　1998「なぜ人類は土器を使いはじめたのか」『科学』68-4, 296-304頁　岩波書店

梶原　洋・阿子島香　1981「頁岩製石器の実験使用痕研究―ポリッシュを中心とした機能推定の試み―」『考古学雑誌』67-1, 1-36頁　日本考古学会
加藤暁生　1985「前田耕地遺跡出土の魚類顎歯について」『東京の遺跡』7, 84-85頁　東京考古談話会
加藤晋平　1970「先土器時代の歴史性と地域性」『郷土史研究と考古学』58-92頁　朝倉書店
加藤晋平　1981「旧石器時代の漁撈活動―先土器時代の生業を考えるうえで―」『信濃』33-4, 273-284頁　信濃史学会
加藤晋平　1984「日本細石器文化の出現」『駿台史学』60, 38-56頁　駿台史学会
加藤晋平・桑原護　1969『中本遺跡―北海道先土器時代遺跡の発掘報告―』　永立出版
加藤晋平・鶴丸俊明　1980『石器の基礎知識』Ｉ　柏書房
加藤晋平・畑宏明・鶴丸俊明　1970「エンド・スクレィパーについて―北海道常呂郡端野町吉田遺跡の例―」『考古学雑誌』55-3, 44-74頁　日本考古学会
加藤晋平・松本美枝子　1984「日本細石刃文化の源流」『史艸』25, 39-82頁　日本女子大学
加藤博文　1993「東シベリア後期旧石器時代の骨角製槍先について」『古代文化』45-7, 11-26頁　古代學協会
加藤博文　1996「モービル・トゥールとしての両面調整石器―縄文化に向かう技術組織の変動」『考古学雑渉』26-44頁　西野元先生退官記念会
加藤　学　1996「中ッ原5B地点・1G地点をめぐる行動形態」『中ッ原第１遺跡G地点の研究』2, 197-214頁　八ケ岳旧石器研究グループ
加藤　学　1998「いわゆる角二山型掻器の再検討―荒屋遺跡採集の掻器から―」『新潟県考古学談話会会報』19, 25-35頁　新潟県考古学談話会
加藤　学　1999「荒屋型彫器の地域間対比」『新潟考古学談話会会報』20, 1-11頁　新潟県考古学談話会
加藤　稔　1975「越中山遺跡」『日本の旧石器文化』2, 112-137頁　雄山閣
神奈川県教育委員会　1980『寺尾遺跡』
神奈川県考古学会　2001『相模野旧石器編年の到達点』
神奈川県立埋蔵文化財センター　1984『栗原中丸遺跡』
神奈川県立埋蔵文化財センター　1986『代官山遺跡』
神奈川県立埋蔵文化財センター　1988『新戸遺跡』
かながわ考古学財団　1997『吉岡遺跡群』Ⅳ
金山喜昭　1992「先史時代黒曜石研究史」『法政考古学』17, 51-71頁　法政考古学会
鹿又喜隆　2003「第２節　石器の機能研究」『荒屋遺跡　第２・３次発掘調査報告書』46-54頁　東北大学考古学研究室
鹿又喜隆　2004「細石刃の装着法と使用法―荒屋遺跡・タチカルシュナイ第Ｖ遺跡Ｃ地点出土資料の分析から―」『考古学雑誌』88-4, 1-27頁　日本考古学会
鎌木義昌・芹沢長介　1965「長崎県福井岩陰」『考古学集刊』3-1, 1-14頁　東京考古学会
萱野　茂　1978『アイヌの民具』　すずさわ書店
川口　潤（編）　1993『白草遺跡Ｉ・北篠場遺跡』　埼玉県埋蔵文化財調査事業団
川崎純徳ほか　1976『後野遺跡』　勝田市教育委員会
河内晋平　1977『八ガ岳地域の地質』　地質調査所

河村善也　1985「最終氷期以降の日本の哺乳動物相の変遷」『月刊地球』72, 349-353頁　海洋出版株式会社
甘粛省博物館文物工作隊　1982「甘粛永昌鴛鴦池新石器時代墓地」『考古学報』2, 199-228頁　科学出版社（中国）
函南町教育委員会　1989『函南スプリングスゴルフ場用地内埋蔵文化財発掘報告書(I)』
【き】
菊池強一　1994「岩手県金ヶ崎町柏山館跡の調査」『考古学ジャーナル』374, 31-33頁　ニューサイエンス社
菊池強一・中川重紀ほか　1995『大渡Ⅱ遺跡』　岩手県文化振興事業団埋蔵文化財センター
木越邦彦　1986「^{14}C年代測定」『月見野遺跡群上野遺跡第1地点』727-727頁　大和市教育委員会
木崎康弘（編）　1987『狸谷遺跡』　熊本県教育委員会
岐宿町教育委員会　1998『茶園遺跡』
木曾克裕　1995「本州北部太平洋岸の河川を母川とするサクラマスの生活史の研究」『中央水産研究所研究報告』7, 1-188頁　中央水産研究所
絹川一徳　1996「M文化層の石器組成と石器装備の維持・補給について」『恩原2遺跡』145-154頁　恩原2遺跡発掘調査団
木村英明　1983「細石器（北海道地方）」『季刊考古学』4, 70-72頁　雄山閣
木村英明　1995「黒曜石・ヒト・技術」『北海道考古学』31, 3-64頁　北海道考古学会
木村英明　1997『シベリアの旧石器文化』　北海道大学図書刊行会
ヒラリー, スチュアート　木村英明・木村アヤ子訳　1987『海と川のインディアン』　雄山閣
京都女子大学考古学研究会　1978「信濃野辺山原の分布調査」『長野県考古学会誌』31, 1-31頁　長野県考古学会
京都女子大学考古学研究会　1980『信濃野辺山原の分布調査』Ⅱ
京都女子大学考古学研究会（編）　1992『川上村誌　先土器時代』　川上村教育委員会
【く】
グールド, S. J. 浦本昌紀ほか訳　1984『ダーウィン以来―進化論への招待』上・下　早川書房
櫛原功一（編）　1997『社口遺跡』　高根町教育委員会
工藤信一郎（編）　1996『野川遺跡』　仙台市教育委員会
公文富士夫・河合小百合・井内美郎　2009「野尻湖湖底堆積物に基づく中部日本の過去7.2万年間の詳細な古気候復元」『旧石器研究』5, 3-10頁　日本旧石器学会
栗島義明　1993a「細石刃文化と石材環境」『シンポジウム細石刃文化研究の新たなる展開』185-191頁　八ケ岳旧石器研究グループ
栗島義明　1993b「湧別技法の波及」『土曜考古』17, 1-37頁　土曜考古学研究会
栗島義明・辻本崇夫・斎藤幸恵・望月　映　1982「矢出川遺跡群の細刃器の分析」『報告・野辺山シンポジウム1981』33-39頁　明治大学考古学研究室編
栗原中谷遺跡発掘調査団　1990『栗原中谷遺跡』
黒坪一樹　1984「日本先土器時代における敲石類の研究（下）―植物食利用に関する―

試論—」『古代文化』36-3, 17-33頁　古代學協会
【こ】
小池　聡（編）　1987『かしわ台駅前遺跡』　相武考古学研究所
小池　聡（編）　1991『長堀北遺跡　資料編』　大和市教育委員会
小池　聡　2001「相模野台地の立地と文化層」『相模野旧石器編年の到達点』21-34頁　神奈川県考古学会
紅村　弘（編）　1974『花の湖遺跡』　坂下町教育委員会
小林達雄　1970「日本列島に於ける細石刃インダストリー」『物質文化』16, 1-10頁　物質文化研究会
小林達雄　1974「縄文土器の起源」『考古学ジャーナル』100, 26-30頁　ニューサイエンス社
小林達雄　1986a「日本列島旧石器時代文化の3時期について」『国立歴史民俗博物館研究報告』11, 1-42頁　国立歴史民俗博物館
小林達雄　1986b「2原始集落」『岩波講座日本考古学4　集落と祭祀』37-75頁　岩波書店
小林達雄（編）　1990『柳又遺跡A地点』Ⅰ　國學院大學考古学研究室
小林達雄（編）　1992『柳又遺跡A地点』Ⅱ　國學院大學考古学研究室
小林達雄（編）　1993『柳又遺跡A地点』Ⅲ　國學院大學考古学研究室
小林達雄（編）　1999『縄文学の世界』　朝日新聞社
小林達雄・小田静夫ほか　1971「野川先土器時代遺跡の研究」『第四紀研究』10-4, 231-252頁　日本第四紀学会
小林哲夫　1977「サケの生活」『アニマ』47, 6-19頁　平凡社
小林行雄　1962『古代の技術』　塙書房
【さ】
サーリンズ, マーシャル　山内昶訳　1984『石器時代の経済学』　法政大学出版局
齋藤玲子　1998「極北地域における毛皮革の利用と技術」『北海道立北方民族博物館研究紀要』7, 69-92頁　北方民族博物館
酒井潤一　1993「地質学的調査」『長野県黒耀石原産地遺跡分布調査報告書（和田村・男女倉谷）』Ⅲ, 27-39頁　和田村教育委員会
相模考古学研究会　1971『先土器時代分布調査報告書　相模野編』
坂本　彰（編）　1995『花見山遺跡』　横浜市ふるさと歴史財団
桜井準也　1989「遺跡立地と河川次数分析」『考古学の世界』530-544頁　慶応義塾大学民族学考古学研究室
桜井準也　1993「細石刃文化遺跡と河川次数」『細石刃文化研究の新たなる展開』252-266頁　八ケ岳旧石器研究グループ
桜井美枝　1993a「細石刃石器群の技術構造」『東北文化論のための先史学歴史学論集』259-272頁　加藤稔先生還暦記念会
桜井美枝　1993b「北関東の細石刃文化」『細石刃文化研究の新たなる展開』259-272頁　八ケ岳旧石器研究グループ
佐々木史郎　1992「北海道・サハリン・アムール川下流域における毛皮および皮革利用について」『狩猟と漁労』122-151頁　雄山閣
笹原芳郎　1993「東海地方東部（静岡県）の細石刃文化」『細石刃文化研究の新たなる展

開』208-234頁　八ケ岳旧石器研究グループ
佐藤宏之　1992a『日本旧石器文化の構造と進化』　柏書房
佐藤宏之　1992b「北方系削片系細石刃石器群と定住化仮説」『法政大学大学院紀要』29, 55-83頁　法政大学大学院
佐藤宏之　1993「細石刃石器群の行動論的分析のための視点」『細石刃文化研究の新たなる展開』299-307頁　八ケ岳旧石器研究グループ
佐藤宏之　1995「技術的組織・変形論・石材受給」『考古学研究』165, 27-53頁　考古学研究会
佐藤宏之　1996「社会構造」『石器文化研究』5, 329-340頁　石器文化研究会
佐藤宏之　1998「陥し穴猟の土俗考古学」『縄文式生活構造』192-221頁　同成社
佐藤雅一・星野洋治・石坂圭介・岡　修司　1994「信濃川水系における縄文時代草創期遺跡の様相」『環日本海地域の土器出現期の様相』175-199頁　雄山閣
佐藤雅一・山本　克　1999「新潟県津南町・平成10年度の発掘調査成果」『長野県旧石器文化研究交流会―発表資料―』11, 43-54頁　長野県旧石器文化研究交流会
佐藤嘉広　1998「東北地方―特に中・北部の古墳期の石器のあり方―」『考古学ジャーナル』433, 9-14頁　ニューサイエンス社
佐原　眞　1994『斧の文化史』　東京大学出版会
座間市教育委員会　1988『栗原中丸遺跡』
更科源蔵・更科　光　1976「コタン生物記―サケ・マス」『コタン生物記Ⅱ野獣・海獣・魚族編』48-60頁　法政大学出版局
沢田　敦（編）　1994『上ノ平遺跡A地点』　新潟県教育委員会
沢田　敦（編）　1996『上ノ平遺跡C地点』　新潟県教育委員会
寒川朋枝　2008「細石刃にみられる使用痕について―鹿児島県仁田尾遺跡の出土例より―」『九州旧石器』12, 78-88頁　九州旧石器文化研究会

【し】

柴田　徹　1994「使用石材からみた旧石器時代の南関東における地域性について」『松戸市立博物館紀要』1, 3-25頁　松戸市博物館
柴田　徹　1996「大和市を中心とした相模野台地における旧石器時代の石材使用について」『大和市史研究』22, 1-31頁　大和市役所
島田和高　1998「中部日本南部における旧石器地域社会の一様相―砂川期における地区の成り立ちと地域の構造―」『駿台史学』102, 1-49頁　駿台史学会
島田和高・鈴木尚史・飯田茂雄・杉原重夫　2006「黒耀石産地推定分析からみた長野県矢出川Ⅰ遺跡出土細石核の構成」『明治大学博物館研究報告』11, 1-28頁　明治大学博物館事務室
島立　桂　1993「西南日本における細石刃文化の起源と展開」『千葉県文化財センター研究紀要』14, 215-229頁　千葉県文化財センター
謝　駿義・梶原　洋・佐川正敏　1993「中国新石器時代の植刃器の機能を探る」『旧石器考古学』46, 73-82頁　旧石器文化談話会
白石典之　1995「中央日本における細石刃石器群の展開」『群馬考古学手帳』5, 1-28頁　群馬土器観会
白石浩之　1980「第Ⅰ文化層」『寺尾遺跡』10-86頁　神奈川県教育委員会

白石浩之　1993「細石刃石器群の終末と神子柴・長者久保系石器群との関連性について」『シンポジウム細石刃文化研究の新たなる展開』463-492頁　八ケ岳旧石器研究グループ

白石浩之　1998「細石器文化の諸問題―原料・技術・分布―」『九州の細石器文化』1-21頁　九州旧石器文化研究会

白倉盛男　1992「第1節川上村の地形地質を中心とした自然環境」『川上村誌　先土器時代』61-77頁 川上村教育委員会

新谷和孝（編）　1995『お宮の森裏遺跡』　上松町教育委員会

【す】

菅沼　亘　1999「北魚沼郡川口町荒屋遺跡の採集資料について―彫刻刀形石器の分析を中心に―」『新潟考古』10, 143-164頁　新潟県考古学会

杉浦重信ほか　1987『東麓郷1・2遺跡』　富良野市教育委員会

杉原重夫（編）　2009『蛍光X線分析装置による黒曜石遺物の原産地推定―基礎データ集〈1〉―』　明治大学古文化財研究所

杉原荘介（編）　1973『長野県上ノ平遺跡の尖頭器文化』　明治大学考古学研究室

杉原荘介・小野真一　1965「静岡県休場遺跡における細石刃文化」『考古学集刊』3-2, 1-33頁　東京考古学会

杉山真二　1995「中ッ原第1遺跡G地点の植物珪酸体分析」『中ッ原第1遺跡G地点の研究』Ⅰ, 116-120頁　八ケ岳旧石器研究グループ

鈴木公雄　1979「縄文時代論」『日本考古学を学ぶ』3, 189-215頁　有斐閣

鈴木次郎　1983「細石器（本州地方）」『季刊考古学』4, 67-69頁　雄山閣

鈴木次郎　1984「第Ⅱ文化層」『栗原中丸遺跡』28-77頁 神奈川県立埋蔵文化財センター

鈴木次郎　1989「相模野台地における槍先形尖頭器石器群」『神奈川考古』26, 27-55頁　神奈川考古同人会

鈴木次郎　1996「第Ⅱb文化層」『宮ケ瀬遺跡群Ⅵ』148-178頁　かながわ考古学財団

鈴木次郎ほか　1989『相模野No.149遺跡』　大和市教育委員会

鈴木次郎・矢島國雄　1979「綾瀬市報恩寺遺跡の細石刃石器群」『神奈川考古』6, 1-53頁　神奈川考古同人会

鈴木忠司　1971「野岳遺跡の細石核と西南日本における細石刃文化」『古代文化』23-8, 175-192頁　古代學協会

鈴木忠司　1983「日本細石刃文化の地理的背景」『角田文衛博士古稀記念古代学叢論』1-24頁　古代學協会

鈴木忠司　1985「再論　日本細石器文化の地理的背景―生業論への視点―」『論集日本原始』161-192頁　吉川弘文館

鈴木忠司　1988「素描・日本先土器時代の食糧と生業」『朱雀』1, 1-40頁　京都文化財団

鈴木忠司　1992「日本列島細石刃文化の分布論的検討―地理・動植物、そして人口」『シンポジウム北方ユーラシアにおける細石刃文化の起源と拡散』181-190頁　国際シンポジウム実行委員会

鈴木忠司　1993「細石刃文化と生業」『細石刃文化研究の新たなる展開』267-279頁　八ケ岳旧石器研究グループ

鈴木正男　1984「橋本遺跡採集黒曜石の原産地推定と年代測定分析」『橋本遺跡』244-273

頁　相模原市橋本遺跡調査団
鈴木正男　1990「三沢遺跡の黒曜石の分析」『佐久考古通信』50, 18-19頁　佐久考古学会
鈴木正男ほか　1986「藤沢市代官山遺跡黒曜石の分析」『代官山遺跡』442-451頁　神奈川県立埋蔵文化財センター
鈴木正男ほか　1990「黒曜石の分析」『柳又遺跡Ａ地点』Ⅰ, 185-188頁　國學院大學考古学研究室
鈴木正男・戸村健児　1991「中ッ原第５遺跡Ｂ地点の黒曜石の分析」『中ッ原第５遺跡Ｂ地点の研究』202-206頁　八ケ岳旧石器研究グループ
須藤　隆・高橋　哲　1997「山王遺跡出土石器の使用痕分析」『山王遺跡Ⅰ』151-173頁　多賀城市教育委員会
砂田佳弘　1986「第３節 第Ⅲ文化層」『代官山遺跡』46-164頁　神奈川県立埋蔵文化財センター
砂田佳弘　1988「相模野の細石器」『神奈川考古』24, 31-64頁　神奈川考古同人会
砂田佳弘　1994「相模野細石器の変遷」『神奈川考古』30, 1-20頁　神奈川考古同人会
砂田佳弘　1996「吉岡遺跡群Ｂ区」『第１回石器文化交流会発表要旨』53-57頁　石器文化交流会
砂田佳弘　1997「第Ⅳ章旧石器時代B2層」『吉岡遺跡群Ⅳ』6-425頁　かながわ考古学財団
砂田佳弘　1998「第Ⅱ章旧石器時代L1H層」『吉岡遺跡群Ⅴ』86-260頁　かながわ考古学財団
砂田佳弘　1999「４相模野細石器の暦年較正年代」『吉岡遺跡群Ⅸ』25-37頁　かながわ考古学財団
砂田佳弘ほか　1995「旧石器時代終末期における石器群の諸問題（続）」『神奈川の考古学の諸問題(Ⅱ)』1-24頁　かながわ考古学財団
諏訪間順　1988「相模野台地における石器群の変遷について」『神奈川考古』24, 1-30頁　かながわ考古同人会
諏訪間順　1991「細石刃石器群を中心とした石器群の変遷に関する予察」『中ッ原第５遺跡Ｂ地点の研究』183-192頁　八ケ岳旧石器研究グループ
【せ】
関口昌和　1995「忠生遺跡群根岸山遺跡」『第２回石器文化研究交流会—発表要旨—』67-70頁　石器文化研究交流会
芹沢長介　1954「関東及中部地方に於ける無土器文化の終末と縄文文化の発生とに関する予察」『駿台史学』4, 65-101頁　駿台史学会
芹沢長介　1958「細石器問題の進展（その一）」『貝塚』82, 1頁　物質文化研究会
芹沢長介　1959「新潟県荒屋遺跡における細石刃文化と荒屋型彫刻刀について（予報）」『第四紀研究』1-5, 174-181頁　日本第四紀学会
芹沢長介　1974『最古の狩人たち—古代史発掘１』　講談社
芹沢長介　1986『旧石器の知識』　東京美術
芹沢長介・由井茂也　1998「四　矢出川遺跡の発見と調査」『南佐久郡誌考古編』145-241頁　南佐久郡誌刊行会

仙庭伸久　1998「石狩低地帯における石器製作の下限とその形態」『考古学ジャーナル』433, 2-8頁　ニューサイエンス社

【そ】

相武考古学研究所　1987『かしわ台駅前遺跡』

草柳中村遺跡発掘調査団　1990『草柳中村遺跡』

【た】

台山遺跡発掘調査団　1988『台山遺跡』

高倉　純　1998a「遺跡間変異と移動・居住形態復元の諸問題―北西ヨーロッパと日本における研究動向―」『日本考古学』7, 75-94頁　日本考古学協会

高倉　純　1998b「北海道における石刃鏃石器群の研究―移動・居住形態の検討を中心に―」『考古学研究』44-4, 55-78頁　考古学研究会

高槻成紀　1992『北に生きるシカたち』 どうぶつ社

高槻成紀　1998『生態―哺乳類の生態学5―』 東京大学出版会

高橋啓一　2007「日本の鮮新―更新世における陸生哺乳動物相の形成過程」『旧石器研究』3, 5-13頁　日本旧石器学会

高山　純　1974「サケ・マスと縄文人」『季刊人類学』5-1, 353頁　平凡社

竹岡俊樹　1996a「彫刻刀形石器の分析（上）―荒屋型・神山型・上ヶ屋型彫器の再検討」『古代文化』48-7, 33-42頁　古代學協会

竹岡俊樹　1996b「彫刻刀形石器の分析（下）―荒屋型・神山型・上ヶ屋型彫器の再検討」『古代文化』48-9, 25-38頁　古代學協会

多田隆治　1997「最終氷期以降の日本海および周辺域の環境変遷」『第四紀研究』36-5, 287-300頁　日本第四紀学会

橘　昌信　1979「九州地方の細石器文化」『駿台史学』47, 133-151頁　駿台史学会

田中英司（編）　1995『横田遺跡』 埼玉県埋蔵文化財調査事業団

谷口康浩　1991「木曽開田高原柳又遺跡における細石刃文化」『國學院雑誌』92-2, 21-51頁 國學院大學

谷口康浩（編）　1999『大平山元Ⅰ遺跡』 大平山元Ⅰ遺跡発掘調査団

田村　隆　1989「二項モードの推移と巡回―東北日本におけるナイフ形石器成立期の様相―」『先史考古学研究』2, 1-52頁　阿佐ヶ谷先史学研究会

田村　隆　1992a「石材についての諸問題―特に関東地方の石材採取戦略について―」『考古学ジャーナル』345, 2-7頁　ニューサイエンス社

田村　隆　1992b「遠い山・黒い石―武蔵野Ⅱ期石器群の社会生態学的一考察―」『先史考古学論集』2, 1-46頁

田村　隆　1993「野辺山を視る眼―石器の行動理論構築に向けて―」『シンポジウム細石刃文化研究の新たなる展開』280-298頁　八ケ岳旧石器研究グループ

田村　隆（編）　1987『研究紀要―先土器時代石材の研究―』11　千葉県文化財センター

田村隆ほか　1989『佐倉市向山谷津・明代台・木戸場・古内遺跡』 千葉県文化財センター

【つ】

立木宏明（編）　1996『樽口遺跡』 朝日村教育委員会

辻誠一郎　1985「最終間氷期以降の植生史」『月刊地球』72, 337-338頁　海洋出版株式

会社
堤　隆　1984a「上草柳第1地点遺跡第Ⅰ文化層」『一般国道246号大和—厚木バイパス地域内発掘調査報告書Ⅱ』20-103頁　大和市教育委員会
堤　隆　1984b「上草柳第3地点中央遺跡第Ⅰ文化層」『一般国道246号大和—厚木バイパス地域内発掘調査報告書Ⅱ』243-290頁　大和市教育委員会
堤　隆　1984c「上草柳第3地点東遺跡」『一般国道246号大和—厚木バイパス地域内発掘調査報告書Ⅱ』223-228頁　大和市教育委員会
堤　隆　1984d「上草柳第4地点遺跡」『一般国道246号大和—厚木バイパス地域内発掘調査報告書Ⅱ』309-318頁　大和市教育委員会
堤　隆　1984e「上草柳地区出土の細石刃について」『一般国道246号大和—厚木バイパス地域内発掘調査報告書Ⅱ』361-386頁　大和市教育委員会
堤　隆　1984f「5礫器」『一般国道二四六号（大和・厚木バイパス）地域内遺跡調査報告Ⅱ』51頁　大和市教育委員会
堤　隆　1985「第Ⅰ文化層(a)」『一般国道二四六号（大和・厚木バイパス）地域内遺跡調査報告Ⅲ』13-96頁　大和市教育委員会
堤　隆　1986a「第Ⅲ文化層」『月見野遺跡群上野遺跡第1地点』179-297頁　大和市教育委員会
堤　隆　1986b「矢出川遺跡における船野系の細石刃文化資料について」『旧石器考古学』32, 119-124頁　旧石器文化談話会
堤　隆　1987「相模野台地の細石刃石核」『大和市史研究』13, 1-43頁　大和市教育委員会
堤　隆　1991a「相模野細石刃文化における石器装備の構造」『大和市史研究』17, 1-32頁　大和市役所
堤　隆　1991b「細石刃に残された損傷」『中ッ原第5遺跡B地点の研究』97-115頁　八ケ岳旧石器研究グループ
堤　隆　1991c「野辺山原における細石刃文化の様相」『中ッ原第5遺跡B地点の研究』161-174頁　八ケ岳旧石器研究グループ
堤　隆　1993a『遠き狩人たちの八ケ岳』　ほおずき書籍
堤　隆　1993b「日本の細石刃文化遺跡と細石刃文化資料」『シンポジウム　細石刃文化研究の新たなる展開』311-318頁　八ケ岳旧石器研究グループ
堤　隆　1993c「細石刃の使用にかかわる二・三の問題」『シンポジウム　細石刃文化研究の新たなる展開』206-212頁　八ケ岳旧石器研究グループ
堤　隆　1993d「本州中央部の細石刃文化」『シンポジウム　細石刃文化研究の新たなる展開』273-297頁　八ケ岳旧石器研究グループ
堤　隆　1993e「スクレイピングに用いられた細石刃」『佐久考古通信』58, 8-9頁　佐久考古学会
堤　隆　1994a「細石刃はどのように使われたか？」『大和市史研究』20, 1-29頁　大和市役所
堤　隆　1994b「石匙の使用痕観察」『下弥堂遺跡』108-112頁　御代田町教育委員会
堤　隆　1995a「植刃器製作の実験的研究」『中ッ原第1遺跡G地点の研究』75-88頁　八ケ岳旧石器研究グループ

堤　隆　1995b「細石刃の使用痕分析」『中ッ原第1遺跡G地点の研究』69-73頁　八ケ岳旧石器研究グループ
堤　隆　1996a「4遺跡間接合」『中ッ原第1遺跡G地点の研究』Ⅱ, 83-85頁　八ケ岳旧石器研究グループ
堤　隆　1996b「⒁中ッ原細石刃石器群をめぐる技術的組織」『日本考古学協会第62回総会研究発表要旨』65-68頁　日本考古学協会
堤　隆　1996c「削片系細石刃石器群をめぐる技術的組織の異相—中ッ原細石刃石器群を中心として」『古代』102, 36-61頁　早稲田大学考古学会
堤　隆　1996d「NK—謎の黒曜石原産地—」『和田村の黒曜石をめぐる課題』64-70頁　和田村教育委員会
堤　隆　1996e「遺跡の空間構造と遊動パターンについての素描—相模野台地のⅤ～Ⅳ下層段階—」『石器文化研究』5, 257-265頁　石器文化研究会
堤　隆　1997a「荒屋型彫刻刀形石器の機能考」『第9回長野県旧石器文化研究交流会発表資料』28-31頁　長野県旧石器文化研究交流会
堤　隆　1997b「荒屋型彫刻刀形石器の機能推定—埼玉県白草遺跡の石器使用痕分析から—」『旧石器考古学』54, 17-35頁　旧石器文化談話会
堤　隆　1997c「更新世末期における礫器使用行動の意味」『長野県考古学会誌』82, 29-41頁　長野県考古学会
堤　隆　1997d「第Ⅳ文化層」『柏ケ谷長ヲサ遺跡』32-53頁　柏ケ谷長ヲサ遺跡調査団
堤　隆　1997e「柏ケ谷長ヲサ遺跡の石器の機能に関する分析」『柏ケ谷長ヲサ遺跡』379-389頁　柏ケ谷長ヲサ遺跡調査団
堤　隆　1998「氷期の終末と細石刃文化の出現」『科学』68-4, 329-336頁　岩波書店
堤　隆　1999a「晩氷期へと突入する縄文草創期—シンポジウム更新世—完新世移行期の比較考古学から—」『考古学ジャーナル』442, 43-44頁　ニューサイエンス社
堤　隆　1999b「大平山元Ⅰ遺跡出土石器の使用痕分析」『大平山元Ⅰ遺跡発掘調査報告書』120-125頁　大平山元Ⅰ遺跡発掘調査団
堤　隆　2000a「掻器の機能と寒冷適応としての皮革利用システム」『考古学研究』47-2, 66-84頁　考古学研究会
堤　隆　2000b「季節性」「産地同定」「実験考古学」『現代考古学の方法と理論』Ⅱ, 42-120頁　同成社
堤　隆　2000c「皮鞣しの場—掻器の分布と場の機能—」『MICROBLADE』1, 1-16頁　八ケ岳旧石器研究グループ
堤　隆　2002「信州黒曜石原産地をめぐる資源開発と資源需給—後期旧石器時代を中心として—」『國學院大學考古学資料館紀要』18, 1-21頁　國學院大學考古学資料館
堤　隆　2003「細石刃石器群の石材需給とセトルメントシステム」『日本の細石刃文化』Ⅱ, 152-170頁　八ケ岳旧石器研究グループ
堤　隆　2004a「矢出川遺跡における“神津恩馳島群”の細石刃石核類」『黒耀石文化研究』3, 101-117頁　明治大学黒耀石研究センター
堤　隆　2004b「日本列島の細石刃遺跡と細石刃資料」『日本の細石刃文化』Ⅲ, 86-87

頁　八ケ岳旧石器研究グループ
堤　　隆　2004c『氷河期を生抜いた狩人　矢出川遺跡』　新泉社
堤　　隆　2004d『黒曜石３万年の旅』　NHKブックス
堤　　隆　2005a「後期旧石器時代の地域色」『ドイツ展記念概説日本の考古学』上，83-90頁　奈良文化財研究所編　学生社
堤　　隆　2005b「最終氷期末における内水面漁撈の導入をめぐって」『食糧獲得社会の考古学―現代の考古学２―』50-71頁　朝倉書店
堤　　隆　2006a「海を渡ってきた黒曜石」『長野県考古学会誌』111，15-31頁　長野県考古学会
堤　　隆　2006b「由井茂也コレクションにみる矢出川遺跡の細石刃石器群―半世紀におよぶその蒐集資料から―」『黒耀石文化研究』4，49-69頁　明治大学黒耀石研究センター
堤　　隆　2006c「後期旧石器時代初頭の石斧の機能を考える―日向林Ｂ遺跡の石器使用痕分析から―」『長野県考古学会誌』118，1-16頁　長野県考古学会
堤　　隆　2007「後期旧石器時代の社会」『季刊考古学』98，21-26頁　雄山閣
堤　　隆　2008「斧と槍の両義性―氷河期の終末を彩る神子柴遺跡と唐沢Ｂ遺跡―」『季刊東北学』15，78-93頁　東北芸術工科大学東北学研究センター
堤　　隆　2009『旧石器時代ガイドブック』　新泉社
堤　　隆　2010a「細石刃文化―本州・四国―」『講座日本の考古学』2　旧石器時代（下）307-330頁　青木書店
堤　　隆　2010b『佐久の古代遺産図鑑』　八ケ岳旧石器研究グループ
堤　　隆　2011a「細石刃狩猟民の黒曜石資源需給と石材・技術運用」『資源環境と人類』1，47-65頁　明治大学黒耀石研究センター
堤　　隆　2011b『列島の考古学　旧石器時代』　河出書房新社
堤　　隆（編）　1991『中ッ原第５遺跡Ｂ地点の研究』　八ケ岳旧石器研究グループ
堤　　隆（編）　1993『細石刃文化研究の新たなる展開』　八ケ岳旧石器研究グループ
堤　　隆（編）　1995『中ッ原第１遺跡Ｇ地点の研究』Ⅰ　八ケ岳旧石器研究グループ
堤　　隆（編）　1996『中ッ原第１遺跡Ｇ地点の研究』Ⅱ　八ケ岳旧石器研究グループ
堤　　隆（編）　1997『柏ケ谷長ヲサ遺跡』　柏ケ谷長ヲサ遺跡発掘調査団
堤　　隆（編）　2000a『MICROBLADE』創刊号　八ケ岳旧石器研究グループ
堤　　隆（編）　2000b『野辺山シンポジウム2000　人類の適応行動と認知構造』　八ケ岳旧石器研究グループ
堤　　隆（編）　2002『MICROBLADE』2　八ケ岳旧石器研究グループ
堤　　隆（編）　2003『日本の細石刃文化』Ⅰ・Ⅱ　八ケ岳旧石器研究グループ
堤　　隆（編）　2004『日本の細石刃文化』Ⅲ　八ケ岳旧石器研究グループ
堤　　隆（編）　2009『小鍛冶原・唐沢B』　信毎書籍出版センター
堤　　隆・小口達志　1991「中ッ原第５遺跡Ｂ地点の石器組成について」『中ッ原第５遺跡Ｂ地点の研究』139-144頁　八ケ岳旧石器研究グループ
堤　　隆・林　茂樹・丸山一郎・稲田孝司ほか　2008『神子柴』　信毎書籍出版センター
堤　　隆・吉田政行　1996「八ケ岳東麓における石材環境と旧石器時代の石材利用」

『中ッ原第1遺跡G地点の研究』Ⅱ, 228-252頁　八ケ岳旧石器研究グループ
常木　晃　1991「考古学における交換研究のための覚書(1)」『東海大学校地内遺跡調査報告』1, 191-201頁　東海大学校地内遺跡調査団
常木　晃　1992「考古学における交換研究のための覚書(2)」『東海大学校地内遺跡調査報告』2, 178-191頁　東海大学校地内遺跡調査団
鶴丸俊明　1979「北海道地方の細石刃文化」『駿台史学』47, 23-50頁　駿台史学会
【て】
寺崎康史・山原敏朗　1999「北海道地方」『旧石器考古学』58, 3-10頁　旧石器文化談話会
【と】
東北大学考古学研究室（編）　1990『荒屋遺跡　第2・3次調査概報』
東北大学考古学研究室（編）　2003『荒屋遺跡　第2・3次発掘調査報告書』
戸沢充則　1964「矢出川遺跡」『考古学集刊』2-3, 1-35頁　東京考古学会
戸沢充則　1979「日本における細石器の研究」『駿台史学』47, 3-22頁　駿台史学会
戸沢充則　1990『先土器時代文化の構造』　同朋舎
【な】
長崎　治　1996「野辺山における旧石器時代石器群の分布とその様相」『中ッ原第1遺跡G地点の研究』Ⅱ, 215-227頁　八ケ岳旧石器研究グループ
長沢正機（編）　1982『乱馬堂遺跡』　新庄市教育委員会
中沢祐一　1996「細石刃石器群における遺跡形成過程と規模」『中ッ原第1遺跡G地点の研究』Ⅱ, 174-188頁　八ケ岳旧石器研究グループ
中島芳栄　1990「中ッ原遺跡群1G地点採集の細石器について」『佐久考古通信』51, 13-16頁　佐久考古学会
仲田大人　2001「南関東における縄文時代草創期前半の居住形態—最適化モデルによる予備的検討—」『先史考古学論集』10, 73-116頁
永塚俊司　1996「細石刃生産システムとその工程分割・遺跡間連鎖」『中ッ原第1遺跡G地点の研究』Ⅱ, 139-157頁　八ケ岳旧石器研究グループ
永塚俊司　1997「荒屋系細石刃石器群における一つの定点」『人間・遺跡・遺物』3, 90-117頁　発掘者談話会
長野県地学会　1962『20万分の1長野県地質図幅説明書』　内外地図
長野県埋蔵文化財センター　2000『上信越自動車道埋蔵文化財発掘調査報告書16—信濃町内　その2—星光山荘A・星光山荘B・西岡A・貫ノ木・上ノ原・大久保南・東裏・裏ノ山・針ノ木・大平B・日向林A・日向林B・七ツ栗・普光田』
中村遺跡発掘調査団　1987『中村遺跡』
中村喜代重（編）　1979『上和田城山遺跡』　大和市教育委員会
中村孝三郎　1978『越後の石器』　学生社
中村孝三郎　1965『中土遺跡』　長岡市科学博物館
中村俊夫・辻誠一郎　1999「青森県東津軽郡蟹田町大平山元Ⅰ遺跡出土の土器破片表面に付着した微量炭化物の加速器^{14}C年代」『大平山元Ⅰ遺跡の考古学的調査』107-111頁　大平山元Ⅰ遺跡発掘調査団
中山真二・米田　寛　2000『武蔵国分寺跡調査報告—北西地域（多摩蘭坂遺跡）の調

査—』4　府中市教育委員会
奈良貴史・沢田純明・百々幸雄　1999「柏台1遺跡出土骨片の骨組織構造の検討（予察）」『柏台1遺跡』241-248頁　北海道埋蔵文化財センター
【に】
西秋良宏　1994「石器製作時に生じる偶発剥離の問題」『東海大学校地内遺跡調査団報告』4, 111-125頁　東海大学校地内遺跡調査団
西井幸雄　1993「南関東の細石器文化」『細石刃文化研究の新たなる展開』235-258頁　八ケ岳旧石器研究グループ
西田正規・前山精明　1981「矢出川流域における遺跡立地調査」『報告・野辺山シンポジウム1980』27-29頁　明治大学考古学研究室
西村尋文　1993「四国・瀬戸内の細石刃文化」『細石刃文化研究の新たなる展開』172-192頁　八ケ岳旧石器研究グループ
西本豊弘　1995「縄文人は何を食べていたか」『縄文人の時代』104-119頁　新泉社
二宮修治　1989「黒曜石石器の原産地推定」『函南スプリングスゴルフ場用地内埋蔵文化財発掘報告書(I)』537-552頁　函南町教育委員会
二宮修治・大沢眞澄　1988「月見野遺跡群上野遺跡第1地点出土黒曜石石器の原産地推定」『大和のあけぼの』II, 137-154頁　大和市教育委員会
二宮修治・新免歳靖・永塚俊司　2004「付章自然科学的手法による分析—蛍光X線に千葉県十余三稲荷峰遺跡出土黒曜石の原産地推定」『新東京国際空港埋蔵文化財発掘調査報告XX—十余三稲荷峰遺跡（空港No.67遺跡）旧石器時代編—』439-451頁　千葉県文化財センター
日本旧石器学会　2004『石刃技法の展開と石材環境』第2回シンポジウム予稿集
日本旧石器学会　2010『日本列島の旧石器時代遺跡—日本旧石器（先土器・岩宿）時代遺跡のデータベース』
日本第四紀学会　1997『第四紀研究—最終氷期の終焉と縄文文化の成立・展開』36-5
【の】
野中健一　1994「グウィ、ガナブッシュマンの狩猟道具と狩猟技術」『動物考古学』3, 1-20頁　動物考古学研究会
【は】
橋本勝雄　1988「千葉県佐倉市木戸場遺跡A地点「第1・第2ユニット」から」『研究連絡誌』4, 12-20頁　千葉県文化財センター
橋本勝雄　1989「東日本の細石器文化—東北・北陸・中部高地・関東・東海地方の研究の動向—」『考古学ジャーナル』306, 12-21頁　ニューサイエンス社
橋本勝雄　1993「日本細石器文化研究の現状と課題」『シンポジウム細石刃文化研究の新たなる展開』103-114頁　八ケ岳旧石器研究グループ
橋本勝雄　1997「後期旧石器時代の遺跡分布と立地」『考古学ジャーナル』413, 12-18頁　ニューサイエンス社
橋本勝雄　1998「関東細石器考」『千葉県中央博物館研究報告』5, 117-135頁　千葉県中央博物館
橋本勝雄　2006「環状ユニットと石斧の関わり」『旧石器研究』2, 35-46頁　日本旧石器学会

林　浩世　1992「1馬場平遺跡」『川上村誌　先土器時代』130-144頁　川上村教育委員会
原ひろ子　1980「ヘアーインディアンの皮なめし」『季刊民族学』11, 73-79頁　国立民族学博物館
春成秀爾　1999「下顎骨製掻器」『国立歴史民俗博物館研究報告』77, 1-38頁　国立歴史民俗博物館
【ひ】
東村武信　1986『石器産地推定法』考古学ライブラリー47　ニューサイエンス社
比田井民子　1991「後期旧石器時代中盤に見るスクレーパーの確立について」『東京都埋蔵文化財センター研究論集』X, 49-80頁　東京都埋蔵文化財センター
比田井民子　1993a「刃部円形加工のスクレーパーの発生と展開」(上)『古代文化』45-1, 11-20頁　古代學協会
比田井民子　1993b「刃部円形加工のスクレーパーの発生と展開」(下)『古代文化』45-2, 12-18頁　古代學協会
比田井民子　1996「第Ⅳ下・Ⅴ層段階の掻器・削器、彫器」『石器文化研究』5, 199-217頁　石器文化研究会
【ふ】
福井淳一(編)　1999『柏台1遺跡』　北海道埋蔵文化財センター
藤本　強　1982「常呂川流域の細石刃」『北海道考古学』18, 1-21頁　北海道考古学会
藤森英二　1996「栃原岩陰遺跡出土の拇指状掻器について」『佐久考古通信』68, 1-6頁　佐久考古学会
【ほ】
保坂康夫　1999「縄文時代草創期段階の掻器について—山梨県高根町社口遺跡の分析から—」『山梨考古学論集』Ⅳ, 1-20頁　山梨県考古学協会
保坂康夫(編)　1989『丘の公園第2遺跡』　山梨県教育委員会
保坂康夫・望月明彦・池谷信之　2001「黒曜石原産地と石材の搬入・搬出」『研究紀要』17, 29-40頁　山梨県立考古博物館・山梨県埋蔵文化財センター
細野高伯　1991「群馬県芳見沢遺跡の調査」『第四回長野県旧石器文化研究交流会発表要旨』29-33頁　長野県旧石器文化研究交流会
【ま】
前川浩司　1988「サケ科魚類の分布と資源量」『北の民族と生活—人と動物とのかかわり』85頁　網走市
前嶋秀張　1999「上の池遺跡」『石器文化研究交流会—発表要旨—』6, 53-57頁　石器文化研究交流会
前原　豊　1988「柳久保遺跡群頭無遺跡」『第二回東北日本の旧石器文化を語る会』33-37頁　東北日本の旧石器文化を語る会
町田　洋・杉原重夫ほか　1982「野辺山原の地形とその形成過程」『報告・野辺山シンポジウム1981』47-49頁　明治大学考古学研究室
松井　章　1985「〈サケ・マス論〉の評価と今後の展望」『考古学研究』31-4, 39-67頁　考古学研究会
松井　章　1987a「養老厩牧令の考古学的考察」『信濃』39-4, 1-26頁　信濃史学会

松井　章　1987b「古代日本の皮革製作技法―古代日本における動物利用の一側面」『民博通信』35, 22-25頁　国立民族学博物館
松谷純一（編）　1987『白滝第4地点遺跡』　白滝村教育委員会
松原和也（編）　1999『越遺跡』　開田村教育委員会
丸山直樹　1981「ニホンジカの季節的移動と集合様式に関する研究」『東京農工大学農学部学術報告』23, 1-85頁　東京農工大学
【み】
水村孝行　1977「荒屋型彫刻器について」『埼玉考古』16, 15-32頁　埼玉考古学会
光石鳴巳　1996「恩原2遺跡における細石刃石器群の技術論的考察」『恩原2遺跡』155-167頁　恩原2遺跡発掘調査団
御堂島正　1982「エッヂダメージの形成に関する実験的研究」『中部高地の考古学』Ⅱ, 66-98頁　長野県考古学会
御堂島正　1986「黒曜石製石器の使用痕」『神奈川考古』20, 51-77頁　神奈川考古同人会
御堂島正　1988「使用痕と石材―チャート・サヌカイト・凝灰岩に形成されるポリッシュ―」『考古学雑誌』74-2, 1-28頁　日本考古学会
御堂島正　1991「中ッ原第5遺跡B地点出土黒曜石製石器の使用痕分析」『中ッ原第5遺跡B地点の研究』116-126頁　八ケ岳旧石器研究グループ
南川雅男　1995「古代人の食生態の復元」『（全面改訂）新しい研究法は考古学に何をもたらしたか』168-177頁　クバプロ
南　正人　1996「ニホンジカの習性を利用した鹿笛猟―声紋を使った鹿笛の音とニホンジカの鳴き声の比較から―」『動物考古学』6, 73-84頁　動物考古学研究会
三宅徹也（編）　1980『大平山元Ⅱ遺跡発掘調査報告書』　青森県立郷土館
宮下健司・鈴木忠司　1982「野辺山地域およびその周辺における狩猟習俗の調査」『報告・野辺山シンポジウム1981』67-77頁　明治大学考古学研究室
美安慶子　1995「荒屋遺跡採集の彫刻刀形石器について」『佐久考古通信』65, 8-9頁　佐久考古学会
美安慶子　1996「細石刃の語るもの」『中ッ原第1遺跡G地点の研究』Ⅱ, 119-138頁　八ケ岳旧石器研究グループ
宮田栄二　1996「南九州における細石刃文化終末期の様相」『考古学の諸相』961-978頁　坂詰秀一先生還暦記念会
【め】
明治大学考古学研究室　1980『報告・野辺山シンポジウム1979』
明治大学考古学研究室　1981『報告・野辺山シンポジウム1980』
明治大学考古学研究室　1982『報告・野辺山シンポジウム1981』
明治大学月見野遺跡群調査団　1969『概報　月見野遺跡群』
メドベージェフ, V. E. 梶原洋訳　1994「ガーシヤ遺跡とロシアのアジア地区東部における土器出現の問題について」『環日本海地域の土器出現期の様相』9-20頁　雄山閣
【も】
望月明彦　1995「蛍光X線分析による出土黒曜石石器群の原産地同定」『山中城跡三ノ丸第1地点』374-379頁　三島市教育委員会

望月明彦　1998「中部地方・関東地方における長野県産黒曜石の流通」『長野県旧石器文化研究交流会発表資料』10, 94-99頁　長野県旧石器文化研究交流会
望月明彦　1999a「附編1　蛍光X線分析による吉岡遺跡群出土の黒曜石石器の産地推定」『吉岡遺跡群』Ⅸ, 251-287頁　神奈川　かながわ考古学財団
望月明彦　1999b「第4章　黒曜石産地推定報告」『越遺跡』49-54頁　開田村教育委員会
望月明彦　1999c「第2節　蛍光X線分析による上原遺跡第Ⅰ文化層出土の黒曜石の産地推定」『上原遺跡』283-297頁　函南町教育委員会
望月明彦　2000a「黒曜石の産地推定」『横針前久保遺跡』56-58頁　山梨県教育委員会
望月明彦　2000b「黒曜石山地推定報告」『武蔵国分寺跡調査報告―北西地域（多摩蘭坂遺跡）の調査―』4, 163-170頁　府中市教育委員会
望月明彦・天野風人　1997「傾向X線分析による横田遺跡出土の黒曜石製石器の産地推定」『埼玉考古』別冊5, 182-213頁　埼玉考古学会
望月明彦・堤　隆　1997「相模野台地の細石刃石器群の黒曜石利用に関する研究」『大和市史研究』23, 1-36頁　大和市役所
望月明彦・池谷信之・小林克次・武藤由里　1994「遺跡内における黒曜石製石器の原産地別分布について―沼津市土手上遺跡BBV層の原産地推定から―」『静岡県考古学研究』26, 64-71頁　静岡県考古学会
望月静雄（編）　1981『太子林・関沢遺跡』　飯山市教育委員会
望月静雄（編）　1989『小沼湯滝バイパス関係遺跡発掘調査報告Ⅰ―日焼遺跡―』　飯山市教育委員会
望月静雄（編）　1991『国営飯山農地開発関係遺跡発掘調査報告Ⅰ―新堤・トトノ池南―』　飯山市教育委員会
望月静雄（編）　1997『上野遺跡Ⅸ』　飯山市教育委員会
森嶋　稔　1974「一系列文化におけるグレイバー・テクニックの変遷」『信濃』25-4, 1-13頁　信濃史学会
森嶋　稔　1985「中部高地の楔形細石刃核」『信濃』37-11, 158-168頁　信濃史学会
森嶋　稔（編）　1993『長野県黒耀石原産地遺跡分布調査報告書（和田村・男女倉谷）』Ⅲ　和田村教育委員会
森嶋　稔（編）　1996『和田村の黒耀石をめぐる課題―原産地遺跡分布調査を終えて―』　和田村教育委員会

【や】

安田喜憲　1980『環境考古学事始』　NHKブックス
安田喜憲　1981「矢出川遺跡群の古環境復元報告⑴」『報告・野辺山シンポジウム1980』13-26頁　明治大学考古学研究室
安田喜憲　1982「矢出川遺跡群の古環境復元報告⑵」『報告・野辺山シンポジウム1980』50-60頁　明治大学考古学研究室
安田喜憲　1987「三沢遺跡低湿地部・泥土の花粉分析」『三沢遺跡』183-194頁　川上村教育委員会
八ケ岳団体研究グループ　2000『八ケ岳火山』　ほおずき書籍
簗瀬裕一　1985「乱馬堂遺跡におけるエンド・スクレイパーの属性分析」『考古学研究』31-4, 68-92頁　考古学研究会

柳又遺跡C地点発掘調査団　1993『柳又遺跡C地点』
山口卓也ほか　1991『板井寺ケ谷遺跡』　兵庫県教育委員会
山田晃弘　1984「彫刻刀形石器の製作技術」『考古学ジャーナル』229, 22-25頁　ニューサイエンス社
大和市教育委員会　1983『深見諏訪山遺跡』
大和市教育委員会　1984『一般国道二四六号（大和・厚木バイパス）地域内遺跡調査報告Ⅱ』
大和市教育委員会　1985a『一般国道二四六号（大和・厚木バイパス）地域内遺跡調査報告Ⅲ』
大和市教育委員会　1988a『月見野遺跡群上野遺跡第3地点』
大和市教育委員会　1988b『福田札ノ辻遺跡』
山中一郎　1975「彫器研究法」『史林』58-3, 1-26頁　史学研究会
山中一郎　1976「掻器研究法」『史林』59-5, 119-159頁　史学研究会
山中一郎　1982「荒屋遺跡出土の彫器—型式学的彫器研究の試み—」『考古学論考』5-40頁　平凡社
山内清男　1964「日本先史時代概説」『日本原始美術1縄文土器』135-158頁　講談社
山原敏朗　1997「彫器の形態・技術・機能—暁遺跡における2種類の彫器の分析視点から—」『先史考古学論集』6, 1-30頁
山本　薫　1989「縄文時代の石器製作における石材の利用について」『筑波大学先史学・考古学研究』1, 45-96頁　筑波大学歴史・人類学系
山本祐弘　1943『樺太原始民族の生活』　アルス
山本祐弘　1970『樺太アイヌ・住居と民族』　相模書房
山本祐弘ほか　1979『樺太自然民族の生活』　相模書房
矢本節朗（編）　1996『多古町千田台遺跡』　千葉県文化財センター
【ゆ】
由井一昭・堤　隆　1985「長野県南佐久郡川上村柏垂遺跡採集の細石刃石核」『古代文化』37-6, 39-43頁　古代學協会
由井一昭・堤　隆　1999「矢出川遺跡の細石刃石器群と黒曜石原産地」『佐久考古通信』76, 8-11頁　佐久考古学会
由井茂也　2005「裾野の考古学—馬場平遺跡から学んだこと—」『佐久考古通信—由井茂也顧問追悼号—』94・95合併号, 19-20頁　佐久考古学会
由井茂也・吉沢　靖・堤　隆　1990「信濃野辺山原の細石刃文化」『古代文化』42-11, 1-18頁　古代學協会
【よ】
横山英介・吉崎昌一　1974『祝梅三角山地点—北海道千歳市祝梅における旧石器時代遺跡の調査—』　千歳市教育委員会
横山祐平（編）　1992『大平山元Ⅱ遺跡発掘調査報告書』　蟹田町教育委員会
吉井雅勇　1991「中ッ原第5遺跡B地点における細石刃剥離技術について」『中ッ原第5遺跡B地点の研究』127-138頁　八ケ岳旧石器研究グループ
吉崎昌一　1959「札滑遺跡—北海道におけるSmall-Blade Industryの発見」『北海道学芸大学考古学研究会連絡紙』18, 84-88頁　北海道学芸大学考古学研究会

吉崎昌一　1961「白滝遺跡と北海道の無土器文化」『民族学研究』26-1, 13-23頁　民族学研究会
吉澤　靖　1995「中ッ原1G地点における細石刃剥離技術について」『中ッ原第1遺跡G地点の研究』Ⅰ, 89-95頁　八ケ岳旧石器研究グループ
吉澤　靖　2000「中ッ原第1遺跡C地点のナイフ形石器と黒曜石原産地」『MICROBLADE』1, 54-60頁　八ケ岳旧石器研究グループ
吉田政行　1996「剥片折断技術の実験的方法による一考察」『中ッ原第1遺跡G地点の研究』Ⅱ, 158-173頁　八ケ岳旧石器研究グループ
四柳嘉章　1983「サケ・マス」『縄文文化の研究』2, 211-224頁　雄山閣
【ら】
ラウス, アービング　鈴木公雄訳　1974『先史学の基礎理論』　雄山閣
【わ】
渡辺丈彦　1995「1　お仲間林遺跡における頁岩の入手と利用」『お仲間林遺跡の研究—1992年発掘調査—』108-117頁　慶應義塾大学文学部民族学考古学研究室
渡辺　仁　1963「アイヌのナワバリとしてのサケの産卵区域」『民族学ノート—岡正雄教授還暦記念論文集』278-297頁　平凡社
渡辺　仁　1977「アイヌの生態系」『生態—人類学講座12』387-405頁　雄山閣
渡辺　誠　1967「日本石器時代文化における「サケ・マス論」の問題点」『古代文化』18-2, 33-36頁　古代學協会
綿貫俊一・堤　隆　1987「荒屋遺跡の細石刃文化資料」『長野県考古学会誌』54, 1-20頁　長野県考古学会
藁科哲男　1992「神奈川県下遺跡出土の黒曜石製遺物の石材産地分析（向原、金沢文庫、代官山、寺尾、早川天神森、新戸、田名稲荷山、栗原中丸遺跡）」『向原遺跡Ⅱ　県企業庁平塚配水池建設に伴う平塚市上吉沢所在遺跡の調査』150-156頁　神奈川県立埋蔵文化財センター
藁科哲男　1995「石器原材の産地分析」『新しい研究法は考古学になにをもたらしたか』（全面改訂版）275-285頁　クバプロ
藁科哲男　1996「野辺山出土旧石器の石材産地分析」『中ッ原第1遺跡G地点の研究』Ⅱ, 95-106頁　八ケ岳旧石器研究グループ
藁科哲男・東村武信　1995「中ッ原遺跡群出土石器の石材産地分析」『中ッ原第1遺跡G地点の研究』Ⅰ, 101-110頁　八ケ岳旧石器研究グループ
藁科哲男・東村武信　1996「南・馬場・サザランケ遺跡出土の黒曜石製遺物の石材産地分析」『宮ケ瀬遺跡群Ⅵ』403-411頁　かながわ考古学財団
【A】
Абрамова, З. А. 1979　*Палеолит Енисея-Кокоревская культура.* Новосибирск
【B】
Bahn, P. 1977　Seasonal migration in Southwestern France during the Late Glacial Period. *Journal of Anthropological Science* 4 : 245-257.
Bahn, P. 1983　Late Pleistocene economies of the French Pyrenees. In *Hunter-Gatherer Economy in Prehistory: A European Perspective*: 168-186 Cambridge University Press.

Bamforth, B. 1985 The technological organization of Paleo-Indian small group bison hunting on the Llano Estacado. *Plains Anthropologist* 109:243-258.

Bang-Andersen, S. 1996 Coast/inland relations in the Mesolithic of southern Norway. *World Archaeology* 27 : 427-444.

Best, C. 1925 *The Maori.* Volume2. Memoris of the Polynesian Socity 5.

Binford, L. R. 1968 Archaeological Perspective. In *New Perspective in Archaeology,* Aldine, : 313-341

Binford, L. R. 1979 Organization and formation processes, looking at curated technologies. *Journal of Anthropological Research* 35:255-273.

Binford, L. R. 1980 Willow smoke and dog's tails. *American Antiquity* 32:4-20.

Bogoras, W. 1904-1909 The Chukchee:The Jesup North Pacific Expedition 7, *Memoirs of the American Museum of Natural History.*

【C】

Cann, J. R. and C. Renfrew, 1964 The Characterization of obsidian and its application to the Mediterranean Region. *Proceedings of prehistoric Society* 30:111-133.

Childe, V. G. 1954 *What happened in history.* Penguin Books.

Clark, J. G. D. 1954 *Excavation at Star Carr:An Early Mesolithic site at Seamer near Scarborough, Yorkshir.* Cambridge University Press.

Clark, J. G. D. 1972 *Star Carr : A case study in Bio-Archaeology.* Reading Addison Wesley Modular Publication 10.

【D】

Dyson-hudson, R. and E. A. Smith 1978 Human territoriality : An ecological reassessment. *American Anthropologist* 80:21-40.

【E】

Ericson, J. E. 1977 Egalitarian Exchange systems in California. *A Preliminary View Exchange systems in Prehistory*:109-126.

【F】

Flannery, K. V. 1968 Archeological systems theory Mesoamerica. In *Anthropological Archeology in the Americas*:112-123.

Frison, G. 1968 A functional analysis of certain chipped stone tools. *American Antiquity* 32:149-155.

【H】

Hatt, G. and K. Taylor 1969 Arctic skin clothing in Eurasia and America. :an ethnographic study. *Arctic Anthropology* 5:3-132.

Hayden, B. 1977 *Lithic Use-Wear Analysis*. Academic Press.

Hayden, B. 1990 The right rub:hide working in high ranking households. *The Interpretative Possibilities of Microwear studies*:89-102. Uppsala, Sweden.

Hayden, B. 1993 Investigating status with hideworking use-wear:a preliminary assessment. *Traces et function*:119-130. ERAUL.

Hodder, I. 1974 Regression analysis of stone trade and marketing pattern. *World Archaeology* 6:172-189.

Hodder, I. 1986 *Reading the Past.* :Second edition. Cambridge University Press.

【I】

Irimoto, T. 1981 Chipewyan Ecology. Group Structure and Caribou Hunting System. *Senri Ethnological Studies* 8, National Museum of Ethnology.

【J】

Jochelson, W. 1926 The Yukaghir and Yukaghirized Tunngus: The Jesup North Pacific Expedition 9. *Memoirs of the American Museum of Natural History*:18-23.

Jochim, M. A. 1979 Catches and caches: ethnographic alternatives for prehistory. *Ethnoarchaelogy*:219-246. Columbia University Press.

【K】

Keeley, L. H. 1980 *Experimental Determination of Stone Tool Uses.* University of Chicago Press.

Kooros, H. S. 1972 Primitive bone fracturing:A method of research. *American Antiquity* 373:53-68.

【L】

Legge, A. J. and P. A. Rowley-Conwy 1988 Star Carr Revisited: A Re-analysis of the Large Mammals. *Center for Extra-Mural Studies, Birkbeck College*:82-98. University of London.

【M】

Mellars, P. A. 1985 The ecological basis of social complexity in the Upper Paleolithic of Southwestern France. *Prehistoric Hunter-Gatherers*:271-297. Academic Press.

Miles, C. 1986 *Indian & Eskimo Artifacts of North America.* American Legacy Press.

Morlan, R. E. 1967 The Preceramic Period of Hokkaido. *Arctic Anthropology* 4:146-220.

Moss, E. H. and M. Newcomer 1982 Reconstruction of tool use at Pincevent:microwear and experiments:289-312.

【N】

Newcomer, M. 1975 "Punch techniqe" and Upper Palaeolithic blades. *Lithic technology*:97-102.

【O】

Obata, H. 1993 Grooved bone shafts with microblades in the Siberian Paleolithic and Mesolithic.「北太平洋の考古学」発表要旨　ロシア科学アカデミー極東国立歴史考古民族学研究所

Ohnuma, K. and C. Bergman 1982 Experimental studies in the determination of flaking mode. *Bulletin of the institute of Archaeology* 19:161-170 University of London.

【P】

Price, P. B. and R. M. Walker 1963 Fossil tracks of charged particles in mica and the age of minerals. *J. Geophys. Res.* 68:4847-4862

【R】

Reimer, PJ ; Baillie, MGL ; Bard, E ; Bayliss, A ; Beck, JW ; Blackwell, PG ; Bronk Ramsey, C ; Buck, CE ; Burr, GS ; Edwards, RL ; Friedrich, M ; Grootes, PM ; Guilderson, TP ; Hajdas, I ; Heaton, TJ ; Hogg, AG ; Hughen, KA ; Kaiser, KF ; Kromer, B ; McCormac, FG ; Manning, SW ; Reimer, RW ; Richards, DA ; Southon, JR ; Talamo, S ; Turney, CSM ; van der Plicht, J and;C. E. Weyhenmeyer 2009 IntCal09 and Marine09 Radiocarbon Age Calibration Curves, 0-50, 000 Years cal BP. *Radiocarbon* 51:1111-1150.

Renfrew, C. 1975　Trade as Action at a Distance. Questions of Integration and Communication. *Ancient Civilization and Trade:* 3-59.

【S】

Sagawa, M. 1990　Some characters of composite tools set with blades and microblades in the Neolithic China.（英文）『伊東信雄先生追悼考古学古代史論功』

Sakaguchi, Y. 1978　Climatic changes in central Japan since 38400yBP. *Bulletin of the Department of Geography University of Tokyo* 10:1-10　.

Sato, H., and T. Tsutsumi, 2007　The Japanese microblade industries: Technology, raw material procurement, and adaptations. In *Origin and Spread of Microblade Technology in Northern Asia and North America*:53-78. Archaeology Press, Department of Archaeology, Simon Fraser University.

Semenov, S. A. 1964　*Prehistoric Technology*. CORY, ADAMS & MAKAY.

Sidrys, R. 1976　Classic Maya Trade. *American Antiquity* 41:449-464.

Steward, J. H. 1956　Cultural　evolution. *Scientific American* 194:69-80.

Stewart, H. 1977　*Indian Fishing:Early Methods on the Northwest Coast*. University of Washington Press.

Stuiver, M., Grootes, M. and F. Braziunas, 1995　The GISP2 δ18O climate record of the past 16500 years and the role of the sun, ocean and volcanoes. *Quarternary Research* 44:341-354.

Sturdy, D. A. 1975　Some reindeer economies in prehistoric Europe. In *Paleoeconomy*: 55-95. Cambridge University Press, Cambridge.

Suzuki, M. 1973　Chronology of Prehistoric Human Activity in Kanto, Japan. PRAT I . Framework for Reconstructing Prehistoric Human Activity in Obsidian. *Journal of the Facutly of Science, University of Tokyo* Ⅳ-3:241-318.

Suzuki, M. 1974　Chronology of Prehistoric Human Activity in Kanto, Japan. PRAT Ⅱ. Time-space analysis of obsidian. *Journal of the Faculty of Science , University of Tokyo* Ⅳ-4:395-469.

【T】

Tada, R. 1999　Late Quaternary paleoceanography of the Japan Sea: an update. *The Quaternary Research* 38:216-222

Tomas, E. M. 1959　*The Harmless People*. Alfred A. Knopf.

Tsutsumi, T. 2004　Regionale Unterschiede im Jungplaolithikum, *Zeit der Morgenröte*: *Japans archäologie und geschte biz zu den ersten kaisern*:61-66 Reiss-

Engelhorn-Museen, Germany.
Tsutsumi, T. 2007 The dynamics of obsidian use by the microblade industries of the terminal Late Palaeolithic. *The Quaternary Research* 46:179-186
【V】
Vaughan, P. C. 1985 The burin-blow technique:creator or eliminator? *Journal of Field Archaeology* 12:488-496.
Vita-Finzi, C. and E. S. Higgs 1970 Prehistoric economy in the Mount Carmel Area of Palestine:Site catchment analysis. *Proceedings of the Prehistoric Society* 36:1-37.
【W】
Wiessner, P. 1982 Beyond willow smoke and dog's tails. a comment on Binford's analysis of hunter-gatherer settlement systems. *American Antiquity* 47:171-178.
【Y】
Yellen, J. E. 1976 Settlement patterns of the !Kung. In *Kalahari Hunter-gatherer*:47-72. Harvard University Press.
Yellen, J. E. 1977 *Archaeological Approaches to the Present*. Academic Press.

Adaptive Strategies of the Microblade Hunters in the Last Glacial

Takashi Tsutsumi

1. Research goals

The goal of the present research is to understand the adaptive strategies of hunter-gatherers using microblade technology during the Late Glacial. I have addressed the following issues: distributions of sites with microblade assemblages in the Japanese archipelago and regional population density, spatiotemporal variability in microblade assemblages in the central regions of the archipelago, tool components of microblade assemblages and their functional analysis, environmental fluctuations and subsistence during the Microblade Period in the Late Glacial, structure in the procurement and consumption of lithic materials, and settlement systems.

Altogether 1,792 sites have yielded microblade assemblages in the Japanese archipelago. In Hokkaido, the microblade industry lasted for approximately 10,000 years between 25,000 and 14,000 cal. B.P. In Honshu, the microblade industry started to appear around 20,000 cal. B.P. and ended at 15,000 cal. B.P. In Kyushu, the microblade industry appeared around 20,000 B.P. or slightly earlier, and disappeared at 13,000 cal. B.P. The early appearance of the microblade industry in Hokkaido presumably was because of an earlier diffusion of microblade technology originating in Siberia. When the microblade industry ended, the Jomon Period started.

2. Human population dynamics and regional variability during the Microblade Period

Sites yielding microblades in the Japanese archipelago are not evenly distributed, but rather tend to cluster in four regions: eastern Hokkaido, central Honshu, northern Kyushu, and southern Kyushu (Fig. 1). These four regions are where food resources (plants and animals) and good lithic raw materials for stone tools could be exploited most efficiently; these are the regions of Japan with the greatest carrying capacities. On the other hand, the Pacific region of Tohoku, the Hokuriku District, the San'in District, the Kinki region (especially the area around Mt. Nijosan), and the Pacific side of Shikoku Island do not have many sites with microblades, suggesting that population density in these regions was low. Presumably, these regions were not often exploited because high-quality lithic raw materials such as obsidian were not locally available.

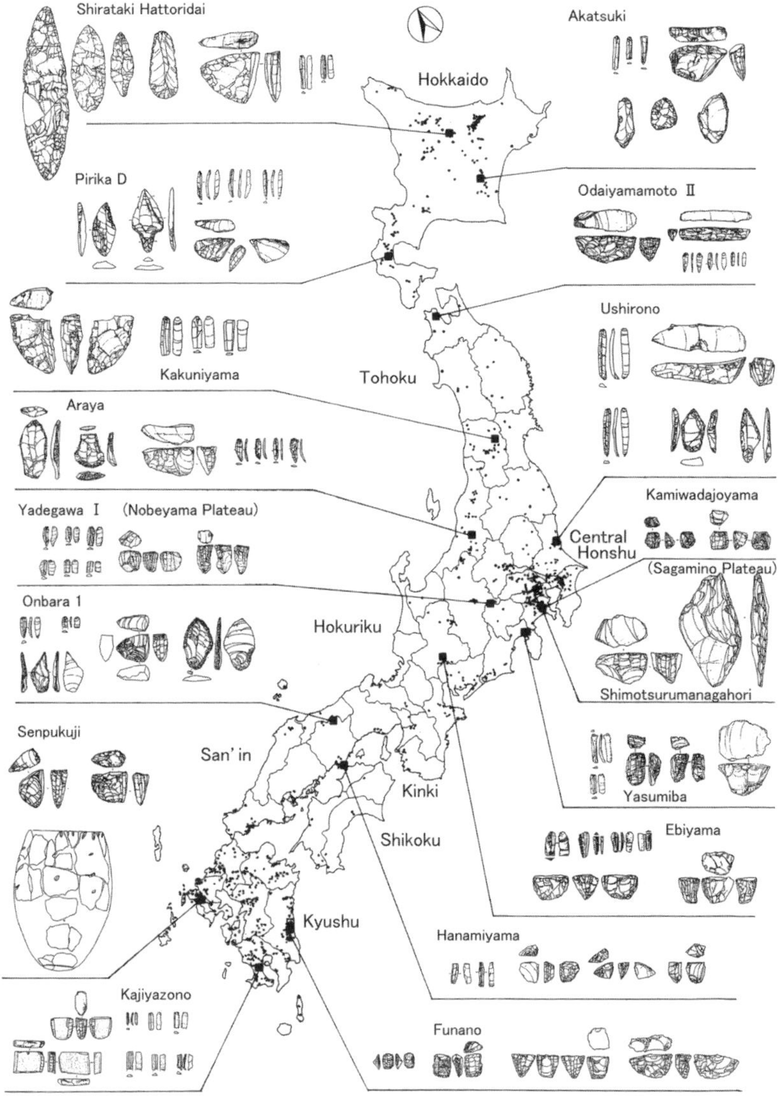

Fig. 1. Distribution of the Late Glacial sites with microblade assemblages in the Japanese archipelago.

The Sagamino Plateau on the Pacific coast of central Japan has thick loam deposits, allowing separation of the microblade industry into four geochronological stages. The first and second stages have microblade assemblages characterized by conical microblade cores, the third stage has microblade assemblages characterized by boat-shaped microblade cores, and the fourth stage has microblade assemblages characterized by wedge-shaped microblade cores found with the oldest pottery. Non-local obsidian procured from sources more than 100 km away from the sites was commonly used during the first and second stages. In constrast, locally available lithic materials such as tuff were commonly used during the third and fourth stages. More than 40 sites attributed to the Microblade Period have been identified on the Sagamino Plateau, but these sites do not have any evidence of multiple occupations during this period. This implies that hunter-gatherers during the Microblade Period employed a mobility strategy that rarely reoccupied the same location. Because site size in this period is generally small, the size of foraging groups also was likely small, probably one to a few family units. The mobility strategy inferred from the observed settlement patterns was likely to be adapted to unpredictable resources, such as targeting deer that inhabited the forest environment.

In the mountain region on the Nobeyama Plateau in the central mountains of Japan, where altitude exceeds 1,300 m above the present sea level, microblade assemblages characterized by conical microblade cores appeared in the Yadegawa sites during the earlier stage, and microblade assemblages characterized by wedge-shaped microblade cores appeared in the Nakappara sites during the later stage. Given an assumption that mean annual temperature during Oxygen Isotope Stage 2 was 5°C lower than the present temperature, the environment on the Nobeyama Plateau during the Microblade Period would have been roughly similar to that presently at an altitude higher than 2,000 m above the present sea level. Under this climatic condition, hunters using microblades could not have lived on the Nobeyama Plateau during winters, and they would have seasonally moved to the lower plains on the Pacific side of the archipelago, plains such as the Sagamino Plateau.

3. Various tools and their functions in the microblade assemblages

The microblades that appeared in the terminal Upper Paleolithic were designed to be light and small to minimize the amount of raw material consumed (microblades have more than ten times longer working edges than those of the knife-shaped tools and points per unit of weight). Microblades were often snapped (segmented) and slotted into shafts. The Wedge-shaped Microblade industry in eastern Japan has often yielded Araya-type burins. The blanks of Araya-type burins are flakes produced during the preparation of a microblade core, products of the bifacial reduction process. Based on use-wear analysis of samples from the Shirakusa site, Saitama Prefecture, the Araya-type burins served for scraping bones and antlers by moving their abruptly faceted edges. The proposed function is different from the general idea that the burins were used for engraving grooves into shafts by the using tips of burins. Since hunter-gatherers using the wedge-shaped microblade cores employed riverine fishing, the Araya-type burins were critical to manufacturing bone harpoons.

4. Environmental fluctuations and subsistence dynamics during the terminal Late Glacial

What survival strategies did people undertake in response to environmental fluctuations during the Late Glacial? Based on the results of use-wear analysis, endscrapers were specialized tools used for hide scraping. The use of endscrapers to process hides was a technological adaptation during the cold environment in the Upper Paleolithic at least since the beginning of the Late Glacial. A notable observation based on geographic distribution of endscrapers during the Microblade Period in Japan is that the higher the latitude the more endscrapers in the assemblages. This suggests that adaptation to a cold environment was achieved through preparation of skin-hide clothes.

The microblade assemblages on the Sagamino Plateau have yielded numerous chopping tools that served for felling trees and processing wood. I think that use of chopping tools is an indicator of a pre-adaptation to the emergent Jomon-type lifeways in which forest resources were actively exploited through an intensive use of stone axes. A functional shift represented by a change from the expedient use of chopping tools to the curated use of stone axes likely suggests the cultural transition to Jomon.

There have been debates on the employment of fishing by Upper Paleolithic hunter-gatherers in the Japanese archipelago. I think that these hunter-gatherers employed riverine fishing as a requisite technology to exploit various food resources as part of a major change in prey choices from large mammals to small and midium sized mammals. This change occurred at the middle of the Upper Paleolithic. Especially, hunters using microblades in eastern Japan started to exploit the salmon that were a readily available and predictable staple. This is supported by the observation that microblade sites in eastern Japan are located in and around the confluences of rivers where salmon lay eggs. Contrary to eastern Japan, hunter-gatherers in southern Kyushu at the southern end of the Japanese archipelago actively exploited nuts in the temperate forests there, and also dug pit-traps during the terminal Late Glacial.

5. Procurement and consumption of lithic materials

Among more than 40 microblade assemblages excavated from sites on the Sagamino Plateau (Fig. 2-5), about 30 assemblages have obsidian. A total of 2,829 obsidian artifacts from ten obsidian microblade assemblages were provided for source analysis, in collaboration with Akihiko Mochizuki. The results showed that obsidian was brought from the Wada Pass/Yatsugatake, Amagi/Hakone, and Kozushima sources. Some assemblages contained obsidian from only one source, but other assemblages contained obsidian from more than one source. However, obsidian artifacts from the Wada Pass/Yatsugatake and Kozushima sources have not been identified in the same assemblage. The former source is located in the interior mountainous region and the latter source is on an island off the coast of the Sagamino Plateau. The lack of association of these two sources suggests that they were brought into the sites in different seasons.

Obsidian, chert, and quartz are found in the Paleolithic sites on the Nobeyama Plateau in the interior mountainous region, and the sources are all located within 20 km of the sites. However, microblades are nearly exclusively made from obsidian. This raw material use shows that batch-processing of microblades manufactured by the pressure flaking technique was supported by use of high quality obsidian. In contrast, stone tools other than microblades were often made with materials other than obsidian, implying that lithic materials were selected depending on functional differences in the stone tools. In addition, the obsidian artifacts sampled from the Yadegawa site on the Nobeyama Plateau (Figs. 2-3) were made not only from the Wada Pass and Yatsugatake sources, but, unlike on the Sagamino Plateau, 157 of the artifacts (35% of the total) were made of obsidian from the Kozushima source, which is 200 km away from the site. This implies that obsidian was actively supplied from remote sources and even transported over the ocean.

6. Settlement system

Lithic use-wear analysis done by myself supports the idea that endscrapers were hide-scraping tools. In addition, endscrapers tend to be clustered within the sites. Ethnographic records show that hide-scraping processes, consisting of hide stripping, fat removal, drying, extension, scraping,

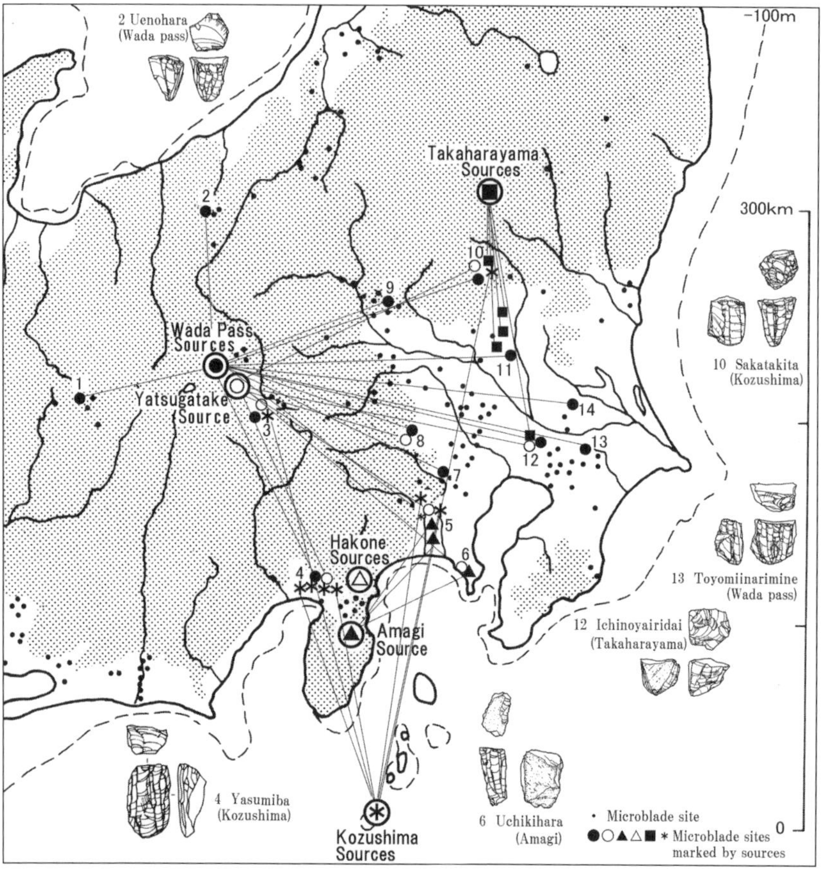

1:Koshi 2:Uenohara 3:Yadegawa (Nobeyama Plateau)
4:Yasumiba (Mt.Hakone Mt.Ashitaka Foothills) 5:Sagamino Plateau 6:Uchikihara
7:Tamaranzaka 8:Yokota 9:Ichinosekimaeda 10:Sakatakita 11:Teranohigashi
12:Ichinoyairidai 13:Toyomiinarimine 14:Shimanakumanoyama

Fig. 2. Sites-sources relations among the Conical Microbladecore Industry

drying, softening, and tanning, take place along a chain of systematic activities and, therefore, hide preparation activities are isolated from the other daily tasks. Spatial isolation of endscrapers in Upper Paleolithic sites could have represented functional segregation of space use and elaboration of hide preparation activities in a settlement.

Results of obsidian sourcing analyses of the microblade industry in the central part of the Japanese archipelago show that obsidian was circulated across an extensive area extending 100 km to 200 km in distance. Within this area, the distributional zones of the Wada Pass/Yatsugatake, Kozushima and Amagi/Hakone obsidian sources overlapped (Fig. 2). It is plausible that several mobile groups traveled across these distributional zones. The southern Kanto Plain, which includes the Sagamino Plateau and Musashino Plateau, seems to have included multiple small groups consisting of one to a few families. Among them, there would have been groups who travelled to interior mountainous areas during summers, where they set seasonal camps to hunt prey that inhabited the high plateau there, and also would have procured obsidian at the Wada Pass/Yatsugatake source. I think that these travelers were pushed by increased inaccessibility to the lithic sources in the mountains by the winter snow and ice and would then moved from the high plateau, together with migrations of prey species, to the plateaus on the plain. In contrast, hunter-gatherers who foraged in and around the Hakone and Ashitaka area (Figs. 2-4) sent logistic parties to procure obsidian from Kozushima island in the Pacific.

The distribution of obsidian in the present study reflects the settlement pattern of hunter-gatherers using microblades, and likely represents the Paleolithic social system for the supply and demand of resources.

本書の論文構成

本書は、堤が國學院大學へ2001年9月に学位授与を申請し、2002年3月18日に博士（歴史学）の学位の授与となった論文「最終氷期末の細石刃石器群とその適応戦略」を改訂したものである。改訂にあたっては、個々の原著論文の論旨を変更することなく、修正を最小限にとどめた。

本書の構成は、國學院大學大学院博士課程後期在籍時の3年間で書き下ろした論文と、それ以前の執筆論文からなる。大学院在籍時の研究成果となる論文は（大学院論文）、以前のものは（既出論文）として示し、学術誌に発表されたものは出典を以下に明記しておく。

序　章　細石刃石器群研究の射程

学位論文の全体構成にあわせ、大学院時に執筆したものを、今般改稿。

第1章　細石刃石器群の展開

1　日本列島における細石刃石器群の広がり（既出論文）

堤　　隆　1993b「日本の細石刃文化遺跡と細石刃文化資料」『シンポジウム　細石刃文化研究の新たなる展開』311-318頁　八ケ岳旧石器研究グループ　を今般改稿。

2　相模野台地の細石刃石器群（大学院論文）

堤　　隆　1987「相模野台地の細石刃石核」『大和市史研究』13, 1-43頁　大和市役所

堤　　隆　1991a「相模野細石刃文化における石器装備の構造」『大和市史研究』17, 1-32頁　大和市役所　この2つの論文をもとに新規執筆。

3　野辺山高原の細石刃石器群（既出論文）

堤　　隆　1991c「野辺山原における細石刃文化の様相」『中ッ原第5遺跡B地点の研究』161-174頁　八ケ岳旧石器研究グループ　を今般改稿。

第2章　細石刃石器群の形態と機能

1　細石刃の機能（既出論文）

堤　　隆 1994a「細石刃はどのように使われたか？」『大和市史研究』20, 1-29頁　大和市役所　を今般改稿。

2　荒屋型彫刻刀形石器の形態と技術（既出論文）

綿貫俊一・堤　　隆 1987「荒屋遺跡の細石刃文化資料」『長野県考古学会誌』54, 1-20頁 長野県考古学会　を今般改稿。

3　荒屋型彫刻刀形石器の機能推定（既出論文）

堤　　隆 1997b「荒屋型彫刻刀形石器の機能推定—埼玉県白草遺跡の石器使用痕分析から—」『旧石器考古学』54, 17-35頁　旧石器文化談話会　を今般改稿。

第3章　環境変動と生業動態

1　掻器の機能と寒冷適応としての皮革利用システム（大学院論文）

堤　　隆 2000a「掻器の機能と寒冷適応としての皮革利用システム」『考古学研究』47-2, 66-84頁　考古学研究会　を今般改稿。

2　終末へと向かう氷期と礫器使用行動の意味（既出論文）

堤　　隆 1997c「更新世末期における礫器使用行動の意味」『長野県考古学会誌』82, 29-41頁　長野県考古学会　を今般改稿。

3　内水面漁撈の導入をめぐる作業仮説（大学院論文）

堤　　隆 2005b「最終氷期末における内水面漁撈の導入をめぐって」『食糧獲得社会の考古学—現代の考古学2—』50-71 頁　朝倉書店（出版は大学院修了後）　を今般改稿。

第4章　石材資源の獲得と消費の構造

1　相模野台地の細石刃石器群における黒曜石利用の動態（既出論文）

望月明彦・堤　　隆 1997「相模野台地の細石刃石器群の黒曜石利用に関する研究」『大和市史研究』23, 1-36頁　大和市役所　のうち堤の執筆部分を今般改稿し再録。

2　八ケ岳東麓における石材環境と旧石器時代の石材利用（既出論文）

堤　　隆・吉田政行 1996「八ケ岳東麓における石材環境と旧石器時代の石材利用」『中ッ原第1遺跡G地点の研究』II, 228-252頁　八ケ岳旧石器研究グループ　のうち堤の執筆部分を今般改稿し再録。

3　削片系細石刃石器群をめぐる技術的組織の異相（既出論文）

堤　　隆　1996c「削片系細石刃石器群をめぐる技術的組織の異相―中ッ原細石刃石器群を中心として」『古代』102, 36-61頁　早稲田大学考古学会　を今般改稿。

第5章　場の機能とセトルメントシステム

1　皮鞣しの場　（大学院論文）

堤　　隆　2000c「皮鞣しの場」『MICROBLADE』創刊号, 1-16頁　八ケ岳旧石器研究グループ　を今般改稿。

2　細石刃石器群における石材需給とセトルメントシステム（大学院論文）

堤　　隆　2003「細石刃石器群の石材需給とセトルメントシステム」『日本の細石刃文化』II, 152-170頁　八ケ岳旧石器研究グループ（出版は大学院修了後）を今般改稿。

結　語　最終氷期の細石刃石器群とその適応戦略

学位論文の全体構成にあわせ、大学院時に執筆したものを今般改稿。

あとがき

「高邁な理想を追求せず、日々の雑務に専念せよ」在野の旧石器考古学者である森嶋稔は日頃このようなことを言っていた。就職して15年、文字通り日常に埋没していた私は、進まない旧石器研究に苛立ちながら、森嶋の言葉の真意をはかりかねていた。

電話が鳴ったのはそんな時だった。

「國學院大學大学院に社会人入学制度が新設される。挑戦してみないか。」

小林達雄先生の声だった。学部卒業後、家庭の諸事情から郷里の教育委員会に就職しながらも、大学院進学の夢を捨てきれないでいた私が、「ぜひ受けさせてください」と即座に答えたのはいうまでもない。

渋谷という街は、不惑の年を目の前にした男にはいささか刺激的すぎたが、文化財保護の仕事の合間、年休を得て長野新幹線に揺られ、國學院の門をくぐるとなぜか学生の気分になって日々の煩雑さから解放された。博士課程後期のテーマは迷うことなく、学部時代から追い続けている細石刃石器群研究を選んだ。そのお導きがなければ、悶々とする日々が続いていただろう。

小林達雄先生の学恩にまず感謝を申し上げたい。

本書は、2002年に國學院大學より博士（歴史学）を授与された学位論文「最終氷期末の細石刃石器群とその適応戦略」を改題したものである。小林達雄先生が主査、加藤晋平・藤本強先生が副査として論文を審査いただいた。先史考古学のフロンティアである三人の先生のご審査を得られたことは、旧石器研究を志すものとしてこの上ない名誉であった。学位授与式が3月18日、一転して翌19日には横浜の病院の長椅子で長男耀の誕生を待ち続けた。そして翌2003年春、現在奉職する浅間縄文ミュージアムが開館、めまぐるしい日々だったが人生の中で最良の季節であったのだろう。

*　　　　*　　　　*

私の旧石器研究の原点は、野辺山高原にある。

息をのむほどの八ケ岳の美しさ、ハシバミの群落と身を洗う清涼な空気、手を伸ばすと届きそうな星空。小海線に揺られ来て、初めて矢出川遺跡に立った中学２年の春、小さな細石刃石核を畑の中に見出した。運命だったのか、なぜかこの小さな石器に魅せられ続け、人生の半ばを費やした自分が滑稽に思えることさえある。

1980年から２年間、学部１・２年の時代には、明治大学の矢出川遺跡群総合調査があり、戸沢充則先生に参加を許されて、野辺山高原の大地を歩き、赤土にシャベルを入れた。由井茂也という地域研究の先達、須藤隆司、大竹憲昭の同志と巡り合えたのもこの調査がきっかけである。フィールドと向き合う考古学の姿勢と石器研究の精緻さを教わり、いつも変わらずに見守っていただいている戸沢充則先生への尊敬は尽きない。

大学生活の後半は、やはり同志である諏訪間順とともに相模野通いに明け暮れた。座間市栗原中丸遺跡の発掘、中村喜代重先生が指揮を執った海老名市柏ケ谷長ヲサ遺跡の調査、大和市上草柳遺跡群や下鶴間長堀遺跡の報告書作成、ことに美しいプロポーションを見せる下鶴間長堀遺跡の舟底形細石刃石核は、私に石器実測の喜びを与えてくれた。

＊　　　＊　　　＊

20代の末、研究に転機が訪れた。野辺山高原の中ッ原地籍で矢出川とは異なった細石刃石器群が存在することを吉澤靖に示唆され、自らの手でどうしてもそれを確かめたくて1990年に八ケ岳旧石器研究グループを結成、中ッ原5B地点とされる遺跡の発掘調査に臨むことになった。まったく資金もないままの無謀な調査であったが、幸運にも北方系細石刃石器群が姿を現した。野辺山の赤土の中から荒屋型彫刻刀形石器が顔を出したあの時の感動は忘れることができない。1994年、95年にはそこから500m離れた1G地点を若い学生諸君と掘り、国内では事例が少ない両者の遺跡間石器接合が実現して夢を見るような思いだった。中ッ原の研究報告3冊は印刷所に借金をして作り、研究会のたびに重い段ボールを抱えて回ったが、当時は報告書がよく売れた時代で、なんとか印刷費を支払えたことで胸をなでおろした。

八ケ岳旧石器研究グループのもう一つの仕事として、矢出川以来の日本列島の細石刃石器群研究の集成を掲げた。1993年にはシンポジウム「細石刃文化研究の新たなる展開」を、2003年には日本における細石刃遺跡発見50周年の記念シンポジウム「日本の細石刃文化」を開催した。このとき交わした多くの旧石器研究者との議論が、本書の基底をなしている。結成当時、八ケ岳旧石器研究グループは、旧石器研究グループなどと冷やかされたが、知らぬ間に20年という歳月が過ぎた。

＊　　　＊　　　＊

書くという行為は、自らの認識の拙さを露呈することだと知りつつも、活字化し批判されることで、私は多くを学んできたのは確かである。近年では、2009年に入門書である『旧石器時代ガイドブック』（新泉社）を、本年5月には概説書『列島の考古学 旧石器時代』（河出書房新社）を出版することができ、稚拙な旧石器時代観を綴った。

だがしかし、公開の原則は知りつつも、本学位論文だけは機を逸し封印が解かれぬままとなっていた。やがて10年が過ぎようとしているが、小野昭先生のあたたかい言葉が背中を押してくださり、雄山閣羽佐田真一さんのご配慮によって、ひとつの研究の区切りとして本学位論文を上梓することにした。むろん遅れた時計を元に戻すことが出来ないのはわかっている。

細石刃研究を続けてきた30年間のなかで、思えば多くの方にお世話になった。上記でお名前を上げさせていただいた諸先生・知友のほか、東海大学では鶴丸俊明、織笠昭先生に石器研究の方法を、東京大学の佐藤宏之、安斎正人先生には本郷での研究会を通じ新しい考古学とは何かを学ばせていただいた。また、国立歴史民俗博物館の春成秀爾名誉教授、同館工藤雄一郎、熊本大学の小畑弘己、千葉県教育振興財団の橋本勝雄、黒曜石産地分析の望月明彦先生には様々なご教導をいただき、同僚の小山岳夫、鳥居亮さんには仕事を常にフォローしてもらっている。本書の英文要旨では中沢祐一、チャールズ・キーリ先生にお世話になった。なお、多分に洩れず私の考古学行為が家族に迷惑をかけていることを詫びなければならないが、ならばまずは本書を考古学への針路を許容してくれた父、堤金治に呈すことをお許しいただければと思う。

東日本大震災による喪失のなかで、石器研究とはどのような意味を持つのか、私には見えなくなった。そういえば同様な虚無感は、捏造事件の時にも圧しかかってきた。考古学とは何か、私は細石刃という小さな石器を通じ、このことを問い続けるしかあるまい。

2011年8月28日

八ケ岳を望む信州の寓居にて

堤　隆

索　引

348～353頁：事項索引／353～356頁：遺跡名索引／356～357頁：人名索引

事　項

【あ～お】

【か～こ】

【さ～そ】

【た～と】

遺　跡　名

【さ～そ】

【た～と】

人　名

著者紹介

堤　　隆（つつみ　たかし）

1962年、長野県佐久市生まれ。國學院大學大学院博士課程後期修了。
博士（歴史学）。
現在、浅間縄文ミュージアム主任学芸員、八ケ岳旧石器研究グループ代表、明治大学黒耀石研究センター研究員。
第13回藤森栄一賞（1992年）、第16回岩宿文化賞（2007年）受賞。

＜主要著書＞
『遠き狩人たちの八ケ岳』（ほおずき書籍　1993年）
『黒曜石3万年の旅』（NHKブックス　2004年）
『氷河期を生き抜いた狩人 矢出川遺跡』（新泉社　2004年）
『旧石器時代ガイドブック』（新泉社　2009年）
『列島の考古学 旧石器時代』（河出書房新社　2011年）

ホームページ　http://www.avis.ne.jp/~tsutsumi/

2011年10月20日 初版発行　　《検印省略》

最終氷期における細石刃狩猟民とその適応戦略

著　者　堤　　隆
発行者　宮田哲男
発行所　株式会社 雄山閣
〒102-0071　東京都千代田区富士見2-6-9
TEL　03-3262-3231㈹／FAX 03-3262-6938
URL　http://www.yuzankaku.co.jp
e-mail　info@yuzankaku.co.jp
振替：00130-5-1685
印　刷　松澤印刷株式会社
製　本　協栄製本株式会社

ISBN978-4-639-02188-9 C3021
N.D.C.210　357p　22cm